物流管理专业本科精品系列教材

Logistics

Cangchu Guanli yu
Kucun Kongzhi

仓储管理与库存控制

陈胜利　李　楠 ◎主　编
雷福民　杨芳龄 ◎副主编

经济科学出版社
Economic Science Press

图书在版编目（CIP）数据

仓储管理与库存控制/陈胜利，李楠主编.—北京：经济科学出版社，2015.9（2020.1重印）
物流管理专业本科精品系列教材
ISBN 978-7-5141-5930-1

Ⅰ.①仓… Ⅱ.①陈…②李… Ⅲ.①仓库管理-高等学校-教材 Ⅳ.①F253.4

中国版本图书馆 CIP 数据核字（2015）第 169304 号

责任编辑：周国强
责任校对：郑淑艳
版式设计：齐　杰
责任印制：邱　天

仓储管理与库存控制

陈胜利　李　楠　主　编
雷福民　杨芳龄　副主编
经济科学出版社出版、发行　新华书店经销
社址：北京市海淀区阜成路甲 28 号　邮编：100142
编辑部电话：010-88191350　发行部电话：010-88191522
网址：www.esp.com.cn
电子邮件：esp@esp.com.cn
天猫网店：经济科学出版社旗舰店
网址：http://jjkxcbs.tmall.com
固安华明印业有限公司印装
787×1092　16 开　21.5 印张　550000 字
2015 年 9 月第 1 版　2020 年 1 月第 4 次印刷
ISBN 978-7-5141-5930-1　定价：42.00 元
(图书出现印装问题，本社负责调换。电话：010-88191502)
(版权所有　侵权必究　举报电话：010-88191586
电子邮箱：dbts@esp.com.cn)

前 言

所谓仓储管理（warehouse management，WM），就是对仓库及仓库内的物资所进行的管理，是仓储机构为了充分利用所具有的仓储资源提供高效的仓储服务所进行的计划、组织、控制和协调过程。从某种意义上讲，仓储管理在物流管理中占据着核心的地位。仓储是物流各环节之间存在不均衡性的表现，仓储也正是解决这种不均衡性的手段。仓储出现在物流各环节的接合部，例如采购与生产之间，生产的初加工与精加工之间，生产与销售之间，批发与零售之间，不同运输方式转换之间等。仓储环节集中了上下游流程整合的所有矛盾，仓储管理就是在实现物流流程的整合。

物流的研究最初是从解决"牛鞭效应"开始的，即在多环节的流通过程中，由于每个环节对于需求的预测存在误差，因此随着流通环节增加，误差被放大，库存也就越来越偏离实际的最终需求，从而带来保管成本和市场风险的提高。解决这个问题的思路，从研究合理的安全库存开始，到改变流程，建立集中的配送中心，以致到改变生产方式，实行订单生产，将静态的库存管理转变为动态的JIT配送，实现降低库存数量和周期的目的。在这个过程中，尽管仓库越来越集中，每个仓库覆盖的服务范围越来越大，仓库吞吐的物品越来越多，操作越来越复杂，但是仓储的周期越来越短，成本不断递减的趋势一直没有改变。从发达国家的统计数据来看，现代物流的发展历史就是库存成本在总物流成本中所占比重逐步降低的历史。

《仓储管理与库存控制》在借鉴和吸收国内外物流仓储管理理论和最新研究成果的基础上，结合我国实际，系统地介绍了仓储管理的概述、仓库规划与设计、仓储设施管理、仓储业务流程管理、仓储经营和成本管理、库存控制方法、库存的安全管理、特殊仓储与仓储商务管理、信息技术与仓储管理。该书系统性强，体系编排新颖、严谨，语言精练，注重理论结合实际，每章附有相关知识引例和案例分析。

本书是集体合作的产物，编写组成员都是专业从事物流管理专业教学与科研的教师，具体分工如下：陈胜利（第一、二、五、六、七、十一章）；李楠（第三、四、十章）；雷福民（第九章）；杨芳龄（第八章）。

本书不仅适合作为高等学校本科物流管理或相关专业教材，也适合作为物流仓储工作人员的培训教材和相关技术人员、管理人员的学习用书。

本书是在西安财经学院管理学院2014年孵化项目资助下完成的，在此感谢西安财经学院管理学院各级领导和广大教师的大力支持。此外，本书在编写过程中引用了许多同行的成果，在此向他们表示感谢。由于时间仓促，对于书中存在的错误和不足，恳请广大读者提出宝贵意见。

编 者

2015年5月

目 录

第一章　仓储管理概述 … 1
引例 … 1
第一节　仓储概述 … 4
第二节　仓储管理 … 9
第三节　仓储与现代物流 … 12
本章小结 … 15
习题 … 16
案例分析 … 16
参考文献 … 17

第二章　仓储规划与设计 … 18
引例 … 18
第一节　仓储规划的意义、步骤 … 19
第二节　规划目标的确定 … 21
第三节　收集资料 … 22
第四节　地址选择 … 24
第五节　仓库规划 … 32
第六节　商品仓储规划 … 37
本章小结 … 45
习题 … 46
案例分析 … 46
参考文献 … 48

第三章　仓储设备管理 … 49
引例 … 49
第一节　常见的一些仓储设备 … 51
第二节　仓储设备选择 … 80
第三节　仓储设备管理 … 85
本章小结 … 88

习题 ··· 89
　　案例分析 ··· 89
　　参考文献 ··· 91

第四章　仓储业务流程管理 ·· 92
　　引例 ··· 92
　　第一节　入库管理 ··· 94
　　第二节　在库管理 ··· 121
　　第三节　出库管理 ··· 150
　　本章小结 ··· 158
　　习题 ··· 158
　　案例分析 ··· 158
　　参考文献 ··· 160

第五章　仓储经营与成本管理 ·· 161
　　引例 ··· 161
　　第一节　仓储经营服务 ·· 162
　　第二节　仓储的合同管理 ·· 170
　　第三节　仓储的成本管理 ·· 187
　　本章小结 ··· 194
　　习题 ··· 195
　　案例分析 ··· 195
　　参考文献 ··· 196

第六章　库存控制 ·· 197
　　引例 ··· 197
　　第一节　库存控制概述 ·· 198
　　第二节　库存牛鞭效应 ·· 205
　　本章小结 ··· 209
　　习题 ··· 209
　　案例分析 ··· 210
　　参考文献 ··· 211

第七章　独立需求的库存控制 ·· 212
　　引例 ··· 212

第一节　ABC 分类法 ··· 213
　　第二节　确定性需求的库存模型 ·· 219
　　第三节　随机性需求的库存模型 ·· 224
　　本章小结 ·· 229
　　习题 ··· 230
　　案例分析 ·· 230
　　参考文献 ·· 232

第八章　相关需求的库存控制方法 ··· 233
　　引例 ··· 233
　　第一节　相关需求库存的特点 ·· 234
　　第二节　MRP 与库存管理 ·· 234
　　第三节　ERP 与库存管理 ··· 240
　　第四节　JIT 与库存管理 ··· 243
　　第五节　供应链中的库存管理 ·· 245
　　本章小结 ·· 248
　　习题 ··· 249
　　案例分析 ·· 249
　　参考文献 ·· 251

第九章　仓库的安全管理 ··· 252
　　引例 ··· 252
　　第一节　仓库的消防管理 ·· 253
　　第二节　仓库安全生产管理 ··· 270
　　本章小结 ·· 274
　　习题 ··· 274
　　案例分析 ·· 274
　　参考文献 ·· 276

第十章　特种仓储与仓储商务管理 ··· 277
　　引例 ··· 277
　　第一节　特种仓储管理 ·· 278
　　第二节　仓储商务管理 ·· 292
　　本章小结 ·· 307
　　习题 ··· 307

案例分析……………………………………………………………………………… 308
　　参考文献……………………………………………………………………………… 308

第十一章　信息技术与仓储管理系统……………………………………………… 310
　　引例…………………………………………………………………………………… 310
　　第一节　条形码技术………………………………………………………………… 311
　　第二节　EDI 技术…………………………………………………………………… 322
　　第三节　无线射频识别（RFID）技术……………………………………………… 325
　　第四节　仓储管理系统……………………………………………………………… 329
　　本章小结……………………………………………………………………………… 332
　　习题…………………………………………………………………………………… 332
　　案例分析……………………………………………………………………………… 332
　　参考文献……………………………………………………………………………… 334

第一章
仓储管理概述

本章学习要点

- ◆ 理解仓储的概念、性质、功能
- ◆ 了解仓储管理的必要性、任务和原则
- ◆ 了解仓储与现代物流
- ◆ 了解我国仓储业的发展状况

引例

2014年中国仓储业发展报告

据商务部的统一部署,由商务部流通业发展司和中国仓储协会共同研究编制的《中国仓储行业发展报告(2014)》(以下简称《报告》)于2014年9月16日首次公开发布。《报告》以2004年、2008年两次全国经济普查数据与国家统计局历年统计数据为基础,以全国商务系统选定的仓储业典型调查企业2012年、2013年统计调查数据为基本依据、结合各地商务主管部门提供的仓储业发展情况与重点企业调研情况,全面分析了2013年仓储业发展的总体情况、运营特点与存在的主要问题,并对2014年及未来一个时期仓储业发展趋势进行了预测和展望。

据《报告》显示,自商务部2012年12月印发《关于促进仓储业转型升级的指导意见》(以下简称《指导意见》)以来,各地商务部门不同程度地加强了仓储业管理与指导,仓储业的产业规模继续扩大,行业运行平稳。到2013年年底,全国仓储企业2.44万家,比同期增加7%;从业人员71万人,同比增长8.4%;行业资产总额1.7万亿元,同比增长11.8%。全国营业性通用仓库面积8.6亿平方米,比上年增长23%,其中,立体仓库在2亿平方米左右,约占23.2%;全国冷库总容积为8345万立方米(静态储存能力约2113.89万吨),同比增长9.68%。2013年,仓储业的固定资产投资额为4200.7亿元,同比增长了34.6%,主营业务收入约4804.8亿元,同比增长9.1%,纳税总额约312.6亿元,同比增长7.6%,净资产收益率为4.5%,较上年提高0.65个百分点。

2013年仓储业发展呈现五大特点:

(1)仓储业转型升级取得初步成果。仓储企业围绕提高单位仓库面积收入,完善服务功能、转变经营方式,努力向各种类型配送中心发展;仓储企业通过资源重组、优势互补,

延伸服务链条，努力向网络化与一体化服务发展；为贯彻落实商务部《指导意见》精神，树立标杆企业并发挥其引导与示范作用，中国仓储协会组织评定出北京东方信捷物流有限公司等13家转型升级示范企业，苏州鼎虎科技有限公司等13家仓储设备技术应用优秀推进企业。

(2) 各类专业仓储业继续快速、创新发展。在低温仓储方面，农产品批发市场配套的冷库建设与低温配送中心、商超的低温配送中心保持快速发展态势，"电商+低温宅配"的冷链模式以及一些大型连锁餐饮企业陆续建设的低温配送中心成为新热点。在电子商务仓储方面，电商企业一方面加快"自建"物流设施；另一方面宣布"对外开放"仓储资源，网仓等新兴仓储企业凭借其技术和理念近年来保持了每年数倍的增长，顺丰、韵达等快递企业纷纷跨界经营仓储，传统物流企业也在尝试介入和开拓电商仓储服务。在医药仓储方面，新版《药品经营质量管理规范》发布，对医药仓储物流提出更高要求，据不完全统计，2013年全国投资建设的各种规模的医药物流中心超过100座；同时，中药材仓储中的突出问题受到政府部门重视，商务部市场秩序司委托中国仓储协会与中国医药协会共同完成《中药材现代物流体系建设研究报告》，并编制了《中药材仓库技术要求》与《中药材仓储管理规范》2项行业标准。

(3) 新兴仓储经营业态呈现不同发展态势。仓库租赁业（仓储地产）继续保持高速增长，各类物流园区与仓储地产企业是仓库租赁业的主体。全国9家大中型仓储地产企业到2013年年末运营仓库面积合计1536万平方米，同比增长18.7%，约占全国营业性仓库总面积的1.7%，约占立体仓库总量的7.6%，其中，普洛斯的运营仓达到950万平方米。担保存货管理（金融仓储）发展速度放缓，规范化发展成为业界关注焦点，受"上海钢贸案"和"青岛有色案"的负面影响，相关金融机构与各类仓储企业不同程度地调整了发展策略，相关政府部门与行业组织也正在陆续研究出台相关对策。自助仓储，逐步在一线城市得到发展，据不完全统计，全国目前已有近20家自助仓储企业，上海好易仓是自助仓储业的"老大"，现已有8间门店。

(4) 仓储业标准化工作取得新进展。到目前为止，我国仓储业有各类标准51项。中国仓储协会组织起草的行标《仓储作业规范》、《网络零售仓储作业规范》、国标《仓单要素与格式规范》、《仓储绩效指标体系》已于2013年颁布实施。中国仓储协会组织起草的2项行标《中药材仓库技术规范》、《中药材仓储管理规范》、国标《担保存货第三方管理规范》已报批。经中国仓储协会评定的3星级以上仓库达到260多家、仓储服务金牌企业达到近百家，通过认证的仓储经理与仓储管理员达到近万人。

(5) 仓储机械化与信息化水平有所提高。以货架、托盘、叉车为代表的仓储装备和仓储管理信息系统在大中型仓储企业的应用状况良好，据测算，全国仓储业机械化作业率37%以上，仓储管理信息化达到50%以上。同时，条形码、智能标签、无线射频识别等自动识别、标识技术、可视化及货物跟踪系统、自动或快速分拣技术，在一些大型企业与医药、烟草、电子、电商等专业仓储企业应用比例有所提高。仓储企业发展仍然存在一些问题与不足，一些企业对经济发展趋势与新的市场需求认识不透、缺乏转型升级的紧迫性，技术改造的速度缓慢，制约了提高物流效率与降低物流成本的效果，企业的管理与服务水平亟待提高，与此同时，国家对仓储业发展的相关政策有待进一步落实，仓储业法律法规不完善的问题直接影响到行业管理的水平，市场秩序有待规范。

仓储业的发展面临三个方面的市场环境：

（1）随着国务院《物流业中长期发展规划》的发布，将从整体上改善我国仓储业发展的政策环境，国家有关部门在未来三年内将围绕仓储业法规建设、仓储建设用地、绿色仓储、减轻企业税负、加强仓储标准化与行业监管等方面陆续研究出台相关具体政策。

（2）我国经济发展方式的转变为仓储业创新发展提供机遇，生产制造企业供应链整合与延伸，生产制造服务化的趋势，连锁商业与电子商务的快速发展，线上线下交易的物流整合，需要并激发仓储企业更新经营理念、转变经营方式、调整商品库存管理模式、不断重新优化业务管理流程。

（3）激烈的市场竞争环境也必将成为仓储业创新发展的动力，越来越多新的投资人的进入，既说明了我国仓储业发展的机会，也反衬出现有仓储企业的差距与不足，激烈的市场竞争局面有利于仓储业的整体发展，也将促使传统仓储企业充分发挥自身优势、转型升级与创新发展。

仓储业将会呈现以下六大发展趋势：

（1）服务功能不断完善，向仓配一体化发展。仓储企业通过与工商企业、零售企业与连锁商超企业、电子商务企业、农产品批发市场、生产资料批发市场等不同需求方供应链的有机融合，向各类配送中心发展。

（2）资源整合速度加快，向仓储经营网络化发展。面对工商企业供应链的一体化物流需求，仓储企业与货运、快递、货代企业之间以及各类仓储企业之间将会加快推进资源整合、兼并重组、连锁经营与经营联盟。有条件的仓储企业将会依托自身优势，以城市共同配送为基础，通过转变经营方式与资源整合，发展区域配送网络甚至全国范围内的仓储配送网络。

（3）市场进一步细分，向仓储专业化发展。面对工商企业供应链的不断优化与创新，有条件的仓储企业必将改变同质化经营策略，转向各类专业仓储。低温仓储、危化品仓储、电商仓储、物资仓储、医药及中药材仓储的管理与服务将更加专业和精细。

（4）新兴业态逐步成熟，向规模化发展。仓库租赁企业将会更加贴近现代物流需求，仓库设施的建设将向网络化与定制化方向发展，仓库开发方式将会更加灵活。私人自助仓储将会逐步进入快速发展期，更多投资人将会进入这个领域，现有自助仓储企业将会不断扩建经营网点，并逐步走进大型高端社区。处于阵痛期的金融仓储业将随着三年左右的调整与规范期后在探索中前进仍将保持稳定发展态势。

（5）行业标准广泛实施，向仓储管理规范化发展。随着国家有关部门加强物流标准化工作力度，特别是市场竞争的加剧，标准化必将成为引领仓储业转型升级和现代化建设的主要力量，仓储企业经营管理必将向规范化发展。

（6）技术改造加快推进，绿色环保成为新趋势。机械化、自动化与信息化成为仓储业转型升级的重要内容。在国家政策推动与企业自身降低成本的内在驱动下，绿色环保的仓库建筑材料、节能减排的仓储设备、仓库屋顶光伏发电、冷库节能技术等将会逐步在仓储行业得到应用。

（资料来源：贺丽娜.2014中国仓储业发展报告［EB/OL］.http://wenku.baidu.com。）

第一节　仓储概述

一、仓储的产生

仓储随着物资储存的产生而产生，随着生产力的发展而发展。人类社会自从有剩余产品以来，就产生了储存。我国的仓储业有着悠久的历史，在我国的经济发展过程中起着重要的作用。在原始社会末期，当某个人或者某个部落获得食物自给有余时，就把多余的产品储藏起来，同时也就产生了专门储存产品的场所和条件，于是"窖穴"就出现了。在西安半坡村的仰韶遗址，已经发现了许多储存食物和用具的窖穴，它们多分布在居住区内，和房屋交错在一起，这可以说是我国最早的仓库的雏形。

在古籍中常常看到有"仓廪"、"窦窖"这样的词语。所谓"仓廪"，"仓"是指专门藏谷的场所；"廪"是指专门藏米的场所。所谓"窦窖"，是指储藏物品的地下室，椭圆形的叫"窦"；方形的叫"窖"。古代也把存放用品的地方叫做"库"。后人把"仓"和"库"两个字合用，从而形成了"仓库"这样一个概念，即储存和保管物资的建筑物与场所，所以"仓库"一词也就出现了。

二、仓储的概念

"仓"也称为仓库（warehouse），是为存放、保管、储存物品的建筑物或场所的总称，它可以是房屋建筑屋，也可以是大型容器、洞穴或者特定的场所等，其功能是存放和保护物品。

"储"表示将储存对象储存起来以备使用，具有收存、保护、管理、以备交付使用的意思，也称为储存（storing）物品的行为。

"仓储"则为利用仓库存放、储存未即时使用的物品行为。简言之，仓储就是在特定场所储存物品的行为。

仓储是社会产品出现剩余之后产品流通的产物，是商品流通的重要环节之一，也是物流活动三大支柱之一。当产品不能被即时消耗掉，需要专门的场所存放时，就产生了静态的仓储。将物品存入仓库并对存放在仓库里的物品进行保管、控制、提供使用便成了动态仓储。可以说，仓储是对有形物品提供存放场所，对物品存取、保管和控制的过程，是人们的一种有意识的行为。

对仓储概念的理解要抓住以下要点：

（1）仓储是物质产品生产过程的持续。这是因为仓储活动是社会再生产过程不可缺少的环节，产品从脱离生产到进入消费，一般要经过运输和储存，所以，仓储是物质产品生产过程的持续。

（2）物质产品的仓储提升了物质产品的价值。这是因为：第一，仓储活动和其他物质生产活动一样具有生产力三要素（劳动力——仓储作业人员；劳动资料——仓储设备与设施；劳动对象——储存保管的物资），生产力创造物质产品及其价值。第二，仓储活动中的有些环节提升了产品价值，例如加工、包装、拣选等活动就提升了产品价值。第三，仓储中劳务的消耗，资产的消耗与磨损，即仓储发生的费用要转移到库存商品中去，构成其价值增量的一部分，从而导致库存商品价值的增加。

（3）仓储活动发生在仓库这个特定的场所。

（4）仓储的对象既可以是生产资料，也可以是生活资料，但必须是实物动产。

（5）仓储活动所消耗的物化劳动和活劳动一般不改变劳动对象的功能、性质和使用价值，只是保持和延续其使用价值。

三、仓储的功能

从整个物流过程看，仓储是保证这个过程正常运转的基础环节之一。仓储的价值主要体现在其具有的基本功能、增值功能以及社会功能三个方面。

（一）基本功能

基本功能指为了满足市场的基本储存需求，仓库所具有的基本的操作或行为，包括储存、保管、拼装、分类等基础作业。其中，储存和保管是仓储最基础的功能。通过基础作业，货物得到了有效的、符合市场和客户需求的仓储处理，例如，拼装可以为进入物流过程中的下一个物流环节做好准备。

（二）增值功能

通过基本功能的实现，而获得的利益体现了仓储的基本价值。增值功能则是指通过仓储高质量的作业和服务，使经营方或供需方获取除这一部分以外的利益，这个过程称为附加增值。这是物流中心与传统仓库的重要区别之一。增值功能的典型表现方式包括：一是提高客户的满意度。当客户下达订单时，物流中心能够迅速组织货物，并按要求及时送达，提高了客户对服务的满意度，从而增加了潜在的销售量。二是信息的传递。在仓库管理的各项事务中，经营方和供需方都需要及时而准确的仓库信息。例如，仓库利用水平、进出货频率、仓库的地理位置、仓库的运输情况、客户需求状况、仓库人员的配置等信息，这些信息为用户或经营方进行正确的商业决策提供了可靠的依据，提高了用户对市场的响应速度，提高了经营效率，降低了经营成本，从而带来了额外的经济利益。

（三）社会功能

仓储的基础作业和增值作业会给整个社会物流过程的运转带来不同的影响，良好的仓储作业与管理会保证生产、生活的连续性，会带来积极的影响。

仓储的社会功能，主要从三个方面理解：第一，时间调整功能。一般情况下，生产与消费之间会产生时间差，通过储存可以克服货物产销在时间上的隔离（如季节性生产，但需全年消费的大米）。第二，价格调整功能。生产和消费之间也会产生价格差，供过于求、供不应求都会对价格产生影响，因此通过仓储可以克服货物在产销量上的不平衡，达到调控价格的效果。第三，衔接商品流通的功能。商品仓储是商品流通的必要条件，为保证商品流通过程连续进行，就必须有仓储活动。通过仓储，可以防范突发事件，保证商品顺利流通。例如，运输被延误，卖主缺货。对供货仓库而言，这项功能是非常重要的，因为原材料供应的延迟将导致产品的生产流程的延迟。

四、仓储的种类

虽然仓储的本质都是储藏和保管物品,但由于经营主体的不同、经营方式的不同、仓储对象的不同、仓储物的处理方式的不同、仓储的功能不同,使得不同的仓储活动具有不同的特性。正确的划分仓储的种类,有利于正确认识仓储的任务,做好仓储管理的工作。

（一）按仓储经营主体不同

1. 企业自营仓储

自营仓储是指物品的仓储业务由本企业自己来经营或管理。我国大多数外贸公司都是自营仓储。自营仓储又可分为：①自有仓储。即企业使用自建或购买的仓库储存自己的产品。企业与仓库所有人为同一人,在法律关系上,企业与仓库部门是上下级的行政关系,而非平等的民商事法律关系。②租赁仓储。企业对仓库不具有所有权,但有使用权和经营权,其双方的权利义务按有关财产租赁的法律法规确定。

2. 商业营业仓储

仓储经营人以其拥有的仓储设施,向社会提供商业性仓储服务的仓储行为。仓储经营人与存货人通过订立仓储合同的方式建立仓储关系,并且依据合同约定提供服务和收取仓储费。仓储营业仓储的目的是在仓储活动中获得经济回报,实现经营利润最大化。

3. 公共仓储

公共仓储是企业委托提供营业性服务的公共仓库储存物品的一种仓储方式。公共仓库是一种专门从事经营管理的、面向社会的、独立于其他企业的仓库。国外的大型仓储中心、货物配送中心在性质上就属于公共仓库。

（二）按仓储对象划分

1. 普通物品仓储

普通物品仓储为不需要特殊保管条件的物品仓储。一般性的生产物资、生活用品、普通工具等杂货类物品,不需要针对货物设置特殊的保管条件,采取无特殊装备的通用仓库或货场存放的货物。

2. 特殊物品仓储

在保管中有特殊要求和需要满足特殊条件的物品仓储。如危险物品仓储、冷库仓储、粮食仓储等。特殊物品仓储一般为专用仓储,按照物品的物理、化学、生物特性,以及法律规范进行仓库建设和实施管理。

（三）按仓储的功能划分

1. 储存仓储

储存仓储为商品较长期的仓储。由于商品存放时间长,存储费用低廉和储存条件保证就很有必要；储存仓储地点一般较为偏远,储存商品较为单一,品种少,但存量较大。

2. 物流中心仓储

物流中心仓储是以物流管理为目的的仓储活动,对物流的过程、数量、方向进行控制的环节,是为了实现物流的时间价值的环节。物流中心活动一般在一个经济地区的中心、交通较为便利、储存成本较低的地区进行。其仓储对象品种较少,批量较大,整批进分批出,整体上吞吐能力强,设备比较先进。

3. 配送仓储

配送仓储也称配送中心仓储，是商品在配送交付消费者之前所进行的短期仓储，是商品在销售或者供生产使用前的最后储备，并在该环节进行销售或使用的前期处理。配送仓储一般在商品的消费经济区间内进行，能迅速地送达消费和销售，其仓储对象品种繁多，批量少，需要一定量进货、分批少量出库操作，往往需要进行拆包、分拣、组配和贴标签等增值作业，主要目的是支持销售，注重对商品存量的控制。

4. 运输转换仓储

运输转换仓储是为了保证不同运输方式的高效衔接，减少运输工作的装卸和停留时间，在不同运输方式的相接处如港口、车站和空港库场所进行的仓储。运输转换仓储需具有大进大出的特性，货物存期短，注重货物的周转作业效率和周转率。

（四）按仓储物的处理方式划分

1. 保管式仓储

保管式仓储又称纯仓储，是以保管物原样保持不变的方式所进行的仓储，即存货人将特定的商品交由保管人进行保管，到期保管人原物交还存货人，保管物除了所发生的自然损耗和自然减量外，其数量、质量不发生变化。保管式仓储又分为仓储物独立保管仓储和将同类仓储物混合在一起的混藏式仓储。

2. 加工式仓储

加工式仓储是保管人在仓储期间根据存货人的要求对保管物进行一定的加工的仓储方式，一般来说，可以是对仓储物进行外观、形状、成分构成及尺寸等进行加工，使仓储物发生委托人所希望的变化，以适应消费者的需要。

3. 消费式仓储

消费式仓储是保管人在接受保管物时，同时接受保管物的所有权，保管人在仓储期间有权对仓储物行使所有权，在仓储期满时，保管人将相同种类、品种和数量的替代物交还给委托人所进行的仓储。消费式仓储特别适合于保管期间较短、市场供应变化较大的商品的长期存放，具有一定的商品保值和增值功能，是仓储经营人利用仓储物开展经营的增值活动，已成为仓储经营的重要发展方向。

五、我国仓储的发展

纵观我国仓储活动的发展历史，大致经历以下四个阶段：

（一）古代仓储业

中国古代商业仓库是随着社会分工和专业化生产的发展而逐渐形成和扩大的。"邸店"可以说是商业仓库的最初形式，它既具有商品寄存性质，又具有旅店性质。随着社会分工的进一步发展和商品交换的不断扩大，专门储存商品的"塌房"从"邸店"中分离出来，成为带有企业性质的商业仓库。

（二）近代仓储业

随着商品经济的发展和商业活动范围的扩大，我国近代的仓储业得到了相应的发展。近代我国把商业仓库叫做"堆栈"、"货栈"，即指堆存和保管物品的场地。堆栈业与交通运输业、工商业，以及与商品交换的深度和广度关系极为密切。由于我国近代工业主要集中在东南沿海地区，因此堆栈业也是在东南沿海地区较为发达。例如，上海、天津、广州、福州、厦门、宁波等地区起源最早，也最发达。根据统计，1929年上海码头仓库总计在40家以上，库房总容量达到90多万吨，货场总容量达到70多万吨。随着堆栈业务的扩大，服务对象的增加，旧中国的堆栈业已经划分为码头堆栈、铁路堆栈、保管堆栈、厂号堆栈、金融堆栈和海关堆栈等。当时堆栈业大多是私人经营，为了商业竞争和垄断的需要，往往组成同业会，订立同业堆栈租价价目表等。

（三）社会主义仓储业

新中国成立以后，接管并改造了旧中国留下来的仓库。当时采取对口接管改造的政策，即铁路、港口仓库由交通运输部门接管；物资部门的仓库由全国物资清理委员会接管；私营仓库由商业部门对口接管改造；银行仓库，除"中央"、"中国"、"交通"、"农业"等银行所属仓库作为敌伪财产随同银行实行军管外，其余大多归商业部门接管改造；外商仓库，按经营的性质，分别由港务、外贸、商业等有关部门接管收买。对于私营仓库的改造是通过公私合营的方式逐步实现的，政府通过工商联合会加强对私营仓库的领导，限制仓租标准，相继在各地成立国营商业仓库公司（后改为仓储公司），并加入到当地的仓库业同业工会，帮助整顿仓库制度。

随着工农业生产的发展，商品流通的扩大，商品储存量相应增加，但经改建的解放区原有的仓库和被接收的旧中国的仓库，大多是企业的附属仓库，在数量上和经营管理上都不能满足社会主义经济发展的需要。为此，党和政府采取了一系列措施，改革仓库管理工作。例如，1952年，贸易部颁发的《关于国营贸易仓库实行经济核算制的决定》指出：为解决仓容不足，消除仓库使用不合理现象，提高仓库使用率，必须有组织、有计划地实行经济核算制；并强调，除专用仓库和根据各经营单位经营商品的具体情况，保持一定数量的附属仓库外，其余仓库应全部集中组成仓储公司，推行仓库定额管理，以便统一调剂，供各单位使用。这些措施首先在北京、天津、上海、沈阳、武汉等城市试行。这也是社会主义商业集中管理仓库的开端。1953年召开的第一届全国仓储会议，作出了《关于改革仓储工作的决定》，进一步明确国营商业仓库实行集中管理与分散管理相结合的仓库管理体制。根据这一决定，在全国10万人口以上的城市都测量了仓库面积，查清当时的仓容能力，在此基础上经过调整集中，成立了17个仓储公司。实践证明，集中与分散相结合的仓库管理体制是适合中国国情的，也是适应我国社会主义商品流通的客观要求的。集中管理的仓库一般由仓储公司（或储运公司）经营，它是专业化仓储企业，实行独立经营核算；分散管理的仓库隶属于某个企业，只为该企业储存保管物品，一般不独立核算。它们各具优缺点，一般情况下，一、二级批发企业比较集中的城市，大中型工业品仓库（除了石油、煤炭、危险品、鲜活、冷藏等特种仓库外）适宜集中管理；三级批发仓库，特别是批发机构和仓库在同一地点的，则适宜分散管理，以方便购销业务。同时，根据计划经济的需要，国家对重要的工业品生产资料，逐步实行计划分配制度。1960年以后，在国民经济调整的过程中，国家对物资管理工作也做了整顿和改革，改革的基本原则是进一步加强对物资的计划分配和统一管理，国务院设立物资管理部，建立起全国统一的物资管理机构和经营服务系统。在仓储方面，把中央各部设立中转仓库保管物资的做法，改由物资部门统一设库保管。1962年，成立了由国家物资管理总局管辖的国家物资储运局（后改为物资储运总公司），负责全国物资仓库的统管工作。根据1984年统计，国家物资储运总公司在各地设有14个直属储运公司，下属上万个仓库，主要承担国家掌握的机动物资、国务院各部门中转物资以及其他物资的储运任务，再加上各地物资局下属的储运公司以及仓库，在全国初步形成了一个物资储运网。从国营商业仓库系统来看，截止到1981年年底，全国初步形成按专业、按地区（省、市、县）设立的仓库网。在这一阶段，无论仓库建设、装备，还是装卸搬运设施，都有很大发展，是旧中国所无法比拟的。

（四）现代化仓储业

中国在一个较长的时间里，仓库一直属于劳动密集型企业，即，仓库中大量的装卸、搬运、堆码、计量等作业都是由人工来完成的，因此，仓库不仅占用了大量的劳动力，而且劳动强度大、劳动条件差，特别在一些危险品仓库，还极易发生中毒等事故。为迅速改变这种落后状况，政府在这方面下了很大力气，首先重视旧式仓库的改造工作，按照现代仓储作业要求，改建旧式仓库，增加设备的投入，配备各种装卸、搬运、堆码等设备，减轻工人的劳动强度，改善劳动条件，提高仓储作业化的机械水平；另外，新建了一批具有先进技术水平的现代化仓库。我国从20世纪70年代开始建造自动化仓库，并普遍采用电子计算机辅助仓库管理，使中国仓储业进入了自动化的新阶段。

第二节　仓储管理

一、仓储管理的概念

狭义上讲，仓储管理是对货物存储的经营管理。它随着储存产品而产生，随着生产力的发展而发展，仓储管理是对货物的科学管理，是企业生产力发展的重要支撑力量。

从广义上看，仓储管理是对物流过程中货物的储存、中转过程以及由此带来的商品装卸、包装、分拣、整理、后续加工等一系列活动的经营管理。

现代企业的仓库已经成为企业的物流中心，以往，仓库被看成是一个无附加价值的成本中心，但是现在，仓库不仅被看做是无附加价值过程中的一部分，还成为企业经营是否成功的一个很关键因素。仓库是连接供应商和需求方的一个重要桥梁。从需求方来分析，仓库必须以最大的灵活性和及时性满足各种客户的需求；从供应方的角度来说，仓库从事的是有效率的流通加工、库存管理、运输和配送等活动。为此，对于企业来说，仓储管理显得尤为重要。

目前，经济发展快速，在越来越大的竞争压力下，企业在不断地提升自身的竞争能力，从不同的方面来发掘提升能力的方法，仓储合理管理越来越受到企业的重视。仓储管理的合理化，能为企业的成长带来极大的帮助。精准的仓储管理能够有效控制和降低企业在流通中的仓储成本，是提高企业利润的有效办法。

由于现代仓储的作用不仅是保管，更多的是物资流转中心，对仓储管理的重点也不再仅仅着眼于物资保管的安全性，更多注重的是如何运用现代化技术来提高仓储运作的效率和效益。因此，自动化的仓库是仓储管理发展的必然。

所以，仓储管理不仅包含一般储存货物型仓库的管理，也包含现代物流链中实现货物中转、配载等功能的物流中心及配送中心仓库的管理。

二、仓储管理的原则

仓储管理的目标是快进、快出、多储存、保管好和费用省，因此其基本原则应该是保证质量、注重效率、确保安全、讲求效益。

（一）保证质量

仓储活动本身就是向社会提供仓储服务产品。服务是贯穿在仓储中的一条主线，仓储定位、仓储具体操作、储存货物的控制都围绕着服务进行。仓储管理就需要围绕服务定位，围绕如何提供服务、改善服务、提高服务水平。同时，仓储管理既包括对服务的直接管理，也包括以服务为原则的作业管理。

保证服务质量是仓储管理的最基本原则。仓储管理中的一切活动，都必须以保证在库商品的质量为中心。没有质量的数量是无效的，甚至是有害的，因为，这些商品依然占用资金、产生费用、占用仓库空间。因此，为了完成仓储管理的基本任务，仓储活动中的各项作业必须有质量标准，并严格按标准进行作业。

（二）注重效率

效率是指在一定劳动要素投入量条件下产品的产出量。只有以较小的劳动要素投入量获得较高的产品产出量，才能实现高效率。高效率就意味着劳动产出大，劳动要素利用率高，高效率是现代生产的基本要求。仓储的效率体现在仓容利用率、货物周转率、进出库时间、装卸车时间等指标上。体现为"多存储、保管好、快进、快出"的高效率仓储。

仓储的生产管理的核心就是效率管理，实现以最少的劳动量的投入获得最大的产品产出。劳动量的投入包括生产工具、劳动力的数量以及作业时间和使用时间。效率是仓储及其他管理的基础，没有生产的效率，就不会有经营的效益，就无法开展优质的服务。

高效率的实现是管理艺术的体现，只有准确地核算、科学地组织、妥善地安排场所，以及空间、机械设备与人员合理配备，才能使部门与部门、人员与人员、设备与设备、人员与设备之间配合默契，使生产作业过程有条不紊地进行。

高效率还需要有效管理过程的保证，包括现场的组织、督促，标准化、制度化的操作管理，严格的质量责任制的约束。现场作业混乱、操作随意、作业质量差甚至出现作业事故，显然不可能产生高效率。

仓储成本是物流成本的重要组成部分，因而仓储效率关系到整个物流系统的效率和成本。在仓储管理过程中要充分发挥仓储设备的作用，提高仓库设施和设备的利用率；要充分调动生产人员的积极性，提高劳动生产率；要加速在库商品的周转，缩短商品在库时间，提高库存周转率。

（三）确保安全

仓储活动中不安全因素很多。有的来自仓储物，有的来自装卸搬运作业过程，还有的来自人为破坏。因此特别要加强安全教育，提高安全意识，制定安全制度，贯彻执行"安全第一，预防为主"的安全生产方针。

（四）讲求效益

企业经营的目的是追求利润最大化，这是经济学的基本假设条件，也是社会现实的反映。利润是经济效益的表现。实现利润最大化需要做到经营收入最大化和经营成本最小化。

仓储企业应围绕着获得最大经济效益的目的进行组织和经营。并在获取最大经济效益的同时承担部分的社会责任，承担履行环境保护、维护社会安定的义务，承担满足社会不断增长的需要等社会义务。即在取得企业最佳经济效益的同时兼顾社会效益。

三、仓储管理的内容

仓储管理是指服务于一切库存商品的经济技术方法与活动。很显然，"仓储管理"的定义指明了其所管理的对象是"一切库存商品"，管理的手段既有经济的，又有纯技术的。仓储管理工作包括以下几个方面的内容：

（一）仓库的选址与建设

它包括仓库的选址原则，仓库建筑面积的确定，库内运输道路与作业的布置等问题。仓库的选址和建设问题是仓库管理战略层所研究的问题，它涉及公司长期战略与市场环境相关的问题的研究，对仓库长期经营过程中的服务水平和综合成本产生非常大的影响，所以必须提到战略层面来对待和处理。

（二）仓库机械作业的选择与配置

它包括如何根据仓库作业特点和储存商品的种类及其理化特性，选择机械装备以及应配备的数量；如何对这些机械进行管理等。现代仓库离不开仓库所配备的机械设施，如叉车、货架、托盘和各种辅助设备等。恰当地选择适用于不同作业类型的仓库设施和设备将大大降低仓库作业中的人工作业劳动量，并提高货品流通的顺畅性和保障货品在流通过程中的质量。

（三）仓库作业组织和流程

它包括设置什么样的组织结构，各岗位的责任分工如何，仓存过程中如何处理信息组织作业流程等。仓库的作业组织和流程随着作业范围的扩大和功能的增加而变得复杂，现代大型的物流中心要比以前的储存型仓库组织机构大得多，流程也复杂得多。设计合理的组织结构和分工的明确是仓储管理的目标得以实现的基本保证。合理的信息流程和作业流程使仓储管理高效、顺畅，并达到客户满意的要求。

（四）仓库管理技术的应用

现代仓储管理离不开现代管理技术与管理手段，例如，选择合适的编码系统，安装仓储管理系统，实行JIT管理等先进的管理方法。现代物流越来越依靠现代信息和现代管理技术，这也是现代物流区别于传统物流的主要特点之一。商品的编码技术和仓储管理系统极大地改善了商品流通过程中的识别和信息传递与处理过程，使得商品的仓储信息更准确、快捷，成本也更低。

（五）仓库的作业管理

仓库作业管理是仓储管理日常所面对的最基本的管理内容。例如，如何组织商品入库前的验收，如何安排库位存放入库商品，如何对在库商品进行合理保存和发放出库等。仓库的作业管理是仓库日常所面对的大量和复杂的管理工作，只有认真做好仓库作业中每一个环节的工作，才能保证仓储整体作业的良好运行。

（六）仓储综合成本控制

成本控制是任何一个企业管理者的重要工作目标，仓储管理也不例外。仓储的综合成本控制不但要考虑库房内仓储运作过程中各环节的相互协调关系，还要考虑物流过程各功能间的背反效应，以平衡局部的利益和总体利益最大化的关系。选择适用的成本控制方法和手段，对仓储过程每一个环节的作业表现和成本加以控制是实现仓储管理目标的要求。

四、仓储管理的特点

现代仓储管理的特点是由仓储管理的内容决定的。随着社会的发展，科学的进步，仓储管理具有经济性、技术性和综合性的特点。

（一）经济性

仓储活动是社会化大生产的重要组成部分，并且仓储活动也是生产性的。仓储活动和其他物质生产活动一样，具有生产力三要素，即劳动力、劳动工具和劳动对象。仓储活动和其他物质生产活动一样，创造商品价值，并且随着仓储活动内容的增加，实现商品价值的范围也在逐渐扩大，例如：延迟生产、再包装等作业过程在仓储过程中完成。

（二）技术性

随着科学技术的进步，现代仓储管理中应用了大量的电子信息技术，仓储作业机械化程度也不断提高，这对仓储管理提出了更高的要求。在现代化的仓储管理中，仓储作业的机械化、仓储管理的信息化已是发展趋势，各种新技术得以运用等，这些充分体现了仓储管理技术性的特点。

（三）综合性

物流作为跨行业的、跨产业的服务功能与各行各业的运作特点紧密相连。仓储管理是社会经济中一个不可缺少的部分。是各生产企业能保持正常生产的重要环节，是调节社会需求的重要手段。在整个仓储管理过程中，要综合利用各学科理论，进行商品管理，进行库存控制，保证商品的正常生产和流通，降低成本。现代仓储管理包括新技术、新设备、新的管理理念与方法，涉及行业广泛。仓储管理具有综合性的特点。

第三节　仓储与现代物流

现代物流管理是从原材料的采购、产品生产到产品销售的全过程的实物流的统一管理，是促进产品销售和降低物流成本的管理。物流过程需要经过众多的环节，其中仓储过程是最为重要的环节之一，也是必不可少的环节。仓储从传统的物质储存、流通中心，发展到成为物流的节点，作为物流管理的核心环节而存在并发挥着整体物流协调的作用，亦成为产品制造环节的延伸。

一、仓储在物流管理中的作用

（一）仓储在物流操作中的作用

1. 运输整合和配载

基于运输的费用率具有随着运量的增大而减少的规模经济规律，因而尽可能大批量地运输是节省运费的有效手段。而将连续不断产出的产品集中成大批量再提交运输，或者将众多供货商所提供的产品整合成单一的一票运输等运输整合就需要通过仓储来进行。整合不仅可实现大批量运输，还可以应用比重整合、轻重搭配，实现运输工具空间的充分利用。整合服务还可以由多个厂商共同享有，以减少仓储和运输成本。在运输整合中还可以对商品进行成组、托盘化等作业，使运输作业效率提高。

运输服务商也可在仓储中整合众多小批量的托运货物，进行合并运输、运输配载，以达到充分利用运输工具，降低物流成本的目的。

2. 分拣和产品组合

对于通过整合运达消费地的产品，需要在仓库里根据流出去向、流出时间的不同进行分拣，分别配载到不同的运输工具上，配送到不同的目的地或消费者。

仓储的整合作用还适用于在不同产地生产的系列产品，在仓库整合成系列体系，向销售商供货。生产商要求分散的供应商将众多的零配件送到指定的仓库，由仓库进行虚拟配装组合，再送到生产线上进行装配，这还包括将众多小批量的货物，组合成大的运输单元，以降低运输成本。

3. 流通加工

流通加工是将产品加工工序从生产环节转移到物流环节中进行的作业安排。由于仓储中物资处于停滞状态，适合在仓储中进行流通加工，既不影响商品的流通速度；同时又能使产品及时满足市场消费变化的需要和不同的客户需要，流通加工包括产品包装、装潢包装、贴标签、改型、上色、定量、组装等。

虽然流通加工往往比在生产地加工成本更高，但能够及时满足销售，促进销售，还能降低整体物流成本。

4. 平衡生产和保证供货

众多的产品具有季节性销售的特性，在销售高峰前才组织大批生产显然不仅不经济而且不可能。只有通过一定时间的持续经济生产，将产品通过仓储的方式储存，才能在销售旺季集中向市场供货，并通过仓储点的妥善分布实现及时向所有市场供货；同时也有部分集中生产而常年销售的产品，需要通过仓储的方式稳定持续地向市场供货。仓储可以说是物流的时间控制开关，通过仓储的时间调整，使物品按市场需求的节奏进行流动，满足生产与销售的平衡需要。

对于一般商品、生产原材料适量进行安全储备，是保证生产稳定进行和促进销售的重要手段，也是对抗突发事件如交通堵塞、发生不可抗力、意外事故等对物流产生破坏的重要应急手段。

5. 存货控制

除了大型的在现场装配的设备、建筑外，绝大多数通用产品的现代生产很难做到完全无存货，但存货就意味着资金运转停滞，资金成本、保管费用增加，并会产生耗损、浪费等风险，对于存货的控制是物流管理的重要内容之一。存货控制就是对仓储中的商品存量进行控制的工作，并且是整个供应链的仓储存量控制，仓储存货控制包括存量控制、仓储点的安排、补充控制、出货安排等工作。

（二）仓储在物流成本管理中的作用

物流成本分为仓储成本、运输成本、作业成本、风险成本等。

仓储环节不仅是物流成本的组成部分，也是整体上对物流成本实施管理的控制环节。控制和降低仓储成本可直接实现物流成本的降低。产品在仓储中的组合、妥善配载和流通包装、成组等流通加工就是为了提高装卸效率，充分利用运输工具，降低运输成本。合理和准确的仓储会减少商品的换装、流动，减少作业次数，采取机械化和自动化的仓储作业，都有利于降低作业成本。优良的仓储管理，对商品实施有效的保管和养护，准确的数量控制，会大大减少风险成本。

（三）仓储是物流增值服务功能的实现环节

优秀的物流管理不仅要做到满足产品销售、降低产品成本，更应该进行增值服务，提高产品销售的收益。产品销售的增值主要来源于产品质量的提高、功能的扩展、及时性的时间价值、削峰平谷的市场价值、个性化服务的增值等。

众多的物流增值服务在仓储环节进行，流通加工在仓储环节物资流动停顿时开展，通过加工提高产品的质量、改变功能、实现产品个性化，仓储的时间控制，可使生产节奏和消费节奏同步，实现物流管理的时间效用的价值；通过仓储的商品整合，开展消费个性化的服务等。

二、仓储管理的发展趋势

众多的仓储企业逐渐加大现代化改造的步伐。包括两方面：第一，加大对仓库的硬件投入。这包括库房建设和改造、购置新型货架、托盘、数码自动识别系统和分拣、加工、包装等新型物流设备，大幅度提升现有仓储自动化水平和物流运作效率，增加物流服务功能。第二，加大对仓库的软件投入，加强物流信息化建设。实现仓储管理、商品销售、开单结算、配送运输、信息查询、客户管理、货物跟踪查询等功能，为客户提供更为方便、可靠、快捷的物流服务。所以现代仓储业发展有如下一些发展趋势：

（一）以顾客为中心

成功的企业愿意和他们的客户保持交流并倾听他们的意见，因为他们知道仓库的作业必须通过在适当的时间以适当的方式存储或发送适当的产品，在满足客户需要的基础上实现产品的增值。另一方面，成功的企业将和供应商与顾客发展真正的合作伙伴关系，从而从共享的信息、互相商定的计划和双赢的协议中受益。运作高效、反应迅速的仓储是实现这一目标的关键。

（二）减少作业、压缩时间

今后，仓储中心在数量上将减少，但在每个中心的商品数量将增加。因此，以后的分销中心一方面规模更大，另一方面日常所要处理的订单也更多。这意味着装运频次的加快和收货、放置、拣货及装运作业的增加。这一趋势将对物料处理系统提出更高的要求，对叉车和传送带等设备产生重大影响。

（三）仓库作业的自动化

为适应仓储业作业的急速膨胀，仓储业需要大大提高自动化程度。比方说，我们需要使用更多的传送带来长距离的运送小件物品，同时设定适当数量的重新包装站和装卸作业平台。另外如果我们使用更多的自动分拣设备，我们就能在不建造额外场所的情况下提高整体工作能力。因此，在诸如货物搬运这类增值很少甚至无增值的作业方面，自动化设备将继续替代劳力。

（四）零库存、整合化管理

仓储的最终目标是实现零库存。这种零库存只是存在于某个组织的零库存，是组织把自己的库存向上转移给供应商或向下转移给零售商。在科技发展到今天，零库存是完全可以实现的。例如丰田公司的准时制生产方式完全有效地消灭库存，实现"零库存"。零库存实际上含有两层意义：其一，库存对象物的数量向零趋近或等于零；其二，库存设备、设施的数量及库存劳动消费同时向零趋近或等于零。而第二种意义上的零库存，实际上是社会库存结构的合理调整和库存集中化的表现。然而在经济意义上，它并不来自通常意义上的库存物资数量的合理减少。企业物流管理的主要费用是库存费用。因此，仓储管理实施整合化仓储，即把社会的仓储设施，各相关供应商、零售商、制造商、批发商，甚至客户的仓储设施进行整合，达到企业库存管理的优化。也就是说在供应链管理的框架下，实行仓储管理，把相关仓储管理的作业或实施进行重建。

（五）计算机化与网络化管理

新科技革命以来，仓库管理者将把货物从仓库的进进出出（包括收货、放货、分拣和装运）的作业看作是他们工作中的最关键部分。但他们在执行这些工作时遇到了一个很大的困难，难以及时获取精确的信息。实施仓库工作的无纸化可以改变这一现状。从原则上讲，无纸化仓库意味着所有的物流运动的电子化操作，从而减少甚至消除在产品鉴别、地点确认、数据输入和准确分拣方面可能产生的传统错误。同时，电子控制系统其次还能避免数据输入的延误、即时更新库存、随时找到所需的货物。在美国，计算机在仓储管理中的运用日益广泛。它可以把复杂的数据处理简单化，同时还发展了许多成熟的仓储管理软件供企业挑选采用。

本章小结

"仓储"则为利用仓库存放、储存未即时使用的物品行为。简言之，仓储就是在特定场所储存物品的行为。

纵观我国仓储活动的发展历史，大致经历古代仓储业、近代仓储业、社会主义仓储业、现代化仓储业四个阶段。

仓储的价值主要体现在其具有的基本功能、增值功能以及社会功能三个方面。

狭义上讲仓储管理是对货物存储的经营管理；从广义上看，仓储管路是对物流过程中货物的储存、中转过程以及由此带来的商品装卸、包装、分拣、整理、后续加工等一系列活动的经营管理。仓储管理具有经济性、技术性和综合性的特点。仓储管理的基本原则应该是保证质量、注重效率、确保安全、讲求效益。

仓储管理通常包括仓库的选址与建设、仓库机械作业的选择与配置、仓库作业组织和流程、仓库管理技术的应用、仓库的作业管理、仓储综合成本控制六个方面内容。

现代物流管理是从原材料的采购、产品生产到产品销售的全过程的实物流的统一管理，是促进产品销售和降低物流成本的管理。物流过程需要经过众多的环节，其中仓储过程是最为重要的环节之一，也是必不可少的环节。仓储从传统的物质储存、流通中心，发展到成为物流的节点，作为物流管理的核心环节而存在并发挥着整体物流协调的作用。

习题

1. 什么叫仓储？什么叫仓储管理？
2. 仓储有哪些作用？仓储有哪些类型？
3. 简述仓储的基本功能。
4. 简述仓储管理的内容。
5. 简述仓储在现代物流中的作用。

案例分析

案例：香港和记黄埔港口集团旗下的大型仓储基地
——观澜内陆集装箱仓储中心

和记黄埔港口集团旗下的深圳和记内陆集装箱仓储有限公司在深圳观澜设立了大型物流仓储基地"观澜内陆集装箱仓储中心"，以配合华南地区的进出口贸易发展。目前已建成两座面积为2万平方米的大型出口监管仓、4万平方米的货柜堆场，以及与之相配套的报关楼、验货中心及办公场所。

观澜内陆集装箱仓储中心实现高科技智能化出口监管仓及堆场操作，包括采用WIS（仓储管理系统）和TOMS（堆场管理系统）管理仓储运作及堆场操作；全球海关、船公司、租箱公司及客户查询库存资料，了解货物进出仓的情况；IC卡闸口自动识别验放CTV全方位监控；电子系统报关，为客户提供方便快捷的报关服务。

同时，与和黄投资的南方明珠盐田国际集装箱码头有限公司联手，采用GPS卫星定位系统。在盐田与观澜之间进行途中监控，并在盐田港入闸处为货柜车开辟专门的"绿色通道"，以达到信息共享、统一协调、分工合作，充分发挥港口与仓储运作的优势，将盐田码头服务功能延伸至更靠近各生产厂家的内地。观澜内陆集装箱仓储中心目前为国外销售商、集运公司、货运代理、生产厂家、船公司及租箱公司提供优质监管仓拼柜集运、国内配送、货柜堆存等服务，对推动华南地区的物流发展做出了贡献。

（资料来源：周欢．案例1：香港和记黄埔港口集团旗下的大型仓储基地［EB/OL］. http://wenku.baidu.com。）

问题：
1. 观澜内陆集装箱仓储中心如何进行仓储管理的呢？
2. 结合仓储管理的发展趋势，谈谈观澜内陆集装箱仓储中心未来该如何发展？

参考文献

[1] 唐连生，李滢棠．库存控制与仓储管理［M］．北京：中国物资出版社，2011
[2] 何庆斌．仓储与配送管理［M］．上海：复旦大学出版社，2013
[3] 宋丽娟，马骏．仓储管理与库存控制［M］．北京：对外经贸大学出版社，2009
[4] 真虹，张婕姝．物流企业仓储管理与实务［M］．北京：中国物资出版社，2007

第二章
仓储规划与设计

本章学习要点

◆ 了解仓储规划的意义、步骤与基本目标
◆ 熟悉资料收集、整理和分析的技能
◆ 了解仓储选址的原则和影响因素
◆ 掌握仓储选址的方法
◆ 掌握计算仓储规模的决策方法
◆ 掌握货位布局方式
◆ 熟悉商品货位编码方式
◆ 掌握商品堆垛方法

引例

海尔集团仓库选址规定

一、仓库选址的要求

1. 基本原则

（1）根据公司目前的业务特性确定仓库选址的基本原则。
（2）尽可能靠近终端市场，以便提高市内货物配送时效，降低配送成本。
（3）或者以接近目标客户群和核心客户群为佳。
（4）必须具有延展性，当公司业务量扩大时，仓库可在原址不动的情况下进行面积扩增。
（5）必须与办公场地分离，具有独立运作性。

2. 交通情况

（1）仓库应尽可能靠近交通枢纽、交通干道。
（2）仓库周边道路通畅，方便机动车辆进入。
（3）仓库所在地点有固定的停车场所，方便机动车辆停靠。

3. 周边环境

（1）要求应尽可能选择仓库承租的物业或工业区、物流、物流园配有24小时保安值班。
（2）要求应尽可能选择仓库所在地的周边环境比较单纯，避开外来人口杂居的生活区。

（3）详细掌握当地交通管制情况是否对仓库车辆进出的影响。

（4）详细了解和掌握仓库所属物业的电力供应情况。

（5）仓库地势必须是高于周边地势，有良好的排水性，以防灾害性气候造成积水、滑坡或泥石流等不可抗力风险。

二、仓库内部结构的要求

1. 楼层要求

（1）仓库的楼层要求应尽可能选择位于一层或低楼层（要求低于六楼）的位置以方便货物进出。

（2）仓库若不在一层的则必须确保是有足够的、正常的货运电梯使用。

2. 房屋结构

（1）仓库的房屋结构尽可能选用钢混结构和框架结构，库区四面墙体必须为实体墙，牢固不开裂，框架齐整利用率高。

（2）仓库地面应尽可能选择水磨地砖地面，若为水泥地面应详细了解水泥标号是否合格。

（3）仓库内无管道裸露在外，不会发生漏雨、滴水、渗水的现象。

（4）仓库内应配有规定的消防水栓和消防喷淋或设置消防通道。

三、仓库选址的提报

对于新仓库的选址需要向总部物流部提供如下资料：

1. 仓库选址申请报告。申请报告包含内容：建仓或搬仓的理由，原先仓库的合同期限，新仓库面积的需求，新仓库计划运营日期。

2. 仓库选址的对比资料。仓库选址至少要提供三个备选方案，向总部提报《备选仓库对比表》和相关照片。

（1）备选仓库的仓库平面图。

（2）备选仓库的照片（如：周边环境、停车场、货梯、仓库入口、仓库内部）。

（3）备选仓库的《备选仓库对比表》。

（资料来源：海尔集团仓库租赁选址规定［EB/OL］. http：//www.docin.com/p-350080820.html。）

第一节　仓储规划的意义、步骤

一个好的仓库应该达到空间利用、设备利用和劳动力利用的最大化、所有物料容易接近且能得到最大保护的目标，这就要求有合理的规划和设计。仓储规划是指在一定区域或库区内，对仓库的地理位置、规模数量、平面布局、通道宽度等各种要素进行科学的规划和整体设计，它代表一个企业在赢得时间与地点效益方面所做出的努力，在一定程度上是反映企业实力的一个标志物。仓储规划的内容包括仓库选址、确定仓库的大小和数量以及仓库的布置与设计等。

一、仓储规划的意义

规划的合理性将对仓库的设计、施工和运用、仓库作业的质量和安全，以及所处地区或企业的物流合理化产生深远的影响，会对企业长期运营有持续的影响。合理的仓储规划不仅能有效降低成本，减少企业物流资本的支出，还可以改善物流，提高供货效率和库存水平，进而提升企业的服务水平。

二、仓储规划的步骤

一般来说，仓储规划包括规划准备阶段、总体规划阶段、总体方案评估阶段、局部规划设计阶段、局部方案评估阶段、方案执行阶段六个步骤，具体如下。

（一）规划准备阶段

（1）必要性、可行性分析：仓库建设是一项系统工程，需要大量投资，因此在建设前必须明确企业建设仓库的必要性，确定待建仓库在企业物流系统中的功能和作用，并对仓库建设的可行性进行详细分析。

（2）制定目标：目标的制定有助于对时间和努力做出合理安排，提高效率，利于资料的收集与后续规划需要。

（3）收集、分析资料：收集备选地址、作业流程、货物类型、订单数量等各种信息，采用ABC、EIQ等分析方法对收集到的资料进行系统分析，得到的结果可作为后续规划工作的参考依据。

（二）总体规划阶段

（1）仓储选址：了解备选地址的气象地质条件、地面承载能力以及其他环境影响等，运用综合因素评价法、重心法等选址方法确定仓储地址。

（2）规模设计：仓库的设计规模主要取决于其库存容量，即同一时间内储存在仓库内的货物单元数。如果已经给出库存容量，就可以直接应用这个参数；如果没有给出库存容量，就要订单数量、库存周转率等信息通过预测技术来确定库存容量。根据库存容量和所采用的作业设备的性能参数以及其他空间限制条件可确定仓库的总体规模。

（3）布局设计：确定了仓库的总体规模之后，便可以进一步根据仓库作业的要求进行布置，确定对采暖、采光、通风、给排水、电力、防火等方面的要求，主要包括仓库的结构类型、作业方式等。

（4）货物布局设计：对货物进行分类，确定不同类型货物的摆放位置、编号方式、堆垛方式等。

（三）总体方案评估阶段

运用决策理论与方法，系统全面地对各个备选方案做出评估，选择可使利润最大化或成本最小化的方案。

（四）局部规划设计阶段

（1）确定设备设施的规格：设计各种设备设施的数量、类型、大小等规格。

（2）确定货物规格参数：仓库以单元化搬运为前提，所以确定货物单元的类型、尺寸、重量等规格参数是一个重要的问题。它不仅影响仓库的投资，而且对于整个仓储系统的规划设计具有极为重要的影响。

（五）局部方案评估阶段

与总体方案评估类似，对各个备选方案做出评估，选择最优方案。

(六) 方案执行阶段

(1) 确定管理和控制方式：依据员工个人技能特征合理配置人员的工作岗位，制定仓储设备、设施以及货物的管理制度。为了尽量减少风险，防止资金、时间和其他资源的损失，制定恰当的控制方式。

(2) 安排进度、全面预算：为确保规划工作有条不紊地进行、及时完成，保证规划质量，必须做出合理的进度安排。资金是进行一切工作的前提，因此必须全面计算仓库各组成部分的设备费用、软件费用、运输费用、建筑费用等，做出精确的财务预算，有效控制财务支出。

整个过程可以用如图 2-1 所示。

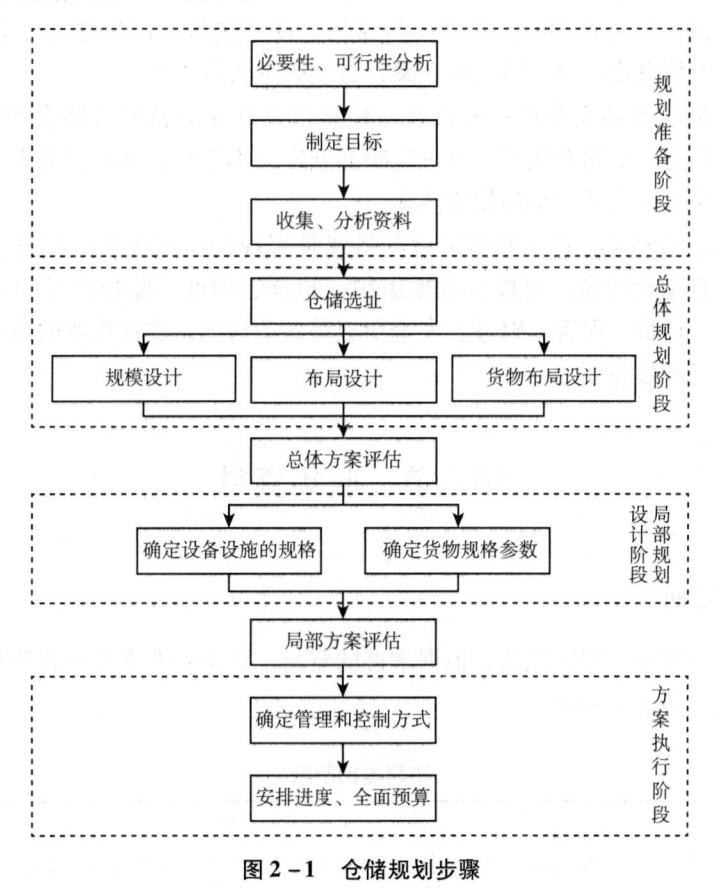

图 2-1 仓储规划步骤

第二节 规划目标的确定

确定适当的规划目标有利于资料的收集与后续规划需要，基本目标大致可以分为以下几方面：

(1) 空间利用最大化：为了减少企业的土地成本，使仓库的设计向高空发展，提高仓库的空间利用率，以节省土地资源。

（2）成本最小化：综合考虑运输成本、建筑成本、土地成本、设备成本等各种成本因素，进行成本核算，使总成本最小化。

（3）设备利用最大化：如果设备数量、类型设计不合理，会造成大量的设备闲置，或是不能及时满足作业需求。因此，需要依据收集的物品、订单等资料设计适当的设备数量，使设备得到充分利用。

（4）劳动力利用最大化：依据员工学历、性别、技能等特征，合理配置各作业所需的人员数量，避免出现闲置人员。

（5）最大营运量：依据物流、订单等信息，计算仓储中心每日的最大吞吐量、最大存放量，将其作为设计仓库时的基准。

（6）利于管理：设计合理的仓库规模与布局，使得进货、出货等作业有序进行，并且使各种货物、作业信息都可以及时记录在案，方便管理人员查看。

（7）规避风险、提高安全性：分析仓库建立以及仓库运营时可能会产生的各种风险，设计合理的堆垛高度、电路布线等，对危险物品仓库分类存放，并配置灭火器等设施，提高仓库的安全性，选择最有效的措施规避风险。

（8）信息化、自动化：信息网络平台的搭建是实现仓储现代化的有效手段，配置仓储管理信息系统和自动化设备，可以有效地组织、指挥、调度、监督物资的入库、出库、储存、装卸、搬运、计量、保管、财务、安全保卫等各项活动，实现作业的高质量、高效率运作，取得较好的经济效益。

第三节 收集资料

一、资料类别

收集资料的目的在于把握现状，根据掌握的资料，认识企业现有的物流状况，进而设计合理的仓储规划（见表2-1）。

表2-1　　　　　　　　　　　　资料类别明细

项目	内容
物品资料	货物的名称、品种、数量、性质、规格要求、环境要求、包装方式等情况
需求信息资料	订单的数量、交付日期等
储运设施资料	道路需求、货架、站台、车库、周转区等 仓储内使用的各种设备，包括运输机、起重机、升降机或叉车等 各设备的储运单位信息
人力资料	人员配置情况，充分了解现有员工的教育程度、年龄、性别、技能等 各作业单位之间的人事、组织、协调和业务等方面的情况
地理资料	调查备选地址周边的电力、供水、排污、人流、车流等情况 收集备选地址的地形、环境、交通等资料

续表

项　目	内　　容
作业流程资料	常态性物流作业（进货、储存保管、拣货、出货、输配送、仓管）的流程资料 非常态性物流作业（退货、换补货、物流配合）的流程资料
物流资料	生产车间、仓库、转运站和销售地点等的具体位置 运输方式、储运单元、储运速度、储运批量及储运周期等
信息技术资料	信息系统在各物流网点的配置情况 商品条码、RFID 技术的应用情况 条码设备、RFID 设备的数量、类型资料
成本资料	土地建筑成本：租金、地价税等 设备费用：单价、折旧费、修理费等 管理费用：员工工资、差旅费、水电费、保险费等

二、资料分析方法

获取原始资料以后，应对资料作进一步的分解、整理，以作为规划设计的参考依据，常用的方法有 ABC 分类法和 EIQ 分析法。

（一）ABC 分类法

ABC 分类法（activity based classification）又称主次因分析法，是由意大利经济学家维尔弗雷多·帕累托于 1879 年首创的。该方法的核心思想是在决定一个事物的众多因素中分清主次，识别出少数的但对事物起决定作用的关键因素和多数的但对事物影响较少的次要因素。由于它把被分析的对象分成 A、B、C 三类，所以称为 ABC 分类法。在一个大型公司中，仓库存货的种类通常会很多，多则十几万种甚至几十万种，因此在进行仓储规划时可能会出现混乱，采用 ABC 分类法可以有效地对物品资料进行分析，进而设计合理的仓储规划。有关 ABC 分类法的具体内容请参见本书第七章。

（二）EIQ 分析法

EIQ 分析法由日本物流研究所的铃木震先生提出并积极推广。其中，E 是指 "Entry"，代表客户或者客户的订单；I 是指 "Item"，代表货物品项；Q 是指 "Quantity"，代表货物数量。即 EIQ 分析法是从客户订单的品项、数量、订货次数等方面对资料进行分析，研究仓库的需求特性，提供仓储规划依据。EIQ 分析的项目主要有以下几种：

(1) EN 分析（每张订单的订货品项数量分析〈注：N 为日文 Nnai 意 "种类" 的首字母〉）：主要分析订单的订货品项数分布情况，对于订单处理的原则及拣货方式的规划有很大影响，还将影响出货方式及出货区的规划。此外，还可用来规划拣货时间与人力需求，以此作为拣货作业的生产力指标。

(2) EQ 分析（每张订单的订货数量分析）：可作为仓储规划及拣货方式的参考依据。当订单量分布趋势越明显时，则分区规划的原则越易运用，否则应以弹性化较高的设备为主。当 EQ 量很小的订单数所占比例较高时（>50%），可将该类订单另行分类，以提高拣货效率。如果以订单类别拣取则需设立零星拣货区；如果采取批量拣取则需视单日订单数及物性是否具有相似性，综合考虑物品分类的可行性，以决定是否在拣取时进行分类，还是在物品拣出后在分货区进行分类。

（3）IQ分析（每个单品的订货数量分析）：主要了解各类产品出货量的分布状况，分析产品的重要程度与运量规模。可用于仓储的规划选用、储位空间的估算，还将影响拣货方式以及拣货区规划。规划储区时应以一时间周期的IQ分析为主（通常为一年），若配合进行拣货区的规划时，则需参考单日的IQ分析。此外，由于结合出货量与出货频率进行关联性分析可以使整个仓储与拣货方式的规划更趋于实际，因此可进行单日IQ量与全年IQ量的交叉分析。

（4）IK分析（每个单品的订货次数分析〈注：K为日文Kasanatsut意"重复"的首字母〉）：主要分析每一产品类别的出货次数分布，对于了解产品类别的出货频率有很大的帮助，主要功能可结合IQ分析储存选择和拣货方式。此外，当储存、拣货方式已被决定之后，有关储区的划分及储位配置，均可利用IK分析的结果作为规划参考的依据。

第四节 地址选择

仓储选址是指运用科学的方法决定仓库的地理位置，使之与企业的整体经营运作系统有机结合，以便有效经济地达到企业的经营目标。仓储选址对商品流转速度和流通费用产生直接的影响，并关系到企业对顾客的服务水平和服务质量，最终影响企业的销售量和利润。一个好的选址方案可使商品通过仓库的汇集、中转、分发，直至输送到需求点的全过程效益最好。

一、选址的思想

关于选址，经济学家和地理学家曾提出了很多经典的区位理论，运输成本是贯穿这些早期研究的共同主题。区位不仅表示一个位置，还表示为特定目标而标定的一个地区、范围，还包括人类对某事物位置的设计与规划，优势区位将给经济主体带来额外的经济利益。因而，了解经典的区位理论，对选址的合理制定具有重大帮助。

（一）约翰·杜能的农业区位理论

德国经济学家约翰·杜能（Johann Heinrich von Thünen）最早注意到区位对运输费用的影响。杜能指出距离城市远近的地租差异是决定农业土地利用方式和农作物布局的关键因素。由此他提出了以城市为中心呈六个同心圆状分布的农业地带理论，即著名的"杜能环"（见图2-2）。

依据杜能的观点，在什么地方建立什么类型的仓库最为有利，主要取决于利润。仓储的选址不仅取决于自身特征，更重要的是其经济状况以及到终端市场的距离。

（二）韦伯的工业区位理论

德国经济学家韦伯（Alfred Weber）提出的工业区位论的最大特点之一是最小费用原则。他认为运输费用决定着工业区位的基本方向，理想的工业区位是运距和运量最低的地点。除运费以外，韦伯又增加了劳动力费用与集聚两个因素，认为由于这两个因素的存在，原有根据运输费用所选择的区位将发生变化。在三个因素中，他认为运费对工业的基本定向起最有力的决定作用。劳动力费用的影响可能引起由运输定向的工业区位产生第一次"偏离"。而

图 2-2 杜能环

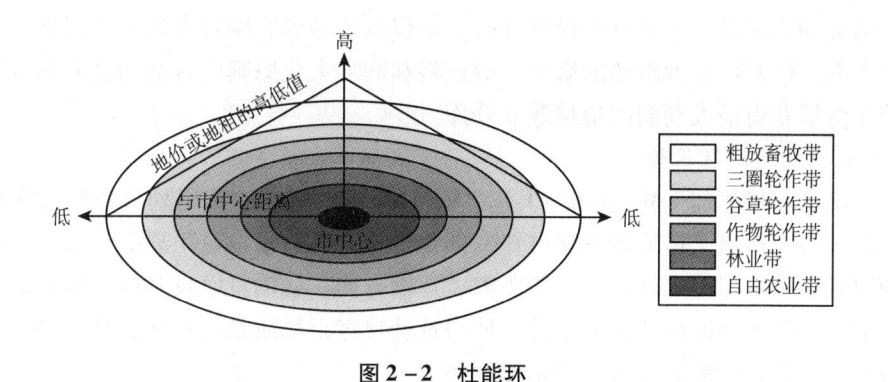

集聚被归之为由于外部经济引起的向一定地点集中的一般区位因素，可改变运输费用和劳动力费用的作用，而产生第二次"偏离"。

在进行仓储选址时，首要考虑交通运输问题，比较备选方案的运输费用高低，并综合考虑劳动力费用与集聚情况，选择总费用最低的地方。需要注意的是：处于高运输费用的区位，有可能由于劳动力费用的节约而得到弥补，使得仓库离开运费最小的位置而移向廉价劳动力的地区。

（三）克里斯泰勒的中心地理论

德国地理学家克里斯泰勒（Walter Christaller）认为组织物质财富生产和流通的最有效的空间结构是一个以中心城市为中心的、由相应的多级市场区组成的网络体系。在市场原则基础上形成的中心地的空间均衡是中心地理论的基础。中心地是指能够向周围区域的消费者提供各种商品和服务的地点。中心地分为高低不同的等级，按照一定的规则分布，一般是三个中心地构成的三角形，其重心是低一级中心地布局的区位点。各等级间的中心地数量、距离和市场区域面积呈几何数变化。各中心地布局在两个比自己高一级的中心地的交通线的中点。

因此，在进行仓储选址时，应该首先确定仓库的类型是高级的还是低级的。高级仓库通常指储存名牌服装、宝石等高档消费品的仓库，而低级仓库用来储存百货、副食品、蔬菜等低档消费品。然后结合现有仓库的地理信息，运用中心地理论进行选址。

（四）廖什的市场区位理论

德国经济学家奥古斯特·廖什（August Losch）将利润原则应用于区位研究，建立了以市场为中心的工业区位理论。廖什创造了著名的需求圆锥体理论：每一单个企业产品销售范围，最初是以产地为圆心，最大销售距离为半径的圆形，而产品价格又是需求量的递减函数，所以单个企业的产品总销售额是需求曲线在销售圆区旋转形成的圆锥体。随着更多工厂的介入，每个企业都有自己的销售范围，由此形成了圆外空当，即圆外有很多潜在的消费者不能得到市场的供给，但是这种圆形市场仅仅是短期的，因为通过自由竞争，每个企业都想扩大自己的市场范围，因此圆与圆之间的空当被新的竞争者所占领，圆形市场被挤压，最后形成了六边形的市场网络。

廖什的市场区位理论以市场需求作为空间变量对市场区位体系做出解释，定义了依赖于市场区以及规模经济和交通成本间关系的节点区，在区位理论的发展上具有重要的意义。该理论给予选址的启示是：在进行仓储选址时，不仅应该考虑仓库自身的经济因素，还应充分考虑消费者需求以及供给者距离的影响。应该将利润最大化原则同货物的去向范围联系在一起，选择在能够获得最大利润的地域建立仓库。

（五）胡佛的运输区位论

美国经济学家埃德加·M.胡佛（Edgar M. Hoover）将运输费用划分为装卸费用和线路营运费用两部分，提出了运输费率递减律，即每单位产品运输单位距离的运输价格随着距离的增加而递减。依据胡佛的观点，运输距离、运输方向、运输量以及其他交通运输条件的变化往往会引起经济活动区位选择的变化，使得选址接近市场或是原料地，抑或是二者的中间地点。因此，在选址时需要着重考虑运输问题。

二、仓库选址的原则

（一）可行性原则

仓库规划要充分考虑到建设的可行性、可操作性。无论多好的规划，如果超出了财务预算或是因其他某些原因而不能实现，则一切都是空谈。因此，仓库规划一定要建立在企业现有的发展水平上，要考虑到实际需求，使规划能够最终实现既定目标。

（二）经济性原则

仓库建设初期的固定费用和投入运行后的变动费用都与选址有关。选址时应以成本最小化或利润最大化为目标。通过合理选址，使运输距离最短，尽量减少运输过程的中间环节，可降低成本。此外，人力成本、建筑成本、租金、设备费用等也是重要的考虑因素。

（三）安全性原则

仓库的物资安全对企业来说至关重要，倘若忽视安全问题，可能会因选址不当而造成火灾等重大损失。因此，选址应远离产生粉尘、油烟、有害气体以及生产或储存具有腐蚀性、易燃、易爆物品的场所（锅炉房、停车场、污水处理站等），还应远离水灾火灾隐患区域（厨房、居民区等）以及强磁场源和强噪声源。

（四）协调性原则

仓库不是独立的个体，它是整个物流系统的一部分，因此在选址时，需要全面考虑运输子系统、检验子系统、供应商的位置以及客户分布等诸多方面的因素，选择能够有效协调各部门间合作的位置。

（五）战略性原则

仓库选址是一项带有战略性的经营管理活动，因此要有战略意识。选址工作既要全面分析企业服务对象的分布状况、资金状况等，也要充分考虑未来发展的可能，给仓储的扩建留出空地。

（六）环保原则

选址应有利于保护环境与景观，尽量远离风景游览区和自然保护区，不污染水源，有利于三废处理，并符合现行环境保护法规规定。

三、影响仓库选址的因素

（一）成本因素

（1）土地成本：不同地区的土地租金或征用费用是不同的，通常农业用地和环保用地的征用费用较高，在选址时应该尽量避免。

（2）运输成本：对于大多数制造业厂商和从事物流配送的企业来讲，运输成本在总的物流费用中占有较大的比率。因此，为了降低运输成本，应该尽量选择运输距离短，中间环节少的地区。

（3）人力成本：无论是劳动密集型的仓库作业，还是技术密集型的仓库作业，都需要具有一定素质的人才。不同地区的工人素质不同，工资水平也不尽相同，这些都是仓库选址者需要考虑的问题。

（二）环境因素

（1）地理条件：仓库应选择地势较高、地形平坦之处，在外形上可选择长方形，不宜选择狭长或不规则形状。从面积上来讲，应留有发展余地，以备仓库扩建之需。必须避免建造在地基承载力低、易发生滑坡、易发生洪水灾害的地段。对于山区陡坡地区地下存有古墓的地段则应该完全避开。

（2）气象条件：气候对于仓库存储和作业人员均产生一定的影响，气温过高或过低都将增加仓库气温调节的费用。因此，在选址时需要考虑温度、风力、降水量、无霜期、冻土深度、年平均蒸发量等气象条件。例如：选址时要避开风口，因为在风口建设会加速露天堆放的商品老化。

（3）水电供应条件：应选择靠近水源、电源的地方，保证方便可靠的水电供应，且场区周围要有污水、固体废物处理能力。

（4）运输条件：仓库的位置必须具备方便的交通运输条件，最好靠近现有的水陆交通运输线，如港口、车站、交通主干道（国、省道）、铁路编组站、机场等，确保有两种运输方式衔接。对于大型仓库还应考虑铺设铁路专用线或建设水运码头。

（5）安全条件：仓库地点的选择要对安全条件进行详细的调查分析。由于仓库是火灾重点防护单位，不宜设在易散发火种的工业设施附近；同时，为了方便消防灭火，仓库周围的建筑物和道路必须保证交通畅通，防止交通阻塞。此外，仓库地点也不宜选择在居民住宅区附近，以避免各种潜在危险。

（三）社会因素

（1）供应因素：将仓库地址定位在供应商附近，不仅能够获得较低的采购价格，降低运输费用，还可以保证货物供应的时效性，减少时间延迟。

（2）客户服务因素：由于现代物流过程中能否实现准时运送是服务水平高低的重要指标，因此，在仓储选址时应该充分考虑客户分布情况、订货量、订货周期等因素，保证客户可在任何时候提出需求并能获得快速满意的服务。

（3）国家政策因素：在进行仓储选址时，需要充分考虑当地的政策、法规等因素。例如，有些地区的政府为鼓励在经济开发区建设仓库，会实行税收优惠、减免的政策，该项政策可以降低企业成本，进而影响企业的仓储选址决策。此外，仓库的选址还要兼顾城市规划用地等其他要素。

四、仓库选址的步骤

（1）需求分析：根据拟建仓库的任务量大小和拟采用的储存技术、作业设备对仓库需占用的土地面积以及所需的最大库存量进行估算。

（2）调查资料：实地调查备选方案的交通运输、地质、水文、气象等资料，掌握业务量、土地建筑费用等信息资料，确定多个备选地址方案。

（3）初步筛选：在对所取得的资料进行充分的整理和定性分析后，就可以依据需求初步确定选址范围，即确定初始候选地点。

（4）定量分析：针对不同情况选用不同的方法进行计算，得出结果。如果是对单一仓库进行选址，可采用加权法、重心法等。如果对多个仓库进行选址，可采用 Kuehn Hamburger 模型、Baumol Wolfe 模型、CELP 法等。

（5）结果评价：结合市场条件、资金约束条件等对计算所得结果进行评价，看其是否具有现实意义及可行性。如果评价通过，则计算结果即为最终结果；如果发现计算结果不具备可行性，则返回第三部重新确定筛选条件，并重新计算，直至得到最终结果为止。

（6）确定选址：当计算所得到的结果满足具备现实意义时，即可作为最终的计算结果。需要注意的是，所得解不一定为最优解，可能只是符合条件的满意解。

五、仓库选址的方法

（一）加权评价法

加权评价法是一种定性与定量相结合的方法，以数理统计与概率论为理论基础，主要考察仓库选址的非经济因素影响，并根据各影响因素的重要程度对方案进行评价、打分，以找出最优选址方案的方法。具体步骤是：

（1）假定共有 k 个备选场址，方案集合为 $(a^1, a^2, \cdots, a^k)$。针对场址选择的基本要求列出要考虑的各种非经济因素。

（2）对第 $j(j=1,\cdots,m)$ 个非经济因素赋予权重 w_j，以反映这个因素的相对重要程度。一般可通过决策者或专家打分再求平均值的方法来确定权重。假定有 N 个人对权重发表意见，则权重为

$$w_j = \frac{1}{N}\sum_{n=1}^{N} w_{nj} \tag{2.1}$$

（3）对所有因素的评分设定一个共同的取值范围，一般是 1~10，或 1~100；然后对第 $i(i=1,\cdots,k)$ 个备选地址的所有因素按设定范围打分，得到第 i 个备选地址的第 j 个非经济因素分数 u_j^i。

（4）用各个非经济因素的得分与其对应的权重相乘，再将各方案的所有因素加权值相加，得到每一个备选地址的最终得分 $u(a^i)$，计算公式如下：

$$u(a^i) = \sum_{j=1}^{m} w_j u_j^i, i = 1,\cdots,k \tag{2.2}$$

（5）选择具有最高总得分的地址作为最佳的地址，即

$$a^* = \max[u(a^i)], i = 1, \cdots, k \tag{2.3}$$

（二）因次分析法

因次分析法将经济因素和非经济因素按照相对重要程度统一起来，确定各种因素的重要性因子，按重要程度计算各方案的重要性指标，以场址重要性指标最高的方案作为最佳方案。具体方法为：

(1) 设经济因素的相对重要性为 A，非经济因素的相对重要性为 B。

(2) 确定经济因素的重要性因子 ET^i。

假定共有 k 个备选场址，方案集合为（a^1, a^2, $\cdots$, a^k），C^i 为第 i 个（i = 1, $\cdots$, k）备选场址方案的经济总成本，则

$$ET^i = \frac{1/C^i}{\sum_{i=1}^{k} 1/C^i} \tag{2.4}$$

在上式中，取成本的倒数进行比较是为了和非经济因素进行统一，因为非经济因素越重要其指标应该越大，而经济成本越高，经济性越差，所以取成本的倒数进行比较，计算结果数值大者经济性好。

(3) 确定非经济因素的重要性因子 NT^i。

① 计算单一非经济因素的重要性因子 DT_j^i：假设共有 j 个（j = 1, $\cdots$, m）非经济因素，对不同备选场址中的某一因素进行两两比较，得到非经济因素 j 的相对比重 G_j^i。将方案 i 中的每一非经济因素比重除以所有方案中的该因素比重之和，得到非经济因素 j 的重要性因子 DT_j^i，计算公式为

$$DT_j^i = \frac{G_j^i}{\sum_{i=1}^{k} G_j^i} \tag{2.5}$$

② 计算各个非经济因素在不同备选场址中的权重 W_j^i：可以用两两比较的方法确定，也可以由专家根据经验确定。

③ 确定非经济因素的重要性因子 NT^i：针对每一方案，求取各个单一非经济因素重要性因子的加权和，得到非经济因素的重要性因子 NT^i，计算公式为

$$NT^i = \sum_{j=1}^{m} W_j^i \times DT_j^i, i = 1, \cdots, k \tag{2.6}$$

(4) 将经济因素的重要性因子和非经济因素的重要性因子按重要程度相加，得到第 i 个方案的重要性指标 $T(a^i)$：

$$T(a^i) = A \cdot ET^i + B \cdot NT^i, i = 1, \cdots, k \tag{2.7}$$

(5) 选取重要性指标最高的方案作为最佳方案，即

$$a^* = \max[T(a^i)], i = 1, \cdots, k \tag{2.8}$$

(三) 重心法

1. 假设条件

(1) 假设需求量集中于某一点。

(2) 不考虑在不同地点建设仓库所需的土地成本、劳动力成本、水电成本等经营建设费用之间的差别,而只计算运输成本。

(3) 假定运价随运距成比例增加。

(4) 假定仓库与其他网络节点之间的路线为直线。

(5) 不考虑未来收入和成本的变化。

2. 基本原理

设有多个生产地 P 和需求地 M,各自有一定量的货物需要以一定的运输费率运向位置待定的仓库,或从仓库运出,将其抽象成一系列点 i,如图 2-3 所示。

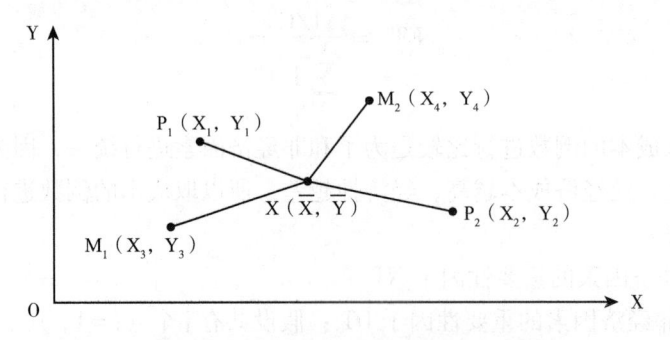

图 2-3 单一仓库与多个工厂及客户位置分布

则求取总运输成本最小点的计算公式如下:

$$\min TC = \sum V_i R_i d_i \tag{2.9}$$

式中符号含义:TC——总运输成本;V_i——i 点的运输量;R_i——到点 i 的运输费率;d_i——从位置待定的仓库到点的距离。

设产地和需求地的坐标为 (X_i, Y_i),位置待定的仓库的坐标为 $(\bar{X}, \bar{Y})$。则距离 d_i 可以由下式计算得到:

$$d_i = K\sqrt{(X_i - \bar{X})^2 + (Y_i - \bar{Y})^2} \tag{2.10}$$

K 代表度量因子,即将坐标轴上的一单位指标转换为更通用的距离度量单位,如英里或公里。

将式(2.10)代入式(2.9)中,求 TC 对 $\bar{X}$ 和 $\bar{Y}$ 的偏导,令其等于零解得仓库位置的坐标值:

$$\bar{X} = \frac{\sum_i V_i R_i X_i / d_i}{\sum_i V_i R_i / d_i} \tag{2.11}$$

$$\bar{Y} = \frac{\sum_i V_i R_i Y_i / d_i}{\sum_i V_i R_i / d_i} \tag{2.12}$$

3. 求解步骤

步骤1：确定各产地和需求地的坐标值（X_i，Y_i），同时确定各点货物运输量和直线运输费率。

步骤2：不考虑距离因素 d_i，用重心法公式估算初始选址点。

$$\bar{X} = \frac{\sum_i V_i R_i X_i}{\sum_i V_i R_i} \tag{2.13}$$

$$\bar{Y} = \frac{\sum_i V_i R_i Y_i}{\sum_i V_i R_i} \tag{2.14}$$

步骤3：根据式（2.10），用步骤2得到的 $\bar{X}$ 和 $\bar{Y}$ 计算 d_i（此时，无须使用度量因子）。

步骤4：将 d_i 代入式（2.11）和式（2.12），解出修正的 $\bar{X}$ 和 $\bar{Y}$。

步骤5：根据修正的坐标值，再重新计算 d_i。

步骤6：重复步骤4和步骤5，直至坐标值（$\bar{X}$，$\bar{Y}$）在连续迭代过程中不再变化，或变化很小继续计算没有意义为止。

步骤7：最后，如果需要，利用式（2.9）计算最优选址的总成本。

在实际应用中，该方法可以计算出一个合理接近最优解的选址，可以近似地得出最小成本解，而且当各点的位置、货物运输量及相关成本完全对称时，还可得出最优解。但要找出一个更精确的重心解还需要通过其他算法继续求解。

六、特殊仓库选址的注意事项

（1）冷藏品仓库：冷库是以机械制冷的方式，使库内保持一定的温湿度，以储存食品、工业原料、生物制品和药品等对温湿度有特殊要求商品的仓库。往往选择建在屠宰场、加工厂、毛皮处理厂等附近。由于有些冷藏品仓库会产生特殊气味、污水、污物，而且设备及运输噪声较大，可能对所在地环境造成一定影响，故多选择建在城郊。

（2）危险品仓库：凡具有爆炸、易燃、毒害、腐蚀、放射性等性质，在储存过程中容易造成人身伤亡和财产损毁的货物仓库需要特别防护。一般选择较为空旷的地区，远离居民区、供水地、主要交通干线、农田等，处于当地长年主风向的下风位。如果必须建立在市内，大、中型的甲类和大型乙类仓库与居民区和公共设施的间距应大于150米，与企业、铁路干线的间距应大于100米，与公路间的距离应大于50米，在库区大型库房间距为20~40米，小型库房间距为10~40米。易燃商品应放置在地势低洼处，桶装易燃液体应放在库内。

（3）粮食仓库：由于粮食自身的易潮性、易受害虫性、易流失性，粮食仓库应该优先选择建设在粮食主产区、主销区和交通干线粮食集散地，以免运输距离拉得过长，商品损耗过大。

第五节 仓库规划

仓库是货物仓储的主要空间，是仓库工作人员的活动地方，同时也是仓储管理工作的主要场所。通过对仓库的有限空间进行合理的规划，不仅能增加仓库的存储容量，而且能为工作人员提供好的工作环境，同时也有利于提高仓储管理工作的水平，保证仓储活动中各种作业协调、高效地进行。仓库规划是指在一定区域或库区内，对仓库的数量、平面布局、地理位置和仓库内设施等各要素进行科学的规划和整体设计。

一、仓库规划的基本要求

（1）效益要求：有利于提高仓储的总体经济效益。

（2）效率要求：防止重复装卸搬运、迂回运输，避免交通阻塞、人员闲置，利于充分利用仓库的设施设备，以提高作业效率。

（3）运作要求：要根据仓库作业流程设计，保证企业运作的正常进行；应使人员容易接近物料；通道的设计必须足够宽，以便于物料搬运。

（4）空间利用要求：最大限度地减少用地，充分利用仓库面积和建筑物空间，同时要考虑到仓库在未来扩建的可能。

（5）安全性要求：要符合防水、放火、防爆的要求，能够保证物资、人员、设施的安全。

二、仓库的规模设计

仓库规模是指仓库能够容纳的货物的最大数量或容纳货物的总体积。仓库的商品储存量是直接影响仓库规模的因素。仓库规模设计是根据仓库的业务性质、仓库场地条件和储存物品的特性、仓储技术条件等因素，对仓库的主要建筑物、辅助建筑物、构筑物、货场、站台等固定设施和库内运输路线进行总体安排和配置，以便最大限度地提高仓库储存和作业能力，降低各项仓储作业费用，更有效地发挥仓库在物流过程中的作用。

（一）仓库数量的确定

1. 确定仓库数量应该考虑的成本因素

确定仓库的数量一般要考虑四个因素：销售机会损失的成本、存货成本、仓库成本、运输成本。图2-4表明了除销售机会损失的成本外，其他成本与仓库数量之间的关系。从图2-4中可以看出：所有商品的存货成本将随着仓库数量的增加而增加。更多的仓库意味着购买或租赁更多的土地，因此仓库成本也随着仓库数量的增加而增加；但当仓库达到一定数量后，其增加趋势将会减缓。同时，运输成本将随着仓库数量的增加而减少。

2. 影响仓库数量的其他因素（见表2-2）

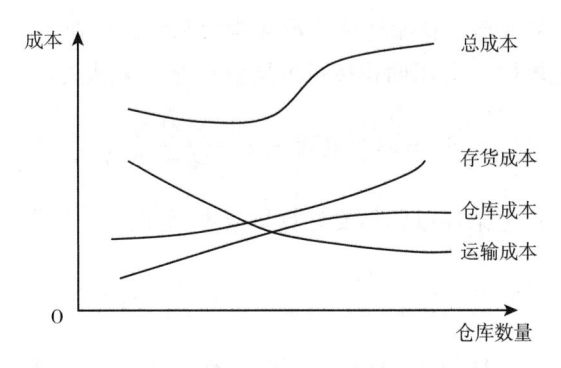

图 2-4 成本和仓库数量之间的关系

表 2-2　　　　　　　　　　　　影响仓库规模的因素

微观因素	宏观因素
库存物品尺寸	客户服务水平
使用的货架类型	市场大小
货物存储方式	需求水平
仓库日吞吐任务量	竞争环境
最大日库存量	供应提前期
过道要求、仓库布局	规模经济
信息技术的使用	企业专业化程度

(二) 仓库面积的确定

1. 仓库面积相关概念

(1) 仓库总面积：指从仓库外墙线算起，整个围墙内所占的全部面积。若在墙外还有仓库的生活区、行政区或库外专用线，则应包括在总面积之内。

(2) 仓库建筑面积：指所有建筑物所占平面面积之和。若有多层建筑，则还应加上多层面积的累计数。

(3) 仓库有效面积：指仓库内可以用来存放商品或是进行仓储作业的面积之和。其中库房的使用面积为库房建筑面积减去外墙、内柱、间隔墙及固定设施等所占面积。

(4) 仓库实用面积：指在仓库使用面积中，实际用来堆放商品或货架所占的面积。即库房使用面积减去必须的通道、垛距、墙距及收发、验收、备料等作业区后所剩余的面积。

2. 仓库实用面积的计算方法

(1) 计重物品就地堆码：实用面积按仓容定额计算，公式为

$$S_{实} = \frac{Q}{N_{定}} \quad\quad\quad (2.15)$$

式中符号含义：$S_{实}$——实用面积（平方米）；Q——该种物品的最高储备量（吨）；$N_{定}$——该物品的仓容定额（吨/平方米）。

仓容定额是某仓库中某种物品单位面积上的最高储存量，单位是吨/平方米。不同物品的仓容定额是不同的，同种物品在不同的储存条件下其仓容定额也不相同。仓容定额的大小

受物品本身的外形、包装状态、仓库地坪的承载能力和装卸作业手段等因素的影响。

（2）计件物品就地堆码：实用面积按可堆层数计算，公式为

$$S_{实} = 单件底面积 \times \frac{总件数}{可堆积层数} \tag{2.16}$$

（3）上架存放物品：上架存放物品要计算货架占用面积，公式为

$$S_{实} = \frac{Q}{(l \cdot b \cdot h) \cdot k \cdot r} \cdot (l \cdot b) = \frac{Q}{h \cdot k \cdot r} \tag{2.17}$$

式中符号含义：$S_{实}$——货架占用面积（平方米）；Q——上架存放物品的最高储备量（吨）；l, b, h——货架的长、宽、高（米）；k——货架的容积充满系数；r——上架存放物品的容重（吨/立方米）。

3. 仓库有效面积的计算方法

（1）比较类推法：以现已建成的同级、同类、同种仓库面积为基准，根据储存量增减比例关系，加以适当调整来推算新建库的有效面积。公式为

$$S = S_0 \cdot \frac{Q}{Q_0} \cdot k \tag{2.18}$$

式中符号含义：S——拟新建仓库的有效面积（平方米）；S_0——参照仓库的有效面积（平方米）；Q——拟新建仓库的最高储备量（吨）；Q_0——参照仓库的最高储备量（吨）；k——调整系数（当参照仓库的有效面积不足时，k>1；当参照仓库的有效面积有余时，k<1）。

（2）直接计算法：先计算出货架、堆垛、通道、收发作业区、垛距、墙距等所需要占用的面积，然后相加求出总面积。

（3）系数法：根据实用面积和仓库有效面积利用系数计算拟新建仓库的有效面积。公式为

$$S = \frac{S_{实}}{\alpha} \tag{2.19}$$

式中符号含义：S——拟新建仓库的有效面积（平方米）；$S_{实}$——实用面积（平方米）；α——仓库有效面积利用系数，即仓库使用面积占有效面积的比重。

（三）仓库的空间规划

仓库的空间规划是指仓库在立体空间上的布置，即库房层数及高度的规划。

库房层数：土地十分充裕时，从建筑费用、装卸效率、地面利用率等方面衡量，以建筑平房仓库为最好；若土地不十分充裕，则可采用二层或多层仓库。

库房标高：库房地面标高与库区路面的高度决定着仓储机械化程度和叉车作业情况。为了提高机械作业的效率，库房地平与路面之间的高差要适当，最多不能超过4%的纵向坡度。

货场标高：货场一般沿铁路专用线布置，多数跨铁路专用线两侧，在标高方面，应确保铁路专用线的正常运营。

站台标高：装卸站台包括汽车站台和火车站台，汽车站台的高度和宽度同汽车路线标高关系密切；相应地，火车站台高度则同铁路线标高存在一定关系。通常根据商品批量大小、搬运方式和运输工具的不同进行设计，一般分为高站台和低站台两种。

处理多品种、少批量的商品，一般采用高站台，即站台高度与汽车货台高度一样。站台平面与出入库作业区连成一体，进出库的商品可以方便地装入车内。一般汽车站台高出路面 0.9~1.2 米，宽度不应少于 2 米；铁路站台高出铁轨面 1.12 米，宽度不少于 3 米。处理少品种、大批量的商品，一般采用低站台，即站台面和地平面等高，有利于铲斗车、吊车等机械进行装卸作业。另外，还有一种可升降站台，即根据实际需要调节高度和坡度。

三、仓库的布局设计

（一）仓库的构成

（1）生产作业区：该区是仓库的主体部分，是商品仓储的主要活动场所，主要包括储货区、道路、铁路专用线、码头、装卸平台等。

储货区是储存保管、收发整理商品的场所，是生产作业区的主体区域。储货区主要由保管区和非保管区两大部分组成。保管区是主要用于储存商品的区域，非保管区主要包括：各种装卸设备通道、待检区、收发作业区、集结区等。现代仓库已由传统的储备型仓库转变为以收发作业为主的流通型仓库，各组成部分的构成比例通常为：合格品储存区面积为 40%~50%，通道为 8%~12%，待检区及出入库收发作业区占总面积的 20%~30%，集结区占总面积的 10%~15%，待处理区和不合格品隔离区占总面积的 5%~10%。

仓库道路的布局是根据商品流向的要求，结合地形、面积、货场位置等因素来决定道路的走向和形式的。汽车道主要用于起重搬运机械调动以及防火安全，同时也要考虑保证仓库和行政区、生活区之间的畅通。仓库道路分为主干道、次干道、人行道和消防道等。主干道采用双车道，宽度应为 6~7 米；次干道为 3~3.5 米的单车道；消防道的宽度不少于 6 米，布局在库内的外周边。

铁路专用线应与国家铁路、码头、原料基地相连接，以便机车直接进入库内进行货运。库内的铁路线最好采用贯通式，一般应顺着库长方向铺设，并应使岔线的直线长度达到最大限度，其股数应根据货场和库房宽度及货运量来确定。

（2）辅助作业区：是指为商品储运保管工作服务的辅助车间或服务站，包括车库、变电室、油库、维修车间、工具设备库等，为主要业务提供各项服务，例如设备维修、加工制造、各种物料和机械的存放等。辅助生产区应尽量靠近生产作业区。

（3）行政生活区：该区是行政管理机构办公和职工生活的区域，具体包括办公楼、警卫室、化验室、宿舍和食堂等。为了便于业务接洽和管理，行政管理机构一般布置在仓库的主要出入口，并与生产作业区用隔离墙分开。这样既便于工作人员与作业区的联系，又避免非作业人员对仓库生产作业的影响和干扰。职工生活区一般应与生产作业区保持一定距离，既能充分保证仓库的作业安全又能确保生活区的安宁。

（二）仓库布局的基本原则

(1) 便于储存保管：仓库的基本功能是对库货物进行储存保管。总体布局要为保管创造良好的环境，提供适宜的条件。

(2) 节省投资成本：仓库中的延伸性设施——供电、供水、排水、供暖、通信等设施对基建投资和运行费用的影响都很大，所以应该尽可能集中布置。

(3) 合理利用空间：最大限度地减少用地，充分利用仓库面积；尽量利用仓库的高度，有效地利用仓库的容积，杜绝仓库面积和建筑物空间的浪费，提高仓库利用率和仓库经济效益。

(4) 符合作业流程：存储区域的布置要根据仓库作业的流程，保证相关作业的相对便利，提高作业效率。存储区域的布置要尽可能缩短搬运距离，避免逆向操作和大幅度改变方向的低效率运作，防止重复装卸搬运、迂回运输，避免交通阻塞。

(5) 减少无效劳动：存储区域的布置要有利于作业时间的有效利用，避免各种工作无效重复和时间延误，使各项作业环节有机衔接，防止物资堵塞。

(6) 注重仓库安全：仓库安全是一个重要的问题，存储区域的布置要有利于包括物资、人员、设施和设备在内的整个仓库的安全，其中包括防火、防洪、防盗、防爆等。总体布局必须符合安全保卫和消防工作的要求。

（三）仓库作业区布局方式

在仓库作业区布局中考虑的优先原则是货品的快速移动原则。货品在仓库中移动时，一般要经过以下4个步骤：收货、储存、拣货和发货。依据货品流动方式有3种布局方式："直线型"、"U型"和"T型"（见图2-5）。

| 收货 | 储存 | 拣货 | 发货 |

(a) 直线型流动

| 收货 | 储存 |
| 拣货 | 发货 |

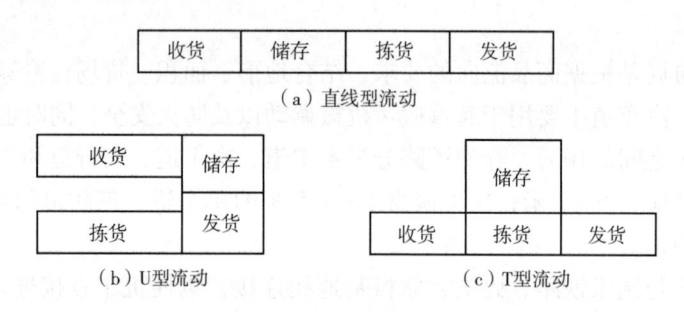

(b) U型流动

| | 储存 | |
| 收货 | 拣货 | 发货 |

(c) T型流动

图2-5 货品流动方式

(1) 直线型：收货和发货区域建筑物的朝向不同。往往被用于不同类型车辆来收货和发货的情形。直线型布置受环境和作业特性的限制，比如中国北方不适于直线型布置库房，因为冬季会形成穿堂风，影响作业。

(2) U型：在建筑物一侧有相邻的两个收货站台和发货站台，并具有以下特点：如有必要可以在建筑物的两个方向发展；使用同一个通道供车辆出入；易于控制和安全防范；环境保护问题较小。

(3) T型：在直线型流动的基础上增加了存货区域功能，它可以满足快速流转和储存两个功能，可以根据需求增加储存面积，适用范围较广。

第六节　商品仓储规划

一、仓库存储区域的划分

按照仓储作业的功能特点以及 ISO9000 国际质量体系认证的要求，库房储存区域可划分为：待检区、待处理区、不合格品隔离区、合格品储存区等（见表 2-3）。

表 2-3　　　　　　　　　　　　仓库存储区域的划分

仓库区域	标识颜色	作　用	要　求
待检区	黄色标识	暂时放置处于检验过程中的货物	仓库入口附近、便于货物的卸载和检验
待处理区	白色标识	暂时存放待验收与理货或质量未确认的货物	仓库入口附近与待检区临近、便于检验
合格货物储存区	绿色标识	保管储存合格的货物	仓库的主要存储区域
不合格货物隔离区	红色标识	暂时放置质量不合格的货物	仓库出口附近，便于货物的搬运

二、商品的分区分类

（一）分区分类的概念

分区分类是商品保管保养的一种科学方法，也是仓储管理的一种制度。分区就是按照仓库的建筑、设备条件，将库房、货棚、货场划分为若干保管货物的区域，以适应货物储存的需要。分类就是按照商品的不同属性将储存商品划分为若干大类，以便分类集中保管。例如不能将食品和有毒商品放在一起；不能将养护方法、灭火方法不同的商品混杂存放。

分区分类可以使储存条件和环境适应商品储存保管的需要。商业仓库经常要储存成千上万种商品，采取分区分类的方法，使每种商品都有固定的货区、货位存放，从而便于商品的查找、检查和养护，有利于加快商品出入库作业的速度和减少差错，同时可以确保商品储存的安全。

（二）分区分类的意义

（1）有利于合理使用仓容：同类商品集中存放，有利于在安全的原则下集零为整，合理堆码，从而节约仓容面积，提高仓容利用率。

（2）有利于提高作业效率：对同类商品或发往同一流向的商品进行集中存放，便于组织收、发货作业，做到先进先出，加速出入库效率，缩短货物拣选及收、发作业的时间。

（3）有利于业务管理：可以有计划地安排使用货位，便于合理配置和使用机械设备，有效提高机械化、自动化操作程度；合理组织劳动力，加强货物养护，为贯彻责任制以及实行其他科学管理方法创造了条件。

（4）有利于商品安全保管：分区分类可使货物存放有条不紊，确保货物的安全，减少损耗。可避免不同性质的货物混存一处，互相影响，发生霉烂变质、燃烧爆炸和错收、错发等事故而造成的损失。

(5) 有利于保管作业：对货物进行分区分类存放，使得保管员容易总结、掌握货物出入库活动规律，熟悉货物性能，提高仓库保管的技术水平。

(三) 分区分类的原则

货物的自然属性、性能应一致：在分区分类的仓储管理中，货物的自然属性与性能应该保持一致，性质互有影响或抵触的货物不能存放在一起。

货物的养护措施应一致：在仓储管理中，考虑到不同类别的货物所要求的温度、湿度、光线等养护条件不同，应该分区分类存放，将保管要求条件相同的货物存放在一起。

货物的作业手段应一致：在货物仓储的分区分类过程中，同一分区的货物在作业方法上需要保持一致，作业方法不同的货物不能存放在一起。

货物的消防方法应一致：在货物仓储的分区分类过程中，需要考虑到存储货物消防方法的差异，对于消防灭火方法不同的货物不能存放在一起。

(四) 分区分类的方法

规划分区分类之前，要调查研究仓库业务部门需要入库储存的货物情况。清楚仓库经营的品种、数量与进出库的批量；货物性能、包装状况及其所需的保管条件、消防要求；货物收发、装卸、搬运等所需的机器设备和工作量的大小；仓储货物收发方式、大致流向和周转期；有无特殊的保管、验收和理货要求等。

通过对仓库业务活动的调查与分析，分清在性能、养护和消防方法上一致的各类商品所需仓容，考虑对储存、吞吐条件的要求，结合仓库的具体设备条件，确定适合的分区分类依据。由于仓库的类型、规模、经营范围、用途各不相同，各种仓储货物的性质、养护方法也迥然不同，因而分区分类储存的方法也有多种，需统筹兼顾，科学规划。

(1) 按货物种类和性质分区分类：这是目前仓库采用较多的一种方法。它是按货物的自然属性，把怕热、怕潮、怕冻、怕光、怕风等不同性质的货物分别归类，集中存放在适当场所的方法。

(2) 按货物危险性质分区分类：主要适用于化学品、危险品的存放。储存时可根据危险品易燃、易爆、有毒的性质以及不同的灭火方法来分区分类，应注意不同性质的危险品之间相互引发危险的可能。

(3) 按仓储作业特点分区分类：对出入库频繁的货物，要安排在靠近库门处；对于笨重的货物，不宜放在库房深处；避免将易碎货物与笨重货物存放在一起，以免在搬运时影响易碎货物的安全。

(4) 按不同货主分区分类：当仓库为几个大货主服务时，为便于与货主工作的衔接，防止不同货主的货物混淆，便于货物存取，往往采用这种方式。在具体存放时，还应按货物种类和性能划分为若干货区，以保证货物储存安全。

(5) 按货物流向分区分类：此方法是某些以运输业务为主的仓库的商品分类方式。在发运量较大的仓库中，可以按收货地点分类；运价悬殊的商品要分区堆放。按照运输方式可分为铁路运输、水路运输等。按照运输要求分类的目的主要是在组织商品发运过程中，使商品直接在各个货位备货，以减少在仓库中经过的中间环节。

值得注意的是，进行商品分类和仓库分区时应划分适当。划分过粗不利于管理，划分过细不利于仓容利用,应根据仓库的具体管理需要合理地划分。

三、货位布局

(一) 货位布局的原则

1. 节约仓容的原则

货位的选择,要符合节约的原则,以最小的仓容储存最大限量的商品。在货位负荷量和高度基本固定的情况下,应从储存商品不同的体积、重量出发,使货位与商品的重量、体积紧密结合起来。对于轻包商品,应安排在负荷量小且空间高的货位。对于实重商品,应安排在负荷量大且空间低的货位。

2. "先进先出"、"缓不围急"的原则

在货位安排时要避免后进货位围堵先进货物的现象;"缓不围急"是指避免储存期长的货位围堵储存期短的货物。出入库频率高和储存期短的货物,应安排在靠近出口的货位。

3. "小票集中"、"大不围小"、"重近轻远"的原则

多种小批量货位,应合用一个货位或者集中在一个货位区,避免夹在大批量货物的货位中,以便查找。重货应离装卸作业区最近,以减少搬运作业量。

4. 作业量分布的均匀性原则

实现各货位的同时装卸作业,以提高效率。

5. 方便吞吐发运的原则

货位的选择,应符合方便吞吐的原则,要方便商品的进出库,尽可能缩短收发货作业时间。

6. 确保商品安全的原则

为确保商品的安全,在货位选择时,应注意以下几个方面的问题:

(1) 怕潮、易霉、易锈的商品,应选择干燥或密封的货位;

(2) 怕光、怕热、易溶的商品,应选择低温的货位;

(3) 怕冻的商品,应选择不低于0℃的货位;

(4) 易燃、易爆、有毒、腐蚀性、放射性的危险品,应存放在郊区仓库分类存储;

(5) 性能相互抵触或有挥发性、串味的商品,不能同区存储;

(6) 消防灭火方法不同的商品,要分开储存;

(7) 存放外包装含水量过高的商品会影响邻垛商品的安全;

(8) 同一货区储存的商品,要考虑有无虫害感染的可能。

(二) 货位布局的方式

(1) 垂直式布局:指货垛或货架的长度方向与库墙垂直或平行的方式。

① 横列式布局:货垛或货架的长度方向与仓库的侧墙互相垂直,如图2-6所示。主要优点有:主通道长且宽,副通道短,整齐美观,便于存取查点,如果用于库房布局,还有利于通风和采光。其主要缺点是:主通道占用面积多,仓库面积利用率受到影响。

② 纵列式布局:指货垛或货架的长度方向与仓库侧墙平行,如图2-7所示。主要优点有:可以根据库存物品在库时间的不同和进出库的频繁程度安排货位;在库时间短、进出库频繁的物品放置在主通道两侧;在库时间长、进出库不频繁的物品放置在里侧。

图 2-6　横列式布局

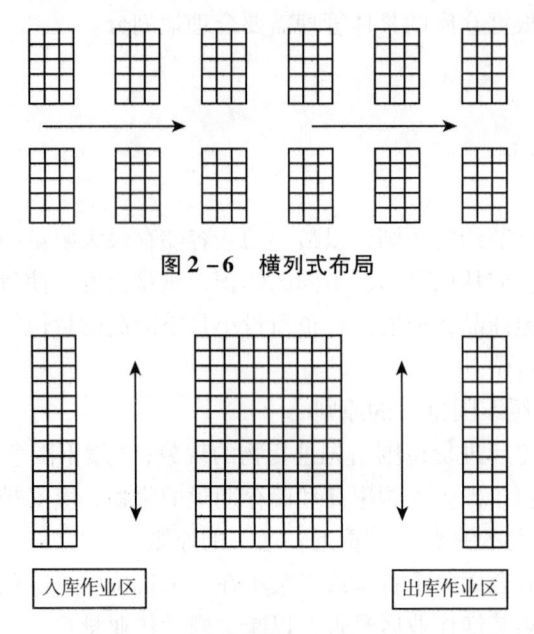

图 2-7　纵列式布局

③ 纵横式布局：在同一保管场所内，横列式布局和纵列式布局兼而有之，可以综合利用两种布局的优点，如图 2-8 所示。

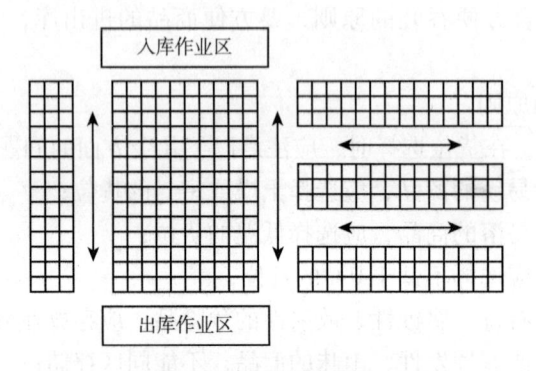

图 2-8　纵横式布局

(2) 倾斜式布局：指货垛或货架与仓库侧墙或主通道成 60°、45°或 30°夹角。具体包括货垛倾斜式布局和通道倾斜式布局。倾斜式布置方式的使用条件有很大的局限性，它只适用于品种单一、批量大、用托盘单元装载、就地码放、使用叉车搬运的货物，对于一般的综合仓库不宜采用。

① 货垛倾斜式布局是横列式布局的变形，它是为了便于叉车作业、缩小叉车的回转角度、提高作业效率而采用的布局方式，如图 2-9 所示。其最大的缺点是造成不少死角，不能充分利用仓库面积。

② 通道倾斜式布局是指仓库的通道斜穿储存区，把仓库划分为具有不同作业特点的区域，如大量储存和少量储存的储存区等，以便进行综合利用，如图 2-10 所示。在这种布局方式下，仓库形式复杂，货位和进出库路径较多。

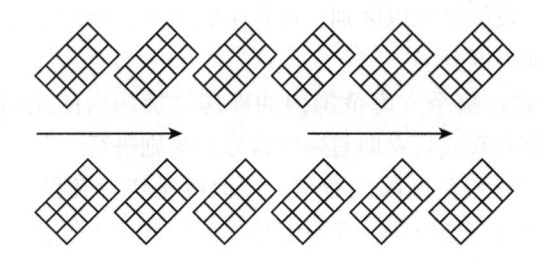

图 2-9　货垛倾斜式布局

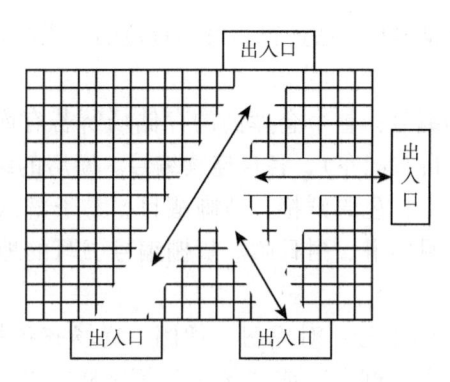

图 2-10　通道倾斜式布局

四、货物编号

(一) 货位编号的概念

货位即货物存放的位置。货位编号，就是在分区分类的基础上，将仓库的库房、货场、货棚及货架等存放货物的场所，划分为若干货位，然后按照储存地点和位置的排列，采用统一标记编上顺序号码，并作出明显标志，以方便仓库作业的管理方法。

货位编号好比商品的地址，通过它可以在仓库中迅速地找到商品。货位编号在保管工作中有重要的作用。在商品收发作业过程中，按照货位编号可以迅速、方便地进行查找，不但提高了作业效率，而且有利于减少差错。为了使商品存取工作方便、快捷地展开，必须要对仓库的货位进行编号。

仓库货位的多少主要取决于管理的需要。一般来说，仓库规模越小，储存的商品品种、规模越复杂，相应的货位划分就越需要细致。反之，仓库规模越大，每一库房、货场储存的品种、规格较为单一，货位的划分就相对比较简单。根据仓库货位的多少，进行货位编号所采用的方法可以有所不同。

(二) 编码的基本要求

(1) 标志设置要适宜：货位编号的标志设置，要因地制宜，采用适当的方法，选择适当的地方。如无货架的库房内，走道、支道、段位的标志，一般都设置在水泥或木板地坪上；有货架的库房内，货位标志一般设置在货架上等。

(2) 标志制作要规范化：货位编号的标志如果随心所欲、五花八门，很容易造成单据串库、商品错收、错发等事故。统一使用阿拉伯字码制作标志，就可以避免以上弊病。为了将库房以及走道、支道、段位等加以区别，可在字码大小、颜色上进行区分，也可在字码外加上括号、圆圈等符号加以区分。

（3）编号顺序要一致：整个仓库范围内的库房、货场内的走道、支道、段位的编号，一般都以进门的方向左单右双或自左向右顺序编号的规则进行。

（4）段位间隔要恰当：段位间隔的宽窄，应取决于货种及批量的大小。同时应该注意的是，走道、支道不宜经常变更位置，变更编号，因为这样不仅会打乱原来的货位编号，而且会使保管员不能迅速收发货。

（三）编码方法

货位编号应按照统一的规则和方法进行。每一货位的号码必须使用统一的形式、统一的层次和统一的含义编排。

（1）仓库内存储场所的编号：整个仓库内的存储场所若有库房、货棚、货场，则可以按一定的顺序（自左向右或自右向左），各自连续编号。库房的编号一般写在库房的外墙上或库门上，字体要统一、端正，色彩鲜艳、清晰醒目、易于辨认。货场的编号一般写在地上，书写的材料要耐摩擦、耐雨淋、耐日晒。货棚编号书写的地方，则可根据具体情况而定，总之应让人一目了然。

（2）库房、货棚内货位的编号：对库房、货棚、货场齐备的仓库，在编号时，对房、棚、场应有明显区别，可加注"棚—"或"场—"等字样。无加注字样者，即为库房的编号。对多层库房的编号排列，可采用"三号定位"。"三号定位"是用三个数字号码表示，个位数指仓间编号，十位数指楼层编号，百位数指仓库的编号。例如：142编号，就是1号库，4层楼，2号仓间。

（3）货场内货位的编号：货场内货位布置方式不同，其编号的方式也不同。货位布置的方式一般有横列式和纵列式两种。横列式，即货位与货场的宽平行排列，可采用横向编号；纵列式，即货位与货场的宽垂直排列，常采用纵向编号。无论横向编号还是纵向编号，编号的具体方法一般有两种：一是按照货位的排列，先编成排号，再在排号内按顺序编号；二是不编排号，采取自左至右和自前至后的方法，按顺序编号。

（4）货架上各货位的编号：可先将库房内所有的货架，以进入库门的方向，自前到后按排进行编号，继而对每排货架的货位按层、位进行编号。顺序应是从上到下，从左到右，从里到外。

在以整个货物进出的仓库里，货架的作用主要是提高库房利用率，货架的货位编号一般都从属段位编号，只需在段号末尾加注"上"字样，即可按位找货。在以拆件发零的仓库里，日常备货要存放在货架夹层或格眼内，为使货位编号适应不同的业务情况，可在以下三种编号方法中选择：

① 区段法：区段法是把储存区域分成几个区段，然后对每个区段进行编码的一种方式。每个区段代表的储存区域较大，适合大量或保管周期短的货物保管。仓库管理人员在对仓库进行区域划分时，可以根据商品平均流量的大小确定区域大小。对于平均流量大的商品，可以多划分几个区域；对于平均流量比较小的商品，则应该少划分几个区域。

② 品项群法：把需要储存的货物按照一定的类别区分成几个商品群，对每个商品群进行编码。这种方式适用于容易按照商品群保管的场合和品牌差距大的货品，如服饰群、五金

群、食品群。

③ 地址法：地址编码方式是参照建筑物的编号方法，利用保管区域的现成参考单位，例如建筑物第几栋、排、行、层、格等，按照相关顺序来进行编码，如同邮政地址的区、胡同、号一样。"四号定位法"是常用的地址法，采用四个数字号码对库房（货场）、货架（货区）、层次（排次）、货位（货垛）进行统一编码；例如6-7-2-12就是指6号库房，7号货架，第2层，12号货位。

④ 坐标法。利用X、Y、Z空间概念，采用数学上的坐标方法来编排储位的一种方法。这种编码方式直接对每个货位定位，储位切割较小，在管理上比较复杂，适用于流通率很小且存放时间长的物品。

五、货物堆垛

堆垛就是根据商品的包装形状、重量和性能特点，结合地面负荷、储存时间，将商品分别堆码成各种垛形。商品的堆垛方式直接影响着商品的保管，合理地堆垛，能够使商品不变形、不变质，保证商品储存安全。同时，还能够提高仓库的利用率，并便于商品的保管、保养和收发。

（一）堆垛的基本要求

1. 堆垛商品的要求

（1）商品的数量、质量已经彻底查清；

（2）包装完好，标志清楚；

（3）外表的沾污、尘土等已经清除，不影响商品质量；

（4）受潮、锈蚀以及已经发生某些质量变化或质量不合格的部分，已经加工恢复或者已经剔出另行处理，与合格品不相混杂；

（5）为便于机械化操作，金属材料等应该打捆的已经打捆，机电产品和仪器仪表等可集中装箱的已经装入合用的包装箱。

2. 堆垛场地的要求

（1）库内堆垛：堆垛应该在墙基线和柱基线以外，垛底需要垫高；

（2）货棚内堆垛：货棚需要防止雨雪渗透，货棚内的两侧或者四周必须有排水沟或管道，货棚内的地坪应该高于货棚外的地面，最好铺垫沙石并夯实。堆垛时要垫垛，一般应该垫高30~40厘米；

（3）露天堆垛：堆垛场地应该坚实、平坦、干燥、无积水以及杂草，场地必须高于四周地面，垛底还应该垫高40厘米，四周必须排水畅通。

3. 堆垛过程的要求

（1）合理：即根据物资的性质、形状、规格、质量等因素设计货垛，使物资不受损伤。货主不同的物资应分开堆码，留足墙距、柱距、顶距、灯距、垛距。堆码合理，要大不压小，重不压轻。

（2）牢固：指物资堆放的货垛形状稳定牢固、不偏不斜、不歪不例、不压坏底层物资和地坪。

（3）定量：根据仓储条件和物资特点确定货垛所存数量和每层数量，使堆码货垛或货垛的每层都定量记数，标记明显，便于清点和发货。

（4）整齐：即垛形有一定的规格，各垛排列整齐有序；包装标志一律朝外，大小不一或长短不齐的物资应一头向外排齐。

（5）节约：即在物资堆码过程中一次堆码成形以节约人力、物力和财力；物资的堆码应节省仓位，有利于提高仓容利用率。

（6）方便：即物资的堆码应方便装卸搬运作业，方便维护保养，方便物资检查、盘点及防火安全等。

（二）堆垛的基本原则

（1）面向通道进行保管：为使物品出入库方便，容易在仓库内移动，基本条件是将物品面向通道保管。

（2）尽可能地向高处码放，提高保管效率：有效利用库内容积应尽量向高处码放；为防止破损，保证安全，应当尽可能使用货架等保管设备。

（3）重下轻上原则：当货物重叠堆码时，应将重的物品放在下面，轻的物品放在上面。

（4）根据出库频率选定位置：出货和进货频率高的物品应放在靠近出入口、易于作业的地方；流动性差的物品放在距离出入口稍远的地方；季节性物品则依其季节特性来选定放置的场所。

（5）同一品种在同一地方保管原则：为提高作业效率和保管效率，同一物品或类似物品应放在同一地方保管，员工对库内物品放置位置的熟悉程度直接影响着出入库的时间，将类似的物品放在临近的地方也是提高效率的重要方法。

（6）便于识别原则：将不同颜色、标记、分类、规格、样式的商品分别存放。

（7）便于点数原则：每垛商品可按 5 或 5 的倍数存放，以便于清点计数。

（8）依据形状安排保管方法：依据物品形状来保管也是很重要的，如标准形状的商品应放在托盘或货架上来保管。

（三）堆垛的基本形式

（1）散堆式：将无包装的散货在仓库内堆成货堆的存放方式。这种方式特别适用于大宗散货，如煤炭、矿石、散粮和散化肥等。这种堆码方式简便，便于采用现代化的大型机械设备，节省包装费用，提高仓容的利用，降低运费。因此，散堆方式是目前货物仓库堆存的一种趋势。

（2）重叠式：即各层码放方式相同，上下对应，各层之间不交错堆码。它是仓库中最常用的商品堆码的垛形，也是机械化作业的主要垛形之一，适用于体积较大、包装质地坚硬的商品，如中厚钢板、集装箱以及其他箱装货物，如图 2-11（a）所示。其优点是空间利用率高、工人操作快、包装物四个角和边重叠垂直，承载力大。缺点是各层之间缺少咬合作用，稳定性差，容易发生塌垛。

（3）纵横交错式：相邻两层货物的摆放旋转 90°角，一层成横向放置，另一层成纵向放置，层间纵横交错堆码，如图 2-11（b）所示。有一定的咬合效果，但咬合效果不高。适合长短一致的长条形货物，如小型方钢、钢锭、长短一致的管材、棒材、狭长的箱装材料等。

（4）仰俯相间式：其方法是仰俯互相交错堆码，使货垛牢固。适合钢轨、槽钢、角钢等货物，在露天货场堆码，应注意一头高一头低，以便于雨水排放，如图 2-11（c）所示。

（5）压缝式：这是长方形包装的商品普遍采用的堆码方法，如图 2-11（d）所示。每层商品有规则的排列组成，使每件商品跨压下层两件以上的商品，上下层每件商品形成十字交叉；每层商品件数相等，层层重叠，形成相对独立的小垛；若干小垛同样堆码，紧密相挨形成一个大货垛。这种堆码的优点是：层层压缝，货垛稳固，不易倒塌；储存大宗商品时便于分批出库，逐一腾出小垛占用的仓容。它适合阀门、缸、建筑卫生陶瓷和桶装货物堆码，在化工仓库中最常用。

（6）通风式：为便于商品通分散潮，宜采用通风堆码法。其打底方法基本上与压缩法相同，但需要每件商品的前后左右流出一定的空隙，如图 2-11（e）所示。通风垛形很多，常见的有"井"字形、"非"字形、"示"字形等。其优点是容易散发商品的温度和水分，适用于易霉变、需通风散潮的货物，如木材制品等。

（7）栽柱式：其方法是在货垛的两旁各栽两三根木柱或钢棒，然后将中空钢、钢管等长大五金材料平铺在柱子中，在货物两侧相对立的柱子中用铅丝拉紧，以防倒塌，如图 2-11（f）所示。此种堆码方式多用于货场，适用于货场堆放长大五金商品、金属材料中的长条形材料，如圆钢、中空钢、钢管等。也适宜于机械堆码，较普遍采用。

（8）"五五化"堆垛："五五化"堆垛就是以五为基本计算单位，堆码成各种总数为五的倍数的货垛，以五或五的倍数在固定区域内堆放使货物"五五成行、五五成方、五五成包、五五成堆、五五成层"，堆放整齐，上下垂直，过目知数。便于货物的数量控制、清点盘存。

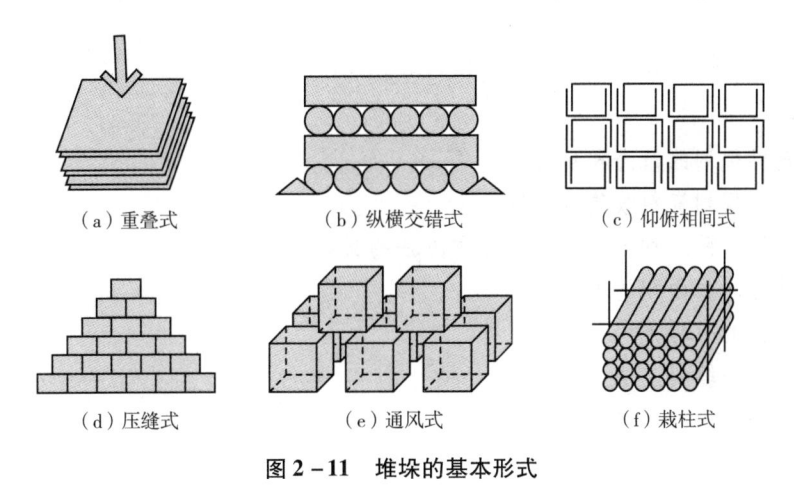

（a）重叠式　（b）纵横交错式　（c）仰俯相间式

（d）压缝式　（e）通风式　（f）栽柱式

图 2-11　堆垛的基本形式

本章小结

仓储规划是指在一定区域或库区内，对仓库的地理位置、规模数量、平面布局、通道宽度等各种要素进行科学的规划和整体设计，它代表一个企业在赢得时间与地点效益方面所做出的努力。仓储规划的内容包括仓库选址、仓库规模设计、仓库布局设计以及商品仓储设计等。

　　仓储选址是指运用科学的方法决定仓库的地理位置，使之与企业的整体经营运作系统有机结合，以便有效经济地达到企业的经营目标。仓储选址对商品流转速度和流通费用产生直接的影响，并关系到企业对顾客的服务水平和服务质量，最终影响企业的销售量和利润。

　　仓库规划主要包括仓库规模设计和仓库的布局设计。仓库规模设计是根据仓库的业务性质、仓库场地条件和储存物品的特性、仓储技术条件等因素，对仓库的主要建筑物、辅助建筑物、构筑物、货场、站台等固定设施和库内运输路线进行总体安排和配置，以便最大限度地提高仓库储存和作业能力。仓库布局设计是指一个仓库的各个组成部分，如作业区、辅助作业区、铁路专用线、库内道路等的位置安排。

　　商品仓库规划主要包括商品的分区分类、货位布局设计、编码设计以及堆垛设计。分区分类是商品保管保养的一种科学方法，也是仓储管理的一种制度。分区就是按照仓库的建筑、设备条件，将库房、货棚、货场划分为若干保管货物的区域，以适应货物储存的需要。分类就是按照商品的不同属性将储存商品划分为若干大类，以便分类集中保管。货位布局主要有垂直式布局和倾斜式布局两种方式。货位编号是在分区分类的基础上，将仓库的库房、货场、货棚及货架等存放货物的场所，划分为若干货位，然后按照储存地点和位置的排列，采用统一标记编上顺序号码，并作出明显标志，以方便仓库作业的管理方法。堆垛就是根据商品的包装形状、重量和性能特点，结合地面负荷、储存时间，将商品分别堆码成各种垛形。商品的堆垛方式直接影响着商品的保管，合理地堆垛，能够使商品不变形、不变质，保证商品储存安全。同时，还能够提高仓库的利用率，并便利商品的保管、保养和收发。

习题

1. 简述仓储规划的概念和目标。
2. 简述仓储规划资料收集的内容。
3. 仓储选址有哪几种方法？简述每种方法的具体内容。
4. 简述计算仓库面积的方法。
5. 简述货位的布局方式。
6. 简述货物的编码方法。
7. 简述商品堆垛的基本形式。

案例分析

案例：宝供物流集团仓库选址与设计

一、背景介绍

　　宝供物流集团有限公司创建于1994年，是国内第一家经国家工商总局批准以物流名称注册的企业，是中国最早运用现代物流理念为客户提供一体化服务的第三方物流企业。目前主要服务于日用消费品、电子设备、食品饮料等九大行业，针对不同的行业特性和企业需求，为客户提供原材料库和成品库管理服务。采用 SHE（安全、健康和环保）体系理论，对仓库设施、防护措施、作业流程进行规范，通过科学的事前风险预防控制事故的发生。并运用 EIQ-PCB 和 ABC 等规划方法对运作效率进行全面而系统的优化，力求实现每个运作环节的标准化，以及环节之间的紧密衔接。

二、仓库选址与设计

宝供物流目前有上海、广州、北京三大仓库基地，用以支持供应链货物的快速周转，并配备现代化的分拣系统和传输设备，实现货物高效分离，降低存储和运输成本，减少库存资金占压和货物处理环节。此处以宝供上海物流基地仓库为例，介绍宝供仓储的选址与设计方式。

1. 仓库选址

宝供物流上海基地位于上海市嘉定区江桥镇上海西北物流园区内，该园区为上海市政府确定的"十五"期间重点建设的三大物流园区之一，具备公路、铁路、航运多式联运的交通条件。园区北沿曹安公路，南靠沪宁高速公路、苏州河，东临沪杭铁路线。曹安公路（312 国道）、沪宁高速公路是连接上海市中心城区和上海国际汽车城的交通枢纽，又是上海通往江浙及长江三角洲腹地的咽喉要道。东侧铁路封浜货运站将建成上海铁路货运站，南面苏州河沿岸 3.3 公里规划建设上海内河航运码头区。

2. 仓库设计

（1）仓库规模与功能。

宝供物流上海基地仓库总面积为 4.6 万平方米，仓库为钢结构框架楼层仓，分上下两层：一层立体库 2.3 万平方米，层高 8.6 米，二层平仓 2.3 万平方米，层高 7.5 米。仓库的主要功能为：商品存储、装卸、分拣、分拨、订单处理、运输整合等（详见表 2-4、表 2-5）。

表 2-4　　　　　　　　　　　　仓库存储区面积需求

库位需求数（个）	货架层数（层）	货架排数（排）	退货库位数（个）	地面库位数（个）	货架区面积（平方米）	通道长度（米）	通道宽度（米）	叉车通道面积（平方米）	存储区域面积（平方米）
4579	4	17.3	50	1145	3880.4	49.0	4.0	392.0	4272.4

表 2-5　　　　　　　　　　　　仓库备货区面积需求

平均每板箱数（箱）	货物存储满板率（%）	出库拣货托盘堆码满板率（%）	入库托盘数（个）	出库托盘数（个）	备货区日周转次数（次）	备货区周转板位需求（个）	备货区利用率（%）	备货区面积需求（平方米）
80	85	60	101	250	2	125	40	375

（2）先进设施。

① 基地运用国际先进的物流规划设计理念，并结合客户的实际需求，采用两层立体货架模式，净高 16 米，二层仓库有货梯 12 部保障出入库高效运行；

② 根据客户产品的特点安装各种高效的货架系统，最大限度地提高产品的存储容量及存取的高效性和方便性；

③ 配合各种国际先进的操作设备，包括自动分拣系统、平衡重叉车、前移式叉车、电动堆垛车以及升降平台等；

④ 可根据客户需求提供条码技术、自动扫描技术（RF）系统为商品的高效有序地流转提供快捷、准确的服务；

⑤ 物流基地不仅提供现代的商品存放区，还设立了增值服务区，提供商品装卸、分拨、分拣、贴标签、差饷、组箱、包装、加工、订单处理、运输整合等增值服务，还提供办公、住宿、餐饮等服务。

（3）安全保障。

① 在仓库和办公区安装具有国际先进水平的自动烟雾报警系统和自动消防喷淋设备；

② 仓库内理货区及装卸平台均设有摄像监控系统；

③ 物流基地进出入口均设有摄像监控系统；

④ 物流基地周边设置有红外警戒报警及摄像监控系统；

⑤ 物流基地自备发电机可保证在断电的情况下24小时不间断作业。

三、特殊货物仓储规划

某种货物属于高货值产品，对温度要求（小于35度），采用立体货架进行管理，存储于货架区的高层，拣选面则设置在办公区附近。

为满足某产品的温度要求，将其放在上海基地的仓库1层（约有1500板的储位）。若考虑温度和电梯影响因素而要求将全部产品存储在楼层一楼，则宝供需与其他客户沟通，通过沟通结果更新存储计划。

问题：

1. 宝供物流上海基地仓库的选址考虑了什么因素？仓储选址时还应考虑哪些因素？
2. 简述宝供物流上海基地仓库的布局形式。
3. 宝供物流上海基地仓库各组成部分的面积是否安排合理？请说明理由。

（资料来源：莫佳卉. 宝供物流集团仓库选址与设计 [EB/OL]. http://wenku.baidu.com/view/。）

参考文献

[1] 何景伟. 仓储管理与库存控制 [M]. 北京：知识产权出版社，2008

[2] 何庆斌. 仓储与配送管理 [M]. 上海：复旦大学出版社，2013

[3] 宋丽娟，马骏. 仓储管理与库存控制 [M]. 北京：对外经贸大学出版社，2009

[4] 真虹，张婕姝. 物流企业仓储管理与实务 [M]. 北京：中国物资出版社，2007

[5] 徐丽蕊，杨卫军. 仓储业务操作 [M]. 北京：北京理工大学出版社，2010

[6] 郑文岭. 物流仓储业务与管理 [M]. 北京：中国劳动社会保障出版社，2013

[7] 申纲领，王艳杰. 现代仓储管理 [M]. 北京：电子工业出版社，2011

[8] 白世贞，刘莉. 现代仓储管理 [M]. 北京：科学出版社，2010

第三章
仓储设备管理

本章学习要点

- ◆ 理解仓储设备的概念与构成
- ◆ 掌握仓储设备管理的概念
- ◆ 理解仓储设备管理的任务与内容
- ◆ 了解仓库的主体建筑、辅助建筑与辅助设施
- ◆ 了解堆垛机的分类与组成
- ◆ 了解托盘的分类与常用托盘
- ◆ 了解输送机械分类
- ◆ 掌握货架的作用
- ◆ 了解货架的分类与常用货架
- ◆ 了解仓储设备管理的任务与内容

引例

某仓库托盘使用管理规定

为了更好地保护托盘，延长托盘的使用寿命，特对新进的塑料托盘在使用及维护方面做出如下管理规定：

一、托盘的摆放及使用

（1）托盘统一摆放规定20个高，摆放整齐；

（2）叉车在转运空托盘过程中不允许超过2个高；

（3）物流线的托盘摆放规定在6个高以下，不准超高；

（4）装酒作业现场的空托盘要及时回收至规定区域；

（5）物流线叉车优先使用装车后回收托盘，使用码堆托盘时按顺序进行使用，只准留一个岔口；

（6）劳务人员在使用托盘时，要轻拿轻放，严禁出现摔托盘现象；

（7）成品保管员要密切关注托盘使用情况，发现问题，及时处理并上报。

二、损坏托盘的处理

（1）托盘严禁摔撞，每发现摔托盘一次处罚20元；

（2）托盘被摔破或叉车叉破的能正常使用的处罚50元/次；托盘大面积破损严重影响托盘的正常使用的按照托盘全额价格处罚；

（3）未按照要求摆放托盘（托盘固定区20个高、物流区≤6个高）和转运托盘（≤12个高）每发现一次处罚20元；

（4）托盘码放区摆放不整齐的，每发现一次处罚20元；

（5）破损的托盘要及时做好台账（记录注明破损位置），并在托盘上作上详细标记（给此托盘编上编码如CP001，用记号笔画上破损位置）；

（6）对于因交接不清无法查找托盘损坏的责任人，将对劳务公司进行处罚，处罚金额按照上述规定处罚；

（7）对于严重破损的托盘要收集起来，单独堆放，统一保管。

三、托盘损坏的鉴定

（1）物流叉车工在使用托盘时发现托盘破损的，要及时通知成品保管员和叉车组长，当场确认，确为上道工序所致，将追究上道工序相关责任人，同时保管员要及时做好记录及标记。

（2）叉车上酒工在上酒前发现堆中有破损托盘时，要及时通知成品保管员及叉车组长，当场确认，确为上道工序所致，将追究上道工序相关责任人，同时保管员要对烂托盘及时做好记录及标记。

（3）成品装酒工及物流卸酒工在使用托盘时发现有破损托盘时，要及时通知成品保管员及当班组长，当场确认，确为上道工序所致，将追究上道工序相关责任人，同时保管员要对烂托盘及时做好记录及标记。

（4）外来车辆如损坏托盘的，根据情况按价赔偿，同时保管员要对烂托盘及时做好记录及标记。

四、托盘罚金处置

对于托盘罚金的处置本着专款专用的原则，即将所有托盘的罚款全部用在维修托盘及更换托盘上，不得另作他用。

五、奖励

劳务公司托盘维护到位，可视情况给予适当的奖励，具体规定如下：一个月内未损坏托盘的奖励劳务公司500元，一个月内损坏托盘≤5块，奖励劳务公司200元；奖励费用从公司劳务管理费中支出。

六、托盘的盘点

对于新托盘，要定期（每半年一次）盘点，发现问题及时上报。

七、托盘出厂

新托盘若随同成品酒一道出厂，将严格按照塑箱管理制度相关规定来规定托盘出厂及回收，回收托盘时要严格把关，对损坏托盘的按价赔偿。

（资料来源：某仓库托盘使用管理规定 [EB/OL]. http://wenku.baidu.com/link。）

第一节　常见的一些仓储设备

为了满足仓储管理的需求，仓库必须配置一定硬件的设施与设备。仓储设施是指仓储的仓库建筑物，包括仓库主体建筑、辅助建筑、附属设施。仓储设备是指能够满足储藏和保管物品需要的技术装置和机具，泛指现代仓库主体建筑之外，进行仓储业务所需要的一切设备、工具和用品。合理配备和管理仓储设备可以提高劳动生产率，缩短货物进出库时间，提高仓储服务质量，改进货物堆码，维护货物质量，充分利用仓容和降低仓库费用等（见图3-1）。

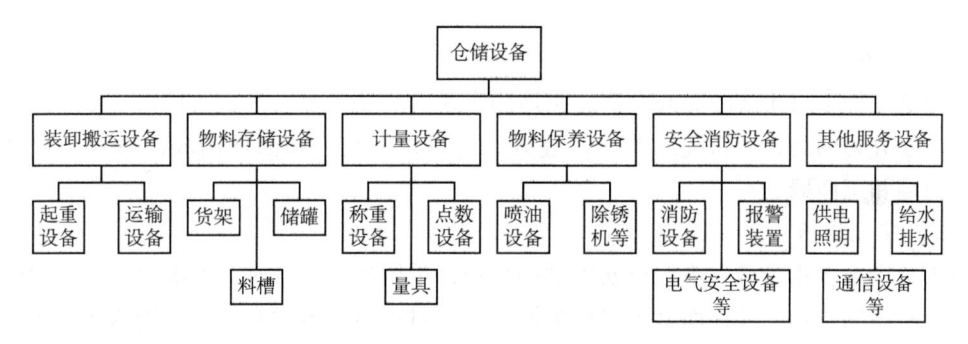

图3-1　仓储设备构成

一、仓库主体建筑概述

（一）库房

库房是指仓库中用于存储货物的主要建筑。库房一般采用封闭形式，主要由基础、地坪、墙壁、库门、库窗、柱、库顶、站台、雨篷等构成（见表3-1）。

表3-1　库房构成部分的作用域特性

库房构成	作 用	特 性
基础	承受房屋重量	分类：连续基础与支点基础 连续基础：在实体墙下，由砖、块石与水泥砌成 支点基础：在墙柱下形成基础，柱形基础间隔一般为3~3.5米
地坪	承受堆存货物	坚固性：能够承受冲击 耐久性：具有耐摩擦能力 平坦性：利于车辆通行 具有承载能力，一般为2.5~3.5吨/平方米
墙壁	库房的维护与支撑结构 使库内环境尽可能不受外界气候影响	按作用不同的分类：承重墙、骨架墙、间隔墙 骨架墙砌于梁柱之间，用于填充和隔离作用
库门	关闭、封闭库房	库门尺寸：根据进出仓库的运输工具、所携带货物时的外形尺寸确定 对于较长的库房，每隔20~30米，在其两侧设置库门 若库门与货车装卸线对应，则库门间距为14米

续表

库房构成	作 用	特 性
库窗	库内采光与通风	可以采用自动采光装置，更利于开闭库窗操作
柱	库房的承重构件	柱子的位置与密度的确定：应综合考虑堆码方式、建筑面积、结构类型，要考虑便于车辆行驶等因素
库顶	防雨雪、保温	符合防火、坚固、耐用的要求 三种外形：平顶、脊顶、拱顶
站台	便于货物的车辆装运与进出仓库	站台平面应与车厢底面和仓库地面齐平，一般高出地面1.1米 站台宽度根据库内流动机械的回转半径确定，一般为6~8米 站台应围绕库房四周构筑
雨篷	防止货物进出仓库时受到雨雪浸淋	雨篷宽度一般大于站台2~4.5米

（二）货棚

货棚是一种半封闭式的简易仓库，它适用于对自然环境要求不高的货物。依据围墙建筑情况，一般分为两类，即敞篷式与半敞篷式，前者仅有支柱和棚顶构成；后者可分为一面墙、两面墙和三面墙。

（三）露天货场

露天货场主要用于堆存不怕风吹雨淋的货物，采用油布覆盖时，可堆存短期存放的、对环境要求不高的货物。其地面材料可根据堆存货物对地面的承载要求，采用压实泥土、铺沙地、块石地与钢筋水泥地等方式铺设。

二、仓库辅助建筑与设施

（一）仓库辅助建筑

仓库的辅助建筑一般设置在生活区，与存货区保持一定安全间隔，包括办公室、车库、修理间、装卸人员休息间、装卸工具储存间等。例如办公室可建在仓库大门附近，与库房和货场距离应≥20米；车库的面积依据车型和停车数量确定，每个车位一般设定为4×9米的规格。

（二）仓库辅助设施

仓库辅助设施一般包括通风设施、照明设施、取暖设施、提升设施、地秤、避雷设施等。其中提升设施指电梯等，地秤指车辆衡、轨道衡等。

1. 通风设施

通风设施是指使库内空气清洁，防止高温与不良气体影响的设施，分为自然通风方式与人工通风方式，前者依靠库内外温度湿度的差异实现空气交换，利用库房墙壁的空隙、库门、库窗实现；后者利用专门设置的通风装置，强迫库内库外进行空气交换。

2. 照明设施

设置照明设施的目的在于便于库内作业和夜间作业，分为天然照明与人工照明，前者通过库门和库窗采光实现库内照明需求，依据国内相关规定，仓库内照明一般取30~36烛光/平方米；后者采用电气方式实现仓库照明，一般采用直射光灯，要求照度均匀、避免阴影炫目，以提高作业的安全性与作业效率。仓库内部照明时，采用的灯数与能量计

算公式为

$$F = \frac{O \cdot Z \cdot E \cdot S}{n \cdot \eta}, n = \frac{S}{a^2} \tag{3.1}$$

其中，F为一盏灯的光流量（流明），其取值范围如表3-2所示；E为通常照明度（勒克斯），不同工作场所要求不同，其标准如表3-3所示；S为房屋面积（平方米）；η为利用系数，依据室内涂料明暗取值范围为0.20~0.55，一般取值为0.45；O为储备细数，依据库房清洁程度取值范围为1.3~2.0，Z为库房照明分配不平衡系数，取值范围为1.0~1.4；n为库房内照明灯数；a为灯间距离（米）。

表3-2 钨丝灯标准规格表

功率（瓦）	光流量（流明）：110~127V	光流量（流明）：220V
10	66	—
15	124	95
25	225	191
40	380	336
60	645	540

表3-3 仓库照明标准表

顺序	工作场所	照明标准（勒克斯/平方米）
1	库房	10~20
2	办公室	20~30
3	楼梯、走廊	6~15
4	库区界内	1~5
5	装卸场	3~15

3. 取暖设施

依据商品存储要求和当地气温条件设置取暖设施，一般分为汽暖和水暖，前者有可能导致库内过于干燥，不利于商品养护；后者可以保持库内的湿度要求，利于商品养护。

三、货物堆码设备

堆码是指将物品整齐、规则地摆放成货垛的作业。仓库实行的按区分类的库位管理制度，要求管理员按货物储存特性与入库单上指定的货区和库位进行综合管理与堆码，不同特性的货物有不同的堆码方式。货物堆码应遵循安全、方便、多储的原则。

（一）有轨巷道式堆垛起重机

有轨巷道式堆垛起重机，或称巷道式堆垛机，简称堆垛机，是自动化立体仓库的主要作业设备，是随立体仓库的出现而发展起来的专用起重机，一般适用于高架仓库，分为单立柱式和双立柱式结构。堆垛机自身重量一般为2吨，重型起重机为4~5吨，有的甚至在10吨以上。其自身的仓库一般在10~25米之间,最高达到45米以上。堆垛机适用于在立体仓库巷道间穿梭运行,将位于巷道口的货物存入货格,或将货格的货物取出并运往巷道口。

1. 堆垛机的分类

按照不同的属性,堆垛机可以有多种分类(见图3-2)。

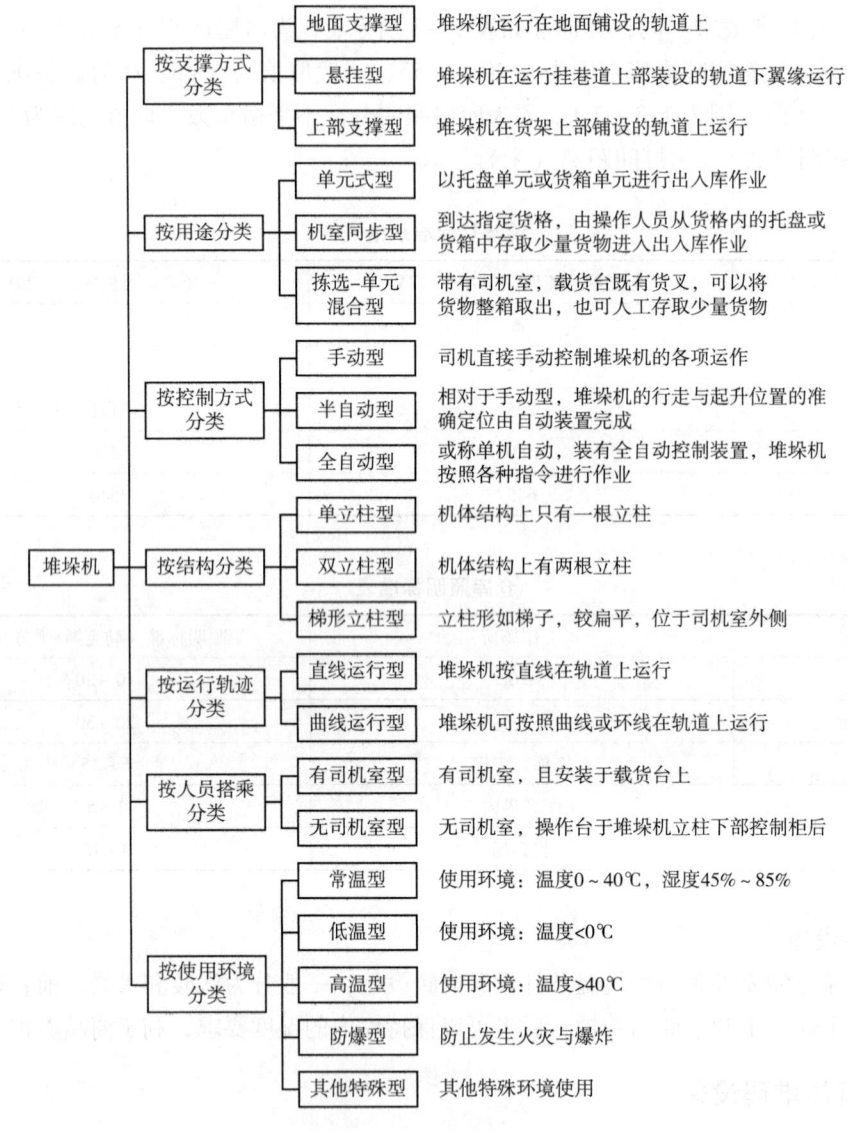

分类方式	类型	说明
按支撑方式分类	地面支撑型	堆垛机运行在地面铺设的轨道上
	悬挂型	堆垛机在运行挂巷道上部装设的轨道下翼缘运行
	上部支撑型	堆垛机在货架上部铺设的轨道上运行
按用途分类	单元式型	以托盘单元或货箱单元进行出入库作业
	机室同步型	到达指定货格,由操作人员从货格内的托盘或货箱中存取少量货物进入出入库作业
	拣选-单元混合型	带有司机室,载货台既有货叉,可以将货物整箱取出,也可人工存取少量货物
按控制方式分类	手动型	司机直接手动控制堆垛机的各项运作
	半自动型	相对于手动型,堆垛机的行走与起升位置的准确定位由自动装置完成
	全自动型	或称单机自动,装有全自动控制装置,堆垛机按照各种指令进行作业
按结构分类	单立柱型	机体结构上只有一根立柱
	双立柱型	机体结构上有两根立柱
	梯形立柱型	立柱形如梯子,较扁平,位于司机室外侧
按运行轨迹分类	直线运行型	堆垛机按直线在轨道上运行
	曲线运行型	堆垛机可按照曲线或环线在轨道上运行
按人员搭乘分类	有司机室型	有司机室,且安装于载货台上
	无司机室型	无司机室,操作台于堆垛机立柱下部控制柜后
按使用环境分类	常温型	使用环境:温度0~40℃,湿度45%~85%
	低温型	使用环境:温度<0℃
	高温型	使用环境:温度>40℃
	防爆型	防止发生火灾与爆炸
	其他特殊型	其他特殊环境使用

图3-2 堆垛机的分类

2. 堆垛机的组成

(1)金属结构。

堆垛机机架由立柱、上横梁、下横梁组成,整机结构形式呈高窄型。机架分为单立柱型、双立柱型、梯形型三种,如图3-3所示。

① 单立柱型:只有一根立柱和上下梁构成机身,整机较轻、结构紧凑、司机视野开阔,但刚性较差。适用于起重重量≤2吨的场合。

(a) 单立柱堆垛机　　　　(b) 双立柱堆垛机　　　　　　　(c) 梯形型堆垛机

图 3-3　堆垛机

② 双立柱型：由两根立柱和上下梁构成机身，称长方形框架，强度和刚度较好。适用于起重重量大、其中高度高的场合。

③ 梯形型：一般为超高的大型堆垛机，机架沿天轨运行，且在横梁上装有上部导向轮夹住天轨。

(2) 行走机构。

堆垛机通过行走机构带动两个承重车轮沿轨道行走。根据行走机构所在位置不同，可分为地面驱动式、顶部驱动式、中间驱动式三种。

(3) 起升机构。

起升机构是堆垛机使载货台垂直运动的机构，根据牵动载货台上下运动的形式不同，可分为钢丝绳式和链条式。

(4) 载货台。

载货台是货物单元的承载装置，包括水平框架和垂直框架，前者安装起升滑轮或起升链轮，后者安装货物存取机构和司机室。

(5) 存取机构。

堆垛机用存取机构存取货物，最常见的是三级伸缩式货叉，由前叉、中间叉、固定叉、导向滚轮等组成。货叉具有齿轮-齿轮传动方式和齿轮-链条传动方式。

(6) 司机室。

司机室用于载人式堆垛机，一般安装于载货台上，供司机操作使用。通常分为固定式和移动式两种类型，前者固定于载货台之上，后者位于司机室可以在载货台上有上下位移。

(7) 安全保护装置。

安全保护装置用于堆垛机在运行时保护人身与设备的安全，除了一般的常规性安全保护外，还应具有其他保护装置，例如货叉与运行、起升机构的连锁，入库时货物虚实探测，钢丝绳松绳和过载保护，载货台断绳保护，声光信号等。

(8) 电气设备。

由电力拖动系统、控制系统、检测系统、安全保护系统等部分组成。其中电力拖动系统国内多采用交流变频调速，或在起升上使用变极调速；控制系统一般采用可编程程序控制器或计算机。堆垛机认址通常使用光电认址、编码认址等。

(二) 无轨堆垛机

无轨堆垛机，或称堆垛叉车，简称叉车、铲车，是物流领域一种重要的、广泛应用的装卸搬运设备，也是仓库搬运的主要工具。相对于堆垛机，叉车具有造价低、机动性强、适应性强、货物拣选便利、操作容易、易于维护等优点。

叉车以货叉作为主要的取货装置，其前部装置装有标准货叉，可自由插入托盘进行取/放货，依靠液压升降机构升降货物，利用轮胎式行驶系统实现货物的水平搬运。叉车还可通过配备其他取物装置，用于散货和多种规格品种货物的装卸作业。

1. 叉车的分类

根据使用环境可分为室外使用和室内使用两种类型，前者一般为大吨位柴油叉车、汽油叉车、液化叉车，常用于码头、集装箱转运站的集装箱叉车、吊车；后者以电瓶车为主。

常见叉车包括手动托盘车、电动托盘车（自走式、站驾式、坐驾式）、电动托盘堆垛机（自走式、站驾式、坐驾式）、电动平衡重叉车（三轮、四轮、后轮驱动、前轮驱动）、柴油/液化气平衡重叉车、前伸式叉车、高架堆垛机（上人式、不上人式）、拣料车（平面拣选、高位拣选）等，不同叉车应用于不同场合。

叉车的主要作用是用于提升和搬运货物，按照提升能力可以分为低提升和高提升两类，其中对于高提升叉车，坐立式和步行式/立式都有配重式、跨立式、伸臂直达式（见图3-4）。

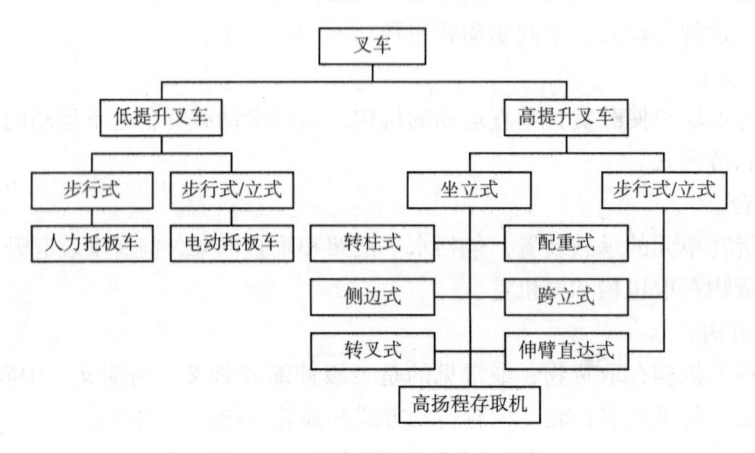

图3-4 叉车依据提升能力分类

2. 叉车属具

叉车属具是指一种安装在叉车上以满足各种物料搬运和装卸作业特殊要求的辅助机构，它使得叉车成为具有叉、夹、升、旋转、侧移、推拉、倾翻等多用途、高效能的物料搬运工具（见图3-5）。配备叉车属具可以提高叉车的通用性、扩大叉车的适用范围，保证仓储作业安全、减少人工劳动强度、提高叉车作业效率。

（a）低提升叉车　　（b）高提升叉车

图3-5 各类叉车

(1) 货叉：叉车最常用属具与承载构件，呈 L 型。其水平段表面平直光滑，下表面前段略有斜度，叉尖薄窄、两侧有圆弧，其长度一般是载荷中心距的 2 倍左右，用于叉取承载物。

(2) 侧移叉：一种横向移动工具，驾驶员通过操纵侧移叉，在工作时可以使货叉处于最有利位置，按照指定地点正确卸放，提高作业效率。

(3) 夹持器：一种以夹持方式搬运货物的属具。适用于搬运比重小、外形规则、不怕挤压的货物。一般分为移动式和旋转式两类。

(4) 悬臂吊：一般为单臂式悬吊臂。吊钩可根据需要在臂上移动，在保证叉车纵向稳定的情况下，调节卸载距离。

(5) 串杆：用于卸装环状货物，包括丝卷、空心筒状物等。

(6) 推出器：用于将货物从货叉上推出，分为液压作用式和重力作用式两种。

(三) 桥式堆垛起重机

桥式堆垛起重机是在桥式起重机的基础上结合叉车的特点发展起来的一种自动式堆货的机器（见图 3-6）。在从起重小车悬垂下来的刚性立柱上有可升降的货叉，立柱可绕垂直中心线转动，因此货架间需要的巷道宽度比叉车作业时所需要的小。它支撑在两侧高架轨道上运行，适用于一般单元货物以及长物件。起重量和跨度较小时也可在悬挂在屋架下面的轨道上运行，其起重小车可以过渡到邻跨的另一台悬挂式堆垛起重机上。立柱形式包括单节式和多节伸缩式，前者结构简单、较轻，但不能跨越货垛和其他障碍物，主要适用于有货架的仓库；后者一般有 2~4 节立柱，可以跨越货垛，可用于使单元货物直接堆码成垛的无架仓库。起重机可以在地面控制，也可在随货叉一起升降的司机室内控制。额定起重量一般为 0.5~5 吨，有的可达 20 吨，主要用于高度在 12 米以下、跨度在 20 米以内的仓库。

图 3-6 桥式堆垛起重机

(四) 集装箱堆场龙门起重机

龙门起重机，或称龙门吊，是指一种在集装箱堆场上进行集装箱堆垛和车辆装卸的机械。它可分为轮胎式和轨道式两种，前者称为无轨龙门吊，后者成为有轨龙门吊（见图 3-7）。用场地底盘车等机械将集装箱船上卸载集装箱从船边运到场地，在场地上用龙门起重机进行堆装或对内陆车辆进行换装。

(a) 轮胎式龙门起重机　　　(b) 轨道式龙门起重机

图 3-7　龙门起重机

1. 轮胎式龙门起重机

轮胎式龙门起重机具有机动灵活、通用性强的特点，能够左右转向 90°，并设有转向装置，可从一个堆场转向另一个堆场。其跨距是指两侧行走轮中心线之间的距离，跨距的大小取决于所需跨越的集装箱列数与底盘车的通道宽度。标准的轮胎式龙门起重机横向跨度为 6 列集装箱和 1 条车道，堆垛层数为 3~4 层。

2. 轨道式龙门起重机

轨道式龙门起重机确定机械作业位置能力强，容易实现全自动化装卸，其沿场地铺设的轨道行走，作业范围有限，主要用于集装箱港站堆场，进行装运与堆垛作业，比轮胎式龙门起重机跨度大，堆垛层数多。最大的轨道式龙门起重机横向跨度为 19 列集装箱和 4 条车道，堆垛层数为 5 层。

3. 龙门起重机作业方式的特点

(1) 运行时稳定性好，初始投资大，装卸成本低，维修成本低；

(2) 在一定范围内箱列间不留通道，集装箱紧密堆放，场地面积利用率高；

(3) 多为用计算机控制自动化操作，适用于现代化集装箱港站；

(4) 堆垛层数较高，若取下层集装箱，不易操作；

(5) 作业量大且不平衡、货主交接车辆集中时，待机时间长；

(6) 起重机自重大，有时因场地不均匀轨道可能变形，当堆垛层数多时，场地有重新铺装的可能。

四、货物装运设备

装卸是指物品在指定地点以人力或机械装入运输设备或卸下，强调物流活动中货物存在状态的改变。搬运是指在同一场所内，对物品进行水平移动为主的物流作业，强调物流活动中货物空间位置的改变。装卸搬运是指在一定区域内，以改变物品存放状态和位置为主要内容的活动。它是伴随输送与保管而产生的物流活动，是对运输、保管、包装、流通加工、配送等物流活动进行衔接的重要环节。货物装运设备用于货物的出入库、库内堆码以及翻垛作业，它能够改进仓储管理、减轻劳动强度、提高收发货效率。装卸搬运活动频繁地发生于物流活动的全过程,它所占用的时间严重影响物流效率,它的作业执行情况影响着物流成本与包装费用。合理选择运用正确的装卸搬运方式与设备,做到减少装卸搬运次数,避免货物损失,提高物流效率。

(一)托盘

托盘是指用于集装、堆放、搬运、运输的放置作为单元负荷的货物和制品的水平平台装置。它既可以作为存储设施,也可作为运输单元,是物流系统化的重要装备机具,有效促进了全物流过程水平的提高。托盘与叉车的共同使用,极大地促进了装卸活动的发展。托盘与集装箱共同成为集装系统的两大支柱。

1. 托盘的分类

根据不同的性质,托盘有不同的分类。在对托盘进行分类时,有些托盘从属于多种类别,例如,平托盘、箱形托盘、立柱式托盘既属于按适应性分类的通用托盘,也属于按结构分类的托盘;纸质托盘既属于按适应性分类的通用托盘,也属于按制作材料分类的托盘(见图3-8)。

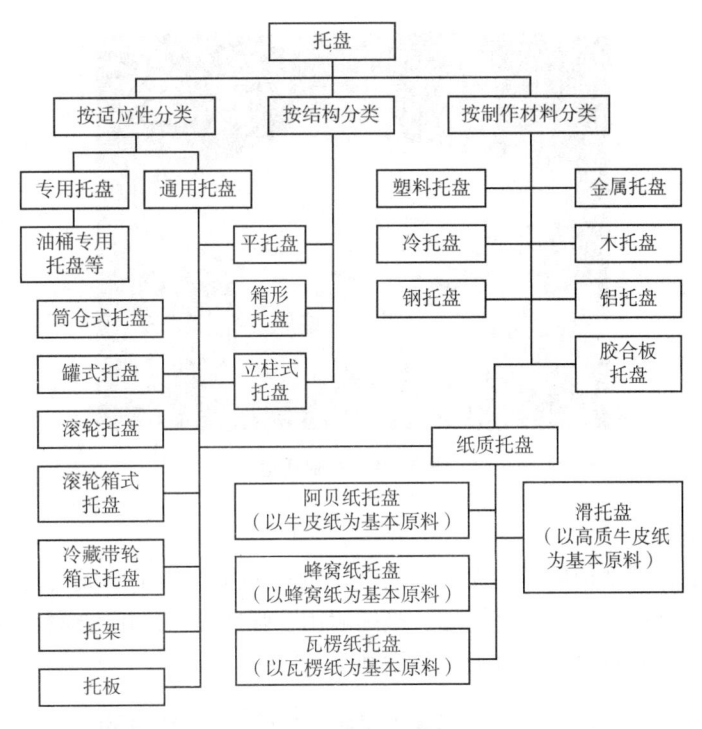

图3-8 托盘的分类

(1)木制托盘。

木制托盘是指将分割成板材或棱木的垫块,使用托盘专用的托盘钉(麻花钉)定制而成的托盘。其基本结构是由两层铺板,中间夹以纵梁或垫块,或单层铺板下设纵梁或垫块、支腿而组成。它是物流作业中的基本工具,具有装载面,可集合一定数量的货物,便于货物的装运与仓储(见表3-4、图3-9)。

表3-4　　　　　　　　　　常见木制托盘的特性与用途

木制托盘	特　点	主要用途
平托盘	按货叉入口方式分为二口型、四口型；按使用面分为单面型、两面型；按有无翼可分为无翼型、单翼型、双翼型 由双层板或单层板另加底脚支撑结构，无上层装置，在承载面和支撑面间夹以纵梁，构成可集装物料，可使用叉车或搬运车等进行作业	用途广 品种多
箱式托盘 （货箱）	以平托盘为底，上面设置箱形装置 四周至少有三的侧面固定，一个侧面可折叠垂直 四壁围有网眼板或普通板，顶部可以有盖或无盖 各个侧面可以是平板、条状板、网状板 焊接箱式、四方向进叉箱式、网状箱式、半开式箱式、折叠式箱式等	不规则物料、散装物料、简易包装货物、无包装货物、蔬菜等农副产品
储槽式托盘	具有密闭状的侧面和盖 顶部和底部有开闭装置 等价于在箱式托盘中间增加一个容器	粉末状货物
箱柜托盘	具有密闭状的侧面和盖 底部和顶部附有装入口和流出口	液体

图3-9　木制托盘

（2）金属托盘。

采用薄板折成异形结构后焊接而成，或采用钢板冲压、热压而成（见图3-10）。其优点是承重能力强、结构牢靠、不易损坏、坚固耐用、强度高、使用寿命长、维修成本低；缺点是一次性投资大、易打滑、重量大、易锈蚀。

图3-10　金属托盘

(3) 塑料托盘。

采用注塑成型的加工工艺加工，以低压高密度聚乙烯（HDPE）、聚苯乙烯（PS）、纤维增强塑料（FRP）为主要材料（见图3-11）。其优点是质量轻、平稳美观、整体性好、无钉无刺、无味无毒、耐酸碱、易冲洗、无静电、可回收、耐腐蚀、清洁卫生、使用寿命长；缺点是制造成本高、易打滑、易变性。应用于食品、水产、医药、化工、烟草、机械、立体仓库。塑料托盘具有以下种类：

① 货架系列：网格川字型、平板川字型、平板田字型、网络川字型、网格双面、平板双面；
② 标准系列：网格单面、田字型、平板单面；
③ 超清系列：超轻平面、超轻单面；
④ 特殊要求系列：阻燃型、钢塑结合型。

图 3-11 塑料托盘

(4) 纸质托盘。

通常利用再生资源生产制造，包括纸箱、硬质纤维材料箱等。纸质托盘外观平整、挡板结实，可以和地面平行接触（见表3-5、图3-12）。它具有货物不易滑落、利于货叉作业、环保无虫害、价格低廉、承重性强等优点。纸质托盘的最大载重质量有0.25吨、0.5吨、0.75吨、1.0吨、1.25吨、1.5吨六种。

表 3-5　　　　　　　　　　　纸质托盘的类型与代码

类型	代码
单面型	S
双面型 - 单面承载	D
双面型 - 双面承载	R
双挡板型	F_2（其中下角标2表示两个方向的插口）
四挡板型	F_4（其中下角标4表示四个方向的插口）

(5) 柱式托盘。

柱式托盘是指在平托盘的四角设置四根支柱的托盘。它在平板托盘基础上发展起来，在不压货物的情况下，可进行码垛，一般为四层。用于包装物料、桶装货物、棒料管材等的集装。进一步可分为固定式和可拆装式，前者是四角上承载的体积相等；后者在支柱底脚设有支撑插口，使得托盘的立柱和托盘本身可以拆分，以减少托盘回收后的堆放空间（见图3-13）。

图 3-12 纸质托盘

图 3-13 柱式托盘

(6) 冷冻托盘。

冷冻托盘是指一种将特种产品所需环境与使用要求相结合的技术装置，是一个自容性的冷冻装运设备，可以置于普通干燥货车内，适用于新鲜食品、鲜花、化工产品、医疗品、冷冻食品等（见图 3-14）。

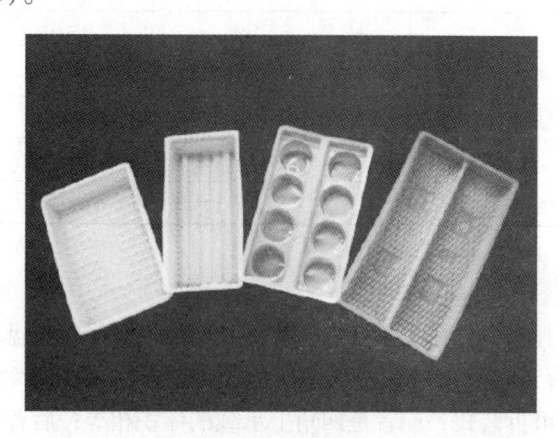

图 3-14 冷冻托盘

此外，还有金属箱式托盘，其外观平整美观，具有稳定性好等特点，最大载重质量有 0.3 吨、0.5 吨、1.0 吨、1.5 吨、2.0 吨五种；托架，比单面平托盘略高，与升降平台运输车配合使用，用于室内搬运等。

2. 托盘的型式与规格

（1）单面型托盘：记号 S，是指铺板只铺上面，即只有一面有面板的托盘。

（2）双面型托盘：包括单面使用托盘和双面使用托盘，前者记号 D，是指具有上下铺板，即上下都有面板，但只用上面载货的托盘；后者记号 R，是指正反两个面都是承载面的托盘。

（3）双向进叉型托盘：记号 2，是指进叉方向多在宽度方向，前后进叉的托盘。

（4）四向进叉型托盘：记号 4，是指在纵梁中部设叉孔，前后、左右方向都可进叉的托盘。

（5）无翼型托盘：无记号，是指四周无翼边的托盘。

（6）单翼型托盘：记号 U，是指只有上面板带翼边的托盘。

（7）复翼型托盘：记号 W，是指上下面板都有翼边的托盘。

3. 托盘标准化

避免托盘只在工厂和仓库内部使用而造成的效益低下问题，实现单位商品搬运的全程托盘化与托盘标准化，将商品放置在托盘上送至目的地的同时，做好托盘的回收工作。虽然 ISO 尚未颁布物流标准化的基础模数尺寸，但业内基本已形成统一的标准，例如日本标准工业（JIS）对联运平托盘外部尺寸系列规定优先选用两种尺寸，即 TP2（800×1200 毫米）与 TP3（1000×1200 毫米），还有 TP1（800×1000 毫米），且托盘高度基本尺寸有 100 毫米与 70 毫米两种规格（见表 3-6）。此外，国内标准也趋于与国际标准吻合。

表 3-6　　　　　　　　日本 JIS 标准的托盘规格及应用行业

部分代码	尺寸规格（毫米）	应用行业
	800×1100	造纸
	900×1100	建筑、啤酒、出版
	1100×1100	各种行业
T11	1100×1300	粮食、袋装物运输
T14	1100×1400	粮食、袋装物运输
	1130×1440	制罐
	1000×1200	冷冻食品、仓库

托盘标准化可以对企业和社会带来巨大效益，对于企业，可以提高机械化程度、改善劳动环境，减少搬运时间，降低物流成本，提高物流系统效率等；对于社会可以产生高效的社会物流经济效益，提升物流系统形象，利于公路、铁路、海运的运输环境，可以与国际物流接轨等。

（二）电动小车

1. 单轨电动小车

小车主要用于物料运输，其形式可以是小车在轨道上行驶，也可是小车悬挂于轨道下翼缘行驶。单轨电动小车系统可以采用现有的电动葫芦作为小车（见图 3 – 15）。

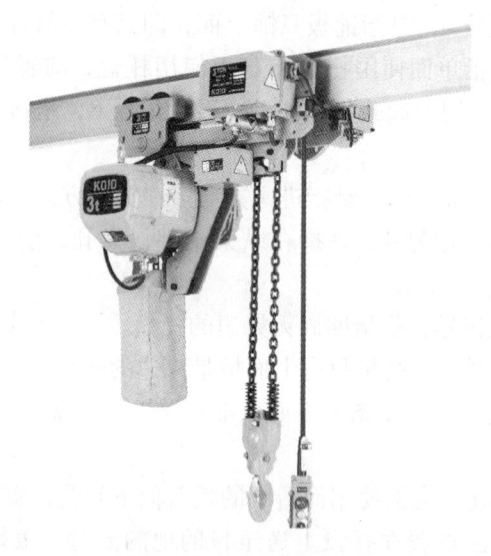

图 3 – 15　单轨电动小车

2. 自动导向小车

自动导向小车（AGV）是指装备有电磁或光学自动引导装置，能够沿规定的导引路径行驶，以电池为动力，装有非接触导向装置及独立寻址系统，且具有小车编程与停车装置、安全保护及各种移载功能的无人驾驶自动运输车，是现代仓储系统的关键设备。自动导向车系统（AGVS）由若干自动导向车组成，在计算机的控制下沿导引路径运行，通过物流软件与生产物流、配送中心的系统集成（见图 3 – 16）。

图 3 – 16　自动导向小车

（三）输送机械

货物输送是在作业时连续不断地沿着一定方向输送物料或重量大小不同的散料、单件物品，装卸无须停车。输送机械具有生产效率高、设备结构简单、操作简易等优点，但是不同的货物需要不同类型的输送机械。

1. 输送机械的分类

（1）按照动力方式分类：动力式、非动力式，前者包括电动力、水力、气力等；后者依靠重力。

（2）按照传动方式分类：带式、金属网、齿轮式、滚轮式、滚轴式、滚珠式、链条式、链板式、振动式、电动滚筒式等。

（3）按照空间结构分类：平面式、转角式、升降式、螺旋式、分流式、伸缩式、悬挂式等。

（4）按照输送方式分类：橡胶带、金属带、金属网、滚轴式、滚轮式、链板式刮板式、托板式、埋板式、料斗式、小车等。

（5）按照功能分类：输送式、分拣式。

（6）按照结构形式分类：挠性输送、刚性输送。

（7）按照物料特征分类：成件货物、散货。

2. 输送机械的结构

（1）带式输送机/带式循环输送机。

（2）胶带输送机：利用橡胶带输送货物。

（3）纺织带输送机：利用纺织带输送货物。

（4）树脂带输送机：利用树脂带输送货物。

（5）钢带输送机：利用薄而软的钢带输送货物。

（6）金属网带输送机：利用金属网带输送货物。

（7）扇形带输送机：在水平面内，使输送带弯曲为一定角度。

（8）夹层式带式输送机：将包装物夹持在两层输送带中间。

（9）链式输送机。

（10）链式输送机在循环运动的链条上安装板条或料斗运输货物。

（11）托板式输送机：在链条上安装一种附件，作为载体输送货物。

（12）金属网带输送机：在两条链上安装无缝金属网带。

（13）平板输送机：在一条或两条链上连续安装平板。

（14）托盘输送机：将托盘安装在链条上。

（15）工作台输送机：将工作台安装在链条上。

（16）辊筒输送机：由连续辊筒构成。

（17）直线辊筒输送机：直线式输送。

（18）曲线辊筒输送机：曲线式输送。

（19）自由辊筒输送机：无驱动式。

（20）动力辊筒输送机：具有动力辊筒装置。

（21）链条驱动辊筒输送机：利用链条驱动。

（22）带式驱动辊筒输送机：具有 U 形或圆形的输送带。

（23）摩擦驱动滚筒输送机：利用摩擦辊筒驱动。

（24）滚筒式输送机：利用滚筒电动机驱动辊筒。

（25）滚珠输送机：利用滚珠替代辊筒。

（26）伸缩输送机。

（27）输送机的长度可以伸缩。

（28）伸缩带式输送机：利用输送带输送货物。

（29）伸缩式滚筒输送机：利用驱动辊筒驱动。

（30）积放式输送机。

（31）输送中具有堆积货物的功能。

（32）积放式输送机：降低直线压力进行堆积。

（33）无压力积放式输送机：无直线压力进行堆积。

（34）螺旋与滑槽输送机。

（35）利用货物的重力，沿直线、曲线、螺旋线等下滑。

（36）螺旋线滑槽：货物沿螺旋线自动下滑。

（37）螺旋辊筒滑槽：利用螺旋辊筒机作为滑动面。

3．常见的输送机构

（1）带式输送机。

带式输送机是指一种由挠性输送带作为物料承载件和牵引件的连续输送机械。它具有输送能力大、功耗小、构造简单、适应性强等特点。

皮带输送机是指用连续运动的无端输送带输送货物的设备。用胶带作为输送带的输送机称为胶带输送机。皮带输送机的分类如图3-17所示。皮带输送机的输送带既作为承载货物的构件，又作为传递牵引力的牵引构件，依靠输送带与滚筒之间的摩擦力平稳进行驱动（见图3-18）。它具有生产效率高、输送距离长、工作可靠性高、能耗低、自重轻、噪声小、易操作等特点，适用于在水平或接近水平的倾斜方向输送干散货或件货，在运输粉末状货物时应做好防尘措施，避免扬尘。

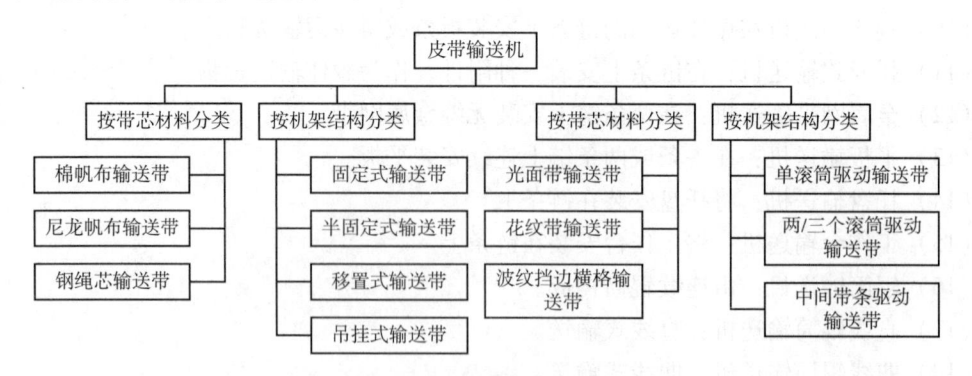

图3-17 皮带输送机分类

（2）辊子输送机。

辊子输送机沿水平或较小的倾斜角输送平直底部的成件货物，包括板、棒、管、型材、托盘、箱类容器，以及具有平底直棱的货物（见图3-19）。它具有结构简单、运转可靠、维护方便、经济节能等优点。应用于冶金、机械、电子、家电、食品、纺织、化工、轻工等行业。

图3-18　皮带输送机　　　　　图3-19　辊子输送机

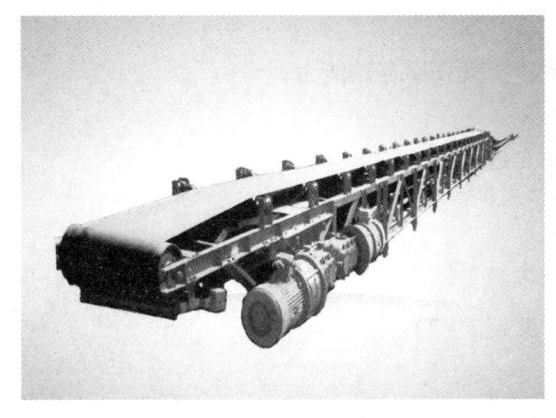

（3）垂直输送机。

垂直输送机通常用于楼层较高仓库，可以充分利用空间，有效连接楼房仓库或高层建筑各层的运输系统同时满足在不同的装卸作业面装卸货物的需求（见图3-20）。

图3-20　垂直输送机

五、货物保管设备

货物保管设备是指货物在库期间，对货物进行保管、养护等作用的设备。其中以货架最为基础和重要。

（一）货架

货架是指专门用于存放成件物品的保管设备，是一种架式结构物，一般由立柱片、横梁、斜撑等组成。20世纪60年代之后，立体仓库的存储方式从平面向高层立体化发展，以多层钢货架为存储主体的存储系统广为发展，巨大钢材消耗量成为仓储设备总体投资比例的最大部分。

1. 货架的作用

（1）充分利用仓库空间，提高库容利用率，扩大仓库存储能力；

（2）减少货物挤压，降低物资损耗；

（3）利于货物存取、便于清点计量，方便先进先出；

（4）保证货物质量，防潮防尘、防损防盗；

（5）便于自动化、机械化管理。

2. 货架的分类

按照不同的依据，货架有多种分类方式（见表3-7）。

表3-7　货架的分类

分类标准	货架	分类标准	货架
按货架发展分类－传统货架	层架、层格式货架、抽屉式货架、橱柜式货架、U形货架、悬臂货架、栅架、鞍架、气罐钢筒架、轮胎专用架	按货架发展分类－新型货架	旋转式货架、移动式货架、装配式货架、调节式货架、托盘货架、进车式货架、高层货架、阁楼式货架、重力式货架
按适用性分类	通用货架、专用货架	按制造材料分类	钢货架、钢筋混凝土货架、钢与钢筋混凝土混合式货架、木质货架、钢木合制货架
按密封程度分类	敞开式货架、半封闭式货架、封闭式货架	按结构特点分类	层架、层格架、橱架、抽屉架、悬臂架、三脚架、栅型架
按可动性分类	固定式货架、移动式货架、旋转式货架、组合货架、可调式货架、流动存储货架	按载货方式分类	悬臂式货架、橱柜式货架、棚板式货架
按构造分类	组合可拆卸货架、固定式货架、单元式货架、一般式货架、流动式货架、贯通式货架	按高度分类	底层货架（<5米）、中层货架（5~15米）、高层货架（>15米）
按每层货架载重分类	重型货架（>500千克）、中型货架（150~500千克）、轻型货架（<150千克）	按建筑形式分类	整体式（库架合一式）、分离式

3. 货架的结构

立体仓库主要使用立体货架，并以单元货格式钢货架为主，其结构按照功能和连接方式分为三类，即组装式货架、焊接式货架、库架合一式货架。

（1）组装式货架。

组装式货架通常由若干个货架片与若干层和每个货架片相连的横梁或搁板组成，横梁与立柱之间通过机械式锁紧装置连接，利于拆装和变更货架高度，并与库房主要承重结构分离。

（2）焊接式货架。

焊接式货架的结构通过焊接的方式连接，包括两种形式，即分离式和整体式。前者为常用形式，可与库房同步建设，也可在已有库房内直接架设，与库房主要承重结构分离；后者采用库架合一的方式，兼做库房的承重结构。它适用于存储外形，包括长、宽，相对固定，高度有最高限值的货物，国内高度一般为5~15米，国外高度为40~50米。它应用于自动化、半自动化、手动式、混合型等立体仓库。

（3）库架合一式货架。

与焊接式货架基本一致，构件采用焊接或螺栓连接。

4. 常用货架

（1）托盘货架。

托盘货架是指以托盘单元货物的方式保管货物的货架，或指保管托盘及托盘装载单元的货架。它是最广泛使用的托盘类货物存储系统，适用于整盘出/入库或手工拣选场合，以及中量、批量的一般存储，具有以下特点：

① 通用性强；

② 存取方便，拣货率高，每块托盘可以单独存取，不影响其他托盘的使用；

③ 成本低、易拆装、适应性强，可根据货物尺寸调整横梁高度；

④ 对上层空间的利用率高；

⑤ 存储密度低，需要较多通道。

托盘货架的结构一般是沿仓库宽度方向分成若干排，中间一条巷道，供堆垛起重机、叉车等搬运机械运行，每排货架沿纵向分为若干列，垂直方向再分为若干层，形成大量货格用以装载货物。通常6米以下的托盘货架设计为3~5层货架，货架的一个货格一般存放两个托盘，即一个货格具有两个货位。货架的连杆用于两排货架背与背之间的连接，增加整体刚性的同时，调节连杆宽度还可以满足存储货物大小的需要。在布置货架时以缩短货物存取时间、提高效率为原则。（见图3-21）

图3-21 托盘货架

托盘货架依据存取通道的宽度可分为传统式通道货架、窄道式通道货架、超窄式通道货架。窄道式货架的通道比托盘稍宽，同时还需具有支撑和加固搬运地功能，因此对结构强度和公差配合要求严格，要综合考虑、精确设计、合理安装。窄道式货架对托盘的存储布局无严格要求，可充分利用仓库面积；但需要特殊叉车或起重机以及相应的配套搬运机械进行作业，周转时间长。

（2）驶入式货架。

驶入式货架是指一种不以通道分割的、连续性的整栋式货架，用于保管托盘装载单元，并具有叉式升降车出入口，操作员可乘叉式升降车行驶通道中存取货物。托盘存放由里向外逐一存放，叉车进出使用同一通道，不宜进行"先进先出"，适于"先放后取、后存先取"。货架一般为3～5层，适用于品种少、尺寸大、重量轻、数量多的大批量货物，最高为10米。其特点为投资小、仓库面积利用率高、存储密度高、存取性差等。（见图3-22）

图3-22 驶入式货架

（3）驶出式货架。

驶出式货架，或称贯通式货架，用于保管装在单元并具有叉式升降车通过全货架的通道，操作者可以乘叉式升降车行驶于通道中存取货物。其优点是具有高密度存储能力，空间利用率高并可达85%，适用于一般叉车存取货物，但高度受限，一般≤6米，施工费用大、速度慢。（见图3-23）

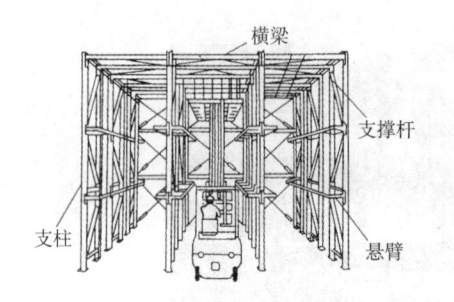

图3-23 驶出式货架

驶出式货架和驶入式货架的区别：前者货架是通的，没有拉杆封闭，前后均可安排存取通道，并实现先进先出管理。

（4）移动式货架。

移动式货架是指一种底部安装有运行车轮，可在地面沿直线移动的货架，一般为两排货架一组安装于一个移动支架上，货架底部长轴带动四只滚轮沿铺于地面上的轨道移动。其优点是空间利用率高达80%以上，不受先进先出限制，货架高度一般≤6米，最高可达12米；缺点是制造成本高、施工周期长。

移动式货架按照驱动方式，可分为人力推动式、摇把驱动式、电动式三种，前两者适用于轻便的资料档案用货架，后者适用于装载货物用货架。移动式货架普遍应用于少品种、大批量、低频率的货物存储与保管。

移动式货架的长度在考虑其刚度与移动平稳性的前提下根据设计而定，通常情况下每排货物存放 4~8 列货物，利用叉车作业，相对于其他作业机械具有成本低、风险小的特点。如果是长大物料，可以采用桥式堆垛机作业。移动式货架具有变频控制功能，可以控制驱动或停止时的速度，防止货物发生抖动与倾斜，同时可以在适当位置安装定位光电传感器与可制动齿轮电动机，以提高定位精度（见图 3-24）。

图 3-24 移动式货架

（5）后推式货架。

后推式货架是指一种高密度托盘存储系统，将相同货物的托盘存入 2 倍、3 倍、4 倍深度，且稍向上倾斜可伸缩的轨道货架上，托盘的存放和取出在同一通道完成。它既能达到驶入型货架的仓储容量，又能达到托盘自动滑动型货架的存取能力。其作业过程是叉车将后到的货物存入货架时，后存货物将之前存放的货物推到货架后方。从前方取货时，货架滑轨向前方倾斜，后方货物自动滑向前方，等待取货。（见图 3-25）

图 3-25 后推式货架

后推式货架的优点是存储密度高，空间利用率高，比一般托盘节省 1/3 的空间，深度方向具有 3~5 个储位，工作程序简单、拣取时间短，不需特殊搬运设备，能够避免高密度存储货架在装卸作业中常易产生的货损现象；缺点是存取性差，不能进行先进先出存取。适用于少品种、大批量货物的储存，可用一般叉车存取，避免存放过重货物。

(6) 轻型货架。

轻型货架与托盘货架设计相同，区别在于结构轻量化，货架高度一般≤4米。根据货架隔板承载力分为轻型（75~100千克）、中型（200~300千克）、重型（1000~5000千克）三类。适用于重量轻、体积小的箱/散品货物。通常应用于办公室、商店、仓库、物流中心的小物品存放。优点是成本低、易拆装、样式多、防振耐用，钩式设计并可通过挂钩和螺丝自由调整存放高度与间隔。（见图3-26）

图3-26 轻型货架

(7) 悬臂货架。

悬臂货架由若干塔式悬臂和纵梁连接构成。根据放置物品的大小、重量、长短等因素分为两类，即单面悬臂货架和双面悬臂货架。其材料由金属构成，并加上木质或橡胶衬垫，防止损坏货物。为防止货物划伤，在悬臂上放置货物一面衬上木质或橡胶衬垫，高度一般≤6米。适用于长/大件货物、不规则货物，例如钢管、型钢、木材、塑料等。其特点是前伸悬臂结构轻巧、载重能力强；缺点是空间利用率低，一般为35%~50%。可实现多层应用，若增加搁板，适用于空间小、高度低的库房。（见图3-27）

图3-27 悬臂货架

(8) 堆叠式货架。

堆叠式货架可做容器并随叉车搬运，存放货物时，可相互叠放，避免货物压损；不用时可以叠放，节省空间，一般高度为 4 层。其优点是价格低、不需维修，缺点是叠放高度受限，不宜太高，最底层物品最后才能取出。适用于不规则物品、易碎物品，同时进/出的相同类型货物。

(9) 阁楼式货架。

阁楼式货架是指一种充分利用高度空间的一种简易货架。在厂房面积有限的情况下，当货架高度 >2 米时，对仓库进行立体规划，将空间设计成两层或两层以上，利用钢梁和金属板将存储区按楼层分隔，可以使得货物存放达到 4~5 米。每个楼层存放不同货物，例如上层存放轻量、小型货物以及长期存放的货物，下层存放托盘。可利用叉车将整箱货物送上阁楼，阁楼上可用轻型小车作业，货架内部人工作业。其优点是仓库空间利用率高、造价低、易搭建；缺点是存取作业率低，适用于旧仓库的改造。（见图 3 – 28）

图 3 – 28　阁楼式货架

(10) 流动式货架。

流动式货架，或称重力式货架、托盘自滑式货架，是指一种利用存储货物自身重力来达到在存储深度方向上使货物运动的密集存储型存储系统。其存货通道由多组上下纵横并列的带坡度重力输送滑道或带坡度导轨组成，坡度一般为 1.5%~3.5%，同时托盘底部装有滑轮，并依靠重力沿轨道下滑。（见图 3 – 29）

图 3 – 29　流动式货架

流动式货架是指一种一端较高、另一端较低的货架，较高端通道作为放大货架使用，较低端货架进行倾斜布置，其通道作为出货使用。其每层货架具有减少摩擦并起导轨作用的滚子输送器，根据动力或自重货物能自动流向入/出口，其两侧通道，一侧用于存货，另一侧用于取货，货架的取货方向稍倾斜一个角度，利用货物重力的分力使货物向出口方向自动下滑，以待取出可与一般的叉车配套使用。适用于大量存储并短期发货、先进先出的货物，常作为超市、物流中心、直销邮购公司的仓库。多用于拣选系统以及大量存储领域、配送/物流中心仓库，适用于易损货物，以及大批量、同品种、短期存储货物。

依据载荷大小，流动式货架可分为托盘流动式货架与容器流动式货架，前者的存储空间比一般地托盘货架多50%，后者适用于小批量、多品种的拣取作业。

其优点是运营成本低、安装快、易搬动、空间利用率高且可达85%、人工拣取方便，若安装显示器可实现计算机辅助拣货作业；但高度受限，一般≤6米，对通道物流布局有特殊要求。

(11) 货格式货架。

货格式货架是自动化仓库中广泛应用的常用型货架，是立体型仓库的主要形式。货架由货格组成，每个货格为一个独立单元，避免货物挤压，实现先进先出。根据货格数量将自动化仓库分为大型、中型、小型仓库。（见图3-30）

图3-30 货格式货架

(12) 旋转式货架。

旋转式货架，或称为回转式货架，是指利用计算机控制、不需取货人走动，通过货架的水平、垂直立体方向回旋，自动将货物移动到位的货架。适用于电子元件、精密机械等少批量、多品种、小物品的存储与管理。旋转式货架具有以下特点：

① 存储密度大、货架间不设通道，空间利用率高相对于固定式货架，节省占地面积30%~50%；

② 标准化组建构成，适于各种空间配置；

③ 存取入口固定，货物不易丢失；

④ 货物旋转利用单片机或微机控制，根据下达的货物指令，该货格可以以最近的距离自动旋转至拣货点停止；

⑤ 取料口高度符合人机学，作业人员可长时间工作；

⑥ 利用计算机快速检索与寻找储位，操作简单、拣货线路简捷、作业迅速、效率高、差错少。

旋转式货架按照整体外形可分为垂直旋转式货架、水平旋转式货架（整体水平旋转式货架）、立体旋转式货架（多层水平旋转式货架）：

① 垂直旋转式货架：属于拣选型货架，与垂直提升机相似，即在提升机构两侧垂直支架的回转链轮上，以间距相等的方式悬挂斗式货格，可以正向或反向转动。具有占地面积小、存放货物品种多的特点。其尺寸规格，高度3~9米，正面宽度2~3米，10~40层，单元货位载重30~400千克，回转速度6~9米/分钟。

② 水平旋转式货架：由多列货架联结，每列货架分为若干层，货架每旋转一次，则一列货架到达拣货面，即可进行拣货作业。货架电力装置一般设置于货架上部或底座。货架旋转时，耗费功率大，不适于拣选频率高的作业，适合小型分货领域的分货式货架，以及相对较重的货物，或是物品相同、包装不同的货物，如图3-31所示。

图3-31 水平旋转式货架

③ 立体旋转式货架：整体外观与水平旋转货架相似，垂直方向可分层且可以独立旋转，每层装有驱动装置，货架沿着由两个直线段和两个曲线段组成的环形轨道旋转。其尺寸规格，长度10~20米，高度2~3米，单元货位载重10~20千克，回转速度20~30米/分钟。具有存储密度大、易于管理、管理成本低等特点，适用于小物品的存取。

此外，旋转式货架按照货架旋转运行路线可分为H形、S形、V型、M形、P型旋转式货架，其规格与特点如表3-8所示。

表3-8　　　　　　　　　　旋转式货架相关参数

货架形式	H	S	V	M	P
长度（米）	10~30	10~20	10~20	3~10	10~20
层数	2~40	1	10~30	1	2~4
高度（米）	≤15	2~3.5	2~6	3~5	3~9

续表

货架形式	H	S	V	M	P
单个箱子重量（千克）	3～130	200～450	100～400	30～100	200～1000
转速（米/分钟）	≤30	≤20	≤6	≤6	≤12
是否需要自动抽出机构	是	否	否	否	是
是否需要复数拣货位	是	否	是	是	是

（二）其他物流保管设备

除货架之外，还有一些其他的物流保管设备，如表3-9所示。

表3-9　　　　　　　　　　物流保管设备

物流保管设备	功用与特点	实物
苫垫用品	挡雨、隔潮、通风等 苫布、苫席用于露天堆场	苫布（油布、塑料布等）、苫席、枕木、石条等
存货用具	货架：存放货物的敞开式格架。便于货物进出，提高仓容利用率 货橱：存放货物的封闭式格架。用于存放较贵重或需特殊存放的货物	货架、货橱
计量设备	货物进出时计量、点数 存货期间的盘点、检查	地秤、轨道衡、电子秤、电子计数器、流量仪、皮带秤、天平仪、磅秤、卷尺等
养护检验设备	货物入库时的验收 货物在库保管测试、化验 防止商品变质、失效	温度仪、测潮仪、吸潮仪、烘干箱、风幕、空气调节器、商品质量化验仪
通风保暖照明设备	用于仓库的通风、保暖、照明等	风扇、暖风机、照明灯等
消防安全设备	用于仓库防火及预报	报警器、消防车、手动抽水器、水枪、消防水源、沙土箱、消防云梯
劳动保护用品	确保仓库职工在作业中的人身安全	手套、头盔等

六、货物包装分拣设备

（一）包装设备

1. 包装设备的概念

包装，一方面是指为了在流通过程中保护产品、方便运输、促进销售，而按照一定技术采用的容器、材料、辅助物的总称；另一方面是指为了达到上述目的而采用容器、材料、辅助物的过程中施加的一定技术方法的操作活动。

包装设备，狭义概念是指在机械化、自动化的批量生产中，对产品进行包装的一种机械工具或设备；广义概念是指包括各种自动化、半自动化的销售包装设备、运输包装设备、包装容器的加工设备、集合包装设备、搬运设备等，这些相互关系的设备联合组成现代化的包装设备体系。

2. 包装设备的作用

（1）提高效率，保证包装质量，保护商品；

(2) 降低人工劳动强度，改善劳动环境条件；
(3) 降低包装成本，减少物流费用；
(4) 提高出口商品的包装质量。促进包装工业发展。

3. 包装设备的种类

包装设备按照不同的标准具有不同的分类，如图3-32所示。国际常用的分类方法为按照功能分类，如图3-33所示。

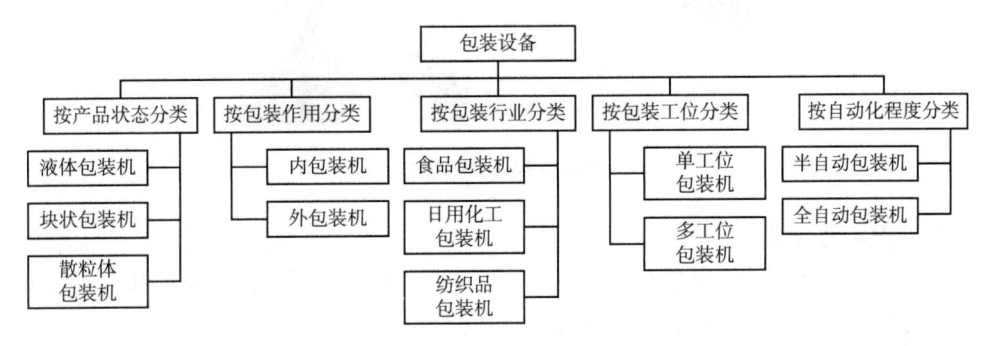

图 3-32 包装设备分类

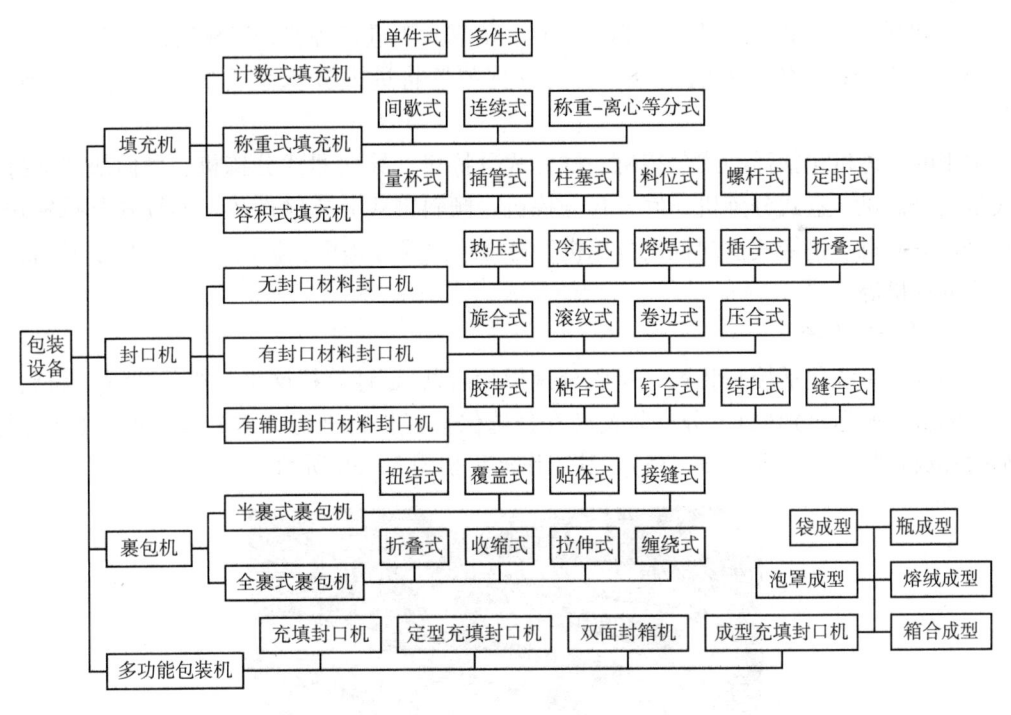

图 3-33 包装设备按照功能分类

（二）分拣设备

分拣是指将物品按品种、出入库先后顺序进行分门别类堆放的作业。分拣作业是指把货物先按照品种、出入库先后顺序或流向等进行分类，再将分类后的货物放到规定的作业位置。（见图3-34）

图 3-34 分拣设备

1. 分拣作业的分类

从物流作业的角度，将分拣作业分为两类，即分选作业和拣选作业；从分拣手段的角度，分为人工分拣、机械分拣、自动分拣。

（1）人工分拣：将所需的货物靠人力徒手或配以手推车搬运至指定场所，劳动强度大、效率低下。

（2）机械分拣：以机械为主要运输工具，依靠人工进行拣选，以输送机为主。

（3）自动分拣：依据人的指令，自动分拣装置将进入分拣系统的货物直接送到指定位置。

常用的分拣机包括浮动式分拣机、推杆式分拣机、导向器式分拣机、导向块式分拣机、台式带式分拣机、盘式分拣机、底开式分拣机、倾斜带式分拣输送机、连续式分拣输送机、垂直分拣输送机、钢带式横向推出分拣机、升降推出式分拣机、机器人分拣系统与装备、盒装货物分拣机等。

2. 自动分拣系统

自动分拣系统包括控制装置（接收分拣指示信息）、计算机网络、搬运装置（将到达分选位置的货物搬运至别处）、分支装置（在分选位置将货物进行分送）、缓冲站（在分拣位置临时存放货物）等（见图 3-35）。其工作流程如图 3-36 所示。

图 3-35 自动分拣系统

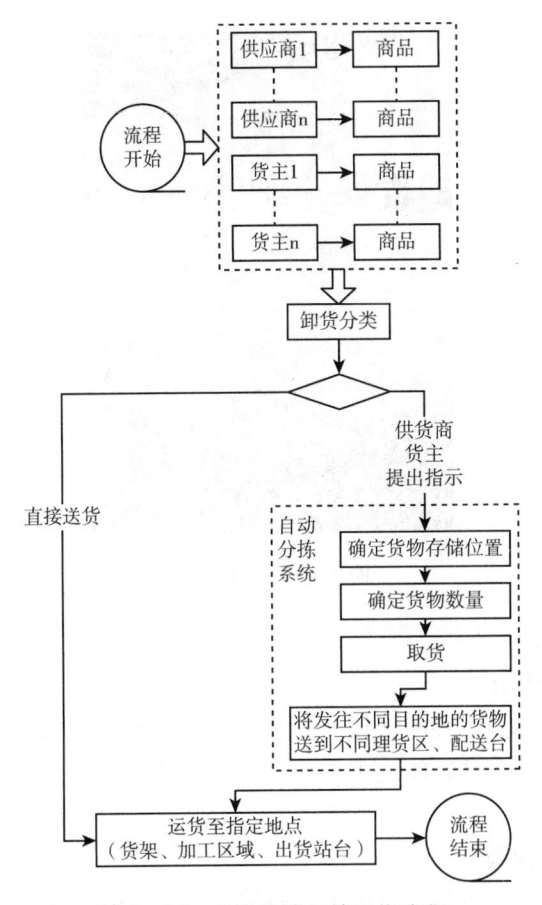

图 3-36　自动分拣系统工作流程

(1) 自动分拣系统的特点。

① 可连续、大批量分拣货物：采用流水线自动作业方式，不受天气、人力限制。

② 分拣误差率极低：采用条形码扫描输入很少出现错误。

③ 实现无人化操作：人员的工作仅限于到货后人工接货、人工控制自动分拣系统、分拣线末端人工装货、自动分拣系统的人工维护、管理、经营。

(2) 建立自动分拣系统需考虑因素。

① 一次性投入资金巨大：自身较长的工作线、配备机电一体化控制系统、计算机网络与通信系统、高层立体仓库，成本回收很慢，甚至为 10~20 年。

② 对待分拣货物的外包装要求高：要求货物必须底部平坦、有刚性、包装规则，需推行业内甚至是国内的货物标准化包装，导致制造商成本较高。

七、其他仓储设备

(一) 物流台车

物流台车是指在平托盘、柱式托盘或网箱托盘的底部装上脚轮的设备，既便于机械化搬运，也宜于短距离人力移动。适用于企业工序间的物流搬运，或直接作为商品货架的一部分。(见图 3-37)

图 3-37 物流台车

（二）物流整理设施

1. 物流整理设施的作用

（1）整理、加工、检测、装配物料，使之简洁、使用、美观，符合人体工程学；

（2）整理作业所需的工具，使之保管整齐、存取方便、美化环境，提高工作效率，减轻劳动强度。

2. 常用的物流整理设施

（1）零件盒：或称工位器具，适用于多品种、型号轻小的货物存储仓库，应用于加工、配装、检测、维修等工位。

（2）周转箱：在流通领域可替代纸质包装，直接进入加工、装配工位或仓库，并可以重复、周转使用。

（3）人力搬运车：以人力为主，从事水平搬运，轻便灵活、易操作，适用于车间、仓库、站台等场所的短距、轻小货物的搬运。并逐步引入手/电动液压技术，与托盘相结合。

第二节 仓储设备选择

仓储设备的选择直接影响仓储效果与经济效益，因此必须针对不同的存储对象与存储要求选择不同的仓储设备。

一、货架的选择

（一）货架品种的选用

1. 轻小型货物存储

（1）适用于人工存/取货作业的货架。

要求货物的外形尺寸和垂直与人工搬运能力相适应，适合选择高度≤2.4米、深度≤

0.5 米的组合式轻型货架，或称为层架，其每层之间用搁板分隔，每格放一种物品，物品不易混淆。层架多用于小批量、零星收发的小件物资存储。其优点是结构简单、用料节省、适用性强、便于作业；缺点是层间光线较暗、存放货物数量有限。当存放品种多、货架占地面积大时查找货物困难，其改进方法是采用电子标签，虽然增加成本，但是可以实现快捷查询、提高作业率。

（2）适用于贵重小件货物、怕尘怕湿货物的货架。

选用垂直旋转式货架（或称柜库），或水平旋转式货架，或小型带抽屉式的移动式货架。若小型物品品种多，且仓库面积小、空间高，当空间有效高度≥4.5 米时，可采用搁板式轻型货架，层高≤2.2 米。

（3）适用于进/出库频繁、数量品种多的小件货物的货架。

将人工拣选式堆垛机与单元拣选型货架结合使用。利用人工作业的方式将货物放至无货叉的有轨/无轨堆垛机上，因为人工作业的原因使得货架深度≤0.6 米。

（4）适用于外形规则、尺寸一致轻型货物的货架。

可以选用流动式货架、抽屉式货架和轻型自动化仓库系统。其中抽屉式货架采用全自动操作方式，在货架前端布置拣选台，并配备抽拉式堆垛机将抽屉取出并送至前端进行拣选作业，作业完成后将抽屉重新入库，作业效率高；轻型自动化仓库系统货架的每个货格存放在塑料周转箱或纸箱，其堆垛机上带有特殊的存/取货装置，作业速度高，最大运行速度为 320 米/分钟。

2. 中型单元货物存储

中型单元货物的存储，通常采用单元货格式立体仓库，它是一种标准格式的通用性较强的立体仓库，每层货架由同一尺寸的货格组成，每个货格存放一个货物单元或组合货物单元，货格开口面向货架之间的通道，通道可以供装/取货机械行驶，可对两侧货架进行存取作业。

3. 长大货物存储

（1）存储数量较多的管料、型材、棒材等长尺寸金属材料和建材时通常使用 U 形旋转货架与悬臂货架。前者本身呈 U 形，组合后呈 H 形，在货架两边上端装有吊钩形角顶，便于重叠码放和吊装作业，并可用起重机作业；后者由 3~4 个塔形悬臂和纵梁连接，人工作业存取轻型材料，吊车存取重型材料。

（2）存储长大规整、尺寸一致货物使用长大物料货架，可利用桥式堆垛机、长大物料堆垛机、侧叉式无轨巷道堆垛机进行堆垛。

（3）存放特重货物，若数量较少则可用起重机将货物吊至设立在仓库的少量专用钢架。

（二）货架结构型式选择

1. 货架横梁的选择

横梁式货架，在横梁式结构的一个货格内存放 1~3 个单元托盘，可以减少货架立柱与立柱占据的空间，减少货架纵向长度与货架整体重量。应注意的是，不是货格内的托盘数量越多越好，从衡量的承重力与经济效益方面的综合考量，一个货格内的托盘数量应≤3。

2. 立柱截面的选择

立柱是货架中货架片的主要构成，而货架无论在重量或是造价方面而言，又都是立体仓库中的重要组成，因此立柱的截面选择尤为重要（见图3-38）。

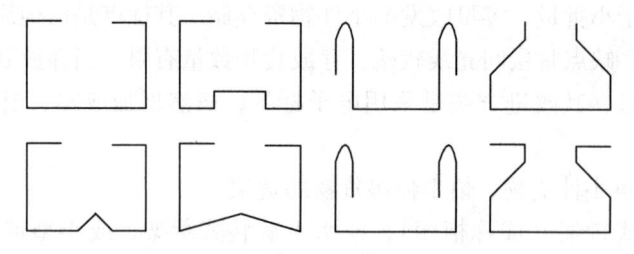

图3-38 货架立柱截面主要型式

3. 影响旋转式货架选择的因素

（1）货品批量：依据货物的尺寸大小、数量质量、外观形状确定是否采用旋转货架。

（2）货物的品种、数量、流量：旋转式货架多用于品种多、数量大、容量大、体积小、质量轻的货物。流量的计算方法为

$$流量 = \frac{处理量}{单位时间}$$

（3）场所：货架的安装场地、地面承载力、货物出/入库路径。

（4）作业时间：设备使用的时间和时间带，即安装调试后投入使用的时间、每日出/入库作业时间带、哪个时间带货物处理量大等。

（5）目的要求与预算：鉴于旋转式货架投资成本较高，在明确使用旋转式货架所达到的目的的前提下，根据自身现有资金状况选择型式。

二、托盘的选择

（一）托盘的选择

1. 材料选择

（1）温度：不同材料的托盘要求不同的环境温度，否则会影响托盘的正常使用，例如塑料托盘要求温度保持在-25~40℃。

（2）湿度：对于具有较强吸湿性的托盘不能将其置于潮湿环境中，例如木制托盘、纸质托盘等。

（3）环境清洁度：环境会对托盘产生一定的污染，污染程度越高，就要选择耐污染、易清洁的托盘，例如塑料托盘、复合塑木托盘等。

（4）货物对托盘的特殊要求：根据承载货物的特殊性，选择相应的托盘。例如具有腐蚀性货物、要求清洁度较高的货物等，相应地需要选取耐腐性强的塑料托盘或复合塑木托盘等。

2. 用途选择

（1）出口型货物：尽量选择一次性塑料托盘或免熏蒸复合材料托盘，避免因某些出口目的地国家要求对托盘进行熏蒸杀虫处理，而增加出口成本。

（2）上架货物：用于货架堆放的托盘应具有刚性强、不易变形、动载较大的特性，例如钢制托盘、硬杂木制托盘等。

3. 尺寸选择

（1）统一托盘尺寸规格：为了增强使用中的通用性，应尽量统一托盘的规格标准，尽管各行业内有已经成型的体系，但从长远利益考虑，还是应当将标准统一到托盘规格的国家标准。现阶段国家标准包括四类，即 1200×1000 毫米、1200×800 毫米、1140×1140 毫米、1219×1016 毫米。

（2）统一装运设备标准：合适的托盘应该刚好满足其装运设备的尺寸，既能做到空间的合理利用，又能节省成本，特别是集装箱和运输卡车的箱体尺寸。

（3）合理安排托盘的使用区间：根据货物流向的不同目的地，选择不同尺寸的托盘。例如欧洲方向的托盘采用 1200×1000 毫米规格，日本方向的托盘采用 1100×1100 毫米规格。

（4）考虑仓库大小、货格大小，以及货物的包装规格，最大限度利用托盘。

4. 结构选择

托盘结构影响托盘的使用效率，合适的托盘可以充分发挥叉车的作业效率。

（1）用于地面铺板的托盘：即指托盘装载货物之后不再移动，用于防潮防水。此时在考虑静载重量的前提下，选择结构简单、成本较低的托盘，例如塑料托盘。

（2）用于货物装运的托盘：由于此类托盘要配合叉车反复使用，因此应选用强度高、动载大的托盘，其结构以"田"字形和"川"字形为主。

（3）装载货物需堆垛的托盘：单面托盘只有一个承载面，适用于不堆垛货物；双面托盘具有两个承载面，适用于堆垛货物。

（4）用于立体库内的托盘：立体仓库内的货物需要码放在货架上，通常情况只能从两个方向从货架上插取货物，用于货架上的托盘应尽可能选用四面进叉的托盘，一般以"田"字形为主，以便叉车作业，提高工作效率。

（二）托盘的使用

1. 木制托盘的质量要求

（1）木材的材种、材质、铺板、横梁尺寸等符合国家标准，含水量 <25%，结疤少，边板无木节；

（2）钉子规格、排列、数量要符合规定，钉子采用长 80 毫米及 90 毫米长的四线螺旋钉，钉入前先钻孔。

（3）铺板时，针的方向和木纹一致；

（4）按照 GB4996-85 测试标准进行测试，严格验收，剔除次品；

2. 纸质托盘的使用原则

（1）承载物均匀平整置于托盘上，保证托盘表面受力均匀；

（2）使用叉车提升货物时，叉车工作臂保持水平，并完全（或大于 2/3）进入托盘内；

（3）使用叉车时，禁止直接推拉或撞击托盘，以免损坏托盘；

（4）确保纸质托盘的合理使用场所；

（5）禁止人员站在纸质托盘上，以免危险产生；

（6）纸质托盘置于干燥环境下保存。

3. 严格托盘的使用规程

（1）叉车叉取托盘时，叉齿保持水平，不应上下倾斜；

(2) 叉车必须对准叉孔，与托盘垂直；
(3) 禁止甩抢空盘，禁止托盘以边角落地，禁止用叉齿移动、拖拉托盘；
(4) 空托盘叠放整齐，避免撞碰雨淋；
(5) 单块托盘尽量不要平放，避免压坏；
(6) 绳索捆扎货物的捆扎方向应与板边平行。

4. 加强托盘的维护保养

定期定时检查、维修或停用已损坏的托盘，按标准更换各种相关零件。托盘按规定进行维护，其使用期一般能达到 10 年。如果不进行维护，一般 2 年左右就会报废。

三、叉车的选择

（一）影响叉车使用的因素

在选择使用叉车时，要充分考虑仓库的存储形式，还需考虑叉车的负载能力、最大提升高度、最大提升车体高度、升降架高度、自由升程、行走及提升速度、机动性、驱动/引导控制方式等因素。

1. 托盘

大部分叉车以托盘为操作单位，不同规格的托盘，所需的巷道空间不同。通常建议采用统一标准的托盘，目前以欧洲标准 800×1200 毫米或 1000×1200 毫米两种四向叉取式托盘为标准，适用于各种车型。

2. 地坪

叉车的使用受到地坪的光滑度与平整度的影响，用于提升的室内叉车尤为重要。地坪表面一般为三种状况：

(1) 避免：锯齿状起伏地面；
(2) 允许：波浪起伏地面，且在一定距离外有一定高度；
(3) 最优：光滑平整地面，以经表面处理的混凝土地面为最佳。

3. 电梯、集装箱高度与日作业量

考虑电梯、集装箱入口的高度，便于叉车出入，通常选择带较大自由扬程的门架。同时，通过仓库进/出货频繁度、叉车日工作作业量，计算并安排叉车电瓶容量与叉车数量，保证日常工作的进行。

（二）常见叉车的使用

1. 手动托盘车

用于平面点到点的搬运，体积小巧灵活，一般适用于任何场合。由人工操作，适用于重量在 2 吨以下、作业距离小于 15 米的搬运作业。它不仅应用于装卸场所，也应用于各个运输作业环节的衔接工作，通常每辆集装箱卡车和每辆货车都配有一辆手动托盘车。

2. 电动托盘车

用于平面点到点的搬运。作业距离在 30 米左右时，使用步行式电动托盘车，可降低人员工作疲劳度、保证作业安全；作业距离在 30~70 米时，使用带折叠踏板的电动托盘车，高速高效。

3. 电动堆垛机

它是一种轻型的室内提升堆垛设备，通过车身前部的支撑臂加长配重的力臂，因此较小的配重，即可提升较大的载荷。适用于楼层式仓库或空间较小的仓储环境。

4. 平衡重叉车

没有支撑臂，需要较长的轴距与较大的配重平衡载荷，因此需要较大的作业空间。货叉从前方叉取货物，对容器无要求。底盘高，且使用橡胶轮胎或充气轮胎，地面适应力与爬坡能力强。

5. 柴油及液化气叉车

根据传动方式可分为液压机械传动型与静压传动型两类。前者采用传统传动方式，成本低，但变矩器传递效率低，能耗大，维护费用高；后者采用先进技术，具有起步柔和、无级变速、维修简单等特点，更适用于户外短距频繁往返搬运。

6. 前伸式叉车

结合了有支撑臂电动堆垛机与无支撑臂平衡重叉车的特点，其最具效益操作高度为6~8米，对用的仓库高度在10米左右，适用于卖场、配送中心、物流中心、企业中心仓库等。当操作高度超过8米时，可加装高度指示器、高度选择器、摄像头等辅助装置。

7. 高架堆垛机

适用于以节约成本为前提的、面积小高度低的仓库。将高架堆垛机与高位拣料机合称VNA（very narrow aisle），货叉可作三向旋转，直接从两侧叉货，巷道中不需转弯。VNA系列最大提升高度超过14米，巷道宽度在1600毫米左右，最大载重量为1.5吨，适用于制药行业、电子电器行业等。

第三节 仓储设备管理

仓储设备管理是指对设备的选购配置、投入使用、维修保养、改造更新全过程的控制管理。对仓储设备实施管理，是为了更好地利用设备的同时对物料进行管理，保证仓库正常运行，以及配合生产现场。对仓储设备进行正确的管理，可以用最小的空间储备最多的物料，避免物料混乱，以便于在需要该物料时不会因为仓库混乱而找不到物品。

一、仓储设备管理的任务

仓储设备管理的任务是指要保证为仓储业务活动提供最优的技术设备，使仓储业务建立在最佳的物质技术基础上，对各种设备进行正确的选择、使用与维护，使设备保持良好的技术状态、具有最经济的寿命费用周期、发挥最大的综合效率，保证仓储任务的全面完成。

（一）正确选择设备

根据仓储业务的需要，以技术先进、经济合理为原则，通过对设备进行全面的经济评价与技术评价，正确合理地选购配置设备，为仓储任务提供优良的技术装备。正确选择仓储设备的一个前提是掌握国内外技术发展动向，收集相关资料。

1. 技术资料

（1）设备的规格、性能、用途、效率、动力、材料；

（2）设备对环境的污染；

（3）设备的可靠性与可维修性；

（4）设备安装运输的条件；

（5）设备所需备品配件的供应。

2. 经济资料

（1）设备的价格与运费；

（2）设备所需的相应厂房；

（3）配套工程投资；

（4）设备的安装费用；

（5）设备操作人员与维修人员的培训维修费用；

（6）资金筹集方式及其利率、还贷方式，估计投资的渠道。

（二）制定管理规划

（1）长期计划：根据仓储的物流战略目标制定。

（2）中短期计划：根据仓储不同的生产目标或物流作业目标，制订设备管理的中期计划以及更为具体化的短期计划。

（3）技术与经济的综合平衡：进行技术与经济方面的综合平衡，与资金计划、利润计划、能源计划进行协调。

（三）合理使用设备

仓储设备的合理使用是指在正常条件下，使用仓储设备从事物流作业，并充分发挥其设计效用的工作过程。做到用好、修好、管好设备，全面规划、合理配置、精心维护、按时检修。对仓储设备做好验收、保管、发放工作，建立领用、回收制度。因仓储任务发生变化等原因造成设备停用时，要保持设备完整齐全，保证设备始终处于最佳的技术状态。

1. 仓储设备合理使用的要求

仓储设备合理使用的要求包括保持设备的良好状态，正确使用优化组合，充分发挥设备的功能和效用，安全、优质、高效、低耗地完成担负的物流作业任务，获取最好的经济效益。

2. 技术合理与经济合理

技术合理是指按照有关技术文件上规定的仓储设备性能、使用说明书、操作规程、安全规则、维护和保养规程，以及在不同的工作状况、工作环境、自然条件下的使用要求，正确操作和使用物流机械设备。

经济合理是指在仓储设备性能允许的范围内，能充分发挥物流机械设备的效能，以高效、低耗地获得较高的经济效益。

3. 仓储设备使用的其他方面

（1）保证引进设备的正常运转。

加强对引进设备的研究与消化，在引进设备的同时注重技术引进，并及时解决配件供应问题。注重对引进设备的仿制与改进工作。

（2）完善自制设备的综合管理。

以先进实用、经济优化为原则研发自制设备，做到制造前有可行性研究，制造中有定额指标，使用时有维护方法。加强标准化工作，关键部件要求统一设计标准。同时还要制定自制设备的鉴定、定型、推广工作，提供成套的相关资料及备品配件。

（3）寻求设备寿命周期费用的最优化。

设备的寿命周期费用是指设备一生的总费用。寻求设备寿命周期费用的最优化，就是寻求设备购买与使用维修的最佳经济效果。在设备规划阶段，不能只考虑设备的购买或某个使用阶段的经济性；设备维修阶段，谋求停机损失与维修费用之间的最佳平衡。

（4）正确维修保养。

设备在使用过程中，其技术状态会随着外部环境和内部状况不断变化。设备在使用过程中必然会磨损，磨损到一定程度就会使精度下降，以致损坏。零部件的老化、松动都会影响设备的正常工作。因此要求操作人员与维修人员应掌握设备的技术性能，按操作规程正确使用设备，保证设备正常运转。操作人员对重要设备要做好使用登记与技术资料的统计工作；维修人员按照维修计划做好设备的小修、中修和大修工作。表3-10列示了仓储设备的保养维修与点检制度。

表3-10　　　　　　　　仓储设备的保养维修与点检制度

仓储设备	保养维修	点检制度
概念	保养维修是指以设备进行清洁、润滑、紧固、调整、防腐、检查等一系列工作的总称	设备点检是指通过人的五官（视、听、触、嗅、味），或运用工具、仪器，按照预先设定的周期和方法，对影响设备正常运行的、预先规定的设备关键部位或薄弱环节进行经常性检查和重点控制，及时准确地获取设备部位的技术状况或劣化的信息，及时预防维修
目的	减缓设备的磨损 及时发现和处理设备运行中出现的异常现象	掌握设备技术状况，减少设备维修工作的盲目性和被动性 维持改善设备工作性能 预防事故发生、减少停机时间、延长设备寿命 降低维修费用、提高总体效益
特点	以"预防为主"为原则，预防不正常磨损的产生，制定带有预防性的维修计划	对设备的隐患和缺陷得到早期发现、早期预防、早期处理

（5）不断革新改造。

在充分发挥原有设备工作能力的同时，通过管理部门与其他部门协调配合、筹集资金，对现有设备进行更新改造，挖掘设备潜力、更新设备结构、改进设备技术，以减轻仓储职工的劳动强度，提高仓储劳动效率，促进仓储设备的现代化。

（6）完善相关培训。

做好并不断完善对设备管理和维修人员的培训工作，这是设备管理工作的组织保证。

（7）应用科学管理。

计算机管理决策系统的广泛应用，提高了企业的管理效率和管理质量。利用计算机进行设备管理，完成设备数据报表资料的统计和分析，以及各种计划的编制，保证了设备管理的科学化。

二、仓储设备管理的内容

仓储设备管理工作的主要内容包括仓库的选址与建设、仓库机械作业的选址与配置、仓库作业组织和流程、仓库的作业管理、仓库管理技术的应用以及仓储设备综合成本控制等（见表3-11）。

表3-11　　　　　　　　　　　仓储设备管理内容

仓储设备管理	工作内容
仓库的选址与建设	仓库选址原则 确定仓库建筑面积 库内运输道路与作业的布置
仓库机械作业的选址与配置	选择机械装备以及应配的数量（根据仓储作业和储存物品的种类及其理化特性） 管理各种机械装备
仓储作业组织和流程	设置组织结构中的各个岗位 设置每个岗位的责任分工 处理信息组织作业流程
仓储的作业管理	完成仓储设备管理中日常的、最基本的管理内容
仓储管理技术的应用	研究现代管理技术 应用先进的管理方法（例如选择合适的编码系统安装仓储设备管理系统实现JIT管理）
仓储设备综合成本控制	设备的价格、运费、安装费 配套设施资金 使用维护资金

三、仓储设备管理的特点

（一）经济性

仓储设备管理既是整个生产活动的重要组成部分，生产性的仓储设备活动和其他物质生产活动一样，可以创造商品的价值并从中博取利润。

（二）技术性

无论是仓储设备作业的机械化，还是仓储设备管理的信息化，都是将新技术应用于仓储管理中的具体体现，这也是仓储设备管理技术性的发展趋势。

（三）综合性

物流作为跨行业、跨产业的服务功能，它与各行业的运作特点紧密联系在一起。在整个仓储设备管理过程中，要综合利用各学科理论进行商品管理，进行库存控制，从而保证商品的正常生产和流通降低成本。

本章小结

仓储设备泛指现代仓库主体建筑之外，进行仓储业务所需要的一切设备、工具和用品。

仓储设备的合理配置以及科学化管理，可以提高劳动生产率，缩短货物进出库时间，提高仓储服务质量，改进货物堆码，维护货物质量，充分利用仓容和降低仓库费用。

仓库的主体建筑包括库房、货棚和露天货场。仓库的辅助设施包括通风设施、照明设施、取暖设施等。堆垛机是自动化立体仓库的主要作业设备，是一种适用于专用起重机。叉车是物流领域重要而广泛应用的装卸搬运设备，也是仓库搬运的主要工具。相对于堆垛机，叉车具有造价低、机动性强、适应性强、货物拣选便利、操作容易、易于维护等优点。托盘既可以作为存储设施，也可作为运输单元，是物流系统化的重要装备机具，有效促进了全物流过程水平的提高，它与叉车的共同使用，极大地促进了装卸活动的发展。货架是具有架式结构的专门用于存放成件物品的保管设备。

仓储设备的选择直接影响仓储效果与经济效益，针对不同的存储对象与存储要求选择不同的仓储设备。

仓储设备管理是指对设备的选购配置、投入使用、维修保养、改造更新全过程的控制管理。对仓储设备实施科学正确的管理，可更好地利用设备、管理物料，保证仓库正常运行，以及配合生产现场。

习题

1. 简述仓储设备的概念。
2. 简述堆垛机的组成。
3. 简述几种常用托盘的特性。
4. 简述货架的作用。
5. 简述仓储管理的概念。
6. 简述仓储管理的特点。

案例分析

案例：某公司叉车管理制度

一、目的
本制度规定了公司叉车作业需遵守的细则，以确保叉车运行安全。
二、适用范围
适用公司全体叉车工及相关人员。
三、职责
1. 叉车工负责叉车使用和日常检查。
2. 维修工负责叉车润滑油添加、一般故障排除和250小时、500小时的保养。
3. 使用部门负责叉车工的调度、管理。
4. 技术厂长负责公司所有叉车的外协维修以及监督管理。
5. 技术厂长负责叉车工的技能培训工作。

四、程序

1. 叉车工要求

（1）叉车工必须经培训并取得叉车驾驶操作证后方能上岗，无证人员严禁驾驶叉车。

（2）未经公司的安排，叉车工不准擅自教他人驾驶叉车。

（3）叉车工不准酒后驾车。

（4）叉车工驾车要穿着整齐，不得赤膊、穿拖鞋开车作业。

（5）叉车工不准进行其他与叉车作业无关的工作，如驾车去食堂吃饭、出去买东西、干私活、非规定工作范围内未经部门负责人认可的帮忙等。

2. 驾驶前检查

（1）检查转向灯、刹车、喇叭、前灯和反观镜是否完好；货叉是否弯曲、损坏及裂纹产生。

（2）检查各油路系统所有管子、接头是否有泄露。

（3）检查发动机油、液压油、柴油及冷却液等液位是否在允许范围内，检查电解液是否足够。不足时应按标准要求增添后方可使用。

3. 驾驶规定

（1）原则上规定专车专人使用，未经部门负责人批准，叉车不得开出厂门。

（2）启动叉车前，先检查制动踏板是否处于锁定状态，控制杆是否处于中位。

（3）启动叉车时，应先进行预热，等预热指示灯灭了之后再启动，启动后，立即松开点火钥匙。再次启动应隔1分钟以上，若连续三次启动不成，应及时报告部门主管安排处理。发电机启动约20秒钟，平稳运行后，再开动叉车。

（4）叉车启动时，注意观察周围是否有其他车辆、行人或障碍物；转弯时看清反观镜及观察左右侧的情况，亮转向灯，慢行并鸣喇叭；倒车时应先看反观镜及回头观察情况，无障碍物方能行驶。

（5）行驶时，货叉应距地面200～300毫米，在行进中不允许升高或降低货物，上下斜坡时应慢速行驶。若下斜坡坡度较大的，叉车应后退行驶并控制好车速。

（6）叉车需依照"右上左下"方向行驶，驾驶时必须集中精神，不可麻痹大意。在出入交叉口、门口或其他看不见的地方，请减速慢行，并鸣喇叭；在潮湿、光滑、凹凸不平的地面上行驶或转弯时，请减速；避免急转弯，或在不牢固的物体表面行驶；严禁超载行驶、高速行驶，以保证行车安全。

（7）行车时，叉车工应拒绝他人上车，或进行其他与叉车作业无关的工作。

（8）运输途中停车时，一定要先把货叉降低至离地面100～300毫米距离并熄火后才能离开叉车。

4. 装卸规定

（1）叉车装运的货物不能太高，以免挡住视线，导致事故的发生；若货叉上的货物很高，影响前进的视野，叉车应后退行驶；除短距离移位外，不得同时运输两板高度的货物。

（2）不要直接运送松散的货物以免翻倒，运送前应将其固定牢固；提升物品要用垫板，不易稳定之物件，如高度大的设备、易滑动之物件必须绑上绳索，绑紧后方可提升。

（3）叉起货物时，货叉要先仰后提升，下降时，应先下降后前倾。

（4）利用叉车升空工作时，人一定要站在放有垛板的货叉上才可工作，不准直接站立在货叉上作业。

（5）叉车工朝人推进货物时，应鸣喇叭，等对方应声，再慢慢推进，不准盲目朝人推进货物。卸下的货物应井然有序地堆放在指定的地点，货物或叉车都不得停放在影响其他车辆或行人通行的地方。

（6）停车时，不要将货叉悬空；严禁货叉悬空时，司机离开叉车；货叉下面严禁站人。

5. 停放要求

（1）作业完毕将叉车停放在指定的位置，货叉平放在地面，并对车辆进行必要的检查整理清洁。

（2）停放后将控制杆放在中央位置，并锁定制动踏板，拔出叉车点火钥匙。

6. 保养规定

（1）注意保养工作，定时定期进行保养。具体参见附件《叉车保养规范》。

（2）在正常工作中，如发现叉车有报警灯亮、异常声音等现象，应立即停止使用并及时报告部门主管安排处理。叉车工不得私自拆修。

（3）叉车工每周至少清洗叉车外表一次，各部位所需机油、液压油、柴油、电解液及冷却液等应及时补充加足。具体参见附件《叉车保养规范》。

（4）叉车工及相关人员，若违反上述规定，视情节严重程度给予批评或经济处罚。

问题：

1. 简述本制度的目的和适用范围。
2. 本制度的职责涉及哪些人或部门？
3. 本制度涉及叉车使用的哪些方面？

（资料来源：某公司叉车管理制度［EB/OL］. http：//www.360doc.com。）

参考文献

［1］何景伟. 仓储管理与库存控制［M］. 北京：知识产权出版社，2008

［2］何庆斌. 仓储与配送管理［M］. 上海：复旦大学出版社，2013

［3］宋丽娟，马骏. 仓储管理与库存控制［M］. 北京：对外经贸大学出版社，2009

［4］真虹，张婕姝. 物流企业仓储管理与实务［M］. 北京：中国物资出版社，2007

［5］徐丽蕊，杨卫军. 仓储业务操作［M］. 北京：北京理工大学出版社，2010

［6］郑文岭. 物流仓储业务与管理［M］. 北京：中国劳动社会保障出版社，2013

［7］刘昌祺，金跃跃. 仓储系统设施设备选择及设计［M］. 北京：机械工业出版社，2010

［8］田奇. 仓储物流机械与设备［M］. 北京：机械工业出版社，2008

第四章
仓储业务流程管理

本章学习要点

◆ 掌握仓储管理的业务流程，以及入库、在库、出库管理的作业流程
◆ 掌握入库管理中货物交接、验收等基本作业环节
◆ 理解入库管理中货物交接、验收等作业环节的基本要求与操作方法
◆ 掌握在库管理中货物盘点作业与拣货作业
◆ 掌握出库管理中货物出库要求与出库方式
◆ 理解货物的堆码方式、苫垫方式

引例

某公司仓库商品保管业务流程

仓库是该公司供应体系的一个重要组成部分，是公司各种物资周转储备的重要环节，同时担负着货品管理的多项业务职能。仓管的主要任务包括保管好库存物品，做到数量准确、质量完好、确保安全、收发迅速、面向销售、服务周到。为规范仓库工作，确保工作有序进行，提高工作效率，特制定以下工作流程。

1. 货品入库

（1）仓管员亲自核对货号、尺码明细及数量与供应商发货单是否一致。核对无误，把入库日期、货号、数量、尺码明细以及成分、执行标准认真填写到货品入库本上，然后把货品入库本交给 ERP 管理员。

（2）ERP 管理员接到货品入库本，根据货品入库本上的明细，首先录制、打印采购入库单，然后安排商标牌的打印。

（3）仓管员把打印好的商标牌对应货号、尺码明细准确无误地穿挂到货品上，拿一件货品出展厅，记录在展厅盘存表上。然后按货号、尺码整齐的摆放到货架上。

2. 货品出库

（1）仓管员把货号、数量及明细报给 ERP 管理员，ERP 管理员应迅速、准确地录制转仓单。

（2）仓管员接到转仓单，应认真核对实物与转仓单有无出入。核对无误后发货出库。加盟商补货需得到财务部同意方可出库、发货。

(3) 仓管员把货品送到各直营店后，双方进行核对，核对无误后双方签字。仓管员把票据带回公司，交 ERP 管理员进行下账。

3. 货品调换

(1) 接到调货信息，ERP 管理员应迅速、准确地录制转仓单。

(2) 仓管员接到转仓单，应立刻去出货店提取货品，双方认真核对转仓单与实物有无出入。核对无误后仓管员带货离店。

(3) 仓管员把货品送到收货店后，双方认真核对转仓单与实物有无出入，核对无误后收货人签字。仓管员把票据带回公司，交 ERP 管理员进行下账。

4. 货品返库

(1) 仓管员把货号、数量及明细报给 ERP 管理员，ERP 管理员应准确地录制转仓单。

(2) 仓管员接到转仓单，应立即去返货店提取货品，双方应认真核对实物与转仓单有无出入。核对无误后接货入库（人为损坏的需请示经理后再做返库）。

(3) 仓管员把货品带回仓库，分类摆放整齐（如有问题要单独放置以待解决）。仓管员把票据带回公司，交 ERP 管理员进行下账。

5. 日常工作流程

(1) 每天上午仓管员根据各店配货清单，对应货号、尺码明细、数量快速准确地配货，认真核对无误后，发货出仓。货品送到各店后，取回各店前日销售清单。迅速返回公司，不许在外逗留。

(2) 仓管员要及时到物流公司接收采购订货，货物入库要认真核对货号、尺码及数量有无差错。核对无误后认真在入库本上填写货号及其他明细。ERP 管理员接到入库清单安排打印商标牌，商标牌穿挂完毕，拿一件出展厅，其余货品分类整齐地摆放到货架上。

(3) 仓管员要随时应对各直营店（加盟店）的配货、调货以及公司活动的调换货品要求。快速、准确配货，认真核对实物与单据有无出入。核对无误，快速出货（发货）。加盟商补货需得到财务部同意方可出库、发货。

(4) 仓库货品的储存管理。仓管员每天要例行对仓库货品进行整理，保持货品干净、摆放整齐，条理清楚。保持备用品及仓库其他固定资产布局合理，以便于使用和管理。

(5) 每周一由 ERP 管理员负责通知各加盟店传上周销售报表，进行下账。月底通知各加盟店传库存表。对各加盟店的库存及销售进行监控，与其协商及合理建议加盟商及时、合理调整库存。

(6) 每周三 ERP 管理员负责统计各店货品的断码及库存情况，最迟周三晚上汇总出结果。周四仓管员配合 ERP 管理员对各店进行一次全面的货品调换，合理调整各店库存，减少因断码被动调货的次数。

(7) 所有非正常出库货品，仓管员必须让当事人在仓库日志上打欠条并签名，防止在账货品下落不明。

(8) 每晚值班人员负责打扫仓库及办公室卫生；负责各店当日销售情况的统计，以便次日配货。下班时必须关窗锁门、关闭电源。

（资料来源：某公司仓库商品保管业务流程 [EB/OL]. http://www.gxgsxy.com/public/.）

第一节 入库管理

仓储业务流程是指已保管活动为中心，从仓库接收物品入库开始，到按需要把物品全部完好地发送出去的全部过程。仓储业务流程管理的目的在于通过科学化的分析与管理，尽可能减少不必要的作业环节，缩短物品作业时间，确保物流通畅、安全、有序，降低库存积压和作业费用，提高库存周转率和作业效率，促使销售、生产、采购相协调，加速资金流通。

仓储管理工作包括入库管理、在库管理、出库管理三个阶段，其中包含了多个相互关联的作业环节，包括接车卸车、理货检验、入库存储、分拆堆码、保管保养、盘点装运、加工包装、清理发运等。其中某一个作业环节，既依赖于上一个环节作业的效果，又影响到下一个环节作业的开展。同时各作业环节需要耗费大量的人力、物力、财力，因此对各作业环节提出具体化、标准化的要求，有助于作业流程的优化组织与管理。一般的仓储业务流程如图4-1所示。

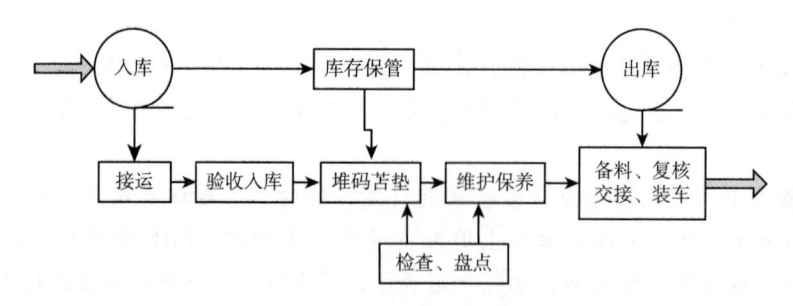

图4-1 仓储业务流程

一、入库管理

在库管理，或称入库作业、收货作业、进货作业，是指货物进入库场存储时所进行的卸货、搬运、清点数量、检查质量、装箱、整理、堆码、办理入库手续等一系列操作。

入库作业的基本要求是根据货主的正式入库凭证，清点货物数量，检查货物与包装质量，检验货物标志，按规程安排货物入库存放。

（一）入库管理概述

1. 入库作业流程

入库流程是仓储业务流程管理的第一步和关键环节，只有对这些作业活动实施科学合理的管理，才能保证后续在库、出库流程的顺畅性。入库流程的主要环节包括验单、接货、卸货、分类、货物点验、签发入库凭证、入库堆码、登记入账产生提货凭证等。入库作业的一般流程如图4-2所示。

（1）进货计划分析。

依据订货单信息制订进货计划，掌握货物到达的时间、种类、数量、到货方式，预测出货/到货时间，准备相关的储位、人员、器械。

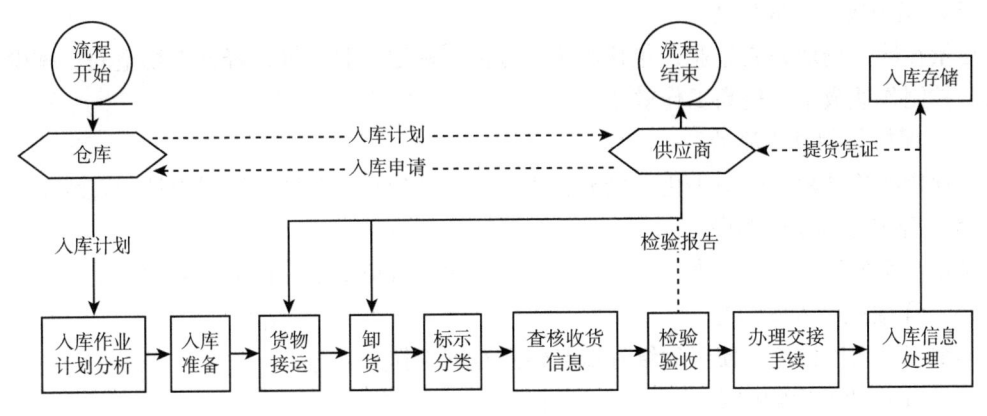

图 4-2 入库作业流程

(2) 货物接运与卸货。

通过直接到库或仓库接运的方式，使货物到达仓库，准备入库验收。

(3) 标示与分类。

按照货物的性质、存储地点、仓库分区等具体情况，对货物进行清楚有效的分类编号，保证仓库相关作业的迅速开展。

(4) 查核收货信息。

核查货物的相关信息，包括采购订单、采购进货通知单、供应商开具的出仓单、发票、发货明细表等，以及部分货物随货附带的货物质量书、材质证明书、合格证、装箱单等。

有些货物由承运仓库转运，接运时需审核运单，核对货物与单据信息的一致性。若存在差错，填写相应记录，并交送货人与承运人签字，明确责任。

(5) 检验与验收。

货物到库进行理货分类后，依据相关单据与进货信息等凭证。首先对货物数量进行清点；其次通过目测或仪器检验检查货物质量和包装等情况，填写验收单据、验收凭证等验收记录；最后对查出的问题进行处理，保证入库货物的数量与质量的准确性。

(6) 入库信息处理。

完成验收后，将货物搬运码放至指定储位。存储作业进行进货过程中的相关信息处理，对所有入库单据完成归纳整理，详细记录验收情况，登记货物储位；依据验收记录与到货信息，对库存货物保管账目进行处理，库存账面数量与库存实物数量同时增加。

2. 入库作业的管理原则

(1) 合理利用人力设备。

依据作业工作合理组织安排人力与设备资源。当供货商直接送货入库时，要求对方直接卸货，节约仓库人力资源。

(2) 有效衔接仓储流程。

在进行入库作业时，尽量充分考虑之后要进行的在库管理与出库管理，保证全流程有效衔接。采用托盘、箱、小包、单件四种包装方式，将入库货物进行拆装后的重新包装，以适应储位标准。尽量使用可流通容器，节约时间，利于配合装运设备的使用。

(3) 集中场地完成作业。

尽量在同一场地完成作业，包括卸货、分类、标记、验货等，降低占场空间、减少装运次数、控制作业成本、提高工作效率。

(4) 保持货物直线流动。

实现货物移动距离的最小化，例如将码头、车站到仓库储区的路线设计为直线型。

(5) 合理安排作业顺序。

制定一系列作业分析图表，合理布置作业顺序，避免倒装、倒流等问题发生。

(6) 详细记录入库信息。

详细记录入库信息，便于后续存取与信息查询工作。

3. 入库作业的影响因素

(1) 供应商信息。

供应商的相关信息对入库作业的组织计划具有重要影响，包括送货供应商数量、货车的车型与数量、货车的平均卸货时间、送货到达高峰时间、货物装车方式、中转运输的转运方式等。

① 送货供应商数量。包括送货供应商的日均数量和最多送货的供应商数量。送货供应商越多，入库物品的数量越多、种类越复杂，各工作环节的工作量增加，工作计划性和工作效率会降低。因此要充分考虑送货供应商数量的常态性与动态性，合理安排人员，做到设施设备等资源配置的合理性与经济性。

② 货车的车型与数量。货车车型影响卸货站台的合理安排与利用，以及卸货的方式；货车数量影响作业人员的配置，以及作业设备和作业方式的选择。因此要全面掌握货车车型与数量的信息，合理配置作业人员、选择作业设备与作业方式。

③ 货车的平均卸货时间。平均卸货时间是衡量入库作业效率高低的重要指标。平均卸货时间越长，代表服务水平越低，同时也会影响其他后续工作。因此要提高设施设备的自动化、机械化程度。

④ 送货到达高峰期。送货到达高峰时间是制定作业人员轮岗轮班的重要依据。不掌握送货到达高峰时间，就不能合理安排作业人员人数，影响作业人员作业量与劳动强度的均衡性。因此需要科学分析送货到达时间，掌握高峰时间，合理安排不同班次的作业人员。

⑤ 货物装车方式。货物装车方式影响卸货的方式和方法。因此针对不同的装货方式，采用不同的卸货方法。对散货散装物品，卸货时充分利用物品自身重力；对以件杂货形式且经过配装的物品，采用人工卸货且不落地方式，以减小强度；对单元形式装车物品，采用机械化作业。

⑥ 中转运输的转运方式。中转运输的转运方式主要包括直达转运、直通转运、储存分拣转运、流通加工转运、投机转运等，它影响物品入库时的接运方式、人员配备等。因此需要根据不同的运转方式，采取相应的入库作业量和作业方式。

(2) 物品属性。

物品属性主要包括物品的种类、特性、数量，这些属性会影响入库作业的各个方面，包括入库计划制订、接货方式与人员安排、装卸搬运设备与仓储设备配备、库区货位确定、苫垫材料选择、温度湿度控制等。因此在具体的作业中，要求对每日的送达物品的种类和数量、单件物品的重量尺寸、物品包装形态和保质期,以及装卸搬运方式做科学的统筹管理。

(3) 人力资源。

仓库的人力资源包括人员技术素质、工作时间及其合理调配、高峰期作业组织等。入库作业必须考虑合理利用仓库的人力资源。

(4) 仓储设备与存储方式。

既要综合考虑仓储设备(包括叉车、传送带、货架储位等)的可用性,也要考虑物品在库期间的作业状态、拆捆开箱、再包装等工作。

(二) 入库申请、准备与作业计划

1. 入库申请

入库申请是生成入库作业计划的基础和依据,指仓储企业对供货商(仓储服务需求方)的申请进行评估,并结合自身业务状况做出反应,即

(1) 拒绝:仓储企业对供货商做出合理解释,以获得客户谅解;

(2) 接受:制订入库计划,并传递给存货人和仓库部门,做好准备工作。

2. 入库准备

入库准备工作是指在仓库业务部门与管理部门以及设备作业部门的协调配合下,依据不同的仓库种类、物品种类、业务性质,仓库根据仓储合同、入库单或入库作业计划,及时全面地进行库场准备和仓储设备准备工作,以便物品按时入库。仓储管理人员需定期同货主、生产厂家、运输部门联系,了解准备入库的货物信息,包括货物的种类、数量、到库时间等,做好相应的准备工作。入库准备工作中仓库业务人员、管理人员以及相关部门的具体工作如表4-1所示。

表4-1　　　　　　　　　　入库准备工作内容

入库准备工作	工作内容
熟悉入库物品	认真查阅入库物品资料 掌握入库物品属性,包括种类、规格、数量、包装、体积、到库时间、物品的存放期和理化特性等 掌握物品保管要求
掌握仓库情况	了解物品入库期间和保管期间仓库的库容、设备以及人员变动等情况 及时对仓库和货位进行清查清理、归位,腾出仓容 确保必须使用重型设备操作的物品具有可供设备使用的货位和装卸搬运空间
制订仓储计划	根据物品、仓库、设备等相关情况,制订仓储计划 将计划任务下达至相关的作业单位与管理部门
妥善安排货位	根据物品属性、仓库分类分区保管要求、货位使用原则,核算货位大小,合理安排货位 根据货位使用原则,安排验收场地,并确定堆垛方法和苫垫方案
合理组织人力	根据货物入库数量和时间,安排验收人员、搬运人员,制定货物入库工作流程 确定各环节所需的人员与设备
做好货位准备	及时进行货位准备,包括彻底清洁货位、清理排水管道,进行必要的消毒除虫 及时修理或重新安排货位 详细检查照明、通风等设备,及时发现坏损并维修
准备苫垫材料和作业工具	根据苫垫方案,在物品入库前准备相应的苫垫与铺垫材料 及时准备相应的工具

续表

入库准备工作	工作内容
验收准备	根据物品情况和管理制度，确定验收方法 准备相应的工具，包括点数、测量、测试、开箱、装箱、丈量、移动照明等工具
装卸搬运工艺设定	根据物品、货位、设备条件、人员等情况，合理制定物品装卸搬运工艺，确保作业效率
文件单正准备	妥善预填物品入库时所需的各种报表、单证、记录等，包括入库记录、理货检验单、料卡、残损单等

3. 入库作业计划及分析

入库作业计划是指仓库部门根据存货人对仓储需求的实际情况与仓储企业自身能力，通过科学预测，突出在未来一定时期内仓库要达到的目标及实现方法。它是存货人发货和仓库部门进行入库前准备的依据，主要包括到货时间、接运方式、包装单元与状态、存储时间与物品属性（名称、规格、种类、数量、体积、重量、特性等）等详细信息。同时要求仓库管理部门对入库作业计划进行全面分析，根据具体情况合理安排货位，为物品入库做好准备工作。

对于第三方仓储物流企业的入库信息处理，一般由直接面对客户的商务部门完成，将来自电话、电子邮件、传真等方式的客户入库通知的关键信息转化为公司内部统一的作业计划单，即生成入库订单，并作为入库作业的凭证，传达至仓库管理员和收货人员，作为入库准备的依据。

（三）货物的接运与卸载

1. 货物接运

货物接运的主要任务是及时准确地从供应商或承运商处提取入库货物，且手续清晰、责任明确，为入库验收提供准备工作。

物品到达仓库的形式主要有两种，一种是少部分货物直接由供应商运送至仓库交货；另一种是大部分物品都是由铁路、公路、航运、空运或短途运输等转运。因此物品由承运商转运时，需经仓库接运，且认真检查、分清责任，并取得必要的证件后才能入库验收，以避免出现将运输中或运输前就损坏的物品带入仓库。

2. 接货作业原则

（1）顺序最优：合理安排作业顺序，综合考虑货物的紧急程度、在承运单位保存的时间与费用、仓库的人力物力资源等。

（2）路线最短：合理规划最短作业路线，节省作业时间。

（3）时间最短：顺畅衔接各个作业环节，减少人员设备的闲置时间，缩短物流作业时间。

（4）设备使用合理：提高设备的使用数量和效率，综合考虑货物的装运需求，以及设备间的协调配合。

（5）流程设计合理：依据不同的仓库类型（储存型仓库、流转型仓库等），深入分析各型仓库的作业特点，设计以最小人力物力耗费、最小时间消耗的作业计划，合计进行作业场地设置。例如储存型仓库具有整进整出的特点，货物按照原包装入库出库，流程简单；流转型仓库具有整进零出或零进整出的特点，需要大量分拣备货工作，流程复杂。

3. 货物接运的方式

接运的地点一般在车站、码头、仓库或专用线。接运的方式分为两种：①到货：仓库不需组织库外运输，一般有车站码头提货、专用线接车、仓库自行接货等形式。②提货：仓库需要组织库外运输，一般有库内接货等形式。一方面需要选择运输线路、确定派车方案；另一方面需要注意物品在回库运输途中的安全。

（1）车站码头接货。

车站码头接货流程如图4-3所示。

流程开始 → 组织人员器械 → 前往承运单位 → 出示领货凭证 → 检查货物 → 装载运回货物 → 内部交接 → 流程结束

图4-3　车站码头接货流程

① 提货前准备：提货人员了解货物信息，包括品名、型号、特性、一般保管常识、装卸搬运注意事项等；了解提货信息，包括到货时间、数量、交货情况等，按时组织人员、机具、车辆前往提货；做好货物接运准备工作，包括准备装卸搬运工具、货物存放场地等。

② 提货时工作：根据运单及相关资料，核对货物品名、规格、数量；查看货物外观、包装、封印是否完好，是否存在玷污、受潮、水渍、油渍等异常状况；货物存在疑问时，要求运输部门检查；若物品存在损坏情况，凡属铁路部门责任，应做出商务记录，非铁路部门责任，需铁路部门证明并做出普通记录，且由铁路运输员签字。记录内容要与实际情况相符。

③ 到货后工作：提货员与管理员密切配合工作，有序完成提货、运输、验收、入库、堆码等作业，优化工作时间，办理交接手续。

（2）铁路专运线接货。

铁路专运线接货是指铁路部门将转运的货物直接送到仓库内部专运线。接货人员收到车站到货预报后，按步骤做好接货工作，其流程如图4-4所示。

流程开始 → 准备工作 → 卸前检查 → 卸货作业 → 卸后清理 → 填写台账 → 内部交接 → 流程结束

图4-4　铁路专运线接货流程

① 准备工作：依据到货预报时间，确定卸货货位，确保缩短场内搬运距离；组织人员、机械以及相关资料。

② 卸货前检查：核对车号与到货通知是否相符；检查车皮封闭状况，包括卡车、车窗、铅封、封条有无异常情况；根据运单和资料核对货物品名、规格、数量；检查是否存在损坏状况，包括有无散包、受潮等；对盖有篷布的敞车，检查覆盖状况的严密性以及雨水渗漏现象。若发现异常情况，接货人员会同铁路部门复查，并按实际情况作商务记录或普通记录。

③ 卸货工作：正确使用装卸工具与安全护具，确保人员与货物的安全；以便于验收和入库保管为原则，按车号、品名、规格、特性分清货物；保持包装完好；卸车后标明货物的

车号和卸车日期；编制卸车记录，记录卸车货位规格、数量等；发现破损、受潮、毁坏的货物，另行堆放，并会同铁路承运部门检查记录。

④卸货后清理：完成卸货作业后，组织人员对卸货现场清理，检查车内货物完好性。关好车门车窗，通知车站取车。

⑤填写到货台账：记录填写货物信息，包括名称、规格、数量、到货日期、货物发站、发货单位、送货车皮号、货物有无受损等。

⑥内部交接：将到货台账与相关资料连同货物一并交给仓库管理人员，并为货物办理入库手续。

(3) 仓库自行接货。

仓库自行接货是指仓库受货主委托，由接货人员到供货单位自行接取货物的接货方式，此时可将接货与出库验收结合进行。其流程如图4-5所示。

流程开始 → 准备工作 → 前往供货单位 → 现场验收 → 办理收货手续 → 装卸运回货物 → 质量复查 → 办理入库手续 → 流程结束

图4-5 仓库自行接货流程

仓库根据提货通知，掌握货物信息，包括性能、规格、数量，做好准备工作，包括人员、器械等。在供货方场地，验收员完成质检、数检，并记录。接货与验收工作合并完成。

(4) 库内接货。

库内接货，即送货到库，是指供货单位或其委托的承运单位把货物直接送到仓库的供货方式，货物直接由存货单位或运货单位运抵仓库。由保管员或验收员与送货员办理交接手续，验收并记录。接货时若有出入，填写相关记录，由送货员签字，之后完成相关索赔。

4. 装卸设备选择

货物在入库装卸时必须确保物品的安全无损，将不同收货商或不同种类的物品分类堆放。物品装卸方式一般分为两种，即人工卸载（适用于小型仓库或轻型货物）和机械卸载（适用于大型仓库或中性货物，卸载工具包括叉车、吊车、传送带等）。仓储作业中，应依据各类装运工具的特性、用途、适应环境，或依据仓库的设计结构特点，或依据货物的物理特性、作业方式、作业量等因素，合理选择设备。

(1) 依据仓库特点选择装运设备。

①仓库内、高台站：利用人力装运，一般为少量轻小货物；利用装运机械，包括手(推) 车、搬运车、手推/电动平板车、轮式箱体拖车等，一般为普通货物、托盘货物；利用输送机装运，包括动力式输送机等，一般为箱装货物、纸板箱等。

②仓库内、低台站：利用叉车装运，包括侧面开门车身的叉车、托盘等带移动装置车体的叉车等，一般为托盘货物；利用输送机装运，包括动力式输送机，一般为箱装货物、纸板箱。

③仓库外：利用人力装运，人力与输送机并用时，一般为普通杂货；利用卡车特设的装卸机械装运时，包括卡车携带小型吊车、自动升降板装置等，一般为桶罐、储气罐搬运车、托盘与平板车组合等货物。

（2）依据货物特点选择装运设备。

① 成件包装货物：重量低于50千克、体积小于0.5立方米的软包装、半硬包装、硬包装货物。一般采用人工装卸，利用各种手推车、胶带输送机、固定吊杆、搬运车、各类移动式叉车等。

② 长、大、重货物：大型设备、集装箱，在敞车或平板车上运输，存放于露天场地或大型仓库内。采用移动式起重机（起升质量为3吨、5吨、10吨或以上），例如轮胎式、汽车式、履带式、轨道式起重机，还可配备各种器具。也可采用3~5吨大型叉车。作业量大时，可采用龙门起重机、桥式起重机。

③ 灌装货物：以油罐车装载入库的油料或桶装油料，易发出有毒、有异味气体，有易燃易爆危险。油罐车一般采用电动离心式油泵或油泵管路系统，桶装油料采用桶夹的移动式起重机或叉车。

④ 散装货物：包括矿石、煤炭、水泥、沙石等，采用带有自动抓斗的起重机、刮板机、高台站输送机等。

⑤ 危险品：包括化工品、压缩气体、易燃液体等，一般先对其完成成件包装，再实施装卸搬运。

5. 接货中出现问题的处理

在接货过程中，难免发生一些问题，包括货物的错发、混装、漏装、丢失、损坏、受潮、污损等。问题出现后，首先认定差错原因，向责任单位合理索赔，并完善相关制度。其流程如图4-6所示。

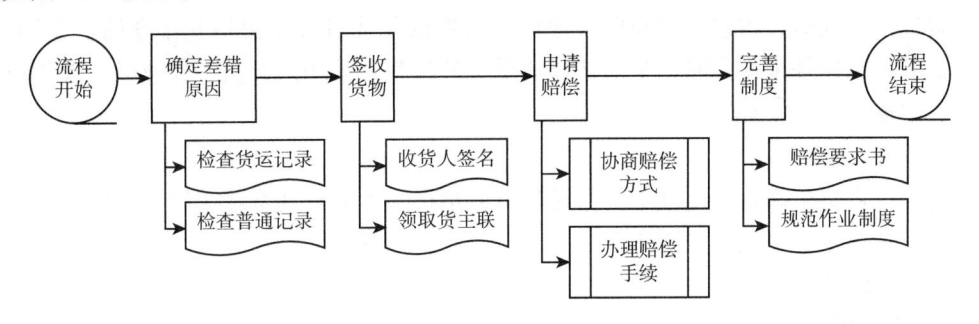

图4-6 接货问题处理流程

当发现接货出现问题时，首先立即核对承运单位的运输记录，尽快查明原因；当确认签收货物与运输记录内容相符时，接货人员在运输记录"收货人"一栏签字，并领取运输记录的货主一联。

如果仓库就受损货物需要向承运单位申请赔偿，时间限制通常为自领到货物记录次日起180天内。具体方式是收货单位向货物到达站或发出站提出赔偿，商定赔偿方式、办理赔偿手续、确定赔偿要求。依据是否办理报价或保险的情况，承运单位具有三种赔偿方式，即：

（1）办理报价运输货物：全批货物损失时，赔偿金最多不超过保价金额；部分货物损失时，赔偿金额按损失货物占全部货物的比例，乘以保价金额计算。

（2）未办理保价运输货物：按照实际损失赔偿，最高赔偿金额不超过国家管理部门规定的赔偿限额。

（3）办理保险运输货物：凭承运单位出具的货运记录，按照保险合同约定内容，到当地保险公司办理赔偿。

（四）仓库理货

理货是指仓库在接受入库货物时，根据入仓通知单、运输单据、仓储合同，对货物进行清点数量、分类分拣、数量接收的交接工作。

1. 理货的作用

（1）仓库履行仓储合同保管人义务的行为。

仓库理货是仓库确认收存货物实物的作业过程，完成理货后即意味着仓库接收货物。如果在事先未订立合同的情况下，仓库对货物进行理货确认，也表明仓库接收货物的仓储，成为一种通过订立合同的方式。

（2）仓库保管质量的第一道关口。

理货是货物进入仓库的第一次全面检查，能够及时发现货物的不良情况，对有问题的货物仓库可以拒绝接收；对存在质量隐患的货物，仓库可以进行认定和区别，并妥善处理，利于提高管理质量。

（3）有助于划分相关责任。

仓库通过理货可以确定货物的数量与质量状况，及时发现货物存在的质量隐患，对发现的短少与残损不承担责任，减轻了仓库对货物保管质量的负责程度。理货工作从时间上划分了仓库的责任时期，即在理货之后所发现的残损，原则上由仓库负责。

（4）仓储作业过程的一部分。

理货过程的同时，也包含着仓库管理员对货物的作业过程，包括安排仓储、装卸搬运、分类分拣等。采用外来作业时，是监督作业质量的过程；采用内部员工作业时，理货员也同时担任内部作业质量管理监控人。

（5）交接工作。

货物经过理货员确认，由理货员与送货员或承运人办理货物交接手续，签署送货单、交接清单以及现场单证，接受送货文件。

2. 理货的内容

（1）清点货物件数。

① 依据合同约定的计数方法，对件数货物完成整货清点，包括有包装的货物、裸装货物、捆扎货物。

② 对于合同没有约定的货物，完成大数点收，即点算运输包装件数。

③ 对于合同计件方法为点算细数，或需在仓库拆包的货物，完成点算最小独立（装潢包装）的件数，包括捆内细数、箱内小件数等。

④ 对于件数和单重同时要确定的货物，一般只点算运输包装件数。

⑤ 对入库拆箱的集装箱，在理货时开箱点数。

（2）查验货物单重、尺度。

货物单重是指每一运输包装的货物重量，一般通过称重完成核定。单重确定了包装内货物的含量，即净重或毛重。净重一般针对需要拆除包装的货物进行核定。

入库时需要对一些以长度和面积、体积交易的货物进行尺度丈量，这是区分大多数货物规格的方法，例如木材、管材的直径，钢材的厚度等。应依据合法的标准量器，例如直尺、卷尺、卡尺等，对货物的长、宽、高等必要的特性进行丈量。

（3）查验货物重量。

查验货物重量是指对入库货物的整体重量进行查验，一般包括计重货物（散装货物等）、件重并计货物（散货、液体等）等。

货物重量分为两类，即净重与毛重，毛重减净重称为皮重。根据具体情况或约定方法衡量毛重和净重，具体衡量方法包括：

① 衡量单件重量：总重＝所有单件重量之和。

② 分批衡量重量：总重＝每批重量之和。

③ 入库车辆衡量：总重＝总重车重量－总空车重量。

④ 抽样衡量重量：总重＝（抽样总重/抽样样品件数）×整批总件数。

⑤ 抽样重量核定：总重＝货物单件标重×整批总件数，且误差控制在1%内。

在经国家计量行政管理部门检验发证（审证）的前提下，某些仓库可以通过设有的连续法定计量设备（包括轻轨衡、胶带衡、定量灌包器、流量计等）进行自动衡量。

此外还有液量计算、船舶水尺计量等方法。液量计算方法指通过对容器或运输工具的液体货物体积量算（容器、货舱体积）和液体的密度测量，从而计算重量。船舶水尺计量方法是指船舶排水体积乘以水的密度，减去空船、储备、油水重量，这种方法是一种非精确的计量方法。

（4）查验货物表面状态。

① 检验每件货物的外表感观、外表状态。

② 检查货物的质量状况，包括包装破损、内容外泄、油污、散落、标识不当等。

（5）剔除残损。

理货时对具有外表状况不良、内容存在损坏可能的货物进行剔除并单独存放，以避免与正常货物混淆。待质量鉴定确定货物的受损与否及程度。

（6）货物分拣。

货物存储方式一般以分种类、分规格、分批次的原则进行。因此对同时入库的众多货物要进行分拣、分类、分储工作。理货工作的一个重要内容就是完成货物的确认和分拣作业，包括特殊的人工选择作业（对外表的颜色分类、尺码分类等），对开包分拣的货物（需要独立作业）等。

（7）安排货位、指挥作业。

① 由理货员进行卸车、搬运、码垛等作业指挥。

② 根据货物质量检验的需要，指定检验货物，若货物无须进一步检验，则直接存放于指定货位。

③ 作业人员按照预定堆垛方案码货、上架。

④ 指挥人员按要求进行货垛需要的垫垛、堆垛完毕的苫盖。

⑤ 作业完成后，进行清理工作，包括清扫搬运工具、作业现场、收集地脚货等。

（8）处理现场事故。

① 仓库应该接受在理货中发现的货物残损，并制作残损记录，由送货人、承运人签字。

② 对于作业中发生的工损事故，应制作事故报告，由事故责任人签字。

（9）办理交接手续。

货物交接手续由理货员与送货人、承运人办理：

① 接收随货单证、文件，填制收费单据。

② 理货员代表仓库签署单证，提供单证由对方签署。

3. 理货的方法

（1）在运输工具现场进行理货。

① 正常情况下，必须在送货入库的运输工具现场进行，即在运输车旁并与卸货同时进行，或在车上点数、卸车时查验外表状态。

② 对于特殊情况或特殊物品，在送货人、存货人同意的前提下，可在需要的地方理货。

③ 若双方同意在货垛点数，有开箱查验货物内容质量的要求时，约定卸车时可不查验外表质量。

（2）与送货人共同理货。

① 作为货物交接的一个重要环节，理货工作必须由交接双方共同在场时完成，避免将来发生争执。

② 若送货人或存货人拒绝参加理货，则表明其放弃理货权利，只能接受仓库单方的理货结论。

（3）按送货单或仓储合同理货。

仓库员在理货时，按照仓储合同的约定或者送货单的货物记录、质量要求进行理货，只要货物符合单据、合同描述的状态和质量标准，符合送货人提供的验收标准，就可以验收，无须要求货物的绝对质量和标准，按照国家标准、行业标准或能保证储藏保管质量不发生变化的要求进行验收。

（4）在现场进行记录和及时签署单证。

对理货中查验的事项、发现的问题，理货员应在现场进行记录和编写单证，并要求送货人签字证明，不得补签。

4. 理货单据

在理货时需要对若干信息进行记录登记，例如理货点数时，不能依靠记忆进行计数，必须采用统一格式的计数单进行记录等。常见的理货单据包括计数单、入库单、送货单或交接清单、现场记录等，如表4-2所示。

表4-2　　　　　　　　　　　　常见的理货单据

理货单据	内容特点
计数单	现场理货时的记录簿 对每一单元的点数进行记录 记录残损货物的货号、数量、存储位置等
入库单	仓库统一设置的入库单证 由仓库管理部门预填入库货物信息，将其作为向仓库下达的作业命令 查收货物后，填写实收货物的数量、货位 备注货物不良情况 需送货人签字 一式多联（三联）：送货人保存一联，仓库留存一联，记账一联等，必要时可增加联数

续表

理货单据	内容特点
送货单/交接清单	送货人随货提交来的单证，仓库据此理货验收 理货员在验货完毕后签字 记录验货情况，特别是短少、残损情况 理货员留存一联
现场记录	理货员对现场作业情况的记录，包括事故发生、不当作业、气候突变 记录影响到货物质量、作业安全的其他事件 是明确责任和仓库严格管理的需要

5. 货物编号方法

物料编码是指以简短的文字、符号、数字、号码代表物料的名称、规格、类别等特性的一种管理工具。对存储的货物进行编码，可以确保仓储作业的准确性和迅速性，也是为识别货物进行的一种编码方式，其标示一般置于容器、零件、产品或储位上，便于作业人员查找。

① 容器与储位的编号标示，以特定使用为目的，可被永久保存。

② 零件与产品的编号标示，应弹性地增加对象号码、生产日期、使用期限，便于出货选择（先进先出等）。

对货物进行编码时应遵循完整性、唯一性、可扩展性、稳定性、简单性原则。对所有货物进行编码，一个编码仅代表一种货物，并为编码扩充留有余地。轻易不要更换货物的编码，编码要易于理解、化繁为简。

货物编号方法主要有六种，即流水号编号法、分段编号法、分组编号法、按实际意义编号法、后数位编号法、暗示编号法。

（1）流水号编号法。

最简单的编码方法，延展式方法，即自然数序列，用1作为起始数字，依次为1、2、3……常用于账号或发票编号。需要配合编号索引，以说明编号含义，如表4-3所示。

表4-3　　　　　　　　　　流水号编号法

编号	商品名称
1	牙膏
2	香皂
3	洗洁剂
4	护发素
5	洗发水
6	沐浴液

（2）分段编号法。

将数字分段，每一段数字表示共同特性的一类货物，如表4-4所示，1~3号表示牙膏，4~7表示护发素。

表 4-4　　　　　　　　　　　　　分段编号法

编号	商品名称
1	佳洁士牙膏
2	高露洁牙膏
3	
4	蜂花护发素
5	拉芳护发素
6	巴黎欧莱雅专业护发素
7	
⋮	⋮

(3) 分组编号法。

根据货物特性分成多组数字，每一组数字表示一种特性，如表 4-5 所示。

表 4-5　　　　　　　　　　　　　分组编号法

	类别	形状	供应商	尺寸
编号	09	6	00001	113

(4) 按实际意义编号法。

用部分或全部编号表示货物的重量、尺寸、距离等特性，其特点是通过编号可以了解货物的内容，如表 4-6 所示。

表 4-6　　　　　　　　　　　　实际意义编号法

货物	类别	形状	供应商	尺寸	含义
编号	003				方便面
		8			圆柱
			00007		
				111	5′×6′

(5) 后数位编号法。

运用编号末位的数字，对同类货物作进一步详细分类，即从数字的层级了解货物的归类，如表 4-7 所示。

表 4-7　　　　　　　　　　　　　后数位编号法

编号	商品名称
110	服饰
120	男装
121	上衣
121.1	衬衣
121.11	白色
121.12	黑色

(6) 暗示编号法。

通过数字与文字的组合进行编号，编号自身符号不能直接表示货物，但可暗示内容，方便记忆，但不易理解，如表 4-8 所示。

表 4-8　　　　　　　　　　　　　暗示编号法

商品名称	尺寸	颜色	型号	供应商
BY	03	R	B	101

BY：自行车　　B：儿童型　　03：尺寸型号　　101：供应商代码　　R：红色

(五) 货物验收

货物验收仓库在货物正式入库前，按照验收业务流程，核对凭证等规定的程序和手续，对入库货物进行数量和质量检验的经济技术活动的总称，以验证其是否符合订货合同规定的一项工作。

货物验收工作包括品质检验与数量点收双重任务。验收工作的进行有两种方式：一种是先行点收数量，再进行货物品质检验；另一种是先行检验品质，质量完全合格后，再通知仓储部门办理收货手续，填写收货单。

1. 货物验收的作用与标准

(1) 货物验收的作用。

通过验收工作，一方面可以监督供货商和承运商，另一方面可以防止企业遭受经济损失，并指导保管和使用。验收的具体作用主要包括以下几个方面：

① 商品保管、保养、使用的基础。货物在入库验收时，可以发现其在一系列的储运环节中，是否出现损坏、散失等情况，并针对现象采取相应措施，对货物进行保管保养，确保货物的正常使用。

② 避免货物积压、减少经济损失的重要手段。对入库货物进行验收，将不合格货物进行剔除，避免货物积压；避免对检斤货物发现实际数量不足时，产生的付款数额不当现象发生，确保经济利益。因此严格的货物验收可以保证仓库内部劳动的有效性。

③ 防止劣质货物进入流通渠道，利于保证商品质量。对验收时查出的伪劣假冒商品应予以扣留，并交回供货商或相关管理部门，防止其进入流通渠道。

④ 验收记录是仓库提出退/换货、索赔的依据。检验人员应对验收过程中发现的货物数

量不足、规格不符、质量不合格等情况做出详细记录，以此为据由业务主管部门向供货单位提出退/换货要求，或向承运责任方提出索赔。

⑤ 对进口货物进行验收，确保国家利益。我国经济与世界经济联系密切，对数量、种类、国别、产地、厂家众多的进口货物进行严格验收，及时发现问题，完成退/换货及索赔工作，确保国家利益不受损害。

（2）货物验收的标准。

① 满足采购合同或订购单所规定的条件；
② 实际货物达到采购谈判时的合格样品；
③ 符合采购合同中的规格或图解；
④ 达到各种产品的国家质量标准。

2. 货物验收的流程

验收作业流程包括三个工作环节，即验收准备、核对凭证、实物检验。

（1）验收准备。

验收准备工作包括人员准备、资料准备、器具准备、货位准备、设备准备五项工作，具体流程如图4-7所示。对于特殊危险物品，包括腐蚀品、毒害品、放射品等，需要准备相应的防护措施。

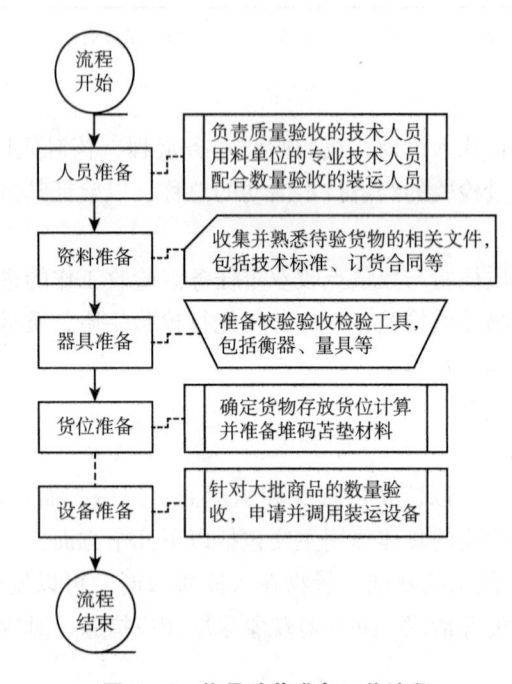

图4-7 物品验收准备工作流程

验收准备工作中一个重要的环节是整理货物存放空间，可以根据货物计量方法的不同，计算货物存储空间。

① 计算货物堆码空间。

$$堆码货物占用面积(平方米) = \frac{货物到货数(吨)}{货物的仓储定额(吨/平方米)}$$

② 计算具有外包装计件货物堆码空间。

$$堆码货物占用面积(平方米) = \frac{入库总件数}{允许堆码层数} \times 单件货物底面积(平方米)$$

③ 计算上架货物摆放空间。

$$货物所占货位 = 单个货物占用货位 \times 货物数量$$

（2）核对凭证。

物品被送达仓库后，检察人员需对物品的入库凭证进行检查。物品的入库凭证包括入库通知单、订货合同副本、物品材质证明书、装箱单、重量单、发货明细表、运单、物品运货记录或普通记录等。仓库人员首先进行验单，即检查随物品同时到达的货单，然后依照货单开列的项目与物品进行核对。核对凭证流程如图4-8所示，货物入库凭证如图4-9所示。在验单过程中，若发现错送，则应当拒收退回。有些货物如无法立刻退回，必须在清单后另行存放，并做出记录，以便处理。

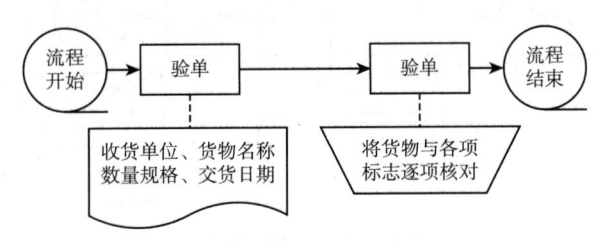

图4-8 核对凭证工作流程

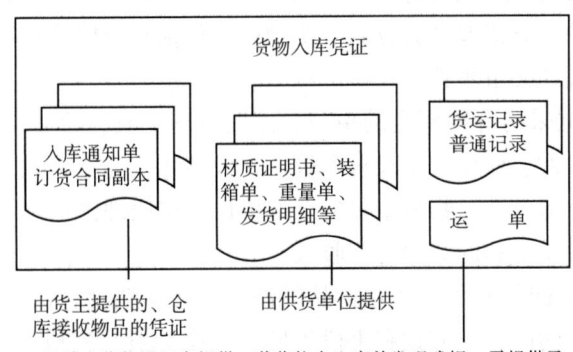

图4-9 物品入库凭证

（3）了解证件种类。

依据提供对象不同，需要核实的证件一般包括如下三类：

① 仓库采购部门或其他部门，提供的货物入库通知单、订货合同、协议书等；

② 供货单位或货主，提供的货物质量证明书与合格证、装箱单或磅码单、检验单、发货明细账等；

③ 运输单位，提供的运单、普通记录、商务记录、保管员与提货员的交接记录、接运

员与送货员的交接记录等。

（4）核对相关证件。

先对上述证件内容进行核实，再依据内容对货物进行逐项核对。若发现证件不齐或证物不符等现象，及时与货主、供货单位、承运单位、相关业务部门联系，妥善解决。核对内容包括：

① 证证核对：按照货物运送过程，对相应证件进行分类整理，依据证件之间的相关性，核对各类证件的真实性与准确性。

② 物证核对：根据证件上列出的送货单位、收货单位，货物的名称、规格、数量等内容，与货物各项标志对比。

（5）实物检验。

实物检验是指根据入库单和有关技术资料对实物进行数量和质量检验。其流程如图4－10所示。

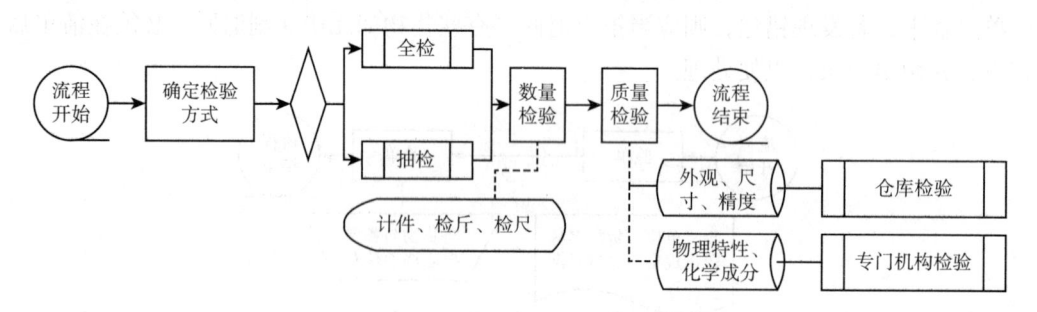

图4－10 实物检验流程

在进行实物检验之前，必须先行确定检验方式，即根据商品来源、包装状况、相关规定确定对到库物品采取抽验方式或全验方式。实物检验包括数量检验和质量检验，其中数量检验是保证物资数量准确的必备步骤。

① 数量检验：依据采购合约规定的单位，用度量衡工具，逐一衡量物品。一般按照物品性质和包装可分为计件、检斤、检尺求积等。在大多数情况下，数量检验应该采用全检方式，包括物品件数的全部点数、物品重量的全部检斤，按照理论供货的物品全部检尺后转换为重量。最后以实际检验得到的数值为实收数。

② 质量检验：包括四种形式，即对物品的外观、尺寸精度、机械物理性能以及化学成分进行检验。由于检验的内容、方式和手段不同，仓库一般只完成外观和尺寸精度的检验。物理机械性能和化学成分的检验，在实际情况需要的情况下，通过仓库技术部门采样并委托专门机构完成检验。

3. 货物验收方法

（1）货物质量验收。

货物质量验收是指通过相关方法或仪器，对物品的各种属性及外观质量进行检验。另外，货物的内在质量由生产厂家保证，或由质检机构检验。

① 货物包装检验。

及时发现货物在储运过程中可能发生的意外情况，检查货物包装的完善程度与干湿状况，以此判定货物受损情况。常见包装物安全含水量如表4－9所示。

表 4-9　　　　　　　　　　　常见包装物安全含水量

包装材料	含水量（%）	说　　　明
木箱（外包装）	18~20 18~23	适合包装易霉、易锈货物 适合包装一般商品
纸箱	12~14 10~12	适合五层瓦楞纸的外包装及纸板衬垫 适合三层瓦楞纸的包装及纸板衬垫
胶合板箱	15~16	
布包	9~10	

② 外观质量检验。

通过感官验收法，即指利用人的感觉器官，例如视觉、听觉、触觉、嗅觉等，检验货物外观质量缺陷、受损状况、受潮霉变锈蚀状况等。

- 视觉检验：利用人的视力观察，检查物品表面状况，包括状态、颜色、结构等；检查物品有无损坏情况，包括变形、破损、脱落、变色、结块等。
- 听觉检验：听取声音音质，对货物进行摇动、搬运、轻敲等操作。
- 触觉检验：利用手感鉴定，观察货物的细度、光滑度、黏度、柔软度等。
- 嗅觉与味觉检验：对货物进行气味测定和滋味测定。

③ 其他方法。

- 测量仪器检验：对货物进行成分测试、光谱测试、密度与黏度测试、含水量测试等。
- 运行检验：对货物进行运行操作，检查操作功能，包括电器、车辆等。

（2）货物数量验收。

数量验收包括货物的数量与重量，例如毛重、净重、面积、容积、件数、体积、长度等。

① 数量验收。

- 逐渐点数法：利用人工或简易计算器，对货物逐一计数，累计求和。适用于散装、非固定包装货物。
- 集中堆码点数法：将货物按照每行、每层件数一致的原则，堆成固定的垛形后计算总数。适用于花色品种单一、包装大小一致、数量大或体积小的货物。
- 抽检法：按照一定比例对货物进行开箱点数。适用于批量大、定量包装的货物。
- 重量换算法：利用过磅称算货物重量，再换算货物数量。适用于标准包装、重量一致的货物。

② 重量验收。

对于货物的重量验收，应首先按照合同规定的验收方法进行作业，防止人为造成差错。货物的入库验收与出库验收应使用同一种验收方法。在仓库完成相应的验收检验之后，如果货物还需做进一步内在质量检验，应通知相关质检部门完成。货物的重量一般分为三种：

- 毛重是指货物包括包装物重量在内的实际重量。
- 皮重是指货物包装物的重量。
- 净重是指货物本身的重量。

重量验收的主要方法有直接测量法、净重测量法、理论换算法。

a. 直接测量法。

直接测量法，或称毛重计量法，包括检尺求积法、检斤法、抄码复衡法，适用于无包装、轻包装货物，利用直接过磅的方法测定实际重量。

- 检尺求积法。

检尺求积是指对以体积为计量单位的货物，先检尺，再求体积，所做的数量验收，包括木材、沙石等。按理论换算重量的货物，先检尺，再按照规定的算法换算为重量，包括金属材料中的板材、型材等。

- 检斤法。

检斤是指对按重量供货，或以重量为计量单位的货物，做数量验收时的称重。检斤验收法是指对非定量包装的、无码单的货物，利用检斤法，进行打捆、编号、过磅、填写码单的验收方法，适用于多数金属材料、化工产品等。进口商品原则上全部检斤，若合同规定按理论换算则例外。检斤货物应填写磅码单，其样表如表4-10所示。

表4-10　　　　　　　　　　　　　磅码单

供货单位＿＿＿＿＿＿＿＿＿＿　　　　　　　品　　名＿＿＿＿＿＿＿＿
合同编号＿＿＿＿＿＿＿＿＿＿　　　　　　　型号规格＿＿＿＿＿＿＿＿

序号	重量	序号	重量	序号	重量
1		6		11	
2		7		12	
3		8		13	
4		9		14	
5		10		合计	

检斤法——货物磅差率计算：

$$实际磅差率 = \frac{实收重量 - 应收重量}{应收重量} \times 1000‰$$

$$索赔重量 = 实收重量 - 应收重量$$

- 抄码复衡法。

抄码复衡法是指对定量包装、附有码单的货物，按照合同比例，抽取一定数量货物进行过磅的验收方法。适合于定量包装的、附有码单的货物。同时填写抽验重量记录表，如表4-11所示，作为索赔原始记录。

表4-11　　　　　　　　　　　　　抽验重量记录表

编号	抽验重量	抄码重量
1	201	200
22	203	200
309	198	200
591	199	200
602	200	200

抄码复衡法——货物磅差率计算：

$$抽检磅差率 = \frac{\sum 抽检重量 - \sum 抄验重量}{\sum 抄码重量} \times 1000‰$$

$$索赔重量 = 抽验磅差率 \times 应收总重量$$

b. 净重测量法。

适用于有包装且包装占毛重比重较大的货物，除去货物包装后计算净重。

• 平均扣除皮重法，是指按照一定比例，拆掉货物的包装，计算包装的平均重量，再另行称重未拆包装的货物，最后计算该批货物的全部皮重和毛重。

• 除皮核实法，是指选择部分货物分开过磅，分别求得其皮重与净重，再核对货物包装上的标记重量，若未超出允许范围，则可据此数值计算净重。

• 整车复衡法，是指对大宗无包装货物，或散装的块状、粒状、粉状货物，检验时整车引入地磅过磅，再扣除空车重量，计算货物净重。

• 约定重量法，是指存货方与保管方在签订《仓库保管合同》时，双方对货物的皮重已按习惯数值有所约定，并遵从约定净重。

c. 理论换算法。

理论换算法是指通过货物长度、体积等便于测量的因素，利用一定公式计算出货物重量。适用于定尺长度的金属材料、塑料管材等。常见钢材理论换算公式如下：

$$圆钢单位长度重量(千克/米) = 0.00165d^2 (d 为直径, 单位毫米)$$

$$圆钢单位长度重量(千克/米) = 0.02466S(D - S)(D 为外径, S 为壁厚, 单位毫米)$$

$$方钢单位长度重量(千克/米) = 0.00785d^2 (d 为边宽, 单位毫米)$$

$$扁钢单位长度重量(千克/米) = 0.00785db(d、b 为边宽, 单位毫米)$$

$$扁钢单位长度重量(千克/米) = 7.85d(d 为边厚度, 单位毫米)$$

除上述内容之外，在重量验收时，以国家相关规定为标准的同时，还要注意以下一些问题：

• 计重货物一律按实际重量验收；供货单位按检斤交送的货物同样按检斤验收；带定量包装的货物可抽检5%～15%。

• 按理论换算计重交货的货物，按规定换算计重，同时记录换算依据、尺寸、件数。

• 按照 GB2828 规定，在记录毛重、皮重、净重的前提下，计件物资应全部清点件数，定量包装的计件物资可抽检5%～15%；成套交货的机电设备，必须检查主体、部件、零件、附件及工具设备。

• 型体规格相同的、小件的大量散装货物，用"检斤点数"法计数；玻璃按标箱检收、木材按立方米检收。

常见物资称差标准如表 4-12 所示。

表 4-12　　　　　　　　　　　常见物资称差标准

物　资	误差范围	物　资	误差范围
黑色金属	±2‰	黑色金属（进口）	±3‰
有色金属	±1‰	有色金属（进口）	±2‰
生铁锭快（包括途耗）	±5‰	水泥重量	50千克±1千克
钢铁制品	±2‰	钢材	±3‰
生铁、废铁	±5‰	贵金属	±0‰

（3）货物尺寸精度检验。

① 仪器仪表精度检验。

一般由质检部门或厂方负责检验，仓库免检，一些简易指标也可由仓库完成检验。

② 金属材料精度检验。

是仓库检验工作的重要内容。金属材料在交货验收时都会存在一定误差，只要其尺寸偏差在允许范围内，就符合尺寸检验要求。金属材料尺寸一般分为两种，即公称尺寸和实际尺寸。

● 公称尺寸，是指管家标准和原冶金部标准中规定的名义尺寸，即在生产过程中希望得到的理想尺寸。它是生产、储运、使用的依据。在实际生产过程中，产品的尺寸与理想尺寸肯定存在误差。

● 实际尺寸，是指验收中实际测量得到的尺寸，包括长、宽、直径。

● 尺寸精度，是指用公称尺寸和实际尺寸的差异范围，包括偏差与公差。偏差是指实际尺寸与公称尺寸之间的差数，实际尺寸小于公称尺寸，两者差数为负数时，称为负偏差；实际尺寸大于公称尺寸，两者差数为正数时，称为正偏差。公差是指尺寸允许的误差。

4. 货物验收中问题货物及处理

对于货物验收中出现的各类问题，应严格按照相关规定制度妥善处理，一方面要分清各方责任，另一方面要从中汲取经验教训，改正问题、改进工作。

（1）货物验收时常见问题。

检验中发现问题，并等待处理的货物：单独存放、妥善保管，防止混杂、丢失、损坏。

① 货物数量问题：数量短缺规定在磅差范围内的货物，可原数入账；数量短缺超过磅差范围的货物，查对核实后，做成验收记录和磅码单，交主管部门会同货主，向供货单位办理交涉；实际数量多于原发料量，由主管部门向供货单位退回多发数，或补发货款。

② 货物质量问题：质量不符合规定时，及时向供货单位办理退换货事宜，或在征得供货商同意的情况下代为修理，或在不影响使用的前提下降价处理；货物规格不符或错发时，先将正确货物入库，不正确货物做成验收记录交相关部门办理退货。

③ 验货凭证问题：证件未到或证件不齐时，不得对货物进行验收、入库、发货。及时向供货单位索取，相应的到库货物作为待检货物置于待检区，待证件到齐后完成验收。

④ 货物价格问题：存在价格不符问题的货物，供方多收部分应予以拒付；少收部分经核对后，主动联系、及时更正。

⑤ 承运部门致使产生数量短少、外观损坏的货物：凭接运提货时索取的"货运记录"，向承运部门索赔。

⑥ 货物到达时间问题："入库通知单"或其他证件已到，但货物未在规定时间内到库，仓库及时向主管部门反映，并查询处理。

（2）问题处理方式。

① 货物入库凭证未到齐之前，仓库不得正式验收，并有权拒收或暂存货物，待证件齐备后完成验收入库工作。

② 货物的数量和质量出现问题，不符合规定时，应及时会同相关人员当场做出详细记录，交接双方签字。若为交货方问题，仓库拒绝接受；若是运输部门问题，应提出索赔。

③ 及时验收计件货物的数量，若出现问题，按规定手续、在规定期限内向相关部门提出索赔。一旦超出索赔期限，责任方对损失不予负责。

货物在验收过程中，若存在数量与入库凭证不符、质量验收不合格、包装出现异常等情况时，则需做出详细记录，如表4-13所示。

表4-13　　　　　　　　　　　商品检验记录表

编号：

供货商		采购订单号		入库通知单号	
运单号		合同号		车号	
发货日期		到货日期		验收日期	

序号	名称	编号	规格型号	计量单位	应收数量	实际数量	差额

单位负责人：　　　　　　　　　复核：　　　　　　　　　检验员：

（六）货物入库登记与办理交接手续

货物经过查验清点之后，方可进行卸货与入库堆码。之后与送货人员办理交接手续，建立仓库台账。

1. 交接手续

交接手续是指仓库与送货人之间就送到的物品进行确认。交接手续的办理，代表仓库已经接收相应物品，同时也意味着划清了送货运输部门与仓库的责任。一套完整的交接手续包括接收物品、接收文件、签署单证。

• 接收物品：仓库通过理货、查验等工作，对接收物品的数量、质量、品种、规格等属性进行确认。

• 接收文件：仓库接收送货人员送交的物品资料、运输货运记录、普通记录等相关文件。

• 签署单证：送货人员提交的送货单、到接货交接单，需仓库与送货人员共同签字，并留存相应单证。"送货单"与"交接单"样表分别如表4-14与表4-15所示。

表 4-14　　　　　　　　　　　　　送　货　单

单位：　　　　　　　　　　日期：　　年　　月　　日　　　　　　　　　　No._____

品名	规格	单位	数量	单价	金额	备注

收货单位：（盖章）　　　　　　　　制单：　　　　　　　　送货单位：（盖章）

经手人：

表 4-15　　　　　　　　　　　　　交　接　单

收货人	发站	发货人	品名	标记	单位	件数	重量	车号	运单号	货位	合同号

备注	

送货人　　　　　　　　　　　　接收人　　　　　　　　　　　　经办人

2. 登账

登账是指仓库应为入库货物建立明细账，反映仓储的详细情况和物品的详细信息，以记录物品入库出库和库存动态的全过程。这些信息一般包括货物的名称、规格、数量、件数、累计数或结存数、批次、货位号或运输工具、金额，以及货位号、运输工具、存货人或提货人、接（发）经办人等。

3. 立卡

立卡是指在货物入库后，将货物的名称、规格、数量等信息填写于料卡上。料卡，又称货卡、货牌，插放在货物下方的货架支架上，或摆放于货垛下方的明显位置。

4. 建档

建档是指仓库对所接收的货物或货物委托人，建立存货档案或客户档案。其目的是便于进行货物管理和联系客户，有助于总结和积累仓库保管经验，研究仓储管理规律。

建立货物档案是特指为货物建立档案，把入库作业过程有关的、在具体操作过程中填写的各种资料、单据、凭证进行分类保存，从而详细了解货物入库前后的活动全貌。货物档案反映了货物从入库、保管出库的所有变化过程的信息，应遵循一货一档的设置原则，具有统一编号，将货物的入库、保管、交付的相应单证、报表、记录、作业安排等资料的原件或复印件存档。档案长期保存、妥善保管。

（1）货物档案资料。

货物档案资料一般包括入库资料、在库资料、出库资料。

① 货物入库资料。

- 货物出厂凭证与技术资料，例如货物技术证明、合格证、装箱单、发货明细表等；
- 货物各种运输单据，例如运输单、货运记录、提货单等；
- 货物验收入库单据：包括入库通知单、验收记录、磅码单、技术检验报告等。

② 货物在库资料。

货物在库期间的检查、保养、损益、变动等情况，库内外温度湿度的变化记录及对货物的影响。

③ 货物出库资料。

货物出库时的凭证，例如领料单、出库通知单、调拨单、发运单等。

（2）货物档案管理。

① 档案统一编号。

便于查阅档案、防止档案丢失。

② 确定保管期限。

仓库管理员与档案管理员根据相关规定、实际情况确定档案保管期限，有些资料，包括库区气候资料、货物储存保管等试验资料应长期保管。

③ 及时更新内容。

及时更新库存货物最新变化情况；已出库货物的技术证件必须随同货物而不能以复印、抄印形式抄送，其余资料以及货物出库凭证、动态记录等存档。

（七）入库作业常见问题及处理

在入库作业中发生问题时，用根据不同情况及时妥善处理，并填写问题物品处理记录单，以备查询。常见的问题及处理方式如表4-16所示，"问题物品处理记录单"样表如表4-17所示。

表4-16　　　　　　　　　　　入库作业常见问题及处理方式

常见问题	问题表现形式	处理方式
数量不符	物品验收数量与供货单数量不符	收货人在相关凭证上做好记录 按实际数量签收 通知发货方
质量问题	接货时发现物品存在质量问题	若问题发生在运输途中，会同承运方与送货人清查点验，确认后作为索赔依据 若责任不在承运方，做出相应记录并由承运方签字，作为向供货方联系处理的依据
单货/单证不全	送货单据与实物不符 单证不全 分批到货	及时查明送货方的原因 根据具体情况采取相应措施

表4-17　　　　　　　　　　　问题物品处理记录单

常见问题处理	数量溢余	数量短少	品质不合格	包装不合格	规格品类不符	单证与实物不符
通知供货方						
按实数签收						
维修整理						
查询等候处理						
改单签收						
拒绝收货						
退单退货						

（八）常用入库表单

1. 货物入库单

货物入库单是指记录货物信息的单据，包括货物的名称、编号、实际验收数量、货物价值与价格等。根据货物的不同来源，货物入库单分为外购货物入库单、成品材料入库单、退料入库单等。

货物入库单一般为一式三联，必要时增加一联，即

① 第一联：留作仓库登记实物账。

② 第二联：交采购部门，作为采购员办理付款的依据。

③ 第三联：交财务记账。

④ 第四联：必要时增加，交送货人员，留作货物已送达的依据。

货物入库单一般于货物验收合格后，仓库管理人员根据验收情况和验收结果，据实填写。要求内容完整，字迹清晰。并以每日工作结束后，整理所有入库单存根联，统一保存。

常用"货物入库单"样表如表4-18所示，与其相联系的还有一些报表，包括成品原料明细表、包装和运送日报表、材料进库日报表、货物/材料收发日报表、货物交货日报表等。

表4-18　　　　　　　　　　　　货物入库单

采购合同号：　　　送货单位：　　　件数：　　　入库时间：　年　月　日

货物名称	品种	型号	编号	数量			进货单价	金额	结算方式	
				进货量	实点量	量差			合同	现款

采购部经理：　　　采购员：　　　仓库管理员：　　　核价员：

注：本单一式三联：第一联，送货人联；第二联，财务联；第三联，仓库查存。

"半成品/成品入库单"样表如表4-19所示，它表示企业自己生产的产品存入仓库的凭证。

表4-19　　　　　　　　　　　　半成品/成品入库单

编号：　　　　　□半成品　　　　□成品　　　　入库日期：　年　月　日

货物名称	型号	规格	编号	数量	生产日期	批号	检验单号	备注

入库人：　　　　　　　复核人：　　　　　　　仓库保管员：

注：本单一式三联：第一联，仓库存根记账；第二联，生产部；第三联，财务联。

2. 实物明细账

建立实物明细账的目的是记录库存货物的动态信息，便于对入库货物进行管理，正确反映货物的入库、出库、结存状况，为对账、盘点等作业提供依据。实物明细账一般有两种，即普通实物明细账和库存实物明细账，前者适用于只需反映库存动态的货物，例如进入流通环节的货物、企业内的工具备品等，如表4-20所示；后者适用于需要区分批次、有一定追溯要求的货物，例如企业生产所需的零部件、原材料等，如表4-21所示。

表4-20　　　　　　　　　　　普通实物明细账

货物入库明细卡

卡号	
货主	
货位	

品名		规格型号	
计量单位		供货商	
应收数量		送货单位	
实收数量		包装情况	

年		凭证		摘要	收入	发送	结存
月	日	种类	号码				

表4-21　　　　　　　　　　　库存实物明细账

年		凭证		摘要	收入		发出		结存		其中(A)			其中(B)			其中(C)		
月	日	种类	号数		批号	数量	批号	数量	批号	数量	批号	数量	库存	批号	数量	库存	批号	数量	库存

仓库管理人员在填写实物明细账时，要做到实事求是、依据合法凭证、掌握正确方法、恰当书写方式。

① 登账凭证：正式合法的凭证，包括货物出/入库单、领料单等。

② 记录方法：按照时间顺序、连续完整、不隔行跳页，对账册依次编号，年末结存转入新账后，旧账交予档案部门妥善保管。

③ 书写方法：一般使用蓝黑墨水笔，内容书写工整清晰，数字占空格2/3空间，便于修改。

④ 错误改正：修改错误时，不得刮擦、挖补、涂抹，不得用其他药水更改字迹。以可以辨认原字迹为前提，在错误画一红线，表示注销；再在其上方填写正确文字或数字，同时在更正处加盖更改人印章。

3. 货物保管卡

货物保管卡，或称货卡、料卡，是指一种实物标签，它能够便于仓库管理员对货物进行随时核对，有利于进行货物进/出库业务的开展，合理组织相关作业，提高仓库作业效率。货物保管卡在使用时应注意以下问题：

① 选择适当的存放位置：应放在明显、牢固、便于书写的位置，一般悬挂于上架货物的下方，或在货物堆垛上。

② 按时更新内容：根据作业内容，及时更新卡片内容。

③ 按要求设置保管卡：新货入库时设立专卡；货物在入库、在库、盘点后及时填写相应信息；货物出库后收回卡片，并置于货物档案中。

一般的货物保管卡如表4-22所示，其主要包括以下三方面内容：

① 货物状态，包括待检、待处理、合格、不合格等；

② 货物的名称、规格、供应商、批次等；

③ 货物的入库、在库、出库动态信息。

表4-22　　　　　　　　　　　货物保管卡

货位编号：　　　　　　　　　　　　　　　　　　　　　　　　　标示日期：

材料名称		用　途			
材料编号		主要供应商			
估计年用量		订货期		经济定量	
安全存量		代替品			
月份	实际用量	需求计划			平均单价
一月					
二月					
⋮					
十二月					
合计					

收发记录

日　期	单据号码	发出量	库存量	收料量	退　回	订货记录	备　注

除了上述内容，货物保管卡可以根据仓储业务的实际情况和具体要求，对内容作相应调整。例如，若仓库设置了专门的待检区、待处理区、合格/不合格货物区等，卡片上可以省略货物状态；同时也可以增设货物的估计用量、安全存量、订货点等内容，便于对货物的库存量进行控制和管理。

货卡可以按照作用分为货物状态卡和货物保管卡，货物保管卡又分为标示卡和储存卡。

货物状态卡是用于表明货物所处业务状态或阶段的标识，依据 ISO－9000 国际质量认证体系，可分为待检、待处理、不合格、合格等状态，如图 4－11 所示。标示卡是用于表明货物的名称、规格、供应商、批次等标识。存储卡是用于表明货物入库、在库、出库动态的标识，如表 4－23 所示。

待　检	待处理	合　格
供应商________	供应商________	供应商________
商品名称________	商品名称________	商品名称________
进货日期/批号/生产日期	进货日期/批号/生产日期	进货日期/批号/生产日期
标记日期____年__月__日	标记日期____年__月__日	标记日期____年__月__日
标记人________	标记人________	标记人________
备注________	备注________	备注________

图 4－11　货物状态卡

表 4－23　　**货物存储卡**

品名________　　规格________

________年		摘　要	收入数量	发出数量	结存数量
________月	________日				

第二节　在库管理

货物经过验货后进入仓库后，开始在库管理工作，这是仓储业务流程的核心环节。货物的在库管理，或称在库作业，是指对在库储存货物进行合理的保管与经济的管理，即

（1）合理的保存：将货物存放于适宜的场所与合适的位置。

（2）经济的管理：在对货物保证存储质量与数量的前提下，兼顾成本与费用的科学统筹。

在个性化的消费时代，在库管理工作要求由储存向流通转变，因此在具体作业期间，不仅要考虑货位的区分、堆码、苫垫等基本工作，还要考虑配合流通需要进行货物的流通加工等增值作业。

一、在库货物养护与保管

（一）货物养护与保管的重要性

货物的养护与保管是指商品在存储过程中所进行的保养和管理工作。其广义含义是指货物从离开生产领域而未进入消费领域之前的保养与管理工作。

在运输或存储过程中，货物质量的稳定性需要保持在一定的时间内与一定的条件下，否则会发生质量变化。货物的属性与储运条件决定其质量变化的快慢程度，也决定了货物流通的时间界限。货物越容易发生质变，其储运条件越严格，流通空间越狭窄，销售市场越具有地方性。

详细研究货物存储期间导致质变的两大因素，一方面是内因，即货物本身的自然属性，包括结构、成分、性质等；另一方面是外因，即货物的储存环境，包括空气温度、湿度，氧气、阳光、微生物等。

（二）货物养护与保管的方法

1. 仓库温度、湿度的管理方法

绝大多数货物的质变是由仓库的温度湿度变化引起，保持必要的、稳定的温度与适宜的湿度尤为重要。控制调节温度湿度的方法很多，包括通风、密封、吸湿加湿、升温降温等，一般应该合理地结合使用。

（1）温度。

温度是指物体（包括空气）冷热程度，以水的沸点（沸腾的温度）与水的冰点（结冰时的温度）作为基准点。温度通过物体随温度变化的某些特性间接测量。温标是指衡量温度高低的尺度，常用国际温标包括华氏温标（℉）、摄氏温标（℃）、热力学温标（K）、国际实用温标。

空气温度，简称气温，是指大气的冷热程度。在仓库温度管理中，一般使用摄氏温度。

仓库的安全温度是指适合于货物长期存放的温度界限。一般货物要求最高温度界限，怕冻、鲜活货物要求最低温度界限。

（2）湿度。

湿度是指含水量的多少。货物的含水量用百分比表示；空气的湿度用绝对湿度、饱和湿度、相对湿度、露点表示等物理量表示。

绝对湿度是指在单位体积的空气中，实际所含水蒸气的量。饱和湿度是指在一定温度下，单位体积空气中所能容纳的水汽量的最大限度。相对湿度是指空气中实际所含水汽距离饱和状态的程度，即同一温度下空气的绝对湿度与饱和湿度的百分比，可表示为

$$相对湿度(\%) = (绝对湿度/饱和湿度) \times 100\%$$

露点是指当含有一定数量水蒸气的空气（绝对湿度）的温度下降到一定程度时，所含水蒸气就会达到饱和（饱和湿度，即相对湿度达到100%），并开始液化成水的现象。

（3）仓库对温/湿度的控制方法。

对于温度控制，仓库应在库内外悬挂"干湿球温度计"，以测量相应的温度，并指定专人按照规律观察记录。并作月度、季度、年度分析，若不达标，必须采取措施。避免仓库货物遭受阳光直接照射，及时降温、通风，避免仓库内热源造成温度过高，同时天气寒冷时做好防冻工作。

对于湿度控制，应做好仓库的通风降潮、吸湿、密封防潮、通电驱潮、气幕隔潮等工作。如果仓库过于干燥，还可通过减少库内空气流动、人工机械洒水、加湿器等方法进行加湿作业。常见货物的温/湿度要求如表4-24所示。

表 4-24　　　　　　　　　　　常见货物温/湿度要求

货物种类	温度（℃）	相对湿度（%）	货物种类	温度（℃）	相对湿度（%）
金属（制品）	5~30	≤75	重质/润滑油	5~35	≤75
碎末合金	0~30	≤75	轮胎	5~35	45~65
塑料制品	5~30	50~70	布电线	0~30	45~60
压层纤维塑料	0~35	45~75	工具	10~25	50~60
树脂、油漆	0~30	≤75	仪表电器	10~30	70
气/煤/轻油	≤30	≤75	轴承、钢珠、滚针	5~35	60

2. 货物防锈和防霉方法

（1）防锈蚀。

金属货物易发生锈蚀，既影响外观，也造成货物陈旧、机械强度下降、使用价值降低，甚至报废。

常见的金属锈蚀现象有各种刀具因锈蚀表面形成斑点、凹陷，以致不平整、不锋利；精密量具只要有轻微锈蚀就会影响精度。

金属的防锈蚀是指防止金属与周围介质发生化学作用或电化作用，避免金属受到破坏。防锈蚀的一般方法是在仓储中改善仓储条件、控制环境的温度湿度、空气中腐蚀气体的含量，或在金属表面涂抹防锈油、气相缓蚀剂、可剥性塑料、干燥空气封存等。

（2）防霉腐。

货物的霉变是由于在环境条件适宜的情况下，微生物生长，并在含有糖类、蛋白质、油脂、有机酸等营养物质的货物上迅速繁殖，造成霉变。

常见的霉变货物包括含纤维素多的货物（包括棉麻织品、纸张及其制品、部分橡胶、塑料和化纤制品）、含蛋白质较多的非食品（包括丝毛织品、毛皮、皮革等）、含蛋白质较多的食品（包括鱼、肉、蛋、奶等）、含有多种有机物质的食品（包括水果、蔬菜、干果、干菜、烟卷、茶叶、罐头等）等。

货物的防霉腐是指针对货物的霉腐原因所采取的有效措施。防霉腐的一般方法是针对外因，利用化学药剂抑制或杀死寄生在货物中的微生物；控制货物的储存环境；干燥、盐腌、酸渍、辐射等方法。

二、货物的分区分类

分区是指将性质相似的货物，存放在某一特定的仓库内或其他建筑物的过程。货物的分区分类是指将库存货物按照其理化性质或使用方向进行分类，根据各类货物的存储计划，结合各种库房、货场、设备的具体条件，合理筹划货物的存储方案。这是进行货位管理的前提。

（一）货物存储方式的分类

1. 专仓专储方式

专仓专储方式是专用型仓库，指在仓库中划分出专门的空间，用于专门存储、保管一种货物。这种方式的特点是存储货物种类少、单类货物数量多，或货物属性特殊，不宜与其他货物混存。适用于粮食、烟酒、香料、易燃易爆、有毒有害物质、贵重货物或需用特殊条件保存的货物。

2. 分区分类方式

分区分类方式是通用型仓库，指将仓库划分为若干保管区，各区内存性质相近的货物，便于集中保管。这种方式存储货物种类多、单类货物数量少，各种货物具有相容性。适用于纺织品、家电、饮料与食品、肥皂与洗发水等一般性货物。利用分区分类的方法存储货物，具有以下特点：

① 缩短拣货、收/发作业时间；

② 合理使用仓容，提高仓容利用率；

③ 利于仓库管理员熟悉货物性能，提高保管保养水平；

④ 合理配置使用机械设备，提高仓库机械化、自动化操作程度；

⑤ 利于仓库货物的安全，减少损耗。

（二）货物存储位置的选择

货位的选择是在货物分区分类的基础上进行的，在认真研究货物尺度、货量、特性、保管要求的前提下，必须考虑货物特性、利于发运、节约仓容等要素。

1. 依据货物的种类性质

大多数仓库的通用方法，将存储保养方式相同的货物置于同一存储区域，将互有影响、保管方式相排斥的货物分区存储。

2. 依据货物的危险性质

用于存放危险品的特种仓库，对易燃易爆、易氧化、腐蚀性、有毒性、放射性的货物分区存放，防止各类事故发生。

3. 依据货物的归属单位

用于专门从事保管业务的仓库，根据货物所属单位分区保管。

4. 依据货物的运输方式

用于短期存储、货物进出量大的中转仓库或待运仓库，根据货物的发运地或运输方式分区存放。一般首先按照货物的运输方式分为公路运输货物、铁路运输货物、水路运输货物、航空运输货物，然后再按照到达地点分类存储。

5. 依据货物的作业特点

根据货物作业时的具体操作方法将货物分区存放。进出库频繁地货物置于靠近通道或出口处，长期存储货物可置于仓库楼上、货架上以及库房深处。

（三）货物分类存放的原则

1. 货物特性

根据货物需求，充分满足货位的通风、光照、温度、排水、防风、防雨等条件，如表4-25所示。同时货位尺度和货物尺度相匹配，注意大件、长件货物的选位空间、装卸空间、容量匹配等。

表 4-25　　　　　　　　　　　具有不同特性货物的货位选择

货物特性	货位选择
怕潮、易霉、易锈货物	干燥或密封货位
怕光、怕热、易溶货物	低温货位
易燃、易爆、有毒、腐蚀性、放射性的危险品	较偏僻的仓库，且分类存储
性能相互抵触、挥发性，易串味的货物	避免同区存储
具有不同消防灭火方式的货物	分开存储
同区货物	考虑外包装含水量过高货物对邻垛商品的安全威胁，以及货物相互间的虫害感染问题等

2. 利于发运

选择货位必须方便货物的进出库，尽可能缩短收货发货的作业时间。

（1）先进先出（first in first out，FIFO）原则，是指先保存的货物先出库。避免后进货物围堵先进货物；避免长期存放货物围堵短期存放货物。但是在货物种类少、生命周期长、保存时间短、不易破损的情况下，需考虑先进先出原则与管理成本的利益平衡问题。

（2）入库频率与存储周期原则，是指刚入库、入库频率高、存储时间短的货物存放于靠近出口的货位；入库频率低、存储时间长的货物存放于远离出口的货位。

（3）小票集中与大不围小原则，是指多种小批量货物合用一个货位，或集中于同一货区，并切忌夹杂在大批量货物中。

（4）重近轻远原则，是指重货靠近装卸作业区，且尽量置于货架或货垛下层；轻货远离装卸作业区，可以置于货架或货垛上层。

（5）操作便利原则，是指货位必须保证作业机械直达作业场，利于搬运、堆垛、上架等工作，具有充足的机动作业场与装卸空间。

（6）分布均匀原则，是指避免多业务同线作业，以免相互妨碍；实现多货位同时装卸，以提高效率。

3. 节约仓容

以最小的仓容储存最大限量的货物。在货位负荷量和高度基本固定的情况下，需考虑储存货物所具有的体积重量与货位规格的匹配性。对于轻泡货物，置于负荷量小、空间高的货位；对于实重商品，置于负荷量大且空间低的货位。

码垛码高原则，是指在条件允许的情况下，尽可能码高货物，或将货物放置货架高处，以充分利用仓容。同时采用稳固方法加固货物堆垛，避免倒垛、散垛发生。

4. 分类存放

货物保管的基本要求与保证货物质量的基本手段。包括不同类别的货物分类、分库存放；不同规格、批次的货物分位、分堆存放；残损货物与原货分位存放；分拣货物完成分拣后分位存放；不同流向、不同经营方式的货物分类分存。

（1）物品相关性原则，是指将相关性大的货物放在相邻位置。

（2）货物互补原则，是指将互补性高的货物存放于相邻位置，相容性低的货物相互远离。

（3）货物同一性原则和货物类似性原则，是指将同一货物或相似货物存放在同一保管位置。前者是所有物流中心都遵循的重要原则和基本原则。

5. 搬运灵活

按照货物的搬运灵活性合理摆放货物，即使灵活性高的货物，也应摆放整齐，避免浪费仓容、堵塞通道，以减少作业时间和作业次数，提高仓库周转效率。

（1）面向通道原则，是指一方面将垛码和货物正面面向通道，便于查看；另一方面货垛货位必须有一面与通道相连，便于对货物进行作业。

（2）轻不压重原则，是指重物保存在地面上或货架下层，轻物保存在货架上层。

除上述原则之外，还有四一致原则，即货物的属性一致、养护方法一致、作业手段一致、消防方法一致。在选择和具体使用货位时，根据仓储货物的吞吐频率差异、操作难易有别等特点，将热销与久储货物、操作困难与省力货物，搭配在同一货区储存，在充分发挥仓容使用效能的同时，也克服了各个储存区域之间忙闲不均的现象。

三、货位管理

货位，或称储位，是指仓库中实际可用于堆放商品的面积。货位在使用时有严格的要求，禁止混用、串用的现象发生。

（一）货位管理的目的

（1）充分利用有效空间，提高人力资源与设备的利用率；

（2）有效保护货物的质量与数量；

（3）维护良好的存储环境；

（4）使货物处于随存随取的状态。

（二）货位管理的原则

（1）储位明确化：明确所有货物的存放位置；

（2）存放合理化：货物的存放遵循其一定的规则；

（3）状况明确化：货位上货物各种状况，包括数量、品种、位置、拣取等情况必须记录正确、清晰明确。

（三）货位指派策略

良好的货位指派策略可以减少出/入库移动距离、缩短作业时间、充分利用存储空间。

1. 定位储存

定位储存是指货物固定存放在固定的位置，且不串位。储位容量不小于需要存放货物的最大库存量。适用于空间大、货物种类多数量小的仓库。其优点有：

（1）固定货位方便拣货员拣货，提高作业效率；

（2）不同特性的货物得以分开存放，减少货物间影响；

（3）按照周转量合理规划储位、缩短搬运距离、提高作业效率。

其缺点是储位使用率低，因为储位是按照最大库存量设计。

2. 随机储存

随机储存是指随机产生货物的存储位置，即按照仓储管理人员的工作习惯操作，可将任何一种货物放在任何一个位置上。适用于空间有限、货物品种少体积大的仓库。其优点是储位使用率高。其缺点有：

（1）仓库管理难度大，盘点、拣货作业困难；

（2）装运效率低，周转量大的货物可能放在远离出口的位置；

（3）相邻的、具有排斥性的货物之间的危害性大。

3. 分类储存

分类存储是指将货物按照一定特性进行分类，每类货物设定固定区域，同类货物的不同货物按一定规则存放。适用于相关性大且经常同时出库，或周转率差别大，或尺寸差别大的货物。其在具有定位存储的各类优点的同时，还可根据货物特性将各个分类的储存区域再做设计使用。其缺点是储位的利用率低，因为储位的设计是依据每类货物的最大库存。

4. 分类随机储存

分类随机存储是指在每类货物设定固定的存储区域前提下，固定区域内的货物是随机存放的。适用于面积较小、货物品种较多的仓库。相对分类存储方式具有节省空间、提高存储效率的优点。同时也具有入库管理和盘点作业难的缺点。

5. 共享储存

共享存储是指在确定各种货物入库时间的前提下，不同货物共用同一储位。适用于货物品种少、流通速度快的仓库。其优点是节省存储空间、提高作业效率；缺点是必须准确了解到货时间，管理难度大。

（四）货位指派方法

货位指派是指将按照已确定的储位及其编号，将货物放置正确位置的一系列方法。

1. 人工指派法

人工指派法是指人工指定货物的存放位置。它较少地使用计算机设备，成本低，但效率低、错误率高。人工指派法有以下几点要求：

（1）仓库人员必须十分熟悉储位指派原则，并灵活运用；

（2）仓储人员必须按指派单证把货物放在指定储位上，并详细记录；

（3）在补货、拣货作业时，实时动态管理，仓储人员做好登记消除工作，确保账物相符。

2. 计算机辅助指派法

计算机辅助指派法是指在利用图形监控系统收集储位信息、显示储位使用状况的前提下，进行人工指派。相对人工指派法而言，需要投入计算机、扫描仪、监视器等硬件设备，以及相应的管理系统软件。

3. 计算机指派法

计算机指派法是指利用图形监控储位管理系统，以及各类现代化信息处理技术（包括条形码自动阅读机、无线电通信设备、网络技术、计算机系统等），收集储位相关信息，通过计算机系统直接进行指派。这是一种完全的计算机信息处理方式。

（五）货位的布局形式

1. 垂直式布局

垂直式布局是指货垛与货架的排列与仓库的侧墙相互垂直或平行，包括横列式布局、纵列式布局、混合式布局。

横列式布局是指货垛与货架的长度方向与仓库的侧墙互相垂直,如图 4-12 所示。纵列式布局是指货垛与货架的长度方向与仓库的侧墙互相平行,如图 4-13 所示。这两种布局方式的优缺点对比如表 4-26 所示。混合式布局是指在同一间库房内,货垛或货架的排列既有横列式又有纵列式,兼有两者的优点,如图 4-14 所示。

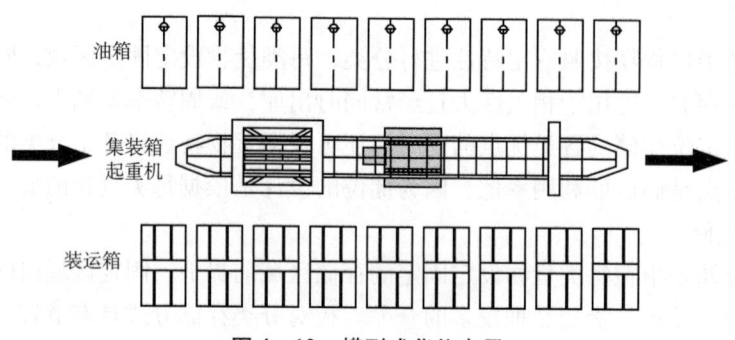

图 4-12 横列式货位布局

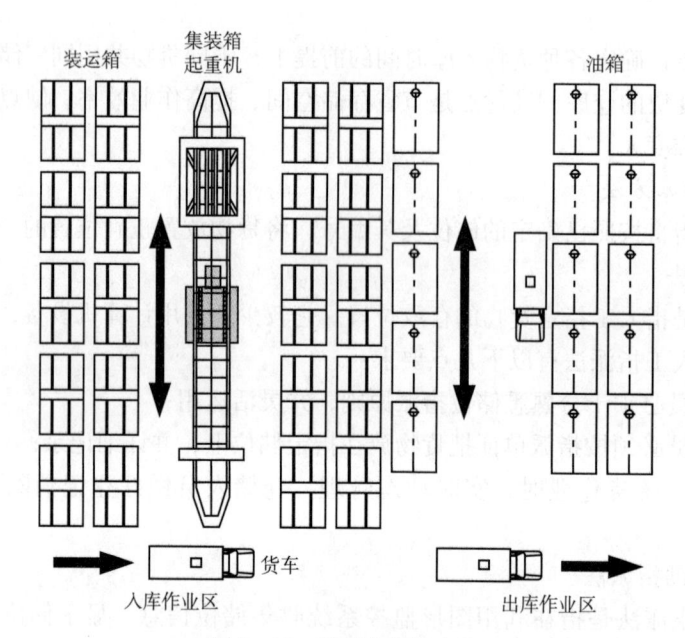

图 4-13 纵列式货位布局

表 4-26　　　　　　　　　横列式与纵列式货位布局特点

货位布局	优　点	缺　点
横列式	主通道长、宽,副通道短 布局整齐、美观,便于查点 通风、采光效果良好	通道占用面积大 仓库面积利用率低
纵列式	仓库面积利用率高 可根据货物的在库时间与进出频率安排货位	不易进行机械化操作 货物存取不便 不易采光

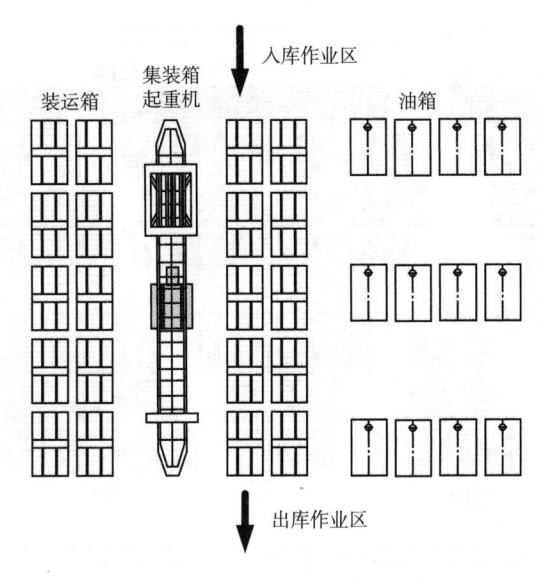

装运箱　集装箱起重机　入库作业区　油箱

出库作业区

图 4-14　混合式货位布局

2. 倾斜式布局

倾斜式布局是指货垛或货架的长度方向与仓库侧墙或主通道成一锐角，一般为 60°、45°或 30°夹角，分为货垛（架）倾斜式布局和通道倾斜式布局，一般而言，后者优于前者。

货垛（架）倾斜式布局是指货垛（架）的长度方向与仓库侧墙成一锐角，属于横列式布局的变形，如图 4-15 所示。其优点是便于叉车作业、缩小叉车回转角度，作业效率高；缺点是仓库面积利用不充分，货垛与墙角会造成死角。

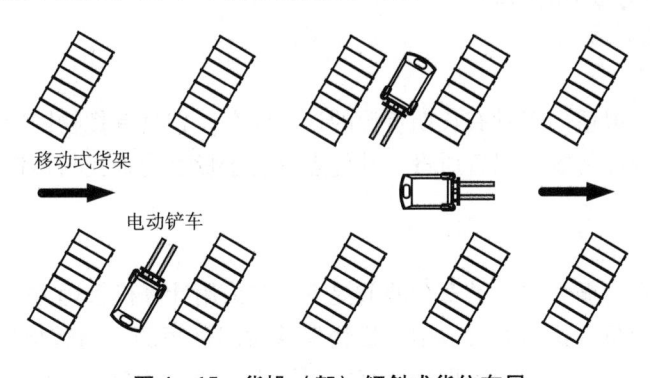

移动式货架　电动铲车

图 4-15　货垛（架）倾斜式货位布局

通道倾斜式布局是指运输通道与侧墙成一锐角，而货垛或货架垂直于侧墙排列，如图 4-16 所示。它将保管区根据作业特点划分，便于综合利用。

（六）货位编号

将仓库内的所有库房、货棚、货场等储存场所，可以按照自左向右或自右向左的特定顺序进行编号，利于管理。

1. 库房编号

库房编号一般标示于库房的外墙或门上。多层库房编号，多采用多位编码方式，即多个

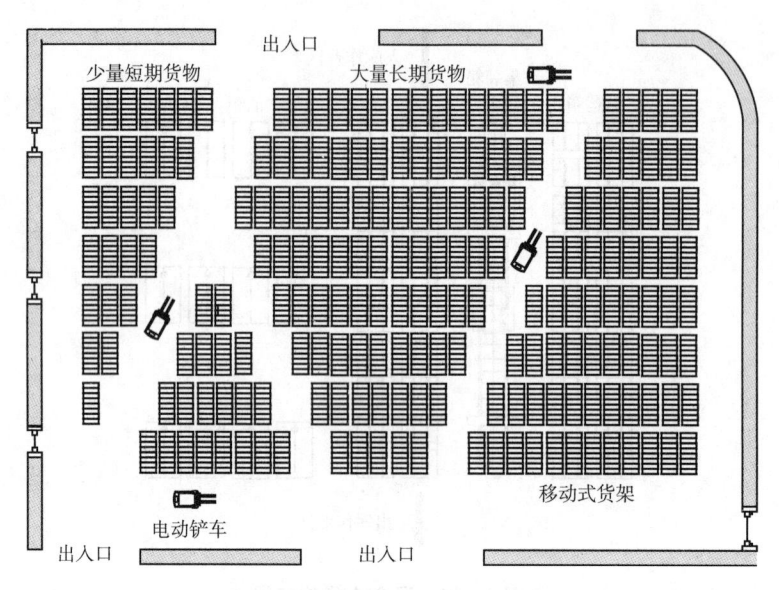

图 4-16　通道倾斜式货位布局

数字或字母表示不同含义。例如三位编码方式"221"表示 2 号库房、2 层、1 号仓间；四位编码方式"3425"表示 3 号库房、4 层、2 号仓间、5 号货架；五位编码方式"53283"表示 5 号库房、3 层、2 号仓间、8 号货架、3 号货格。

2. 货场编号

将货场划分排号，每排按序编上货号，可直接标示于地上。对于集装箱场地，为每个箱位进行编号，标示箱位四角标记。

（七）货位的存放方式

1. 固定货物货位

固定货位方式一般适用于具有长期货源的计划库存，它具有货物固定用途，一般都被针对性地装备，以便提高货物的保管质量。其优点是利于货物的查找与拣选；缺点是仓容利用率低。

2. 不固定货物货位

不固定货位是在遵循仓储分类安全的前提下，多采用计算机管理方式，不加分类地将货物任意存放在空闲货位。这种方式适用于货物保管时间极短的、周转极快的专业流通仓库，或大型配送中心。其优点是有利于提高仓容的利用率；缺点是仓库混乱，不易于管理和查找货物。

3. 分类固定货物货位

固定货位与不固定货位两种方式相结合，多采用计算机管理方式，在对货位进行分区管理的前提下，在同一区内，或采用固定货位方式，或采用不固定货位方式。这是大多数仓库所选用的货位方式，其特点是在提高仓容利用率的同时，既有利于货物保管，也有利于方便查询。

四、货物的堆码苫垫

堆码是指根据货物的包装、外形、性质、特点、重量、数量等特性,结合季节气候、存储时间、地面负荷等情况,将货物按照一定规律码成各种形状的货垛,以便于对货物进行管理,提高仓容利用率。

(一)货物堆码要求

1. 货物要求

① 货物名称、规格、数量、质量清晰明确;
② 按物流需求对货物进行编码;
③ 货物外包装良好、标示清晰;
④ 对不合格货物已恢复或剔除;
⑤ 准备堆码的货物已进行集装单元化。

2. 操作要求

堆码前结合仓储要求进行准备工作,以合理牢固、定量整齐、节约方便为原则,进行货物堆码。

3. 场地要求

堆码场地一般分为库房、货棚、露天三种。库房场地要求平整、坚固、耐磨,货垛在墙/柱基线以外,垛底适当垫高。货棚场地是一种半封闭建筑,要求具有良好的排水系统,以防止雨雪渗漏聚集。露天场地根据货物对地面的承载要求,以坚实平坦、干燥清洁、场地高于四周地面为原则,建立夯实水泥地、砂石块石地或钢筋水泥地等。

4. 货垛要求

货垛应满足"五距"要求,即垛距、墙距、柱距、顶距、灯距。叠垛货物不能依墙、靠柱、碰顶、贴灯等,有些货垛之间需留出空间。具体要求如表4-27所示。

表4-27 货垛"五距"要求

货垛"五距"	作　　用	规　　格
垛距	货垛与货垛之间的距离,方便存取、通风散热、方便消防	库房垛距:0.5~1米 货场垛距:≥1.5米
墙距	防止库房墙壁与货场围墙的潮气对货物产生影响,便于通风消防	库房墙距:内墙距0.1~0.2米 库房墙距:外墙距0.3~0.5米 货场墙距:外墙距0.8~3米
柱距	防止库房柱子的潮气对货物影响,保护仓库建筑物安全	0.1~0.3米
顶距	货垛最大高度与仓库顶端的距离	平方库:0.2~0.5米 人字形库:屋架下弦底为货垛的可堆高度 多层库房:底层与中层0.2~0.5米 多层库房:≥顶层0.5米
灯距	货垛与照明等之间的必要距离,适当灯具确保存储货物的安全	≥5米

(二) 货物存放方法

在存放货物时，应根据其特性、包装、外形以及保管要求确定存放方式，同时还要兼顾考虑方便作业与节约仓容。主要的存放方式包括地面平方式、托盘平方式、直接码垛式、托盘堆码式、货架存放式等。

1. 散堆方式

货物堆垛存放方式是指直接利用堆扬机或铲车，从货位后端起，直接将货物堆高；在达到预定货垛高度时，逐步后退堆货，后端先形成立体梯形，最后成垛。整个垛形成立体梯形状。一般适用于两类货物：

（1）露天存放、无包装的大宗货物，例如煤炭、矿石、沙石等；
（2）仓库内少量存放的散装货物，例如谷物、碎料等。

利用散堆法进行作业时，要注意以下两个问题：

（1）因为散货具有流动性、散落性，堆货时不能堆到太近垛位四边，以免散落使货物超出预定货位。
（2）不能采用"先堆高，后平垛"的方法，以避免堆超高时压坏场地地面。

2. 货架方式

货物货架存放方式是指采用通用或专用货架进行货位堆码的方式。作业时需要橱柜架、悬臂架、U形架、多层平面货架、托盘货架、多层立体货架等专用货架设备。这种方式一般适用于下列货物：

（1）小件货物，品种规格复杂、数量较少；
（2）包装简易、脆弱，易损毁，不便于堆垛的货物；
（3）价值较高，需经常查数的货物。

3. 成组方式

货物成组存放方式是指采用成组工具使货物堆存单元扩大的方式。常用成组工具包括货板、托盘、网络等，成组垛码一般每垛 3～4 层。优点是提高仓储利用率和货物流转、实现货物安全搬运和堆存等。

4. 堆垛方式

货物堆垛存放方式是指对有包装的、长件、大件物品进行堆码的方式。堆垛法的特点是可充分利用仓容、货垛整齐、方便作业、利于保管。一般适用于裸装计件货物，也可用于包装货物，包括箱、桶、袋、捆等方式。常见的堆垛法如表 4-28 所示（参见图 4-17～图 4-22）。

表 4-28　　　　　　　　　　常见货物堆垛法方式

堆垛法	适用货物	堆垛操作	特点
重叠式（直堆法）	袋装货物，箱装货物，平板、片式货物	逐渐逐层向上重叠堆码，用一件货物压着另一件货物。堆积到一定层数（例如5层）时，或者改变方向继续上堆，或者长宽各减少一件货物继续上堆	方便作业 稳定性差
纵横交错式	管材、捆装、长箱装	每层货物均改变方向向上堆放	稳定性强 不便于操作

续表

堆垛法	适用货物	堆垛操作	特　点
俯仰相间式	上下两面具有大小判别凹凸的货物，例如槽钢、钢轨	一层货物仰放，另一层货物方面伏放，俯仰相间相扣	稳定性极强 不便于操作
压缝式	箱装货物	底层并排摆放，上层放在下层两件货物之间。若两层货物不改变方向，则形成梯形形状；若每层都改变方向，则形成综合交错式	稳定性强
通风式	通风量较大的货物	每件相邻货物之间都留有空隙，便于通风。层与层之间采用压缝式或纵横交叉式	稳定性强
栽柱式	棒材、钢管、长条状货物	在货垛两侧栽上木桩或钢棒，例如U形货架，将货物平码在桩与柱之间，几层后用铁丝将相对两边的柱拴连，再向上摆放货物	对管状长条型货物操作方便
衬垫式	不规则且较重货物，例如无包装电机、水泵	码垛时隔（几）层铺放衬垫物，衬垫物平整牢靠	
直立式	适用于不能侧压的货物，例如玻璃、毛毡、油桶、塑料桶	货物保持垂直方向码放	

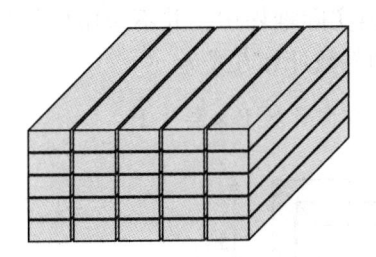

图 4-17　重叠式堆垛法

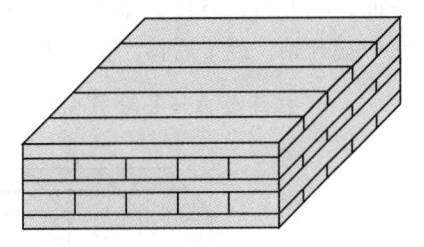

图 4-18　纵横交错式堆垛法

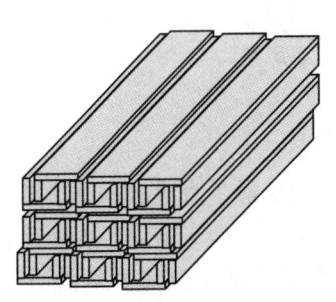

图 4-19　俯仰相间式堆垛法

图 4-20　压缝式堆垛法

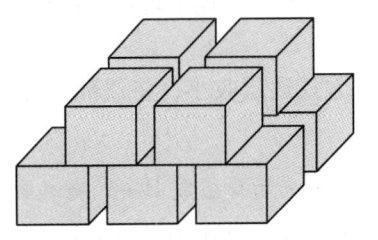

图 4-21　通风式堆垛法

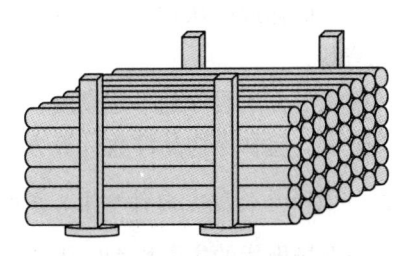

图 4-22　载柱式堆垛法

（三）货物堆码设计

1. 垛基设计

垛基是指货垛的基础。具有以下作用：

（1）承受整个货垛的重量；

（2）将货物与地面间隔，防水、防潮、通风；

（3）垛基空间有利于搬运作业。

垛基的设计与建立具有以下要求，即：

（1）垛基能够将货物的重量均匀传递给地面；

（2）确保良好的防水、防潮、通风功效；

（3）确保垛基上的货物不发生变形。

2. 垛形设计

垛形是指货物码放的外部轮廓形状。在码垛时，基本要求是合理定量、牢固整齐、节约方便等。主要的垛形包括平台垛、起脊垛、梯形垛、行列垛、井形垛、梅花形垛等。

（1）平台垛。

先在底层以同一方向平铺一层货物，然后垂直向上堆积，每层货物的件数和方向相同，垛顶呈现平面，垛形为长方体，如图 4-23 所示。但实际堆垛中，并不采用层层加码的方式，一般从一端开始，逐步后移。标准平台垛的货物件数计算方式为

总件数 A = 长度方向件数 L × 宽度方向件数 B × 层次 H

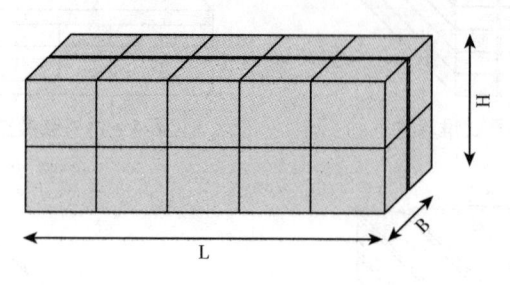

图 4-23 平台垛示意

平台垛适用于包装规格单一的大批量货物，包装规则能够垂直叠放的方形箱装货物，大袋货物，规则的软袋成组货物，托盘成组货物等。具有整齐、便于清点、占地面积小、作业方便的优点。但稳定性差，小包装、硬包装货物可能有货垛端头倒塌的危险（必要时需在两端采取加固措施，例如高度过高、长时间存放、端头两端置于通道处）；对于堆放高度很高的轻质货物，应在堆码达到一定高度后，向内收半件货物后再向上堆码，确保货垛稳固。

（2）起脊垛。

按照平台垛的方法码垛到一定高度，再以卡缝的方式逐层收小，将顶部收尖成屋脊形，如图 4-24 所示。起脊垛物品件数计算方式为

总件数 A = 长度方向件数 L × 宽度方向件数 B × 未起脊层数 H + 起脊件数

起脊垛是堆场堆货的主要垛型，因为货垛表面的防雨遮盖从中间起向下倾斜，便于雨水排泄，防止雨水淋湿货物；也适用于存在漏水现象的陈旧仓库或简陋建筑，以及仓库内怕水

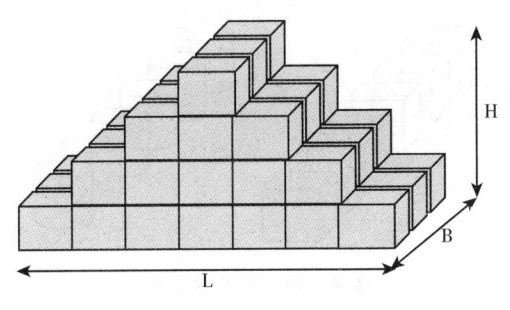

图 4-24 平台垛示意

的货物。

其优点是具有与平台垛相同的作业方便、占地面积小的优点。因为起脊垛是平台垛为了遮盖、排水的需要而产生的变形,所以适用平台垛的货物都可以采用起脊垛堆垛。其缺点是顶部压缝收小,形状不规则,顶部货物的清点不能在垛堆上完成;由于起脊的高度使货垛中间的压力大于两边,库场使用定额要以脊顶高度确定,避免中间低层货物或库场被损坏。

(3) 梯形垛。

在最底层以同一方向排放货物的基础上,向上逐层同方向减数压缝堆垛,垛顶呈平面,货垛呈上小下大的立体梯形形状。有时为了增强空间利用率,在堆放可直立的筐装、矮桶装货物时,底部数层采用平台垛方式,达到一定高度后采用梯形垛,如图 4-25 所示。每两层侧面(长度方向)收半件(压缝)的立体梯形垛件数计算方式为

$$总件数 A = \frac{(长度方向件数 L \times 2 - 层数 H + 1) \times 层数 H \times 宽度方向件数 B}{2}$$

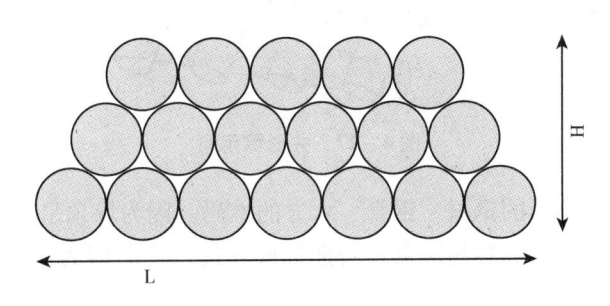

图 4-25 梯形垛示意

梯形垛适用于包装松软的袋装的货物;上层面为非平面、无法垂直叠码的货物,如横放桶装、卷形捆装货物;以及露天堆放或需排水的货物等。它具有稳定性极强、堆放高度较高的特点。

(4) 行列垛。

行列垛将每票货物按件排成行或列,每行或每列为一层或数层高,垛形呈长条形,如图 4-26 所示。它适用于存放批量较小的货物,例如零担货物,且每批货物独立开垛存放,避免混货。

行列垛具有方便作业的优点,因为长条形货垛使得每个货垛的端头都延伸到通道边,作

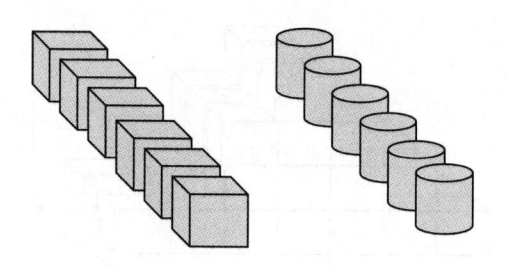

图 4-26　行列垛示意

业时不受其他货物阻挡。缺点是在货量较少时，每垛货物之间需留有空间，垛基小、垛高低，致使行列垛占场面积大，库场利用率低。

（5）井形垛。

井形垛堆码时首先以一个方向铺放一层货物，再以垂直的方向铺放第二层货物，货物之间横竖交错堆放，如图 4-27 所示。其物品件数计算方式为

$$总件数\ A = \frac{(纵方向件数\ L + 横方向件数\ B) \times 层数\ H}{2}$$

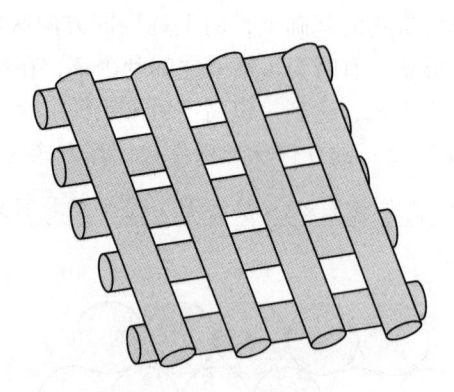

图 4-27　井形垛示意

井形垛适用于具有长形的钢材、钢管、木方的堆码。因为垛顶呈平面，所以具有稳定性强的优点。但缺点是层边货物容易滚落，需捆绑或收进；同时因为需要不断改变作业方向，所以不便于作业。

（6）梅花形垛。

对于需直立存放的大桶装货物，首先将第一排（列）货物成单排（列）排放，然后将第二排（列）的每件货物靠在第一排（列）的两件之间卡位，再将第三排（列）同第一排（列）同样摆放，之后每排（列）依次卡缝排放，形成梅花形垛。对于能够多层堆码的桶装货物，在堆放第二层以上货物时，将每件货物压在下层的三件货物之间，四边各收半件，形成立体梅花形垛，如图 4-28 所示。由于物品摆放紧凑，充分利用货物之间的空隙，因此具有节约库场面积的优点。其物品件数计算方式为

$$总件数\ A = \frac{(横方向件数\ B \times 2 - 1) \times 长度方向件数\ L}{2}$$

图 4-28 梅花形垛示意

3. 货垛参数

货垛参数主要包括长、宽、高，以及其外形尺寸。长宽高决定了货垛的大小，货垛尺寸不宜过大。一般而言，包装成件的货物其垛长应为包装长度或宽度的整倍数；垛宽一般定为两个或五个单位包装的尺度；垛高根据库房高度、承载能力、搬运方式、货物的特性等确定。

（四）货物堆码的相关计算

1. 库房最大负荷量

库房最大负荷量是指每单位面积能够负荷的最大货物重量，单位为千克/平方米。

$$\frac{每件面积 \times 每平方米件数 \times 每件毛重 \times 垛层数}{1 平方米} \leq 库房每平方米负荷$$

2. 堆码强度及其安全系数

堆码强度是指仓库存储的瓦楞纸箱包装在静态压力之下堆垛，即将坍塌之前所能承受的载荷，可以通过实验或计算获得。

$$堆码载荷 P_w = \frac{箱体堆码高度 H(厘米) - h}{瓦楞纸箱外部高度 h(厘米)} \times 瓦楞纸箱疲劳系数(与堆码时间有关) \times 货物全重 W(千克)$$

其中 $\frac{H-h}{h}$ 表示底层之上的层数，取整数；疲劳系数与堆码时间的关系如表 4-29 所示。

表 4-29　　　　　　　　　　疲劳系数与堆码时间关系

堆码时间（天）	疲劳系数
<30	1.6
30~100	1.65
>100	2

堆码强度的安全系数是指瓦楞纸箱在实际的堆码情况下所具有的安全程度，即纸箱的抗压强度（瞬间动态使纸箱损坏的负荷）与堆码强度（纸箱持久静态能承受的负荷）的比值，即

$$安全系数 K = \frac{空箱抗压强度 P(千克)}{最大堆码负荷 P_s(千克)}$$

其中，最大堆码负荷是指最下层纸箱所承受的负荷，即

$$最大堆码负荷 P_s(千克) = 单个纸箱重量 G(千克) \times (最大堆码层数 N_{max} - 1)$$

实践证明，安全系数一般为 2~5。安全系数一般取决于堆码时间、堆码尺寸、印刷方式、箱体开孔状况、产品特性、环境条件、装运次数、作业情况等，即

$$安全系数 K = \frac{1}{(1-箱体开孔强度降低率 \alpha)(1-运输过程强度降低率 \beta)(1-仓储过程强度自然降低率 \gamma)}$$

其中 $\alpha \in [0.1, 0.2]$，$\beta = 0.2$，$\gamma \in [0.3, 0.5]$。

（五）垫垛与苫盖

1. 垫垛

垫垛，或称垫底、下垫，是指在货物堆码之前，按照垛形大小重量，在货垛底部放置铺垫材料。其目的是使货垛底部货物与地面隔离并垫高，防止地面潮气、积水浸湿，便于通风、分散压力等。

常用的垫底材料有露天材料（枕木、水泥块、花岗岩等）和库房材料（垫板、垫架、花岗石等），前者适用于长度大于 50 米的场地，后者适合用于长度为 30 米左右的场地。

库房货垛垫底一般应使用垫板、垫架垫高货物 20 厘米以上防潮，或使用防潮纸、塑料薄膜等。露天货垛垫底一般先夯实平整地面、挖沟排水，再用枕木石块等作为垫底材料，高度超过 40 厘米。

垫垛时，衬垫物既要考虑将压力分散在仓库地坪载荷限度之外，又要考虑耗材成本，一般计算方法为

$$衬垫物数量 n = \frac{物品重量 Q_m}{衬垫物长度 L \times 衬垫物宽度 W \times 仓库地坪承载能力 Q - 衬垫物(单位)自重 Q_{自}}$$

2. 苫盖

苫盖是指货垛的苫盖物。露天场地的货物一般都需苫盖，以避免日照、雨淋、潮气、风蚀等危害。库房内货物苫盖可以遮光、防尘、隔潮等。一般的苫盖材料包括篷布、塑料布、芦席、草帘、油毡、塑料薄膜、铁/铝皮、玻璃钢等。一般的苫盖方法包括就地苫盖法、鱼鳞式苫盖法、活动棚苫盖法等，且苫盖物下端应超过地面 10 毫米以上。

就地苫盖法是指直接将大面积苫盖材料覆盖在货垛上。方法简单，但不利于通风。

鱼鳞式苫盖法是指将苫盖材料从货垛底部开始、自上而下呈鱼鳞状逐层覆盖。利于通风，但需每层固定。

活动棚苫盖法是指将苫盖材料制作成一定形状的棚架，遮盖在货垛上。方法简单、快捷，利于通风，但成本高、棚架本身占有一定面积。

五、盘点作业

盘点是指为了有效控制货物的数量，对各储存场所进行数量清点的作业，以防止货物因

不断进/出库、长期积累造成的库存数量与实际数量不符，或因货物存放时间过久、方法不当致使品质机能受损等。

（一）盘点作业的目的

1. 查清货物的实际库存量

通过盘点作业清查实际库存量与账面数量因众多原因造成的数量不符问题，这些原因包括收发中记录库存数量是多记、误记、漏记，作业时商品的损坏、遗失，验收出货时的清点有误，盘点时的误盘、重盘、漏盘等。

2. 核算企业资产的损益

库存货物总金额直接反映企业流动资产的使用情况，库存量过高，流动资金的正常运转将受到威胁，而库存金额又与库存量及其单价成正比，盘点就可以准确地计算出企业的实际损益。

3. 发现货物管理中存在的问题

通过盘点可以查明盈亏原因，发现作业与管理中存在的问题，并采取相应的措施，提高库存管理水平，减少损失。

（二）盘点作业的流程

盘点作业一般分为盘点准备、盘点实施、盘后管理三个阶段，如图 4-29 所示。

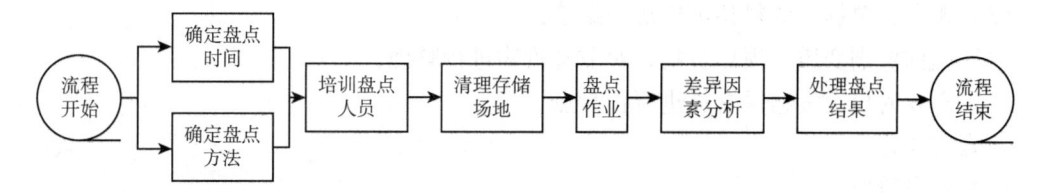

图 4-29 盘点作业流程

1. 准备工作

（1）建立明确的盘点程序方法；

（2）配合会计决算进行盘点；

（3）选择训练有素的盘点、复盘、监盘人员；

（4）相关人员必须熟悉盘点使用的表单；

（5）事先印制盘点时使用的表格；

（6）库存资料必须确实结清。

2. 确定时间

盘点次数的增多，虽然可以保证物账相符，但是也会耗费过多的人力、物力、财力，大型盘点甚至还会影响生产的有序进行。引起盘点盈亏结果的关键原因在于出/入库过程中发生的错误，频繁的出/入库会引起更大的误差。盘点时间的确定，可以采用以下原则：

（1）防止盘点时间过长，对企业造成损失；

（2）考虑配送中的资源有限、货物流动速度快的问题；

（3）尽可能在投入较少资源的同时，加强库存控制；

（4）依据货物不同的特性、价值、流动速度、重要程度确定盘点时间；

（5）合理确定盘点频率，包括按每天、每周、每月、每年一次等；

（6）盘点日期一般选择在财务结算前夕或淡季进行，前者可以通过盘点计算损益、查清财务状况；后者因储货少、业务轻，投入资源少、人员调动方便，容易盘点。

3. 确定方法

在确保盘点货物不发生混淆的情况下，依据不同需求，确定合理的盘点方法。

4. 人员培训

盘点时应依据具体情况，由各部门增派人员协助作业，这些人员应该进行短期培训，以便最大程度发挥其功能。

（1）对全部人员进行盘点方法训练。包括对盘点程序的了解、盘点表格的填写等。

（2）对复盘与监盘人员进行认识货品的训练。复盘、监盘人员对货物不熟悉，需加强了解认识。

5. 清理现场

为了提高盘点的效率，以及盘点结果的准确性，在开始作业之前必须对盘点现场进行清理，即：

（1）盘点作业开始之前，必须对货物进行整理归位，与未验收货物分开，避免混淆；

（2）盘点场关闭之前，通知相关部门，完成需出库货物的相关作业；

（3）账卡、单据、资料整理后统一结清；

（4）提前鉴别变质、损坏货物，对散乱货物进行整理；

（5）必要时可由货物保管员进行预盘点。

6. 盘点工作

（1）预盘阶段。

由于生产现场仍有在制产品，因此预盘工作应从仓库人员扩大至生产现场。一般情况下，所有的半成品、余料、成品都应该在盘点前回缴仓库，但有时因特殊情况需要，这些物品仍留在现场等待盘点。同时在托外工厂进行加工的料品，也应列入盘点范围。预盘结束后应填写预盘明细表，如表4-30所示。

表4-30　　　　　　　　　　　　预盘明细表

品类：				预盘期：	年　月
前期		本期		本期应有	
料号	品名规格	单位	盘存量	入库量	出库量	盘存量

（2）复盘阶段。

复盘工作是根据预盘阶段的盘点单进行复查，"盘点单"样表如表4-31所示。复盘一般采用"抽样"详查、盘查所有项的方法。作业时，复盘人员要求被盘人员逐项将料品卸下，深入清点，再计入实际情况，填写复盘单内的"复盘"字段。

复盘作业时，要求每一个料项都要"盘"到。每个若干料项，一定做到详盘，即要求预盘人员将该料项从储位上卸下，逐一细数，以确认其预盘的确实度。若发现在作业过程中出现较多的"未落实"情况，则要求重新预盘。

表 4-31　　　　　　　　　　　　　盘点单

物料盘点单			NO	
品类代号			简称	
料号				
品名				
规格				
计量			应有预盘量	
预盘	日期		盘点人	
	实盘量		盘盈/亏量	
复盘	日期		盘点人	
	实盘量		盘盈/亏量	
存料状态	□良　品 G □不良品 B □呆　料 D	备注		

（3）追查差异因素。

盘点作业会发现一段时间以来积累的作业误差、各种原因引起的账物不符等问题。对于账物不符，若差异超过允许误差，则应立即追查差异原因。

（4）处理盘盈盘亏。

针对追查出的差异原因，提出合理的处理方法，对于呆废品、不良品减少的部分应与盘亏一并处理。填写"货品盘点数量盈亏价目增减更正表"，其样表如表 4-32 所示。

表 4-32　　　　　　　　　　　　货品盘点数量盈亏价目增减更正表

货品编码	货品名称	单价	账面资料			盘点实价			数量盈亏				价目增减				差异因素	负责人	备注
			数量	单价	金额	数量	单价	金额	盘盈		盘亏		增加		减少				
									数量	金额	数量	金额	单价	金额	单价	金额			

（三）盘点评价指标

盘点结束后，应对库存管理的绩效进行评估，查找管理中的问题，包括以下指标，即

$$吞吐量 = 到库货物总量 + 出库货物总量$$

$$年平均库存量 = \frac{年初货物总量 + 年末货物总量}{2},$$

$$年末货物总量 = 年初货物总量 + 到库货物总量 - 出库货物总量$$

$$物质收发差错率 = \frac{全年错收错发货物量}{吞吐量} \times 100\%$$

$$物资损坏率 = \frac{损坏变质货物量}{年平均库存量} \times 100\%$$

（四）盘点作业的种类

盘点作业按照货物的全面性分为全面盘点和局部盘点；按照时间的固定性分为定期盘点和临时盘点；按照计划性分为月末盘点、循环盘点、月末账盘-季末实盘；按照对象性分为账面盘点和现货盘点，即通过确定账面盘点与现货盘点结果的一致性，可以得到正确无误的库存情况。

账面盘点，或称永续盘点，是指将每天入/出库货物的数量、单价记录在计算机或账簿上，通过不断累加计算出账面上的库存量与库存金额。

现货盘点，或称实地盘点、实盘，是指实地去点数调查仓库内的库存数，再按照货品单价计算出实际库存金额的方法。

（五）盘点作业的方法

1. 账面盘点法

账面盘点法是指将每一种货物分别设账，再详细记录其入/出库情况，非实地盘点时直接从计算机或账簿查询货物存量。适用于数量少、单价高的货物。

2. 现货盘点法（实地盘点法）

按照盘点时间频度不同分为期末盘点法和循环盘点法，二者区别如表4-33所示。

表4-33　期末盘点与循环盘点的区别

盘点内容	期末盘点	循环盘点
时机	期末、每年仅数次	日常、每日或每周一次
作业时间	长	短
作业人员	全员参加（或临时雇员）	专门人员
盘查情况	发现问题多、发现时间晚	发现问题少、发现时间早
对生产运营的影响	停业数日	无
对品项的管理	平等	重要货物：仔细管理 非重要货物：稍微管理
盘查原因追究	困难	容易

（1）期末盘点法。

期末盘点法是指在会计计算期末统一清点所有货物的数量的盘点方法。其特点是一次性清点所有货物工作量大、要求严格，一般以分区或分组方式进行，即将整个存储区划分为多个责任区，不同区域由专人专组负责点数、复核、监督，每组一人负责清点数量填写盘存单、一人复查数量登记结果，第三人核对前两次数量的一致性，若有问题则进行再次核查。盘点工作结束后，再与计算机或账册数目核对。

（2）循环盘点法。

循环盘点法是指每日、每周清点一部分货物，每个循环周期将所有货物至少清点一次。

对具有高价值或重要的货物检查次数多、监督严密，其他货物反之。循环盘点一次只对少量物品盘点，通常由保管员自行检查，按程序复核、调整。

就效果而言循环盘点针对性较强。但一般企业会将两种方法结合使用，日常采用循环盘点，长期采用一次期末盘点，可大幅度降低误差率。

六、订单处理作业

订单处理是指由接到客户订货开始，至准备着手拣货之间的作业阶段，包括有关客户、订单的资料确认、存货查询、单据处理、出货配发等。订单处理一般由人工或计算机资料处理设备两种处理方式，前者适用于少量订单，效率低下；后者适用于大量订单，效率高、成本低。

（一）接受订货的方式

随着科学技术与流通环境的发展，接受客户订货的方式由人工处理转向计算机处理的方式。

1. 传统订货方式

传统的订货方式都是以人工录入、人工传输为主要手段，效率相对低下。常见的传统订货方式的内容特点如表4-34所示。

表4-34　　　　　　　　　常见的传统订货方式

传统订货方式	工作内容	特　点
厂商铺货	供货商直接将货物放置车上，给每家送货，按缺量补货	适用于周转率快货物、新上市产品
厂商巡货、隔日送货	供货商巡货员于前一天至客户处巡查需补货物，隔天送货	厂商可利用巡货员为客户提供管理意见和市场信息； 利于将促销商品置于优势货架； 缺点：成本高；若厂家乱塞货则影响商家销售
电话口头订货	订货人员以电话方式向厂商订货	若同一商家每天订货多次，费时费力； 厂商订货管理部门会出现散乱现象
传真订阅	商家将缺货资料整理后，利用传真的方式传给厂商	资料传送速度快； 若资料传送品质不高，事后需再确认
邮寄订单	客户将订单、订货磁盘磁带邮寄至供货商	邮局的效率与品质不符合市场需求
客户自行取货	商家自行到厂商处看货补货	节省物流中心配送作业 个别取货会影响物流作业环节
业务员跑单接单	业务员至客户处推销产品，之后将订单带回或以电话形式告知厂商	利于推销产品

2. 电子订货方式

电子订货系统（electronic ordering system，EOS）是指不同组织间利用通信网络（VAN或Internet）和终端设备，以在线连接方式进行订货作业与订货信息交换的体系。电子订货就是通过电子订货系统完成相关的订货业务。狭义EOS是指零售商将订单传送至批发商、供货商为止的自动化订货系统。广义EOS是指从零售点下单开始，经批发商接单后，再经验货、对账、转账等步骤完成所有的商品交易动作为止。

利用电子订货系统进行作业，首先通过扫描器读取货架或订货簿条形码，然后将数据键入计算机或掌上终端设备，再通过通信网络将订货数据传送至订货作业处理部门，按照订货对象作供货商分单及必要的转换后，再通过通信网络将订单数据传至供货商接单系统进行处理。

（二）确认需求品项数量及日期

对订货资料项目进行检查，包括品名、数量、送货日期等是否存在遗漏、笔误等、不规范等现象。特别是存在送货时间有误、出货时间已延时等问题时，应及时与客户联系并确认。

（三）确认客户信用

及时查核客户财务状况，确定客户支付能力，检查客户应收账款是否超出其信用额度。一般由销售部门负责，或由运销部门协同负责。

（四）确认订单形态

尽管物流中心具有批发商整合、有效的物流信息处理能力，但仍需针对不同的客户与货物需求采取不同的交易方法与处理方式。

（五）确认订货价格

根据不同的客户（包括大盘、中盘、零售）、不同的货物订购量所对应的不同的售货价格，细心核价，防止出错。

（六）确认加工包装

对具有特殊包装、分装、贴标的货货，或是有关赠品的包装等资料进行详细记录。

（七）设定订单号码

每一订单都有由控制单位或成本单位指定的单独订单号，用于计算成本、制造、配送等一系列工作。所有的工作说明和进度报告必须附有此号。

（八）建立客户档案

建立详细客户档案的目的在于易于交易进行、益于增加合作机会。它包括订单处理所需的、与物流作业相关的各类资料。

（九）存货查询与按订单分配存货

1. 存货查询

存货查询流程一般称为事先拣货（prepicking the order），即指在于确认是否有效库存能够满足客户需求。

存货档案资料一般包括品项名称、SKU（stock keeping unit）号码（产品库存编号）、产品描述、库存量、已分配存货、有效存货、期望进货时间。

2. 分配存货

订单资料正确输入系统之后，需要将大量的订货资料分类汇总、调拨存库。存货的分配模式分为单一订单分配与批次分配。

（十）计算拣取的标准时间

对每一订单或每批货物的拣取标准时间进行计算，有利于合理安排出货时程。

步骤一：计算每一单元（一栈板、一纸箱、一件）的拣取标准时间，将其设定为计算机记录标准时间档。

步骤二：根据单元的拣取标准时间，依据每品项订购数量（单元数），再配合每品项的寻找时间，计算每品项拣取标准时间。

步骤三：根据每一订单或每批货物的订货品项，以及纸上作业时间，计算整张或整批订单的拣取标准时间。

（十一）按订单排定出货时程与拣货顺序

通过客户需求、拣取标准时间、内部工作负荷拟订已分配存货订单的出货时程与拣货顺序。

（十二）分配后存货不足的处理

当现有存货方式不能满足客户需求、客户不愿意替代品替代时，根据客户意愿与公司政策决定应对方式。

（十三）订单资料处理输出

1. 拣货单（出库单）

拣货单用于提供商品出库指示资料，它是拣货的依据。

根据物流中心拣货策略与拣货作业方式设计拣货资料，提供详细的、有效的拣货信息，配合拣货进行。

2. 送货单

送货单在货物交货配送时交给客户清点签收。

送货单应具有正确性与明确性，用于交给客户签收、确认出货资料，应确保送货单资料与实际送货资料相符。

七、拣货作业

拣货作业是指基于在接受订单的商业活动中，将客户订单中订购的不同种类、数量的商品由物流中心库存储位提取出来的活动。

（一）拣货作业的目的

接货作业的目的在于迅速正确地集合客户所订购商品。

（二）拣货作业的功能

1. 降低物流成本：物流成本包括配送、搬运、储存等项目，拣货成本在其中占有较大份额。

2. 节约人力资源，提高运作效率：目前大多数物流中心仍是劳动密集型企业，拣货人员比重超过50%，拣货作业时间投入占整个物流中心的30%~40%。

（三）拣货单位

拣货单位分为栈板、箱、单品三种。栈板的体积重量最大，其次为箱，再次为单品。

拣货单位的确定，是根据订单分析的结果而定，即若订货的最小单位是箱，则不需以单品为拣货单位。库存的每一货物都必须做此分析，以判定拣货单位。特殊情况，有的货物可能需要两种或以上拣货单位，需特殊考虑。

（四）拣货策略

1. 两种基本的拣货策略

（1）订单拣取（single order pick）。

订单拣取是一种较传统的作业方式，是指作业员针对每一订单，将客户订购的货物逐一

从仓库中挑出的方式。其优点为:
① 方法简单,前置时间短,导入容易、弹性大;
② 责任明确,派工公平简单;
③ 拣货后不再进行分类作业。
其缺点为:
① 货物品项较多时,拣货行走路径长、效率低;
② 拣货区域大,搬运系统设计困难。
订单拣取的方式具有较大的弹性,适用于大量订单处理,以及更容易调整临时性产能,适合客户少订量多、所订货物种类差异大、订单数量变化频繁、具有季节性趋势、货物外形体积变化大、货物特性差异大、分类作业困难的物流中心。

（2）批量拣取（batch pick）。
批量拣取是指将多张订单集合成一个批次,按照货物类别将数量加总并进行拣取,之后再按照客户订单分类处理的方式。其优点是可缩短拣取路径距离、增加单位时间拣货量。缺点为:
① 必须等待多份订单的积累,有停滞生产时间的可能;
② 需对订单状况作分析,并决定适当的批量;
③ 系统化、自动化后产能调整能力小。
批量拣取适用于订单数量较大的系统,以及订单数量变化小、货物外形体积规则的物流中心。

2. 由两种基本策略引申出的其他拣货策略
（1）复合拣取（compound pick）。
复合拣取是指将订单拣取与批量拣取相结合方式,根据订单品项和数量决定这两种基本策略的选取。
（2）分类式拣取（sort pick）。
分类式拣取是指一次处理多张订单,在拣取的同时将货物按照客户订单分类放置的方式。可避免拣取后再分类,适用于单张订单量不大的货物。
（3）分区/不分区拣取（zoning/no zoning pick）。
分区/不分区拣取是在订单拣取或批量拣取作业时的一种配合策略。
分区拣取（zoning pick）是指在对存储区域分析了解的情况下,将拣取作业场地合理划分为多个区域,每一个作业人员在固定的区域内完成作业,如图4-30所示。可分为拣货单位分区、拣货方式分区、工作分区的方式。

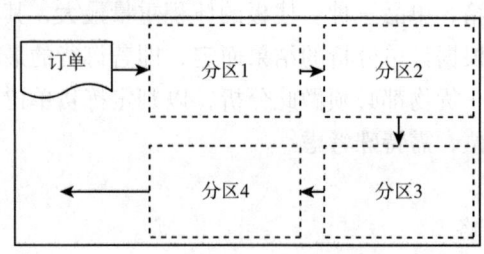

图4-30 分区拣取示意

不分区拣取（no zoning pick）是指作业人员在统一的一个作业场地同时进行拣取作业。

（4）接力拣取（relay pick）。

接力拣取类似于分区拣取，是指拣货员只负责拣货单中自己所负责的产品项目或料架，完成后以接力的方式将货单交给下一位拣货员。

（5）订单分割拣取（order partition pick）。

订单分割拣取是指在结合分区拣货策略的同时，将订单分割成若干个子订单，由不同的拣货员同时按照子货单进行拣货作业，如图4-31所示。适用于货物品项较多的单张订单，或期望设计一个具有快速处理能力的拣货系统。

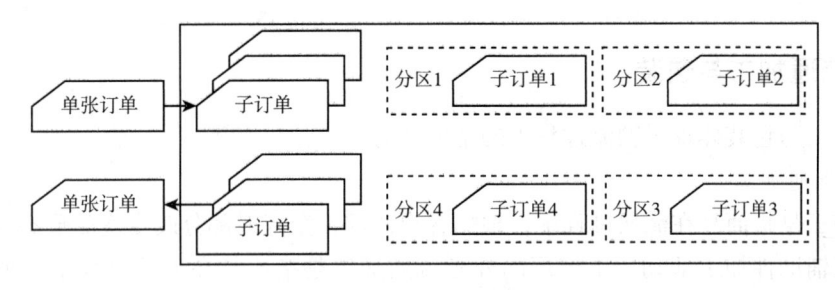

图4-31 订单分割拣取示意

不同的拣货策略需要有不同的存储策略配合，如表4-35所示。

表4-35 拣货策略与存储策略的配合

存储策略	定位存储	随机存储	分类存储	分类随机存储
订单拣取（分区）	√	×	√	△
订单拣取（不分区）	√	×	√	×
批量拣取（分区）	√	△	√	√
批量拣取（不分区）	√	×	√	√
分类式拣取（分区）	√	×	√	√
分类式拣取（不分区）	√	×	√	△
接力式拣取	√	×	√	△
订单分割拣取	√	√	√	√

合适√　一般△　不合适×

（五）拣货模式

根据货物包装单元，存储单位包括栈板、箱、单品，针对不同的单元有不同的拣货模式。一般的拣货模式如表4-36所示。

表4-36 拣货出库模式

模式	存储单位	拣货单位	记录
Ⅰ	栈板	栈板	P→P
Ⅱ	栈板	栈板+箱	P→P+C

续表

模式	存储单位	拣货单位	记录
Ⅲ	栈板	箱	P→C
Ⅳ	箱	箱	C→C
Ⅴ	箱	箱+单品	C→C+B
Ⅵ	箱	单品	C→B
Ⅶ	单品	单品	B→B

注：栈板（Pallet, P）；箱（Case, C）；（散装）单品（Bulk, B）。

八、流通加工与包装

流通加工与包装体现了物流过程中的增值能力。

（一）流通加工

流通加工是指商品在流通过程中，根据客户需求，全部或部分改变商品形态或包装形式的一种生产辅助性加工活动。生产厂的外延流通加工是指成品在流通过程中，根据客户需求，对商品进行的加工活动，例如平板玻璃按照客户需求的再裁剪等。

1. 流通加工的内容

以市场营销的观点，流通加工提高了商品的附加价值、促进商品差别化，其主要内容包括装袋、定量化小包装、挂牌、贴标签、配货、挑选、混装、刷标记、商品检验等。

2. 流通加工的作用

（1）提高原材料利用率。

在下料环节中实行集中下料、供应成才的方法，做到优才优用、大材大用、合理套裁，以提高原材料的利用率，降低产品原材料耗费。

（2）方便客户使用。

对企业生产所需的、种类众多的原材料，按照客户需求进行初级加工，使用户省去初级加工成本。特别针对没有初级加工能力或是具有初级加工能力但经济成本不合算的企业。

（3）提高加工效率与设备利用率。

利用高效率、加工量大、技术先进的机械设备，可以在保证加工质量的同时，提高设备的利用率和加工效率。

（4）促使物流更加合理。

改变商品的形态与包装，有利于组织配送，提高物流效益。

（二）包装

包装是指在流通过程中保护产品、方便运输、促进销售，按照一定技术方法而采用的容器、材料和辅助物等的总体名称。

1. 包装的分类

（1）商业包装。

商业包装的目的在于便于消费者购买、利于在消费地点按照单位将商品分开销售、显示商品特点、吸引购买者注意，从而扩大商品的销售。

（2）工业包装。

工业包装是按照单位分开商品，便于运输，保护在途货物。

2. 包装的作用

（1）保护作用。

保护作用是指保护被包装的商品，防止诸如浪费、渗透、损耗、偷盗、散落、收缩、变色等损坏与风险。这是包装的最重要的作用。

（2）提供方便。

方便商品的制造者、营销者、购买者将商品从一个地方搬运至另一个所需的地方。

（3）商品辨别。

通过包装标记可以清晰地帮助消费者了解商品的名称、型号、数量、生产商、零售商等信息，也有利于库房管理员准确找到商品。

（4）促进销售。

良好的包装可以提高消费者的购买兴趣，其本身就是一种有吸引力的广告，并且相对专业广告制作成本要低得多。

3. 包装容器

常见的包装容器包括包装袋、包装盒、包装箱、包装瓶、包装罐、包装筒等，其特性及适用商品如表4-37所示。

表4-37　　　　　　　　　　　常见包装容器

包装容器	特　点	适用商品
包装袋	柔性包装材料，高韧性、强抗拉、高耐磨性 筒管状结构 三类：集装袋、一般运输包装袋、小型/普通包装袋	运输包装、商业包装、内/外装
包装盒	介于柔性与刚性之间的包装材料 不易变形，抗压性好 整体强度小、包装量小 呈立方体、圆盒状、尖角状等 容量小，有开闭装置 类别：瓦楞纸箱、木箱、塑料箱、集装箱等	商业包装、内包装、块状及异形物品
包装箱	刚性/半刚性包装材料 整体强度高、不易变形 容积、外形大于包装盒（两者以10L为界）	固体杂货
包装瓶	刚性包装材料 瓶口尺寸有较大区别 抗变形能力强、具有形状恢复功能 体积较小 类别：圆瓶、方瓶、高瓶、矮瓶、异形瓶等	商业包装、内包，液体、粉状货物
包装罐/筒	刚性包装材料 高强度、高抗变形能力	运输包装

4. 包装的保护

包装的保护技术一般包括防震、防破损、防锈蚀、防霉腐、防虫，以及危险品包装和特种包装等，其特性及适用商品如表4-38所示。

表4-38　　　　　　　　　　　常见包装保护技术

包装保护技术	特　点	适用商品
防震包装（缓冲包装）	防止货物遭受损坏、减少外力影响； 类别：全面防震、部分防震、悬浮防震等	各类商品
防破损	防止货物受到各种力的作用而损坏； 类别：捆扎及裹紧技术、集装技术、选择高强保护材料	各类商品
防锈蚀	锈油防锈蚀包装：将金属表面保护起来，防止其与大气接触引起锈蚀； 气相防锈蚀包装：利用气相缓蚀剂，在密封包装器中对金属制品进行防锈蚀	易锈蚀商品
防霉腐	防止食物、碳水化合物等商品在遇潮湿等情况下生长霉菌，使商品腐烂、发霉、变质； 常用方法：冷冻包装、真空包装、高温灭菌等	易生霉菌商品、食物、碳水化合物
防虫	利用有毒性和臭味的药物杀灭驱除各类害虫； 常用驱虫剂：茶、对位二氯化苯、樟脑精等； 常用方法：真空包装、充气包装、脱氧包装等	各类商品
危险品包装	交通运输部门、公安部门规定的危险品； 爆炸性物品、氧化剂、压缩气体和液化气体、自燃物品、遇水燃烧物品、易燃固/液体、毒害品、腐蚀性物品、放射性物品等	各类易燃易爆、有毒有害物品
特种包装	常用方法：充气包装、真空包装、收缩包装、拉伸包装、脱氧包装等	需要特种包装的商品

第三节　出库管理

出库管理，或称出库作业、发货作业是指仓库根据货主开出的出库凭证，包括出库单、仓单，其中所注明的货物名称、规格、数量、收货单位、出库方式等项目，进行审核凭证、备货、复核、出库交接、销账存档等一系列作业活动。它是仓储业务流程的最后一个环节。

一、出库管理的依据与要求

货物出库必须依据货主的出库通知单或出库请求，坚决禁止凭信誉或无正式手续发货。货物在出库时有以下要求：

（1）按程序和凭证出库：仓库货物必须按规定、依凭证出货，凭证真实有效，出货秩序条理。

（2）坚持"先进先出"原则：根据货物入库时间，先入库货物先出库，保持货物质量完好。在必要时，保证条件差、易变质、有期限的货物先出库。

（3）及时记账：货物发出后，随即在货物保管账上注销，存好发货凭证。

（4）保证安全：保证作业、运输、货物质量安全，作业时不损坏货物，运输时捆绑好货物，禁止变质过期货物出库。

二、货物出库前准备工作

(1) 确定出仓货物：在进出仓库业务通告栏里写清出仓货物的信息，包括货物的名称、规格、数量、货位、货号、发往时间、地点等。

(2) 查找货物：依据入库单所写的入库凭证号码，核对储存凭证，以储存凭证上列出的货位、货号查找货物。核对提货单、存储凭证、货物号，做好出仓标记，确保单货相符。

(3) 确定货物拆卸方法：货物的拆卸方法由保管员与装卸人员协商完成，若有歧义，以保管员为主。

(4) 理货标示：有理货条件的仓库，对出库货物按照货物的去向、报关单运至理货现场完成理货，进行相关标示，利于车辆装卸。

(5) 货物包装：依据运输部门的要求对发往外地的货物进行包装。

(6) 涂写标志：具有装箱、拼箱、改装业务的仓库，发货前依据运输部门要求，刷写包装标志、标签等。

货物出库前准备作业组织流程如图 4-32 所示。

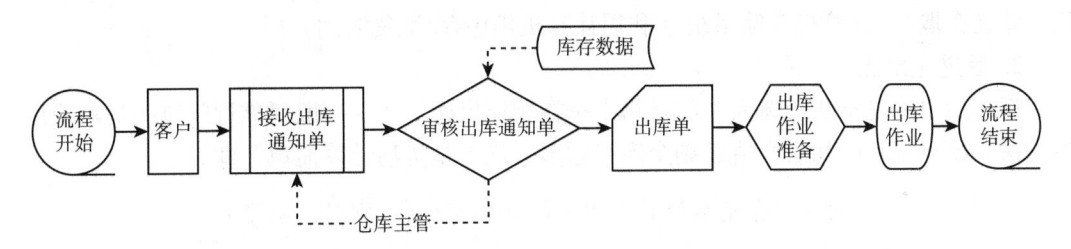

图 4-32　出库准备作业工作组织流程

三、货物出库方式

出库方式是指仓库将货物交给收货人的方式。

(一) 货物出库的运送方式

1. 送货

送货制是指仓库根据货主的出库通知单或出库申请，使用自有车辆或交由运输部门，将应发货物送到收货地点的发货形式。

这种方式利于仓库安排作业，发货时间短，收货人取货方便，运输工具选择的自主性大，节省运费。

2. 自提

提货制是指由收货人或其代理人持取货凭证，直接到仓库取货，仓库凭单发货。发货人与提货人可以在仓库现场划清交接责任、办理交接手续。

3. 转仓

转仓是指货主为了业务方便或改变存储条件，将某批库存从一个仓库转移至另一个仓库。仓库必须依据货主单位开具的正式转仓单办理相关手续。

4. 取样

取样是指由于商检或样品陈列需要，到仓库提开箱拆包、分割提取货样。取样必须由相应凭证，完成后做好登记。

5. 过户

过户是指货物在未出库的情况下，所有权已经从原货主转移到新货主的一种就地划拨的形式。仓库必须根据原货主开具的正式过户凭证办理相关手续。

6. 托运

托运是指由仓库物料会计依据货主事先送来的发货凭证转开仓存储发货单或备货单，交仓库保管员做好物料的配送、包装、集中、理货、待运等准备作业。这是一种较普遍的货物发送方式，适用于距离远、数量大的货物。

（二）货物出库的统筹

1. 先进先出法

先进先出法是指先入库的货物在需要时优先发货。通常的措施包括贯通式货架系统（货架的每层形成一个通道，一端进货，一端出货）、"双仓法"存储（给货物准备两个货位，轮换取货）、计算机存储系统（利用计算机排序存/取货时间）。

2. 后进先出法

后进后出法是指从最新入库的货物中选择相应出库货物。一般对靠近门口的货物采用这类方法。缺点是长时间后会造成剩余库存增多；优点是货物计算简单，即

$$现有库存量 = 前日余额 + （本日进货量 - 本日出货量）$$

3. 限额发料法

限额发料法是指仓库根据计划部门的物料消耗定额，在规定的数额内对生产车间、部门发料，超过规定数额以外，不经另行批准不得发料，工作流程如图4-33所示。

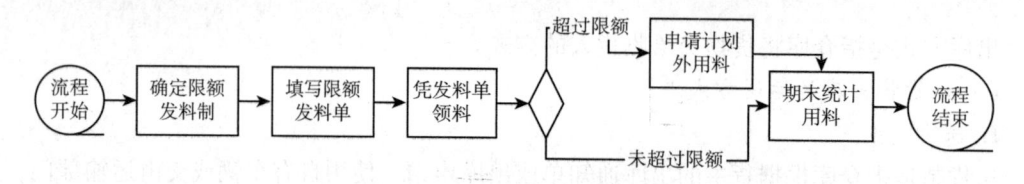

图4-33 限额发料工作流程

限额发料的作用主要体现在以下几个方面：

（1）监督消耗定额的执行，加强生产部门对物料消耗定额的管理；
（2）加强物料供应的计划性，有利于正确制订物料采购计划；
（3）利于物料管理部门做好发料前准备工作。

4. 需要量通知出库法

需要量通知出库法是指预先由使用负责人提出所需出库量的要求，仓库负责人在预定出库时间之前，将账簿数额整理妥当，有时需要把库存货物分拨出来以备出库。

5. 定量出库法

定量出库法是指预先规定每次出库的商品数量。

四、货物出库作业流程

货物出库作业流程如图 4-34 所示。

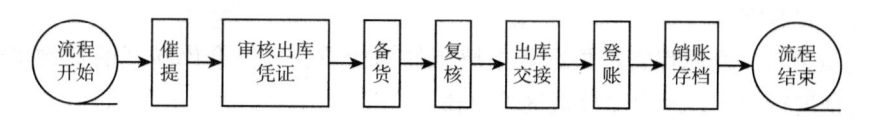

流程开始 → 催提 → 审核出库凭证 → 备货 → 复核 → 出库交接 → 登账 → 销账存档 → 流程结束

图 4-34 货物出库作业流程

（一）催提

催提是指仓库对即将到期的货物，直接向已知的提货人，或在不知提货人的情况下向存货人，以信件、传真、电话等方式发出提货通知。有合同约定的根据约定。时间进行催提，无约定时间的选择适于收货人准备的时间。

（二）审核出库凭证

按照相关规定对出库凭证进行审核，"出库单"样表如表 4-39 所示。

表 4-39　　　　　　　　　　　出库单

提货人名称：		储存凭证号：		出货仓库：		出库日期：		
品名	规格	单位	计划数	实发数	单价	包装押金	小计金额	
总计金额（人民币大写）：								
主管审批：		审核：		仓管员：		提货人：		

（三）备货

备货遵循"先进先出"的原则，将易霉易坏、临期货物先出货。出库准备一般包括拣选、补货、配货、加工、包装，以及准备货物质量证明书、装箱单、重量单、保险单等资料。进口商品附有海关证明、商品检验证、原产地证、外汇核销单等。备货的工作步骤如图 4-35 所示。

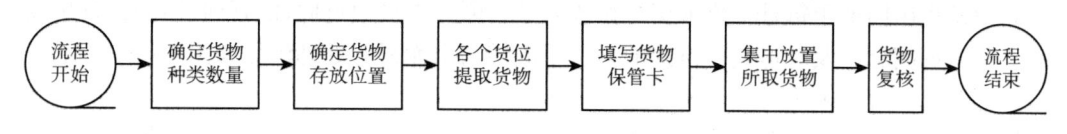

流程开始 → 确定货物种类数量 → 确定货物存放位置 → 各个货位提取货物 → 填写货物保管卡 → 集中放置所取货物 → 货物复核 → 流程结束

图 4-35 备货工作步骤

（四）复核

复核遵循"单货相符"的原则，出库物品的相关信息与出库凭证一致。

1. 复核内容

（1）三核对：核对单据、核对名称规格、核对数量质量。

（2）三齐全：配套齐全、证件齐全、随商品资料齐全。

（3）三不走：包装不好不走、数量质量不符不走、装卸不合安全规则不走。

（4）三清点：仓库保管员清点、库房负责人清点、押运员或收发员清点。

2. 复核方式

（1）托运复核：仓库保管员根据发货凭证，负责分配货物，理货员或其他保管员对货单逐项核对，并签字。

（2）提货复核：仓库保管员根据货主填制的提货单，以及仓库转开的货物出库单所列出的货物信息进行配货，并由复核员逐项复核。

（3）取样复核：仓库保管员根据货主填制的提货单，以及仓库转开的货物出库单配货，将货物样品当面交给提货人，并办理相关手续。

（五）点交

办理出库交接手续时，用户自提方式，将货物与证件向提货人当面点清；代运方式，办理内部手续，由货物保管员向运输员或包装部门的人员清点交接。

（六）登账

在出库单上填写实发数量、发货日期等，并签名。将出库单连同相关资料证件交给货主。

（七）销账存档

货物发出后，仓库保管业务结束，做好清理工作，并注销账目、料卡，标清已出库货物货位，以备后续货物使用。

（1）先登账后付货仓库：核单作业与登账作业相连，有账务员（业务会计）一次完成。

（2）先付货后登账仓库：先经保管员付货，再完成复核、放行环节后进行登账。账务员必须做好出库单、出门证的全面控制和回笼销号工作，防止单证遗失。

五、出库作业实务

（一）发货单证的流转

发货单证是指提货单，它是向仓库提取物料的正式凭证。

1. 提货方式下的提货单

财务人员收到提货单后，经审核无误，向提货人开出物料出门证。提货人员凭此证领取所提物料，之后再将提货单还回账务人员。提货人凭出门证提货出门，出门证交给大门守护员。守护员将出门证于每日下班前交给账务人员，账务人员通过此证与已收回的提货单逐一核对，若出现问题，及时追查。自提的提货单流转与出库财务处理流程如图4-36所示。

2. 送货方式下的提货单

提货单随同送货通知单经内部流转送至仓库后，一般不经账务人员，而直接送给理货员。理货员接到通知单后，经过理单、编写地区代码，送给保管员发货，待发货后再交给账务人员。

（二）发货常见问题及处理方式

1. 发货凭证问题

（1）凭证超过提货期限，必须办理相关手续后，才能以自提货的方式发货。

（2）货物进库未验收、期货未进库的发货凭证，一般暂缓发货，并通知供应商，待验货后再发货。

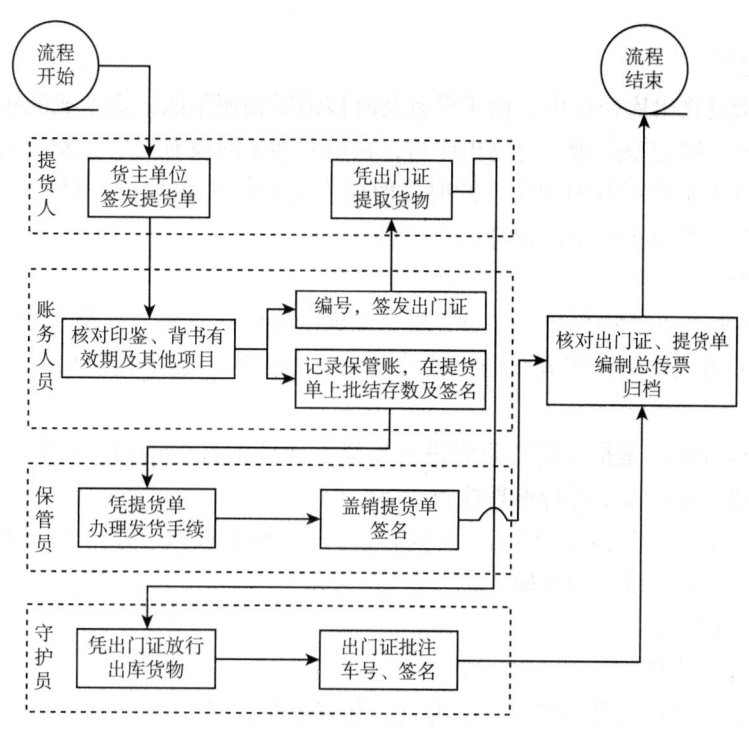

图 4-36 自提的提货单流转与出库财务处理流程

（3）发货凭证存在问题，包括疑点、复制、涂改等，应及时与仓库有关部门或用户单位联系。

（4）提货单规格开错，保管员不得自行调换，需重开相关票据。

（5）因客户关系遗失发货凭证，应及时与仓库联系并挂失；若挂失时货物已被提走，保管员不承担责任，但尽力协助货主调查并追回货物；若货物未提走，经保管员与账务人员查实后，做好挂失登记，将原凭证作废，缓期发货。

2. 发货数量与实有数量不符

认真分析原因，根据具体情况处理问题：

（1）入库错账：采用报入报出方式进行调整，即先按照账面数量开具发货单销账，再按照实际数量重新入库登账。

（2）单位漏记账而多开发货数：用户单位出具新提货单，重新组织提货发货。

（3）仓储过程损耗：考查损耗是否在合理范围之内，与用户协商，合理损耗由用户单位承担，合理范围之外的损耗由仓库承担。

3. 错发货

错发货是指仓储部门发货人员对物料种类不熟悉，或由于工作疏漏，将错误规格、数量的货物发出库的情况。若货物未出库，组织重新发货；若货物已出库，依据实际情况与用户协商处理方式。

4. 包装问题

包装破漏是指发货过程中，以货物外包装破散等情况引起的物料泄漏、裸露等问题。发货时更换包装。

5. 漏/错记账

漏记账是指货物出库作业中，由于没有及时核销货物明细账，而造成的账面数量与实存数量不符的现象。错记账是指在货物出库后，核销明细账时没有按实际发货出库的货物名称数量等登账，造成账实不符的现象。此时及时向有关部门汇报情况，根据出库凭证查明原因，调整保管账至其与实际库存相符。

（三）发货检查

发货检查的目的在于确保单证相符，进一步确认拣取作业是否有误，一般有三种方法：

（1）人工检查法，是指用人工的方式将货物逐个点数，逐一核对出货单，检验出货质量和出货状况。

（2）条码检查法，是指将货物条码进行扫描，计算机自行检测货物的货物的号码和数量是否存在问题，再由人工进行整理检查。

（3）重量计算法，是指把货单上的货物重量自动相加求和，称出发出货物总重量，将两种重量对比，检查发货是否正确。

（四）发货作业的排序

1. 作业排序的作用

（1）将订单、设备人员分配至工作地点，制订短期计划。

（2）确定订单执行顺序，建立工作优先级。

（3）进行订单调度，安排已经排序的具体作业。

（4）仓储作业现场控制。

2. 作业排序的规则

排序，或称优先调度排序，是指确定哪个集体工作，优先使用哪些设备、优先在哪个工作场地工作的过程。优先级规则是指作业排序时遵循的原则。作业排序的优先级规则如下：

（1）先到先做规则：根据单据到达的先后顺序进行仓储作业。

（2）最短作业时间规则：先完成所需时间最短的作业，按照时间递增，依次排序。

（3）要求完成期最早规则：最先完成要求时间最早的作业。

（4）最早开始时间规则：将开始时间最早的作业置于第一位。

$$最早开始时间 = 要求完成的时间 - 作业时间$$

（5）剩余松弛时间最短规则：将剩余松弛时间最短的作业置于第一位。

$$剩余松弛时间 = 现在到要求完前的剩余时间 - 剩余的作业时间$$

（6）关键比例规则：将关键比例最小的作业置于第一位。

$$关键比例 = \frac{完成时间 - 当前时间}{剩余的工作时间}$$

（7）排队比例规则：将排队比例最小的作业置于第一位。

$$排队比例 = \frac{计划剩余松弛时间}{计划剩余排队时间}$$

(8) 后到先做规则：将后到的作业单据的作业顺序，排在先到的作业单据之前。

(9) 随机排序/随机处理规则：作业现场管理人员和操作人员根据各自特点选择具体作业操作。

3. 优先调度技术

(1) 多个作业单台机器排序。

N 个作业——单机问题，简称 N/1，是指在静态排序情况下，一台机器在一段时间内完成很多作业。排序问题的理论难度的提高是随着机器数量的增加。对 N 的唯一约束条件：N 必须是确定的、有限的数字。实践证明，在 N/1 情况下，采用"最短作业时间规则"可产生最优解。

(2) 多个作业两台机器排序。

多个作业——两台机器排序问题是指在作业中，如果存在两个或两个以上的作业必须在两台机器上完成，则成为 N/2 流水操作。解决这个问题的最佳方案为"约翰逊规则/方法"，其作业步骤如图 4-37 所示，其目的是使得从第一个作业开始到最后一个作业结束的总流程时间最短。

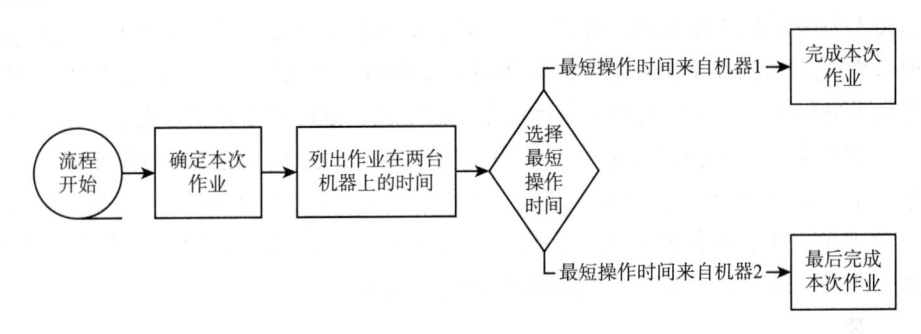

图 4-37 约翰逊规则工作步骤

(五) 定期移仓作业

定期移仓作业是指货物在仓库中存储若干批，每次进货时，由于储位的限制，必须移走最早进入仓库的旧货物。定期移仓的目的在于进行货物替换，有效防止滞料的形成。

六、问题货物的处理

对问题货物的处理，目的在于有效地推动企业滞存货物与问题货物的处理，以至物尽其用、物畅其流。各种问题货物产生的原因包括以下方面：

(1) 销售预测高于实际销售，造成储货过多；

(2) 订单取消过多；

(3) 货物品质不合标准；

(4) 仓库管理不力，致使货物变质；

(5) 请购不当等。

滞存是指存储期间超过有效期的、需专门处理的货物，由品质不符合标准、储存不当变质、滞后、超量等因素引起。引起滞存的原因有以下几个方面：

(1) 正常产品超过有效期后，仍未销售完毕；

（2）正常产品未超过有效期，但已变质；

（3）由销售渠道退回的货物，定为次级品。

本章小结

仓储流程管理是仓储经营管理的重要内容，本章对仓储业务流程的全过程进行了详细介绍，主要包括三方面的内容，即入库管理、在库管理和出库管理。

入库管理业务主要包括入库前准备、货物交接、货物验收等。货物的交接是入库作业的第一道环节，必须根据不同的接运方式，组织安排人员、设备进行接货，并处理好发生的各种问题。所有到库货物必须进行入库验收，货物的验收主要包括验收准备、核对凭证、实物验收三个作业环节，其中实物验收的主要内容是对货物进行数量检验和质量检验。货物验收完毕且合格后，办理相关入库手续，填写单据，并对货物进行登账、设卡、建档等工作。

在库管理业务主要包括货位管理、货物堆苫、货物盘点等。充分利用有效空间，合理安排货位，提高人力资源和设备资源的利用率，维护良好的存储环境，保证货物的质量和数量。合理科学地对货物进行堆码苫盖，提高仓容利用率和货物保管质量。通过货物盘点，对账、卡、货三方面数量进行核对，及时发现库存货物存在的问题，分析原因并采取措施保管好货物。

出库管理业务主要包括作业方式、常用方法、检查方法等。仓储发货是仓储存储业务的最后一个环节，发货主要通过托运、提货、送货、移仓、过户、取样等方式进行。利用先进先出法、后进先出法、限额发料法、需要量通知出库法、定量出库法等方法进行出库操作。通过人工、条码、重量计算等方法对出库货物进行检查。

习题

1. 简述仓储作业流程，以及货物的入库、在库、出库管理流程。
2. 什么是仓库理货，简述理货作业的内容。
3. 简述货物验收的方法。
4. 简述在库货物温度湿度控制方法。
5. 简述货物堆垛与苫垫的主要方式。
6. 简述货物盘点作业流程。
7. 简述货物拣取的分类。
8. 简述货物出库工作流程。

案例分析

案例：某外贸仓库作业基本环节

仓储管理工作的基本环节，即商品的入库验收、在库管理、出库复核。这三个环节称为

"三关"，做好这三个环节的工作叫做"把好三关"。

一、入库验收

商品入库验收是仓储工作的起点，也是分清仓库与货主或运输部门责任的界线，并为保管养护打下基础。

商品入库必须有存货单位的正式入库凭证（入库单或通知书），没有凭证的商品不能入库。存货单位应提前将凭证送交仓库，以便安排仓位和必要的准备工作。

商品交接，要按入库凭证，验收商品的品名、规格、数量、包装、质量等方面。一般来说，品名、规格、数量、包装验收容易，质量验收比较麻烦。《外贸仓储管理制度》规定：商品的内在质量和包装内的数量验收，由存货单位负责，仓库要给予积极协助。如果仓库有条件进行质量验收，经存货单位正式委托后，要认真负责地搞好质量验收，并作出验收记录。国务院批准的《仓储保管合同实施细则》规定：保管方的正常验收项目为：货物的品名、规格数量、外包装状况，以及无须开箱拆捆直观可见可辨的质量情况，包装内的货物品名、规格、数量、以外包装或货物上的标记为准；外包装或货物上无标记的，以供货方提供的验收资料为准。散装货物按国家有关规定或合同规定验收。质量验收牵涉到责任和赔偿的问题。由存货单位负责验收，仓库没有多大责任，不负责赔偿；如由保管方负责，那么，按《仓储保管合同实施细则》规定，保管方未按合同或本细则规定的项目、方法和期限验收或验收不准确，由此造成的经济损失，由保管方负责。合同规定按比例抽验的货物，保管方仅对抽验的那一部分货物的验收准确性以及由此造成所代表的那一批货物的实际经济损失负责，合同另有规定者除外。因此，仓库在与存货单位签订合同时，一定要明确质量验收问题。

在货物、商品验收过程中，如果发现品种、规格不符，件数或重量溢短，包装破损、潮霉、污染和其他问题时，应按《外贸仓储管理制度》规定，要详细作出书面记录，由仓库收货人员和承运单位有关人员共同签字，并及时报告主管领导和存货单位，以便研究处理。《仓储保管合同实施细则》是这样规定的：交接中发现问题，供货方在同一城镇的，保管方可以拒收；外埠或本埠港、站、机场或邮局到货，保管方应予接货，妥善暂存，并在有效的验收期内（国内到货不超过10天，国外到货不超过30天）通知存货方和供货方处理；运输等有关方面应提供证明。暂存期间所发生的一切损失和费用由责任方负责。

二、在库管理

仓储工作的第二个环节。商品验收入库以后，仓库就要对库存的商品承担起保管养护的责任。如果短少丢失，或者在合理储存期内由于保管不善，商品霉烂变质，仓库应负责赔偿。在库管理做好以下几项工作：

（1）必须记账登卡，做到账、货、卡相符。商品验收无误后，要及时记账、登卡、填写储存凭证，详细记明商品名称、等级、规格、批次、包装、件数、重量、运输工具及号码、单证号码、验收情况、存放地点、入库日期、存货单位等，做到账、卡齐全，账、货、卡相符。

（2）合理安排货位，商品分类存放。入库商品验收以后，仓库要根据商品的性能、特点和保管要求，安排适宜的储存场所，做到分区、分库、分类存放和管理。在同一仓间内存放的商品，必须性能互不抵触，养护措施一致，灭火方法相同。严禁互相抵触、污染、串味的商品、养护措施和灭火方法不同的商品存放在一起。贵重商品，要指定专人保管，专库存放。普通仓库不能存放危险品、毒品和放射性商品。

（3）商品堆码要科学、标准，符合安全第一、进出方便、节约仓容的原则。仓间面积的利用要合理规划，干道、支道要画线，垛位标志要明显，要编顺序号。关于商品在库保管期间的责任问题，《仓储保管合同实施细则》有两条具体规定。第一，保管方履行了合同规定的保管要求，由于不可抗力的原因，自然因素或货物（含包装）本身的性质所发生的损失，由存货方负责。第二，货物在储存保管和运输过程中的损耗、磅差标准，有国家或专业标准的，按国家或专业标准规定执行。无国家或专业标准规定的，按合同规定执行。货物发生盘盈盘亏均由保管方负责。

三、出库复核

商品出库是仓储工作的最后环节，把好商品出库关，就可以杜绝差错事故发生。

库品出库，首先，要根据存货单位的备货通知，及时认真地搞好备货工作，如发现一票入库商品没有全部到齐的，入库商品验收时发现有问题尚未处理的，商品质量有异状的，要立即与存货单位联系，双方取得一致意见以后才能出库，如发现包装破损，要及时修补或更换。第二，认真做好出库凭证和商品复核工作。做到手续完备，交接清楚，不错发、错运。第三，要分清仓库和承运单位的责任，办清交接手续，仓库要开出库商品清单或出门证，写明承运单位的名称，商品名称、数量、运输工具和编号，并会同承运人或司机签字。第四，商品出库以后，保管人员要在当日根据正式出库凭证销卡、销账，清点货垛结余数，与账、卡核对，做到账、货、卡相符。并将有关的凭证、单据交账务人员登账复核。

商品出库，必须先进先出，易坏先出，否则由此造成的实际损失，要由保管方负责。另外，根据《外运仓储管理制度》的规定，出库商品，严禁口头提货、电话提货、白条提货。如果遇到紧急装车、装船情况，必须出库时，需经仓库领导批准才能发货，但要第二天补办正式手续。

（资料来源：某外贸仓库作业基本环节［EB/OL］. http：//www.gxgsxy.com。）

问题：

1. 结合案例分析仓储业务的基本流程。
2. 分析商品出库的业务流程。
3. 分析商品在库管理的注意事项。

参考文献

［1］何景伟. 仓储管理与库存控制［M］. 北京：知识产权出版社，2008

［2］何庆斌. 仓储与配送管理［M］. 上海：复旦大学出版社，2013

［3］宋丽娟，马骏. 仓储管理与库存控制［M］. 北京：对外经贸大学出版社，2009

［4］真虹，张婕姝. 物流企业仓储管理与实务［M］. 北京：中国物资出版社，2007

［5］徐丽蕊，杨卫军. 仓储业务操作［M］. 北京：北京理工大学出版社，2010

［6］郑文岭. 物流仓储业务与管理［M］. 北京：中国劳动社会保障出版社，2013

［7］刘昌祺，金跃跃. 仓储系统设施设备选择及设计［M］. 北京：机械工业出版社，2010

第五章
仓储经营与成本管理

本章学习要点

- ◆ 理解仓储经营的概念
- ◆ 掌握仓储经营的方法
- ◆ 掌握仓储合同的特征与种类
- ◆ 理解仓储合同的主要条款
- ◆ 理解仓储合同的订立
- ◆ 掌握仓储合同的变更和解除
- ◆ 掌握仓储合同的违约责任和免责
- ◆ 了解仓单的概念和性质
- ◆ 了解仓单的类型和要素
- ◆ 掌握仓单的业务
- ◆ 了解仓储成本的概念、构成
- ◆ 理解仓储成本管理的原则及意义
- ◆ 掌握降低仓储成本的方法

引例

盛达公司的仓储合同纠纷

2004年6月3日，某市盛达粮油进出口有限责任公司（下称盛达公司）与该市东方储运公司签订一份仓储保管合同。合同主要约定：由东方储运公司为盛达公司储存保管小麦60万公斤，保管期限自2004年7月10日至11月10日，储存费用为50000元，任何一方违约，均按储存费用的20%支付违约金。合同签订后，东方储运公司即开始清理其仓库，并拒绝其他有关部门在这三个仓库存货的要求。同年7月8日，盛达公司书面通知东方储运公司：因收购的小麦尚不足10万公斤，故不需存放贵公司仓库，双方于6月3日所签订的仓储合同终止履行，请谅解。东方储运公司接到盛达公司书面通知后，遂电告盛达公司：同意仓储合同终止履行，但贵公司应当按合同约定支付违约金10000元。盛达公司拒绝支付违约金，双方因此而形成纠纷，东方储运公司于2004年11月21日向人民法院提起诉讼，请求判令盛达公司支付违约金10000元。

（资料来源：盛达公司的仓储合同纠纷 [EB/OL]. http://zhidao.baidu.com。）

第一节 仓储经营服务

一、仓储经营的概念、作用与目标

(一) 仓储经营的概念

仓储经营是指仓储经营组织在仓储活动中,运用现代管理理念和科学的管理方法,对仓储经营活动进行计划、组织、指挥、协调和控制,充分利用现有仓储能力为他人储存和保管仓储物品及提供相关增值服务,通过合理筹划,降低仓储成本,提高仓储经营效益。

(二) 仓储经营的作用

对物流企业而言,仓储经营的过程,是改变传统理念,树立现代仓储经营观念,运用新技术以及自有仓储资源,开发全新仓储经营服务方式的过程,同时也是进行技术、制度、组织等各方面创新的过程。搞好仓储经营对于降低企业成本,提高企业效益,具有一定的现实意义。

1. 搞好仓储经营是实现企业再生产活动顺利进行的必要条件

仓储经营是由于采购、生产与消费在时间、空间以及品种、数量等方面存在差异引起的。企业的原材料采购和使用在时间和空间上存在着矛盾,为了保证原材料的按时、按量供应和生产的连续性,必然要对原材料有一定的储备。从企业内部生产环节看,由于专业化程度的不断提高,社会分工的深化,生产的各单位之间的产品交换在时间和空间上也存在同样的矛盾,为了保证各单位生产活动的顺利进行,也必须在各环节之间保有一定的储备,这样才能保证大规模生产的连续进行;从企业的产品销售来看,生产和消费之间也存在同样的时间和空间矛盾。有些产品的消费具有季节性,生产却必须常年进行,有些产品的生产具有季节性,而消费却具有常年性,要解决这些时间矛盾,唯一的办法就是进行产品储存,同样生产和消费之间的空间矛盾必然要求运输,运输的规模经济要求必须在运输的前后对产品进行集散,无论是"集",还是"散"都意味着储存。而这种衔接生产与生产、生产与消费的仓储是有成本的,因此对仓储经营管理的好坏直接影响到仓储活动的效率,是企业再生产活动高效、低成本、连续进行的必要条件。

2. 搞好仓储经营是充分发挥物资潜力的重要手段

任何一种物资,在生产至消费之前,由于其本身的性质,所处的条件以及自然、社会、技术等因素,都可能使其在数量上减少,质量上降低。而为避免这种损失,就需要创建必要的保护条件。因此,必须进行科学的管理,加强对物资的养护。搞好仓储经营活动,实现时间、空间上的优化配置,提高物资使用价值。同时,在仓储经营过程中,要保证物资流向的合理性,加快流转速度,使有限的物资发挥最大的作用。

3. 搞好仓储经营是提高经济效益的有效途径

搞好仓储经营活动,必须充分利用现有仓储设施和资源,提高仓储服务能力,提升仓储经营的层次,提高仓储服务的附加值,提高仓储企业的收益。通过仓储经营减少物资资产在仓储过程中的沉淀，盘活资金，增加收益，减少物质损失和劳动损耗。从而加速物资和资金的周转，节省费用支出，降低仓储成本，开发"第三利润源泉"，提高企业的经济效益。

4. 仓储经营是现代物流发展的需要，是企业提高自身竞争力的最佳选择

仓储经营是物质产品在社会再生产过程中必然出现的一种形态，对整个社会再生产，对国民经济各部门、各行业生产经营活动的顺利进行，都有巨大的作用。随着物流业的高速发展，社会对仓储技术的要求越来越高，加上市场竞争的加剧，符合配送要求的地理位置的土地供给的减少，地价的大幅度上升等，传统的仓储功能已远不能满足这些要求。因此，为满足社会对仓储的需求，仓储企业必须充分利用仓储资源，向社会开放，开展多样化经营，提高效益。

5. 开展仓储经营可以提高企业的管理水平

做好仓储经营需要良好的生产管理、财务管理、人事管理的支持，同时良好的经营管理又能促进各项管理水平的提高。仓储经营的基础工作包括建立仓储管理指标体系、制订仓容定额、折算商品储存吨数与计量等内容，是仓储经营工作的基石。为适应仓储经营的功能变化，物流企业要以提高仓储经济效益为目标，加强各项基础工作，健全仓储经营体系，为提高仓储经营水平创造良好条件。

（三）仓储经营的目标

仓储经营的目标是按照仓储活动的各项要求和仓储管理的需要，把与仓储经营活动有直接关系的各部门、各环节和人尽可能合理地组织起来，使工作协调、有效地进行，加速商品在仓库中的周转，合理地使用人力、物力、财力，以最少的资源获得最大的经济效益。

具体来讲，就是实现仓储经营活动的"快进、快出、多储存、多经营、保管好、费用省"。

"快进"是物资运抵到港口、车站或仓库专用线时，要以最快的速度完成物资的接运、验收和入库作业活动。

"快出"是物资出库时，要及时迅速和高效地完成备料、复核、出库和交货清理作业活动。

"多储存"是在库容合理规划的基础上，最大限度地利用有效存储面积和空间，提高单位面积的存量和利用率。

"多经营"是仓储企业采用多种经营方式提高企业的收益，如包装、流通加工、运输中介、配送与配载、订货决策支付、物流信息处理等。

"保管好"是根据货物的性质与存储要求结合企业自身的仓储条件，合理安排储存场所，采取科学的存储方法，使其在存储期内质量完好，数量准确。

"费用省"是商品在整个仓储的业务流程中，都要努力节省人力、物力和财力消耗，以最低的仓储成本取得最好的经济效益。

二、仓储经营方法

仓储企业经营的目的是使企业的仓储资源得到充分的利用，在仓储产品交换中获得最大收益并投入最少成本，实现经营利益的最大化。为实现这一目的，仓储经营组织必须采用科

学的仓储方法，对商品的仓储及仓储经营进行有效的动态控制。仓储经营方法根据目的不同可以分为自营仓储经营、仓储租赁经营、仓储多种经营等。

（一）自营仓储经营

自营仓储经营可以分为保管仓储经营、混藏仓储经营、消费仓储经营和流通加工仓储经营。

1. 保管仓储经营

（1）保管仓储的概念。

保管仓储是指仓储经营人接受存货人的仓储物资进行保管并收取仓储保管费，在保管期满后，将原收存保管的仓储物交还给保管人的仓储保管方法。

在保管仓储经营中，仓储经营人一方面要尽可能多的吸引仓储，获得大量仓储委托，使得仓储保管费收入最大化；另一方面要在保管过程中降低保管成本，以保证经营成果。仓储保管费一般由仓储物的数量、仓储时间和仓储费率决定。

$$TR = Q \times T \times P \tag{5.1}$$

式中，TR——总收入；Q——存货数量；T——存货时间；P——仓储费率。

当有多种商品，且储存费率不同时，计算公式为

$$TR = \sum Q_i T_i P_i \tag{5.2}$$

从整体上看，仓库总收入可按下式计算：

$$总收入 = 总库容量 \times 仓库利用率 \times 平均费率$$

（2）保管仓储的特点。

① 保管仓储的目的是保持仓储物的原状。仓储过程中，仓储物的所有权不发生转移，仓储企业必须对保管物实施必要的存储和保管从而达到维持保管物原状的目的。

② 仓储管理的仓储物可以是生产资料，也可是生活资料，但必须是实物资产。一般是数量大、体积大、质量高的大宗物资，如粮食、工业制品等。

③ 仓储保管活动都是有偿的，保管人为存货人提供仓储服务，存货人必须支付仓储费。仓储费是保管人提供仓储服务的价值表现形式，也是仓储企业盈利的来源。

④ 仓储保管经营的整个仓储过程，均由保管人进行操作，仓储经营企业需要有一定的投入，为所保管的物资提供合适的条件和环境。

2. 混藏仓储经营

（1）混藏仓储的概念。

混藏仓储是存货人将一定品质、数量的商品交付保管人存储，保管人将不同存货人同样的仓储物混合保存，保管期届满时，不需要将原物归还给存货人，只需将相同种类、品质、数量的商品返还给存货人，保管人收取仓储费的一种仓储经营方法。粮食、油品、矿石或保鲜期较短的商品常用这种仓储方式。

混藏仓储的收入来源依然是仓储费，仓储物的存量越多，存期越长，收益就会越大。混藏仓储是成本最低的仓储方式，但存货种类的品种越多，仓储成本会越高，因此，在混藏仓储经营中，尽可能的开展少品种、大批量的存储经营。

（2）混藏仓储的特点。

① 混藏仓储的对象是种类物。混藏仓储的目的并不完全在于原物的保管，而是实现保管物价值的保管，保管期满，无须原物返还，只要是相同种类、数量和品质的商品即可。所以，保管人可以将同种类、同品质的存储物混合保存，从而提高了仓容的利用率，也降低了仓储成本。

② 混藏仓储的保管物并未转移所有权。保管人只需为存货人提供保管服务，随保管物的交付转移的只是物资的占有权，与所有权无关。例如，农民将小麦交给粮站保管，约定可以混藏小麦，在需要时农民可到粮站提取，粮站对小麦并无所有权，各存储人按交付保管的份额享有小麦的所有权，分别支付仓储费。

③ 混藏仓储是一种特殊的仓储方式。混藏仓储与保管仓储、消费仓储既有联系又有区别，具体见表5-1。

表5-1　　　　　　　　　　自营仓储经营各仓储方式的比较

仓储方式	存储对象	存储物的所有权	仓储经营人的收益	适用范围
保管仓储	特定物	不转移	以仓储费为主	数量大、体积大、质量高的大宗货物，如粮食、水产品、工业制品等
混藏仓储	种类物	不转移	以仓储费为主	品质无差别、可准确计量的商品，如粮食、油品等，较适用于农村、建筑施工、粮食加工等行业
消费仓储	种类物	转移	主要是对仓储物消费的收益，仓储费是次要收益	主要在期货仓储中开展
流通加工	种类物	转移	主要是对仓储物简单加工的收益，仓储费是次要收益	适用范围广泛，大多行业可使用，如钢材、木材、果蔬、水产品、畜产品、金属产品等

④ 混藏仓储的保管费率往往比保管仓储的费率低。因为混藏仓储的仓容利用率相对较高，因此其费用相对较低。

3. 消费仓储经营

（1）消费仓储的概念。

消费仓储是指存货人交付仓储物的同时将物品的所有权转移给保管人，存放期间，保管人有权根据需要处置存储物，保管期届满时，保管人只需将相同种类、相同品质、相同数量的替代物归还给存货人的一种仓储方法。

消费仓储经营人的主要收入来源是对仓储物的消费收入，当该消费收入大于返还仓储物时的购买价款时，仓储经营人会消费仓储物，并从中获取利润。反之，仓储经营人不会消费仓储物，以原物归还存货人，此时，仓储经营人可能会出现亏损。因此，仓储企业从事消费仓储经营时必须进行市场调研，以提高企业的经济效益。

消费仓储的经营是仓储经营人利用仓储物停滞仓库期间的价值进行的经营。消费仓储的开展使得仓储物的价值得以充分利用，提高了资源利用率。消费仓储可以在任何仓储物中开展，但对仓储经营人的经营水平具有极高的要求，目前消费仓储在期货仓储中广泛开展。

(2) 消费仓储的特点。

① 消费仓储是一种特殊的仓储形式，以仓储物的价值保管为目的，具有与保管仓储相同的基本性质。存货人交付仓储物时，只要求仓储物在需要时仍然保持其相同于原物的性质和状态，因此，保管期满时，保管人只需以相同种类、品质、数量的替代物返还即可。

② 消费仓储的保管对象是种类物，仓储期间仓储物的所有权发生了转移。仓储物所有权的转移是消费仓储最显著的特征。仓储期间，保管人具有所有权，可以自由处置仓储物。

③ 消费仓储中的收入来源为对仓储物的消费收入。在消费仓储中，仓储费收入是次要收入，有时甚至不收取仓储费。消费仓储的经营人通过经营仓储物获得经济效益，如利用仓储物的市场波动价格进行低买高卖，以赚取差价收益。

4. 流通加工仓储经营

(1) 流通加工的概念。

流通加工仓储是指物品由生产地到使用地的过程中，根据消费者的需要对商品进行包装、分割、计量、分拣、刷标志、栓标签、组装等简单作业的过程。

随着社会经济的不断发展，消费者对商品个性化的需求越来越显著，生产企业已很难满足众多消费者的不同需求，为了适应社会的发展，现代化生产与物流服务业相结合产生了流通加工仓储这一新事物，流通加工仓储是在流通过程中对商品进一步的辅助加工，可以弥补生产过程中加工程度的不足，更有效的满足用户需求，将生产和需求环节更好地衔接起来，使流通过程更加合理化。它是物流活动中一项重要的增值服务。

(2) 流通加工的作用。

① 流通加工有利于企业提高生产率，完善商品功能，提高经济效益。流通加工弥补了企业大批量生产加工不能满足不同消费需求的不足，可以使企业有更多的精力进行创造性生产，提高生产率和产品质量，使商品满足消费者个性化、多样化的需求，提高企业的经济效益。

② 流通加工可以提高原材料和设备的利用率以及劳动生产率。企业可以利用流通加工环节进行集中下料，将生产商运来的简单规格产品，按使用部门的要求进行下料，如对钢板的剪切。集中下料可以实现优材优用、小材大用、合理套裁、具有很好的经济效果。而且集中进行流通加工，可以采用效率高、技术先进的专门设备，达到低成本、高质量的加工效果。

③ 可以进行初级加工，方便客户，提高服务水平。对于使用量较小或临时需要使用的企业，往往缺乏高效率初级加工的能力以及技术设备，使用流通加工可以使需求企业节省对进行初级加工的各种投资，仓储企业开展流通加工可以使供应更加灵活，从而方便客户，提高服务水平。目前，发展较快的初级加工有：将水泥加工成混凝土，将原木或板方材加工成门窗，冷拉钢筋及冲制异型零件，钢板的预处理、整形、打孔等加工。

④ 可以同时为多个生产企业和消费部门服务，节约社会资源。流通加工业务可以对多个客户同时进行，并不需要客户长时间的排队等候，有利于缩短服务时间，提高服务效率，间接地缩短了商品的生产流通时间，节约了社会资源。

⑤ 在生产的专业化和个性化中起中介作用，提高企业的经济效益。流通加工业务是对生产企业的产品进行简单的加工，使产品更加个性化，更好地满足市场需求的多样化，利于

产品的销售，利于企业经济效益的提高。

（二）仓储租赁经营

1. 仓储租赁经营的概念

仓储租赁经营是仓储经营人将企业拥有的仓库、场地及仓库设备以出租的方式开展仓储经营，由存货人自行保管物品的仓储经营方式。仓储经营人只提供基本的仓储条件，进行一般的仓储管理，如环境管理和安全管理。进行仓储租赁经营时，最重要的一项工作是签订仓库租赁合同，签订合同后，仓储经营双方在法律的约束下进行经营租赁，取得经营收入。

仓储经营租赁中，存货人享有仓库及仓库设备的使用权，同时要保护仓储设施的安全性，并按约定的房顶支付租金。仓储经营人拥有出租仓库及设备的所有权，享有收取租金的权利，同时要保证仓库和仓库设备的完好性能，承认租用人对仓库及仓库设备的使用权。

仓储经营租赁可以是整体性的出租，也可以采用部分出租、货位出租等分散出租方式。目前，采用较多的是部分出租方式和货位出租方式。

2. 仓储租赁经营的特点

（1）承租人自行保管物品，要具有特殊商品的保管能力和服务水平。仓储经营人只提供一般的条件和管理，对于需要特殊保管的物品，承租人要具备相应地专业保管能力和较高的服务水平。

（2）仓储经营人的主要收入来源为租金收入。仓储租赁经营的前提条件：出租收益高于经营所得收益，即出租收入＞仓储保管费－保管成本－服务成本。只有满足这项前提条件，仓储经营人进行该业务才会获利。

（3）以合同的方式确定租赁双方的权利和义务。签订合同是仓储经营租赁的一项重要工作，合同能明确双方的法律责任，维护双方权益，使双方在法律约束下从事租赁经营。

（4）分散出租方式下，仓储经营人要承担更多的仓库管理工作，如环境管理、安全保卫等。

3. 箱柜委托租赁保管业务

目前，在仓储租赁经营业务中，各国发展较为迅速的是箱柜委托租赁保管业务。箱柜委托租赁保管业务是仓库业务者以一般城市居民和企业为服务对象，向他们出租体积较小的箱柜来保管非交易物品的一种仓储业务。箱柜委托租赁保管业务强调是安全性和保密性，这种业务为居住面积较小的城市居民和办公面积较窄的企业提供了一种便利的保管服务。箱柜委托租赁保管业务是一种城市型的仓库保管业务。其主要业务是仓储经营企业根据市场需求设立的服务项目：

（1）对一般居民和家庭的贵重物品，如金银首饰、高级衣料、高级皮毛制品、古董、艺术品等作为仓储对象，提供保管服务。

（2）对企业以法律或规章制度规定必须保存一定时间的文书资料、磁带记录资料等物品为仓储对象，提供保管服务。

许多从事箱柜委托租赁保管业务的仓库经营人专门向企业提供这种业务，他们根据保管物品、文书资料和磁带记录资料的特点建立专门的仓库，这种仓库一般有三个特点：一是注重保管物品的保密性，因为保管的企业资料中许多涉及企业的商业秘密，所以仓库有责任保护企业秘密，防止被保管的企业资料流失；二是注重保管物品的安全性，防止保管物品损坏变质。因为企业的这些资料如账目发票、交易合同、会议记录、产品设计资料、个人档案等需要保管时间较长，必须防止保管的物品损坏变质；三是注重快速服务反应。当企业需要调用或查询保管资料时，仓库经营人能迅速、准确地调出所要资料并及时地送达企业。

基于这些特点，箱柜委托租赁保管业务作为一种城市型的保管业务具有较大的发展潜力。

（三）仓储多种经营

1. 仓储多种经营的概念

随着物流业的快速发展以及消费者价值取向的多重化，仓储市场瞬息万变，竞争日益激烈，为使仓储适应社会发展，减少仓储企业的风险，实现企业经营目标，仓储企业必须改变传统仓储观念，改进服务方式，根据自身的优势开展仓储多种经营。仓储多种经营是指仓储企业为了实现经营目标，按照自身的优势，开展多种与仓储业务有关的经营活动的经营方式。如在开展仓储业务的同时，还开展仓储增值服务、运输中介、商品交易、配载与配送等。

2. 仓储多种经营的优点

（1）能适应瞬息万变的物流市场。消费者需求受多种不可控因素影响，环境也在变化，市场需求也在随消费者及市场环境的变化而变化。为了适应市场需求，仓储企业应采用多种仓储经营方式。

（2）能更好地减少风险。任何一个企业的经营活动都存在着风险，而多元化经营能分散风险。实施仓储经营的多样化，可使仓储的经营范围更广，把资金分散经营，其前提条件就是这些项目是企业的优势项目，可以减少风险，确保企业的正常经营。

（3）是实现仓储企业目标的需要。市场竞争日益激烈，开展多样化经营，可以增强企业竞争力，提高企业经济效益，为实现企业目标提供可靠保障。

3. 仓储增值服务

仓储增值服务是根据客户的需求，为客户提供超出常规的服务，或是采用超出常规服务方法所提供的服务。创新、超常规、满足客户个性化需求时物流增值服务的本质特点。

物流企业与各行各业联系紧密，仓储企业应充分利用其联系面广、仓储手段先进等有利条件，开展流通加工、配送、包装、贴标签等多项增值服务，向多功能物流服务发展，以提高企业核心竞争力，增加企业利润。

仓储增值服务主要有：

（1）托盘化。指将产品转化为一个独立托盘的作业过程。

（2）包装。产品的包装环节由仓储企业或和仓储部门来完成，并且把仓储的规划与相关的包装业务结合起来综合考虑，有利于整个物流效益的提高。

（3）贴标签。在仓储过程中完成在商品上或商品包装上贴标签的工序。

（4）产品配套、组装。当某产品需要由一些组件或配件组装配套而成时，就可能通过仓储企业或部门的配套组装增值服务来提高整个供应链过程的效率。

（5）涂装。把对商品的上油漆过程放到仓储环节进行，可以缩短物流流程，节约成本，提高仓储企业的效率。

（6）简单的加工生产。一些简单的加工生产业务，本来是在生产过程中作为一道单独的工序来完成的。把这些简单加工过程放到仓储环节来进行，可以节约物流时间，降低加工成本，使生产企业能够专心于主要业务。

（7）退货和调换服务。当客户的产品销售之后，产品出现质量问题或出现纠纷，需要实施退货或货物调换业务时，由仓储企业来帮助办理有关事项。

（8）订货决策支持。由于仓储过程中掌握了每种货物的消耗过程和库存变化情况，这就有可能对每种货物的需求情况做出统计分析，从而为客户提供订货及库存控制的决策支持，甚至帮助客户做出相关的决策。

4. 运输中介

运输中介即运输服务中间商，通常不拥有运输设备，但向其他厂商提供运输服务。他们从各种托运人手中汇集一定数量的货源，通过介绍给承运人，收取中介费，或直接与托运人、承运人谈妥价格，获取差价。运输中介向托运人收取的费率要低于承运人直接收取的费率。运输中间商主要有货运代理人、经纪人。

（1）货运代理人（简称货代）。货运代理人是以赢利为目的的，他们把来自各种顾客手中的小批量装运整合成大批量装载，然后利用专业承运人进行运输。到达目的地，货代把大批量装载的货物按原包装分拆。货代的主要优势在于大批量的装运可以获得较低的费率，并可以使小批量装运的速度快于个别托运人直接交付专业承运人托运的速度。

货运代理人有以下优点：第一，使专业承运人的规模经济效益提高，货代使小批量货物可以集中到发运地，便于整合运输；第二，缩短专业承运人发出货物的时间，减少货物在专业承运人处的储存时间，提高作业效率；第三，使托运人的发货时间缩短，货代收集的大批量货物可以让专业承运人快速发货而不必等待集货发运；第四，货代收集的大量货物可以集中一次发运到目的地，不用中途重新装运，减少工作量，减少货物二次装运的破损率；第五，货运代理人具有熟练的运输专业技能，充分掌握运输市场的信息，且与众多的实际承运人有着密切的关系和简单而有效的业务流程。

（2）经纪人。经纪人实际上是运输代办，他以收取服务费为目的。货运经纪人对整个物流活动来说相当于润滑油，他使托运人和承运人有机结合，并方便了小型托运人的托运活动，因为小型托运人无法得到承运人的较好服务。货运中间商同时也简化承运人的作业行为，中间商使无数的小托运人不再涌到承运人处办理托运。货运中间商会根据托运人的要求，最经济最合理地安排运输方式，节约费用，可以避免物流浪费。而且运输中介也可以使许多物流环节得到整合，充分利用社会资源。

5. 配送与配载

配送是指在经济合理区域范围内，根据客户要求，对物品进行拣选、加工、包装、分割、组配等作业，并按时送达指定地点的物流活动。配送是物流活动中一种非单一的业务形式，它与商流、物流、资金流紧密结合，是一种特殊的、综合的活动形式。作为现代化的物流管理方式，配送实现了资源的最终配置，在物流的全过程中起着重要的作用，具有一定的战略价值。而且配送会根据客户的要求以最合理的方式将货物送交给客户，企业便可以利用自身的规模优势取得较低的配送成本，这样有利于降低物流成本，减少物流环节，缩短物流渠道，逐步促进物流的合理化。

配载是指承运人根据货物托运人的计划，对运输工具和运输路线安排货物的一种运输服务。配载是配送活动的核心,轻重搭配是其最简单的原则。配载不同于干线运输,它的特点是对客户的末端运输和短距离运输,主要服务对象是生产企业和商业网店。配载是把所有的货物以最合理的方式安排运输,以最少的动力来完成配送,即要实现车与货的高效匹配,尽可能地降低空载率,减少货物损失,节约运输成本。简单的配载可凭经验和手工计算来完成,车辆及商品种类繁多时,可通过计算机进行管理。

第二节 仓储的合同管理

一、仓储合同概述

(一) 仓储合同的概念

仓储合同又称仓储保管合同,是指仓储保管人接受存货人交付的仓储物,对其进行妥善保管,仓储期满时完好交还仓储物,并收取保管费的协议。

《中华人民共和国合同法》(以下简称《合同法》)第381条将仓储合同规定为:"仓储合同是保管人储存存货人交付的仓储物,存货人支付仓储费的合同。"《合同法》第395条规定:"仓储合同分则未规定的事项,适用保管合同分则的有关规定。"

(二) 仓储合同的特征

(1) 仓储合同是诺成合同。《合同法》第382条规定:仓储合同自成立起生效。即仓储合同双方意见达成一致,由双方代表签字、盖章,即可成立、生效,而不是等到仓储物交付时才成立、生效。

(2) 仓储保管人拥有仓储设备并从事仓储保管业务。仓储合同中,仓储保管人必须是经工商行政管理部门批准,依法从事仓储保管业务,拥有仓储设备并从事仓储保管业务的法人、其他经济组织和个人。《合同法》第383条第3项规定:"保管人储存易燃、易爆、有毒、有腐蚀性、有放射性等危险物品的,应当具备相应的保管条件。"

(3) 仓储合同是有偿、双务合同。仓储合同的双方当事人互负给付义务,保管人提供仓储服务,存货人给付报酬和其他费用。双方的义务具有对应性和对价性。这与一般的保管合同不同,一般的保管合同既可以是有偿合同,也可以是无偿合同。

(4) 仓储合同的标的物是实物动产。仓储合同中,存货人应当将仓储物交付给仓储保管人,由其对仓储物进行储存保管,因此,依仓储合同的性质而言,仓储物应是实物资产,即可以移动的特定物或是特定化的种类物,不动产不可能是仓储物。

(5) 仓单是仓储合同的重要凭证。仓单是保管人接受存货人交付的仓储物时开具的书面文件,是一种有价证券,是记名的物权凭证。仓储合同的存货人凭仓单提取存储货物,也可以通过背书方式进行转让,被转让者可以凭借背书人的背书,请求仓储保管人返还仓储物。仓单是存货人货物已交付或行使返还请求权的凭证。

(三) 仓储合同的种类

仓储合同按不同仓储经营方式,可分为一般仓储保管合同、混藏式仓储合同、消费式仓储合同和仓储租赁合同。

1. 一般仓储保管合同

一般仓储保管合同是指仓储经营人提供完善的仓储条件，对存货人交付的仓储物进行存储保管，在保管期届满时，将原仓储物交还给存货人而订立的仓储保管合同。该仓储合同的仓储物为确定物，保管人必须按原样归还的仓储合同。一般仓储保管合同特别重视对仓储物的特定化，仓储期间仓储物的所有权和使用权并不发生转移，保管人严格承担归还原物的责任，包括仓储物在仓储期间自然增加的孳息。

2. 混藏式仓储合同

混藏式仓储合同是指存货人将一定品质数量的种类物交付给仓储保管人，保管人将不同存货人的同样仓储物混合保存，保管期届满时，只需将相同种类、相同品质、相同数量的替代物返还给存货人，并不需原物返还的仓储合同。混藏式仓储合同具有保管仓储价值的功能。这种仓储方式一般用于粮食、油品、矿石或保鲜期较短的商品的储存。

混藏式仓储合同的标的物为确定种类物，保管人严格按照约定数量、质量承担责任，没有合理耗损的权利。混藏式仓储合同对于仓储物的品质、数量需要有极为明确的认定，并在合同中完整地描述。当保管人向存货人交还仓储物时不能按合同描述的，需补偿存货人的损失。

3. 消费式仓储合同

消费式仓储合同是指存货人将一定品质数量的种类物交付给仓储保管人保管时，将仓储物的所有权转移给了保管人，存保期间，保管人自由行使所有权，保管期届满时，保管人只需返还相同种类、相同品质、相同数量的替代物归还给存货人的仓储合同。消费保管的经营人一般具有仓储物的消费能力，如面粉加工厂的小麦仓储、加油站的油库仓储、经营期货交易的保管人等。

与前两种仓储合同不同，消费式仓储合同涉及仓储物的所有权转移，保管人享有所有人的权利和承担相应的义务。消费式仓储经营人的收益，除了约定的仓储费外，更主要的是消费仓储物与到期购回仓储物所带来的差价收益。

4. 仓储租赁合同

仓储租赁合同是指仓库所有人将所拥有的仓库、场地及仓库设备以出租的方式开展仓储经营，存货人自行保管仓储物的仓储合同。仓储经营人只提供基本的仓储条件，进行一般的仓储管理，并不直接保管仓储物。严格意义上讲，仓储租赁合同并不是仓储合同，而是财产租赁合同。但由于仓库出租费具有部分仓储保管责任，因此仓储租赁合同又具有仓储合同的一些特性。

（四）仓储合同当事人

仓储合同的双方当事人分别为存货人和保管人。

存货人是指将仓储物交付保管人存储的一方。存货人必须是对仓储物具有处分权的人，可以是仓储物的所有人，也可以是只有仓储权利的占有人，如承运人，或是已受让但未实际占有仓储物的准所有人，或是有处分权的人，如法院、行政机关等，也可以是法人、非法人单位、民营企业、事业单位、国家机关、群众组织和公民等。

保管人是指接受存货人交付的仓储物并对其进行存储保管的一方。根据《合同法》规定，保管人必须具有仓储设备和专门从事仓储保管业务的资格，符合以下条件：

（1）保管人必须拥有仓储保管设备和设施，具有仓库、场地、货架、装卸搬运设施等基础设施。

（2）保管人必须具备安全、消防等基本条件，并要取得相应的公安、消防部门的许可。

（3）保管设备和设施无论是保管人自有的还是租赁的，保管人必须具有有效的经营使用权。

（4）从事仓储经营必须具有经营资格，进行工商登记，取得工商营业执照。

（5）从事特殊物品保管的，要有特殊保管的条件要求。保管人可以是独立的企业法人、企业的分支机构或个体工商户、合伙人以及其他组织，可以是专门从事仓储业务的仓储经营者，也可以是贸易货栈、车站、码头的兼营机构，或从事配送经营的配送中心。

（五）仓储合同的标的和标的物

合同标的是指合同关系指向的对象，即当事人权利和义务指向的对象。虽然仓储合同是对仓储物保管事项的约定，但合同的标的却是仓储保管行为，包括仓储时间、仓储空间和保管要求。存货人要为保管人提供的保管行为支付仓储费。因而可以说，仓储合同是一种行为合同，一种当事人双方都需要履行一定行为的双务合同。

标的物是标的的载体和表现。仓储合同的标的物就是存货人交付给保管人存储的仓储物。仓储合同可以是生产资料，如原材料、配件、组件、生产工具、运输工具等；也可是生活资料，如一般消费品，包括特定物或者种类物。但仓储物必须是实物动产，有具体的物理形态，能够移动到仓储地使保管人能对其进行存储保管。对于一些易燃、易爆、易腐烂、有毒的危险品等，以及易渗漏、超限的特殊货物，存货人和保管人只需在订立合同时约定必要的特殊仓储事项即可。不动产不能作为仓储物，货币、知识产权、数据、文化等无形资产和精神产品也不能作为仓储物，如图书可以作为仓储物，但是图书的著作权不能成为仓储物。

二、仓储合同的订立

（一）要约与承诺

据《合同法》的规定：当事人订立合同，采取要约、承诺方式。仓储合同的订立只要存货人和保管人之间依法就仓储合同的有关具体内容经过要约人要约与受要约人承诺，就表明双方意思表示达成一致，仓储合同即告成立。

要约是希望与他人订立合同的意思表示。仓储双方当事人一方发出的要约要产生法律效力，必须具有明确的订立合同的意愿和完整的交易条件，这些条件可以在要约中明示，也可以是受要约人通过合理判断确定的默示条件。要约人在要约送达受要约人后，承担遵守要约的责任。

承诺是受要约人完全同意要约的意思表示，即对要约无条件地接受。任何对要约实质性的变动都不是承诺，而是要约人的反要约。承诺必须是明确的、有确切表现的。承诺到达要约人即生效，承诺人即受承诺的约束。

一方向另一方发出不明确交易愿望的行为为要约引诱，要约引诱不具有约束力，如广告、推销宣传等。但是如果广告等具有明确的交易条件和交易愿望，且明示有约束力的，那么便成为要约。

当一方（主要是存货人）向另一方发出意愿订立仓储合同的要约，但没有明确合同的主要事项，这种要约构成了双方订立预约合同的要件，一方的承诺表明双方成立了预约合同。预约合同不是仓储合同本身，仅仅是双方达成了将要订立仓储合同的协议。生效的预约仓储合同也是有效的合同，双方承担将要订立仓储主合同的义务，否则需承担违反预约合同的责任。

（二）仓储合同的形式

根据《合同法》的规定，合同可以采用书面形式、口头形式或其他形式；采用电报、电传、传真和电子数据、电子邮件也可以作为书面形式，因而仓储合同可以采用书面形式、口头形式或其他形式。订立仓储合同的要约、承诺也可以是书面的、口头的或其他的形式。

由于仓储的存期较长、货量较大，而且还可能进行配送、流通加工等作业，还可能会涉及作为仓单持有人的第三方，所以仓储合同使用书面合同较为合适。书面合同有利于合同的保存、履行和发生争议的处理。

合同的其他形式包括通过行为订立合同、签发格式合同等表达双方达成一致意见的形式。在未订立合同之前，存货人将货物交给仓储保管人，保管人接收货物，则构成合同成立。在周转极为频繁的公共仓储中，保管人可以采用预先已设定好条件的格式合同订立合同。在格式合同中，存货人只有签订或者不签订合同的权利，而没有商定格式合同条款的权利。

（三）订立仓储合同的原则

1. 平等的原则

当事人双方法律地位平等是合同订立的基础，也是任何合同行为都需要遵循的原则。订立仓储合同的双方应本着平等的心态，通过平等协商，订立公平的合同。任何一方采取恃强凌弱、以大欺小或者行政命令的方式订立的合同都是无效合同。任何一方不能采取歧视的方式选择订立合同的对象。

2. 等价有偿的原则

仓储合同是双务合同，合同双方都要承担相应的合同义务，享受相应的合同利益。保管人的利益体现在收取仓储费和劳务费两方面。在仓储过程中保管人的劳动、资源投入的多少，决定了保管人能获得多少报酬。等价有偿的原则也体现在当事人双方合同权利和义务对等上。

3. 自愿与协商一致的原则

生效合同是当事人完全根据自身的需要和条件，通过广泛的协商，在整体上接受合同的约定时所订的合同。任何采取胁迫、欺诈等手段订立的合同都将是无效的合同。若合同未经协商一致，将来在合同履行中就会发生严重的争议，甚至会导致合同无法履行。

4. 合法和不损害社会公共利益的原则

当事人在订立合同时要严格遵守相关法律法规，不得进行任何违反法律法规强制规定的经济主体、公民不能从事的行为，包括不得发生侵犯国家主权、危害环境、超越经营权、侵害所有权等违法行为。合同主体在合同行为中不得有扰乱社会经济秩序、妨碍人民生活、违背道德的不良行为。要尊重社会公德，维护国家形象，有利于精神文明的发展。不损害社会公众利益从内容上说属于道德规范，但在合同法的规范中形成了法律规范，损害社会公共利益已成为了违法的行为。

三、仓储合同的主要条款

仓储合同为不要式合同，没有严格的条款规定，当事人双方可根据需要协商合同的条款和所采用合同的形式。仓储合同的内容，是检验合同的合法性、有效性的重要依据。一般来说，仓储合同包括以下方面的条款：

（一）存货人、保管人的名称和地址

合同当事人是履行合同的主体，需要承担合同责任，需要采用完整的企业注册名称和登记地址，或者主办单位地址。主体为个人的必须明示个人的姓名和户籍地或常住地（临时户籍地）。有必要时可在合同中增加通知人，但通知人不是合同当事人，仅仅履行通知当事人的义务。

（二）保管物的品名或品类、数量、质量、包装

在仓储合同中，要明确地标明仓储物的品名或品类。货物的数量应使用标准的计量单位，而且计量单位应准确到最小的计量单位。对计量单位要防止有不同理解，产生歧义。仓储物的质量应当使用国家或有关部门规定的质量标准，也可以使用经过批准的企业标准，还可以使用行业标准，上述质量标准均可在仓储合同中约定，而在没有质量标准时，双方当事人可自行约定质量标准。

（三）仓储物验收的内容、标准、方法、时间

保管人验收仓储物的项目有：仓储物的品种、规格、数量、外包装状况，以及无须开箱、拆捆而直观可见可辨的质量情况。包装内的货物品名、规格、数量，以外包装或货物上的标记为准；外包装或货物上无标记的，以供货方提供的验收资料为准。散装货物按国家有关规定或合同规定验收。依照惯例验收期限，国内货物不超过10日，国外到货不超过30天，法律另有规定或当事人另有约定的除外。货物验收期限的日期均以运输或邮政部门的戳记或送达的签收日期为准。超过验收期限所造成的实际损失，由保管人负责。如果保管人未能按照合同约定或者法律法规规定的项目、方法和期限验收仓储物或验收仓储物不准确，应当负责因此造成的损失。存货人未能提供验收资料或提供资料不齐全、不及时，所造成的验收差错及贻误索赔期由存货人负责。

（四）仓储条件和要求

合同双方当事人应根据货物性质、要求的不同，在合同中明确规定保管条件。保管人如因仓库条件所限，不能达到存货人要求，则不能接受。对某些比较特殊的货物，如易燃、易爆、易渗漏、有毒等危险物品，保管人保管时，应当有专门的仓库、设备，并配备有专业技术知识的人负责管理。必要时，存货人应向保管人提供货物储存、保管、运输等方面的技术资料，防止发生货物毁损、仓库毁损和人身伤亡事故。存货人在交存特殊货物时，应当明确告知保管人货物有关保管条件、保管要求。否则，保管人可以拒绝接收存货人所交付的危险货物。

（五）货物进出库手续、时间、地点、运输方式

仓储合同的当事人双方，应当重视货物入库环节，防止将来发生纠纷。因此在合同中，要明确入库应办理的手续、理货方法、入库的时间和地点以及货物运输、装卸搬运的方式等内容。出库时间由仓储合同的当事人双方在合同中约定，当事人对储存期间没有约定或者约

定不明确的，存货人可以随时提取仓储物，保管人也可以随时要求存货人提取仓储物，但是应当给予必要的准备时间。

（六）仓储物的损耗标准及损耗的处理

仓储物的损耗标准是指货物在储存过程中，由于自然原因（如干燥、风化、散失、挥发、黏结等）和货物本身的性质等原因，不可避免地要发生一定数量的减少、破损，而由合同当事人双方事先商定一定的货物自然减量标准和破损率等。在确定仓储物的损害标准时，要注意易腐货物的损耗标准应该高于一般货物的损耗标准。除了对货物按照保管条件和要求保管外，损耗标准应当根据储存时间的长短来确定。例如，仓储物出库时与入库时实际验收数量不一致，在损耗标准范围之内的视为货物完全交付。如果损耗数量超过约定的损耗标准，应核实后作出验收记录，由保管人负责处理。

（七）计费项目、标准和结算方式、银行、账号、时间

计费项目包括：保管费、转仓费、出入库装卸搬运费、车皮、站台、专用线占有、包装整理、商品养护等费用。此条款中除明确上述费用由哪一方承担外，还应明确各种费用的计算标准、支付方式、支付时间、地点、开户银行、账号等。

（八）责任划分和违约处理

仓储合同中可以从货物入库、货物验收、货物保管、货物包装、货物出库等方面明确双方当事人的责任。同时应规定违反合同时应承担的违约责任。承担违约责任有：支付违约金、损害赔偿以及采取其他补救措施。

（九）合同的有效期限

合同的有效期限，即货物的保管期限。合同有效期限的长短，也与货物本身的有效储存期有关。某些货物由于本身的特性，不能长时间存放，例如药品、胶卷、化学试剂等，一般都注明了有效使用期限。根据有效使用期限确定的储存保管期限，称为有效储存期。对于仓库保管人员来说，保管这种产品不仅要注意仓库温度、湿度的变化，还应注意其储存期限。特别是对一些接近失效期的产品，应及时通知存货人要按时出库，出库前还要注意留给产品调运、供应和使用的时间，以使其在失效之前能够进入市场，投入使用。根据有关规定，储存的货物，在临近失效期时，保管人未通知存货人及时处理，因超过有效储存期限所造成的货物损失，保管人负有赔偿责任。保管人通知后，如果存货人不及时处理，以致超过有效储存期限而造成货物损坏、变质的，保管人不负赔偿责任。

（十）变更和解除合同

仓储合同的当事人如果需要变更或解除合同，必须事先通知另一方，双方一致即可变更或解除合同。变更或解除合同的建议和答复，必须在法律规定或者合同约定的期限内提出。如果发生了法律或合同中规定的可以单方变更或解除合同的情形，那么，拥有权利的一方可以变更或解除合同。

（十一）争议处理

争议处理是指仓储合同当事人双方有关合同争议的诉讼或仲裁的约定。包括仲裁地点、仲裁机构，或合同中选择的诉讼地点。

（十二）合同签署

合同签署是合同当事人对合同协商一致的表示，合同成立的标志。一经签订，合同立即

生效。合同由企业法人代表人签名，注明签署时间，法人或组织还要加盖合同专用章。个人签订只需签署个人完整姓名。

上述内容，一般为通常的仓储合同所应具备的主要条款。但是，合同毕竟是当事人双方的合意，签订合同是当事人自己所为的法律行为，因此，基于双方的利益考虑，当事人之间还可以就更为广泛的事项达成一致，充实仓储合同的具体内容，如争议的解决方式、合同的履行地点、是否允许转保管储存等。只要是一方要求必须规定的条款，而又与另一方达成一致意思表示，都应当是仓储合同的重要条款。

四、仓储合同当事人的权利和义务

仓储合同当事人的权利与义务是合同当事人在履行合同过程中有权要求对方采取的行为和自身需要进行的行为或不行为。当事人的权利和义务来自于合同的约定和法律的规定。

（一）存货人的权利和义务

（1）查验、取样权。在仓储保管期间，仓储物的所有权并未转移，保管人只享有占有权。存货人有对仓储物进行查验、取样查验的权利，能提取合理数量的样品进行查验。由于查验，当然会影响保管人的工作，取样还会造成仓储物的减量，但存货人合理进行的查验和取样，保管人不得拒绝。

（2）保管物的领取权。当事人对保管期间没有约定或约定不明确的，保管人可以随时要求寄存人领取保管物；约定不明确的，保管人无特别事由，不得要求寄存人提前领取保管物，但存货人可以随时领取保管物。

（3）转让权。仓储物的所有人是存货人，存货人有权转让仓储物。

（4）获取仓储物孳息的权利。《合同法》第377条规定："保管期间届满或者寄存人提前领取保管物的，保管人应当将原物及其孳息归还寄存人。"如果仓储物在保管期间产生了孳息，存货人有权获取该孳息。

（5）告知义务。存货人的告知义务包括两个方面：对仓储物的完整明确的告知和瑕疵告知。所谓完整告知，是指在订立合同时存货人要完整细致地告知保管人仓储物的准确名称、数量、包装方式、性质、作业保管要求等涉及验收、作业、仓储保管、交付的资料，特别是危险货物，存货人还要提供详细的说明资料。存货人寄存货币、有价证券或者其他贵重物品的，应当向保管人声明，由保管人验收或者封存，存货人未声明的，该物品毁损、灭失后，保管人可以按照一般物品予以赔偿。存货人未明确告知的仓储物属于夹带品，保管人可以拒绝接受。所谓瑕疵，包括仓储物及其包装的不良状态、潜在缺陷、不稳定状态等已存在的缺陷或将会发生损害的缺陷。保管人了解仓储物所具有的瑕疵可以采取针对性的操作和管理，以避免发生损害和危害。因存货人未告知仓储物的性质、状态造成的保管人验收错误、作业损害、保管损坏由存货人承担赔偿责任。在订立合同时，必须预先告知保管人。

（6）妥善处理和交存货物的义务。存货人应对仓储物进行妥善处理，根据性质进行分类、分储，根据合同约定妥善包装，使仓储物适合仓储作业和保管。存货人应在合同约定的时间向保管人交存仓储物、并提供验收单证。交存仓储物不是仓储合同生效的条件，而是存货人履行合同的义务。存货人未按照约定交存仓储物，构成违约。

（7）支付仓储费和偿付必要费用的义务。存货人应根据合同约定按时、按量地支付仓储费,否则构成违约。如果存货人提前提取仓储物,保管人不减收仓储费。如果存货人逾期提取,应加收仓储费。由于未支付仓储费,保管人有对仓储物行使留置权的权利,即有权拒绝将仓储物交还存货人或应付款人,并可通过拍卖留置的仓储物等方式获得款项。仓储物在仓储期间发生的应由存货人承担责任的费用支出或垫支费,如保险费、货物自然特性的损害处理费用、有关货损处理、运输搬运费、转仓费等,存货人应及时支付。

(8) 及时提货的义务。存货人应按照合同的约定,按时将仓储物提离。保管人根据合同的约定安排仓库的使用计划,如果存货人未将仓储物提离,会使保管人已签订的下一个仓储合同无法履行。

(二) 保管人的权利和义务

(1) 收取仓储费的权利。仓储费是保管人订立合同的目的,是对仓储物进行保管所获得的报酬,是保管人的合同权利。保管人有权按照合同约定收取仓储费或在存货人提货时收取仓储费。

(2) 提存权。储存期间届满,存货人或者仓单持有人不提取货物的,保管人可以催告其在合理期限内提取,逾期不提取的,保管人有权将该标的物交给提存机关从而消灭合同。

(3) 验收货物。验收货物不仅是保管人的义务,也是保管人的一项权利。保管人应该在接受仓储物时对货物进行理货、计数、查验,在合同约定的期限内检验货物质量,并签发验货单证。验收货物按照合同约定的标准和方法,或者按照习惯的、合理的方法进行。保管人未验收货物推定为存货人所交存的货物完好,保管人也要返还完好无损的货物。保管人在验收中发现货物溢短,对溢出部分可以拒收,对于短少的有权向存货人主张违约责任。对于货物存在的不良状况,有权要求存货人更换、修理或拒绝接受,否则需如实编制记录,以明确责任。

(4) 提供合适的仓储条件。仓储人经营仓储保管的先决条件就是具有合适的仓储保管条件,有从事保管货物的保管设施和设备。包括适合的场地、容器、仓库、货架、作业搬运设备、计量设备、保管设备、安全保卫设施等条件。同时还应配备一定的保管人员、商品养护人员,制定有效的管理制度和操作规程等。同时保管人所具有的仓储保管条件还要适合所要进行保管的仓储物的相对仓储保管要求,如保存粮食的粮仓、保存冷藏货物的冷库等。保管人若不具有仓储保管条件,则构成违约。

(5) 签发仓单。保管人在接收货物后,根据合同的约定或者存货人的要求,及时向存货人签发仓单。在存期届满,根据仓单的记载向仓单持有人交付货物,并承担仓单所明确的责任。保管人根据实际收取的货物情况签发仓单。保管人应根据合同条款确定仓单的责任事项,避免将来向仓单持有人承担超出仓储合同所约定的责任。

(6) 合理化仓储。保管人应在合同约定的仓储地点存放仓储物,并充分使用先进的技术、科学的方法、严格的制度,高质量地做好仓储管理。使用适合于仓储物保管的仓储设施和设备,如容器、货架、货仓等,从谨慎操作、妥善处理、科学保管和合理维护等各方面做到合理化仓储。保管人对于仓储物的保管承担严格责任,因其保管不善所造成的仓储物在仓储期间发生损害、灭失,除非保管人能证明损害是由于货物性质、包装不当、超期等以及其他免责原因造成的,否则保管人要承担赔偿责任。

(7) 返还仓储物及其孳息的义务。保管人应在约定的时间和地点向存货人或仓单持有人交还约定的仓储物。仓储合同没有明确存期和交还地点的，存货人或仓单持有人可以随时要求提取，保管人应在合理的时间内交还存储物。作为一般仓储合同，保管人在交返仓储物时，应将原物及其孳息、残余物一同交还。

（8）危险告知义务。当仓储物出现危险时，保管人应及时通知存货人或仓单持有人，并有义务采取紧急措施处置，防止危害扩大。包括在货物验收时发现不良情况、发生不可抗力损害、仓储物的变质、仓储事故的损坏以及其他涉及仓储物所有权的情况，都应该告知存货人或仓单持有人。

五、仓储合同的生效和无效

（一）仓储合同的生效

生效合同是指已经成立的合同在当事人之间产生了一定的法律约束力。依《合同法》第382条规定，仓储合同自成立时生效。仓储合同生效的具体表现为：双方签订合同书；合同确认书送达对方；受要约方的承诺送达对方；公共保管人签发格式合同或仓单；存货人将仓储物交付保管人，保管人接受。

仓储合同是诺成合同，无论仓储物是否交付，合同自成立起生效。合同生效后，存货人不交付仓储物、保管人不接受仓储物都是未履行合同的行为，由责任方承担违约责任。

（二）仓储合同的无效

无效合同是指已订立的合同，由于合同违反了法律法规，而被认定为无效。合同无效由人民法院或仲裁机构、工商行政机关认定，可以认定为合同整体无效或部分无效，可以采取变更或撤销的方式处理；合同无效可以在合同订立之后、履行之前、履行之中或者履行之后认定。

常见的无效合同形式：一方以欺诈、胁迫手段订立合同，损害国家利益的仓储合同；恶意串通，损害国家、集体或者第三人利益的仓储合同；以合法形式掩盖非法目的的仓储合同；损害社会公共利益的仓储合同；违反法律、行政法规强制性规定的仓储合同；无效代理的合同。

无论无效合同在什么时候被认定，自始至终都是无效的。依法采取返还财产、折价赔偿、没收违法所得等方式，对造成合同无效一方给予处罚。也就是说无效合同所产生的民事关系因无效合同所产生的利益消亡。

六、仓储合同的变更和解除

合同生效后，当事人应按照约定履行自己的义务，任何一方不得擅自变更和解除合同，这是《合同法》所确定的合同履行原则。仓储经营会随主客观情况的变化而变化，具有极大的变动性和复杂性，为了保护当事人双方的利益不受损害，变更或解除已生效的不利合同是更好的选择。

（一）仓储合同的变更

仓储合同的变更是指对已经合法成立的仓储合同的内容在原来合同的基础上进行修改或者补充。仓储合同的变更并不改变原合同关系和本质事项，是在原合同关系的基础上对有关内容的修订或补充。仓储合同的变更应具备下列条件：原仓储合同关系的客观存在，仓储合同的变更并不发生新的合同关系，变更的基础在于原仓储合同的存在以及其实质内容的保留；存货人与保管人必须就合同变更的内容达成一致；仓储合同的变更协议必须符合民事法律行为的生效要件。

仓储合同的变更程序类同于合同订立程序，即先由一方发出要约，提出变更之请求，另一方做出承诺，双方意思表示一致，变更成立。但是，受变更要约的一方必须在规定的期限内答复，这是与普通要约的不同之处。仓储合同变更后，被变更的内容即失去效力，存货人与保管人应按变更后的合同来履行义务，变更对于已按原合同所作的履行无溯及力，效力只及于未履行的部分。任何一方当事人不得因仓储合同的变更而要求另一方返还在此之前所作的履行。仓储合同变更后，因变更而造成对方损失的，责任方应当承担损害赔偿责任。

（二）仓储合同的解除

仓储合同的解除是指仓储合同订立后，在合同尚未履行或者尚未全部履行时，一方当事人提前终止合同，从而使原合同设定的双方当事人的权利义务归于消灭。它是仓储合同终止的一种情形。

1. 仓储合同解除的方式

（1）存货人与保管人协议解除合同。

存货人与保管人协议解除合同是指双方通过协商或者通过行使约定的解除权而导致仓储合同的解除。协议解除合同和协议订立合同一样，都是双方意见一致的结果，具有完全的效力。仓储合同的协议解除可以分为事后协议解除和约定解除两种。事后协议解除是指存货人与保管人在仓储合同成立后，在尚未履行或尚未完全履行之前，双方通过相互协商而同意解除合同，从而使仓储合同所确立的权利义务关系终止。约定解除是指存货人与保管人在订立仓储合同的时候，就在合同中约定一定的合同解除条件，在该条件成立时，享有解除权的一方当事人可以通过行使解除权而使仓储合同关系归于消灭。享有解除权的一方当事人称为解除权人。

（2）仓储合同依法律的规定而解除。

仓储合同的法定解除是指仓储合同有效成立后，在尚未履行或尚未完全履行之前，当事人一方行使法律规定的解除权而使合同权利义务关系终止，合同效力消灭。仓储合同一方当事人所享有的这种解除权是由法律明确规定的，只要法律规定的解除条件成立，依法享有解除权的一方就可以单方行使解除权，而使仓储合同关系归于消灭。根据《合同法》第94条的规定，仓储合同法定解除的条件为：因不可抗力致使合同的目的不能实现，任何一方可通知对方解除合同；一方当事人将预期违约，另一方当事人享有解除权；仓储合同的一方当事人迟延履行主要义务，经催告后在合理期限内仍未履行，另一方当事人享有合同解除权；仓储合同的一方当事人迟延履行义务或者有其他违约行为，致使合同的目的不能实现，在此情形下，另一方当事人可以行使解除权，使仓储合同关系归于消灭。上述四项条件，是法律规定的仓储合同解除条件，只要符合其中任何一项，仓储合同的一方当事人就可以行使解除权。一方依法选择解除合同的，只要书面向对方发出解除合同的通知，通知到达对方时合同就会解除。有权解除合同的一方也可以要求人民法院或仲裁机构确定解除合同。

2. 仓储合同解除后的后果

仓储合同解除的法律效力就是使仓储合同关系消灭。合同解除后，一切给予该仓储合同而发生的权利义务关系终止，尚未履行的合同也要终止履行。合同解除并不影响合同的清算条款的效力，双方需要按照清算条款的约定承担责任和赔偿损失，需承担违约责任的一方仍要依据合同约定承担违约损失，采取补救措施并赔偿损失。

七、仓储合同的违约责任和免责

（一）仓储合同的违约责任

仓储合同的违约责任是指仓储合同的当事人在存在仓储违约行为时所应该依照法律或者双方的约定而必须承担的民事责任。通过法定的和合同约定的违约责任的承担，增加违约成本，弥补被违约方的损失，减少违约的发生，有利于市场的稳定和秩序。违约责任往往以弥补对方的损失为原则，违约方需对对方的损失，包括直接造成的损失和合理预见的利益损失给予弥补。违约责任的承担方式有支付违约金、损害赔偿、继续履行、采取补救措施等。

（1）支付违约金。违约金是指一方违约应当向另一方支付的一定数量的货币。从性质上而言，违约金是"损失赔偿额的预定"，具有赔偿性，同时，又是对违约行为的惩罚，具有惩罚性。违约金产生的前提是合同约定和违法行为的发生，包括预期违约，而无论是否发生损失。根据《合同法》规定，当事人可以约定一方违约时应当根据违约情况向对方支付一定数额的违约金，也可以约定因违约产生的损失赔偿额的计算方法。同时规定当违约金过高或过低时，可以要求法院或仲裁机构予以调整。

违约金分为法定违约金和约定违约金两种。法定违约金是指法律或法规有明确规定的违约金。约定违约金是指仓储合同当事人在签订合同时协商确定的违约金。约定违约金是仓储合同当事人的自主意思表示，没有比例幅度，完全由存货人与保管人协商确定。法定违约金与约定违约金发生冲突时，应当是约定违约金优先适用。

（2）损害赔偿。损害赔偿是指仓储合同的一方当事人在不履行合同义务或履行合同义务不符合约定，给对方造成了损失的情形下，违约方承担赔偿损失的责任。损害赔偿最显著的性质特征是补偿性，以弥补损失为原则。损害赔偿的前提是违约和使对方产生损失。当合同中约定了违约金时，一方的违约造成损失超过约定的违约金时，另一方仍有权要求违约方赔偿超额损失。这种损失包括违约造成的直接损失和违约方在订立合同时所能预见的履行合同后可以获得的利益。损害赔偿可以采用支付赔偿金的方式，也可以采用其他方式进行，如实物补偿。

（3）继续履行。继续履行是指一方当事人在不履行合同时，对方有权要求违约方按照合同规定履行义务，或者向法院请求强制违约方按照合同规定履行义务，而不得以支付违约金和赔偿金的方法代替履行。继续履行合同是一种违约责任的承担方式，不因支付违约金和赔偿金而消失。

通常来说，继续履行的条件是：仓储合同的一方当事人有违约行为；违约一方的仓储合同当事人要求继续履行；继续履行不违背合同本身的性质和法律；违约方能够继续履行。在仓储合同中，要求继续履行作为非违约方的一项权利，是否需要继续履行，取决于仓储合同非违约一方的当事人，他可以请求支付违约金、赔偿金，也可以要求继续履行。若法律上或者事实上不能履行、继续履行费用过高、被违约方未在合理期限内提出继续履行，违约方可免除继续履行责任。

(4) 采取补救措施。在违约方给对方造成损失后，为了防止损失的进一步扩大，违约方依照法律规定承担相应的违约责任。在仓储合同中，这种补救措施表现为当事人更换仓储物、对损坏的仓储物进行修理、修复仓储设备或偿付额外支出的保管费、保养费、运杂费等，一般不采取实物赔偿方式。

(二) 仓储合同的免责

免除民事责任是指不履行合同或法律规定的义务，致使他人财产受到损害，由于有不可归责于违约方的事由，违约方可以不承担民事责任的情况。免责事项有法律规定的免责事项和合同约定的免责事项。但是因故意或重大过失造成人身伤害或财产损失的不能免责。

1. 不可抗力

不可抗力是指当事人不能预见、不能避免并且不能克服的客观情况。它包括自然灾害和某些社会现象。前者如火山爆发、地震、台风、冰雹和洪水侵袭等，后者如战争、罢工等。因不可抗力造成仓储保管合同不能履行或不能完全履行，违约方不承担民事责任。

不可抗力免责是有条件的，范围仅限于不可抗力的直接影响，当事人有能力避免但未采取有效措施防范、急救所造成的损失扩大不属于不可抗力造成的损失。发生不可抗力事件后，遭受不可抗力的一方没有及时通报，由此而加重了对方的损失，则加重部分不在免责之列。发生不可抗力事件后，遭遇不可抗力的当事人要取得有关机关的书面材料，证明不可抗力发生以及影响当事人履行合同的情况，这样如果日后发生纠纷，也可以做到有据可查。但是发生不可抗力后订立的合同不得引用不可抗力免责。

2. 仓储物自然特性

根据《合同法》及有关规定，由于储存货物本身的自然性质和合理损耗，造成货物损失的，当事人不承担责任。货物在储存过程中，由于自然原因（如干燥、风化、散失、挥发、黏结等）和货物本身的性质等原因，不可避免地要发生一定数量的减少、破损，这种合理损耗范围内的损失，保管人不承担赔偿责任。

3. 存货人的过失

由于存货人的原因造成仓储物的损害，如包装不符合约定、未提供准确的验收资料、隐瞒和夹带、存货人的错误指示和说明等，保管人不承担赔偿责任。

4. 合同约定的免责

基于当事人的利益，双方在合同中约定免责事项，对负责事项造成的损失，不承担互相赔偿责任。如约定货物入库时不验收重量，则保管人不承担重量短少的赔偿责任；约定不检验货物内容质量的，保管人不承担非作业保管不当的内容变质损坏责任。

八、仓单

(一) 仓单的概念和性质

仓单是指保管人在与存货人签订仓储保管合同的基础上，对存货人所交付的仓储物进行验收之后出具的物权凭证。它也是在仓储企业开展仓储服务过程中，仓储保管人接到货物后，由保管人签发给存货人的表明一定数量的仓储物已经交付仓储保管的法律文书。《合同法》第385条规定："存货人交付仓储物的，保管人应当给付仓单。"因此，签发仓单是保管人的法律义务。

仓单是保管人向存货人开具的货物收据，也是提取仓储物的凭证，因此仓单实际上是仓单持有人对仓储物享有所有权的重要凭证。由于仓单可以转让，仓单持有人可以凭借仓单请求保管人给付仓储物，因此仓单又是一种以仓储物为标的的有价证券。而且仓单是在仓储合同的基础上签发的，是仓储合同存在的证明，也是仓储合同的重要组成部分。

仓单上所记载的权利和义务与仓单密不可分。它具有以下效力：

（1）受领仓储物的效力。仓单是仓单持有人所有权的重要凭证，合法拥有仓单就表示合法拥有仓储物，持单人便可凭仓单领取仓储物。

（2）转移仓储物所有权的效力。只要存货人在仓单上背书转让并经保管人签字或盖章，仓单上仓储物的提取权利便发生了转移，即存货人转让了仓储物的所有权。非存货人背书，并经保管人签名的，仓储物所有权不发生转移。

（二）仓单类型

1. 通用仓储仓单

通用仓单用于普通仓储业务中。仓储物的出库单、入库单都视为仓单。其格式示例参见表5-2。

表5-2　　　　　　　　　　通用仓储仓单示例

仓单正面（此仓单背面无内容）

×××公司仓单

填发日期（大写）　年　月　日　　　　No._____

存货人：_____　　账号：_____

储存期：_____至_____　　仓库地址：_____

名称	规格	单位	数量	包装	体积	重量	备注	正本提货联

货值合计金额（大写）　　　　　　　　　　　　　　　　¥（小写）

注：仓储物（已/未）办理保险，

保管人（签章）　　　　保险金额¥_____元，

　　　　　　　　　　　保险期限_____，保险人：_____。

记账：　　　　复核：

------------骑缝章加盖处------------

（附件粘贴处）

2. 金融仓储仓单

金融仓储仓单用于货物质押、货物转让、期货交割，与货物整进整出。其格式示例参见表5-3。

表 5-3　　　　　　　　　　金融仓储仓单示例

A. 仓单正面　　　　　　　　　　　　　　　　　　　　　　　　　　　　　凭单提货

×××公司仓单

填发日期（大写）　　年　　月　　日　　　　No._____

存货人：_____　　　　　　　　　账号：_____
储存期：_____至_____　　　　　　　　仓库地址：_____

| 名称 | 规格 | 单位 | 数量 | 包装 | 标识 | 仓储费率 | 备注 |

货值合计金额（大写）　　　　　　　　　　　　　　　　　　　　　¥（小写）

注：仓储物（已/未）办理保险，

保管人（签章）　　　　　保险金额¥_____元，

　　　　　　　　　　　　保险期限_____，保险人：_____。

记账：　　　复核：

正本提货联

------骑缝章加盖处------

（附件粘贴处）

B. 仓单背面

| 被背书人 | 被背书人 | 被背书人 |

| 背书人签章 | 背书人签章 | 背书人签章 |
| 年　月　日 | 年　月　日 | 年　月　日 |

| 保管人签章 | 保管人签章 | 保管人签章 |
| 年　月　日 | 年　月　日 | 年　月　日 |

（粘贴单处）

持单人向公司　　　　　　　身份证件名称：
提示取货签章：　　　　　　号　　码：
　　　　　　　　　　　　　发证机关：

（三）仓单要素和格式规范

仓单是收取和提取仓储物的凭证，还是物权凭证的有价证券，具有流动性。仓单的记载事项必须符合《合同法》及物权凭证的要求，以明确仓单关系人的权利。仓单要素分为必备要素和可选要素两类（见表 5-4、表 5-5）。

表 5-4　　　　　　　　　　　　　　仓单必备要素的内容及用语

要素类型	序号	要素内容	可选择用语	填写要求
必备要素	(1)	"仓单"字样	仓单	
	(2)	凭证权利提示	凭单提货	
	(3)	仓单编号	编号、No.	
	(4)	仓单填发日期	填发日期	大写
	(5)	存货人名称	存货人	实名全称
	(6)	保管人名称	保管人、签发人	实名全称,可置于仓单顶部并使用保管人或签发人标志
	(7)	仓储物名称	名称、品种	
	(8)	仓储物数量	数量	
	(9)	仓储物计量单位	单位	宜采用 GB3101,GB3102 中规定的法定计量单位
	(10)	仓储物包装	包装	
	(11)	仓储场所	地址	
	(12)	保管人签章	保管人签章	

表 5-5　　　　　　　　　　　　　　仓单可选要素的内容及用语

要素类型	序号	要素内容	可选择用语	填写说明
可选要素	(1)	存货人住址	住所	
	(2)	仓储物规格	规格、产地、生产厂家、生产日期、等级、含量	
	(3)	仓储物标识	标识、商标	
	(4)	仓储物价格	单价、金额、货值	
	(5)	存储期间	储存期、储存时间	
	(6)	仓储物损耗标准	损耗标准	
	(7)	仓储物保险金额	保险金额	
	(8)	仓储物保险期间	保险期间	
	(9)	仓储物保险人名称	保险人	
	(10)	货品编码	货品编码、商品编码	
	(11)	仓单经办人	经办、填发、记账、复核	
	(12)	仓单被背书人	被背书人	采用电子化仓单的企业,应在系统内保留连续背书的记录,并可供查询确认
	(13)	仓单背书人签章	背书人签章	
	(14)	仓单背书保管人签章	保管人签章	
	(15)	仓单持有人提示取货签章	仓单持有人提示取货签章	
	(16)	仓单持有人证件号码	证件号码	
	(17)	仓储费率	仓储费率	
	(18)	"保兑"字样	保兑	应印制在正本提货联正面显著位置
	(19)	仓单保兑人签章	保兑人	实名全称
	(20)	关联仓储合同	关联合同号	
	(21)	附件	附件	粘贴在指定处,加盖骑缝章
	(22)	其他要素	根据业务需要选用	其他要素的选用与填写不应违反本标准要求

注:可选要素序号为(12)(13)(14)(15)(16)(17)的项目应作为可转让、质押仓单的必选要素。

一般情况下，仓单为一式三联，包括会计记账联、正本提货联和会计底卡联。仓单签发的基本要求：仓单上所记载的要素不应更改，更改的仓单无效；必备要素记载未记载或记载不全的仓单无效；仓单中货物价值金额中应以中文大写，和阿拉伯数字应一致，二者不一致的仓单无效；记载事项应真实，不应伪造、变造。

（四）仓单业务

1. 签发仓单

仓单是由保管人向存货人签发的。存货人交付仓储物，并经过验收后，保管人会向其签发仓单。仓单经保管人签字或盖章后，才会产生法律效力。

保管人填制仓单时必须依仓储物的实际情况进行记录，特别是对仓储物不良状况要准确描述。如果仓储物的瑕疵不影响仓储物的价值或品级，保管人可以接受存货人的担保而不批注，否则必须批注，或拒绝签发仓单。

2. 仓单份数

根据《合同法》规定，保管人只签发一式两份仓单，一份为正式仓单交给存货人，另一份为存底单，由保管人保管。根据业务需要，仓单可被复制相应份数，但需注明"副本"。

3. 仓单的分割

仓单分割是存货人为了便于转让仓储物，请求保管人将能够分劈的仓储物进行分割，并对分割后的仓储物分别签发仓单。仓单分割便于存货人处理仓储物。

存货人可在在交付仓储物时，请求保管人对仓储物进行分割，并分别填发仓单；也可在仓储物的存储期间，请求保管人将原仓单分拆成多份仓单，但必须要交还原仓单。分割后仓单的仓储物总数与原仓单总数相同，并能达成对残损、地脚货的分配协议且该协议对分割后的仓单持有人具有约束力。分割仓单所发生的费用，由存货人承担。

4. 仓单的转让

仓单作为有价证券，具有流通性，其流通方式为转让仓单和以仓单出质。

（1）仓单转让。

《合同法》第387条规定："仓单是提取仓储物的凭证。存货人或仓单持有人在仓单上背书经保管人签字或盖章的，可以转让提取仓储物的权利。"这表明仓单可被转让，即仓储物的所有权可以被仓单持有人转让。

仓单转让是指仓单持有人可以通过背书转让的方式转让仓储物的所有权。仓单的转让要符合法律规定的形式，才能产生法律效力。仓单转让生效的必要条件是背书完整和保管人的签章。记名仓单的转让采取背书转让的方式，背书则是存货人在仓单的背面或者在仓单上记载被背书人（即受让人）的名称或姓名、住所等有关事项。仓单背书后，必须经保管人签署，否则转让无效。保管人的签字或盖章是确保仓单、仓单利益以及明确转让仓单法律责任的手段。

背书格式：

兹将本仓单转让给×××（被背书人的完整姓名）

×××（背书人的完整姓名）

背书经办人签名、日期

（2）以仓单出质。

根据我国《担保法》的规定，仓单质押属于权利质押的一种。

以仓单出质是指以仓储物为标的物的权利质押，即质权人享有提取仓单上仓储物的权利。以仓单出质需要仓单持有人与质权人签订质押合同，同时持有人将背书且经保管人签字或盖章的仓单交于质权人。质权人在债务人无法偿还债务时，有权提取仓储物。

5. 凭单提货

凭单提货是指在保管期满或约定的提货时间，仓单持有人向保管人提交仓单并出示身份证明，经保管人核对无误且持有人交付相关费用后，办理提货手续。凭单提货的一般程序：

（1）核对仓单。保管人将提货人所提交的仓单与存底仓单核对，确定仓单的真实性；检查仓单背书的完整性并核对仓单上的存货人或者被背书人与其所出示的身份证明是否一致。

（2）提货人缴纳相关费用。仓单记载由提货人缴纳仓储费用的，提货人按约定支付仓储费；根据仓储合同约定并记载在仓单上的仓储物在仓储期间发生的为仓储物所有人利益的支出、对仓储人或其他人所造成的损害等费用核算准确后由提货人支付。

（3）保管人签发提货单证并安排提货。保管人收取费用、收回仓单后，签发提货单证，安排货物出库。

（4）提货人验收仓储物。提货人根据仓单的记载与保管人共同查验仓储物，签收提货单证，收取仓储物。如果查验时发现仓储物受到损坏，应现场编制记录，并要求保管人签署，必要时申请商品检验，以备事后索赔。

6. 仓单灭失的提货

仓单因故灭失或毁损，会出现无单提货的现象。原则上，提货人无仓单，保管人不能交付货物，但是在特殊情况下，无仓单也可以提货：

（1）通过人民法院的公示催告使仓单失效。根据《民事诉讼法》，原仓单持有人或仓储合同人可以申请人民法院对仓单进行公示催告。当60天公示期满无人争议后，人民法院可以判决仓单无效，申请人可以向保管人请求提货。若公示期内有争议，由法院审理判决，确定有权提货人，并凭法院判决书提货。

（2）提供担保提货。提货人向保管人提供仓储标的物的担保后提货，由保管人掌握担保财产，将来有人出示仓单，保管人不能交货需要进行赔偿时，可以使用担保财产进行赔偿。担保在可能存在的仓单失效后，方可解除。

7. 不记名仓单

不记名仓单是指仓单的存货人处填写的不是真正的存货人或所有人，而是通知人或经手人等非实际仓储物的所有人，若保管人与存货人达成协议，存货人处也可以空白。不记名仓单在转让时无须背书，仓储物存期届满，只需持有人签字并出示同样的身份证明即可提货，但是不能提前提货。

第三节　仓储的成本管理

一、仓储成本概述

（一）仓储成本的概念

仓储成本是指仓储企业在开展仓储业务活动中各种要素投入的以货币计算的总和。仓储成本包括：①对仓储设备和设施的投资、维护以及货物本身的自然损耗；②仓储经营管理作业中的物化劳动和活劳动的消耗；③货物存量增加所消耗的资金成本和风险成本。

仓储成本管理的任务就是用最低的费用在合适的时间、合适的地点取得适当数量的存货。仓储成本是物流成本的重要组成部分，对物流成本的高低有直接影响。因此，物流企业要获得经营收益，就必须加强仓储成本的管理。

（二）仓储成本的特点

1. 重要性

在企业的经营活动中，仓储成本有时占流动资金的 40% ~ 70%，从而影响企业的现金流动，影响企业的正常运转，因此加强仓储成本的管理对企业具有积极的作用。

2. 效益悖反性

为了提高客户满意度，提高物流水平，就会引起仓库建设、管理、仓库工作人员工资、存货等费用开支增加，加大仓储成本；而为了消减仓储成本而减少物流网络中心仓库的数目并减少存货，就会增加运输成本。因此要将仓储成本管理纳入整个物流系统，以成本为核心，按最低成本的要求，使整个物流系统化、最优化。

3. 复杂性

在现行的会计制度下对物流成本的核算缺乏统一的标准，如仓储成本中的仓储保管费用、仓储办公费用、仓储物资的合理损耗等一般计入企业的经营管理费用，而不是仓储成本。此外，对于内部所发生的仓储成本有时会因为涉及面广、环节多而无法划归相应的科目，因此增加了仓储成本的复杂性。

（三）仓储成本的构成

了解企业仓储成本的构成，为制订合理的仓储计划、确定合理的仓储费率、控制企业的经营成本提供依据。专门的仓储型企业和持有库存的生产型及销售型企业对仓储成本考察的角度不同。

1. 仓储型企业成本构成

对于仓储型企业来说，仓储成本是因存储货物而产生的成本，可分为固定成本和变动成本。固定成本是指不随存储物数量的变化而变化的成本，包括仓库及仓储设备的折旧、仓储设施、设备的大修基金、仓储管理人员的职工薪酬及福利等。变动成本会随存储量的变化而变化，包括仓储保管成本、货物搬运成本、流通加工成本、电力燃料费、货物仓储保险费、资金利息、设备修理费、外协费、营销费、劳动保护成本、营业税金等。

2. 生产型及销售型企业成本构成

对于生产型即销售型企业，仓储成本主要包括仓储持有成本、订货成本或生产准备成本、缺货成本和在途库存持有成本。

(1) 仓储持有成本。

仓库持有成本是指为保持一定的库存而发生的成本，可分为固定成本和变动成本。固定成本与仓储物的数量无关，包括仓库及仓储设备的折旧、仓库人员的职工薪酬等。变动成本与仓储物的数量有关，如库存占有资金的利息费用、保险费用、存货的毁损和变质损失等，变动成本主要有资金成本、仓储成本、服务成本和风险成本。

① 资金成本。资金成本即为资金的占用成本、机会成本或利息成本，反映了被仓储占用资金的获利能力，如果这部分资金不投资于仓储而投入其他方面，所获得的最大可能收益，这是仓储成本的隐含费用。资金占用成本通常用企业投资的要求的最低报酬率来计算，为了简化计算，也可采用同期银行贷款利率或是存款利率来计算。

② 仓储成本。仓储成本包括仓储折旧、租赁费、保管费及管理费等各项费用。这些成本因仓储方式的不同而不同，应区分固定成本和变动成本。如果企业利用公用仓库，则相关仓储成本会随仓储量的变化而变化；如果企业利用自有仓库，则仓储成本大部分为固定成本。

③ 服务成本。仓储的服务成本是指为仓储物提供的各项仓储服务业务的成本，主要与物品的出入仓库有关。包括业务费用、交易成本、信息服务费、货物搬运费等，也包括因仓储作业发生的职工薪酬和福利费。

④ 风险成本。仓储风险成本是指企业仓储物发生贬值、损坏、丢失、变质、报废等损失。仓库未履行合同而支付的违约金或赔偿金也构成仓储的风险成本。

(2) 订货成本或生产准备成本。

订货成本是指企业为了实现一次订购而进行的各种活动的费用，包括处理订货的差旅费、办公费等支出。订货成本中一部分与订货次数无关，如常设采购机构的基本开支等，为订货的固定成本；另一部分与订货次数有关，如采购人员的差旅费、货物的运输费等，为订货的变动成本。订货成本是发出订单到收到存货整个过程发生的成本，主要包括下列活动：编制并提出提货申请；对多个供应商进行调查比较；选择最合适的供应商；填写并发出订货单；填写核对收货单；验收货物；集资付款。

生产准备成本是指企业自己生产加工半成品所产生的成本。其中，更换磨具、增添专用设备等成本属于固定成本，与生产数量相关的材料费、人工费等成本属于变动成本。

仓储持有成本和订货成本随订货次数或订货规模的变化呈反方向变化，随着订货规模的增加，仓储持有成本增加，订货成本降低，总成本呈"U"形变化（见图 5-1）。

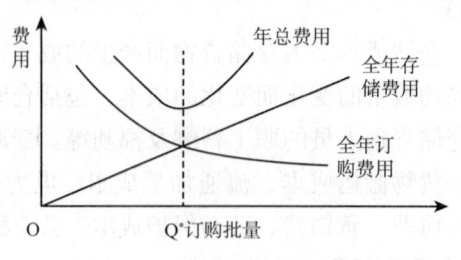

图 5-1 订货成本的变化情况

(3) 缺货成本。

缺货成本是指由于内外部供应中断而造成的损失。包括原材料供应中断造成的停工损失、产成品库存中断造成的延迟发货损失和丧失销售机会的损失，还包括因延迟发货造成的信誉损失。如果生产企业以紧急采购代用材料来解决库存材料的中断之急，那缺货成本表现为紧急额外购入中超出正常采购的成本费用。具体包括以下内容：

① 保险库存的持有成本。许多企业为应对市场需求或供货延期的不确定性，会保持一定数量的库存，这部分库存称为安全储备（也称缓冲库存）。但是企业需要为保险库存承担保管费用，这就会增加企业的成本。因此，要控制保险库存的成本，需要确定合理的库存量。根据边际效应递减规律，储存额外数量的存货成本加期望缺货成本会有一个最小值，这样可以确定保险库存的最佳持有量。低于或高于该最佳持有量，企业都会产生净损失。

② 延期交货。企业没有在合同约定的时间按时交货，而是在约定时间后的一段时间提交货物。延期交货有两种形式：一种是缺货商品在下次订货时得到补充，另一种是利用快递延期交货。如果客户愿意等到下次订货，那么企业是没有任何损失的，但如果采用快递延期交货，就会发生特殊订单处理和相关运输费用，特殊订单处理的费用要高于普通订单处理的费用，所采用的快递费用也要高于平时的运输成本。因此，若企业延期交货可能会增加企业的成本。

③ 失销成本。当企业没有客户所需要的库存时，客户可能会转向其他供应商即商品的替代供应者，这种情况下，缺货导致了失销。对企业来说，直接的经济损失就是客户所需商品的利润，但是间接损失不可估量，包括销售人员的精力损失。一次缺货可能对企业未来的销售产生影响。

④ 失去客户。由于客户得不到商品，可能永远的转向了其他供应商，使企业失去客户，影响企业未来收入。这种收入损失难以估量，需要借助管理科学的技术和市场营销的研究方法计算分析。由缺货导致的信誉损失，也会对企业的长远发展产生不利的影响。

(4) 在途库存持有成本。

在途库存持有成本是指已订购而未到货物的成本，这项成本常被忽略，但是在某些情况下，企业不能不考虑该项成本。如果企业以目的地交货价销售商品，这就需要企业将货物运达目的地，只有客户收到货物时，商品的所有权才发生转移。从财务的角度看，商品仍然是企业的库存，因为客户未收到货物前，企业仍然拥有商品的所有权，运货时间及成本是存储成本的一部分。企业要对运输成本和在途库存持有成本进行权衡抉择。

(四) 仓储成本的计算

1. 仓储成本的计算范围

明确成本的计算范围，是进行仓储成本计算的前提条件。因为计算目的的不同，成本所涵盖的范围也不尽相同，计算出来的结果更是差别很大。而计算仓储成本的原始数据一般都来自于财务部门。财务部门提供的数据是企业整体发生的费用，要获得仓储成本就需要将数据进行整理，对于不能直接获得的数据需要将相关成本分离出来，如材料费、人工费、物业管理费、管理费、营业外费用等。

(1) 材料费。材料费是与包装材料、器具用具、消耗工具、燃料等相关的费用，可以根据材料的出入库记录，将期间与物流有关的消耗量计算出来，再分别乘以单价得出。

（2）人工费。人工费是指仓储人员实际取得的工资、加班费、福利费、奖金、补贴及劳保费等，该项成本可从相关会计科目中获得。

（3）物业管理费。物业管理费包括水电暖等费用，实际用量可从计量上获得，也可根据物流设施的比例和相关人员的比例简单推算。

（4）管理费。对于与仓储相关的直接费用，可直接计入仓储成本，对于无法直接获取的成本，可按人员比例分摊计算。

（5）营业外费用。营业外费用主要包括折旧和利息。仓储的折旧费用可根据相关设施设备的折旧年限和折旧率计算。利息可根据相关资产的贷款利率计算。

2. 仓储成本的计算方法

（1）按支付形态计算。

把仓储成本按仓储保管费、仓储搬运费、材料费、人工费、仓储管理费、仓储占用资金利息等支付形态分类，可以计算出仓储成本的总额。这种方法可以直观的找出花费最多的项目，从而对其进行成本管理。该计算方法从管理费用、财务费用、销售费用等各项目中，取出数据乘以一定的比率算出仓储部门相关的费用，再将本年数据与上年数据进行比较，分析变动原因，制订改动方案。具体计算见表5-6。

表5-6　　　　　某公司按支付形态划分的仓储成本计算表　　　　　单位：元

序号	仓储成本形态	管理等费用	计算基准（%）	仓储成本	备注
1	仓储租赁费	123000	100	123000	金额
2	材料消耗费	36218	100	36218	金额
3	工资津贴费	621240	26.3	163386	人数比率
4	燃料动力费	23132	53.7	12422	面积比率
5	保险费	10320	53.7	5542	面积比率
6	维修费	18260	53.7	9806	面积比率
7	仓储搬运费	34120	53.7	18322	面积比率
8	仓储保管费	36314	53.7	19500	面积比率
9	仓储管理费	19616	35.1	6885	仓储费比率
10	低值易耗品费	20410	35.1	7164	仓储费比率
11	资金占用利息	26640	35.1	9351	仓储费比率
12	税金等	38160	35.1	13394	仓储费比率
	合计	1007430	42.2	424990	仓储费占费用总额比率

基准的计算公式：

$$人数比率 = \frac{仓储工作人员数}{公司总人数}$$

$$面积比率 = \frac{仓储设施面积}{公司总面积}$$

$$仓储费比率 = \frac{1 \sim 8\ 的仓储成本}{1 \sim 8\ 的管理等费用}$$

(2) 按仓储项目计算。

按支付形态所计算的仓储成本只能得出成本总额，并不能充分的说明仓储的重要性。而按仓储项目计算仓储成本，可以使企业更好地了解仓储的实际形态，便于对不同作业环节的成本进行比较，从而使成本管理更具针对性，更有利于降低仓储成本，提高成本管理的效率。表5-7为某公司仓储成本计算表。

表5-7　　　　　　　　某公司仓储成本计算表　　　　　　　　单位：元

项目	管理等费用	仓储租赁费	仓储保管费	仓储管理费	材料消耗费	搬运费
仓储租赁费	123000	123000				
材料消耗费	36218	9218	14600	6200	6200	
工资津贴费	621240	70000	280000	151240		120000
燃料动力费	23132	6100		12032	5000	
保险费	10320	3020	6300	1000		
维修费	18260	8200		4000	6060	
仓储搬运费	34120				8120	26000
仓储保管费	36314		36314			
仓储管理费	19616	4000	4000	3600	8016	
低值易耗品费	20410				20410	
资金占用利息	26640	13320	13320			
税金等	38160	8100	26060	4000		
合计	1007430	244958	380594	182072	53806	146000

(3) 按适用对象计算。

这种方法是按产品、地区或客户等的不同分别计算仓储成本，这样计算可以分析不同的对象对仓储成本的影响。一般结合ABC分析法，对不同对象进行重点管理和控制。

二、仓储成本管理的原则

(一) 经济性原则

经济性原则也为节约原则、成本效益原则，经济性是对人力、物力和财力的节约，是提高企业经济效益的核心。为了提高企业效益，应建立严格的仓储成本控制制度，提高资源利用率。经济性原则强调仓储成本管理要起到降低成本、纠正偏差的作用，并要控制发生的费用，使其不超过因缺少控制而损失的收益。

(二) 全面性原则

企业进行仓储成本的管理时，不应只片面强调仓储成本，也要关注能影响企业长远发展的服务水平。在保证高质量的服务水平下，适当的控制仓储成本，使企业高效率地运行。同时，企业还要关注企业的其他方面，开源节流，对公司职员、物流全过程也要进行严格的成本控制。

(三) 利益协调性原则

物流业的迅速发展，使得仓储管理对社会的影响越来越大。降低仓储成本，对企业、社会都有积极地影响。因此，对仓储成本的管理要注意协调社会、企业以及消费者之间的利益。

（四）例外管理原则

企业进行成本管理产生的经济效益必须大于因仓储成本管理而发生的费用，进行成本管理才具有现实意义。况且企业的实际费用与预算费用不可能会完全一致，如果一一比较分析会增加工作量，还会增加仓储控制成本。因此，企业进行仓储成本管理时，应将精力集中在非正常金额较大的例外事项上。

三、仓储成本管理的内容

仓储成本管理是指企业通过最经济的方法实现仓储功能，把库存控制到最佳，尽可能减少人力、财力、物力的投入。仓储成本管理的实质是在保证仓储功能的前提下，减少投入，实现仓储的合理化。仓储成本管理不能只重视仓储的正功能，忽视仓储的负功能，这会与目的背道而驰，增加仓储成本，因此，要关注导致仓储成本过高的主要影响因素。

（一）仓储时间过长

仓储时间从两个方面影响仓储效果。一个方面是仓储物经过一定时间的存储，可以获得"时间效用"，这是仓储的主要功能；另一方面是仓储物随仓储时间的增加，会使有形或是无形的消耗扩大，这是仓储的"效益悖反"问题。根据"时间效用"和边际效用递减规律可知，存储的总效用开始随时间的增加而增加，当达到一定的时间后，总效用会随时间的增加而降低或出现周期性的波动，因此，仓储企业应根据最优仓储效用确定最合理的仓储时间。

虽然仓储时间和仓储总效用之间的联系比较复杂，不能一概而论，但是对于绝大多数物品而言，仓储时间过长都会降低其仓储总效益，因此，仓储时间过长的仓储属于不合理的仓储范围。

（二）仓储数量不合理

仓储数量的过高或过低都会影响仓储效果，也属于不合理的仓储范围。

储存一定数量的货物，可以保证企业正常的供应、生产、消费能力。但企业的保证能力不与库存数量成正比，而是遵从边际效用递减的规律，即每增加一单位的仓储物，所增加的保证作用逐渐降低，总效用也会随着仓储物的不断增多先增加后减少。而且仓储物数量的增加会增加仓储的持有成本，若仓储管理能力不能同步增加，就会使仓储损失增加。但是仓储物数量过低并不意味着损失会减少。过低的仓储物数量会降低企业供应、生产和消费的保证能力。由此导致的损失会远大于因减少数量而节约的成本。现代化物流发展迅速，仓储企业应利用现代信息技术所提供的及时、准确的信息，建立有效的供应系统，实现"零库存"管理。

（三）仓储条件不合理

仓储条件不足或过剩也会影响仓储效果，降低企业效益。仓储条件不足是指企业提供的仓储条件不能满足仓储物资所要求的仓储环境和必要的管理措施，如仓储设施简陋、仓储设施不足、维护保养手段及措施欠佳等。仓储条件的不足会加速仓储的损耗，带来不必要的损失。仓储条件过剩是指企业提供的仓储条件大大超过需求，使仓储物资过多的承担仓储成本，造成不合理的费用。

（四）仓储结构失衡

仓储结构失衡是指仓储货物的品种、规格失调，仓储物各个品种之间仓储期限、仓储数量失调以及仓储地点选择不合理，如组装产品的配件数量不配套，工人可能无法完成组装任务，影响工作效率。仓储结构的不合理会影响企业正常的生产、消费，为企业带来不必要的损失，企业应予以重视。

四、降低库存成本的途径

（一）分类管理，降低仓储物的保管风险

ABC分类控制法运用数理统计原理，根据"关键的是少数，次要的是多数"及存货的重要性，将货物分成A、B、C三类，并对各类存货采取不同的管理控制方法。A类存货数量较少，但是占用资金很多，实行重点管理；B类存货为一般存货，数量较多，资金占用一般，实行常规管理；C类存货数量繁多，但占用资金较少，只需凭经验管理即可。

（二）加速周转，提高单位仓容转出

储存现代化的重要课题是将静态储存变为动态储存，周转速度加快，能使资金周转加快，资本效益提高，货损货差减小、仓库吞吐能力增加、成本下降。如采用单元集装存储，建立快速分拣系统，这样有利于实现快进快出，大进大出。

通过使用贯通式货架系统、"双仓法"储存系统、计算机存取系统能有效实现货物的先进先出，加快货物的流转速度，使每个仓储物的存储期不会过长。

（三）加大存储密度，提高仓容利用率

这样做的主要目的是减少储存设施的投资，提高单位存储面积的利用率，以降低成本、减少土地占用。具体有下列三种方法：

（1）采取高垛的方法，增加储存的高度。具体方法有采用高层货架仓库、集装箱等都可比一般堆存方法大大增加储存高度。

（2）缩小库内通道宽度以增加储存有效面积。具体方法有采用窄巷道式通道，配以轨道式装卸车辆，以减少车辆运行宽度要求，采用侧叉车、推拉式叉车，以减少叉车转弯所需的宽度。

（3）减少库内通道数量以增加有效储存面积。具体方法有采用密集型货架，采用不依靠通道可进车的可卸式货架，采用各种贯通式货架，采用不依靠通道的桥式起重机装卸技术。

（四）采用科学的储存定位系统，提高仓储作业效率

储存定位是指对仓储物位置的确定。如果定位系统有效，能很大程度的减少寻找、存放、取出的时间，大大节约对物化劳动和活劳动的消耗。而且能防止出现差错、便于清点及实行订货点等管理。储存定位系统可采取先进的计算机管理，也可采用人工管理。具体的有效措施有：

1. "四号定位"方式

使用一组四位数字来确定存取位置的固定货位方式，属于手工管理中采用的科学方法，这四个号码是：库号、架号、层号和位号，让每一个货位都有一组号，在物资入库时，按照

规划要求对物资进行编号,记录在账卡上,提货时按四位数字指示,很容易将货物拣选出来,而这种方式要对仓库存货区进行规划,能很快地存取货物,有利于提高速度,减少差错。

2. 电子计算机定位系统

电子计算机定位系统主要是利用电子计算机的储存容量大、检索迅速的优点,入库时将存放货位输入到计算机中,出库时向计算机发出指令,并按计算机指示,找到存放货位置、拣选取货方式。这种方式可以充分利用每一个货位,不需要专位待货,有利提高仓库储存能力。

(五)采用有效的监测清点,提高仓储作业的准确度

对仓储物数量、质量的检测有利于掌握仓储的基本情况,对仓储进行科学的控制管理。在实际的仓储运营中,若不注重仓储的监测工作,就有可能造成账实不符。因此,要及时准确地掌握实际仓储情况,而经常监测是掌握仓储状况的重要环节。监测清点的主要方法有:

1. "五五化"堆码

这种方法是我国手工管理中采用的一种科学方法。储存物堆垛时,以"五"为基本计数单位,堆成总量为"五"的倍数的垛形,如梅花五、重叠五等,堆码后,便于清点,大大加快了人工点数的速度,且能减少差错。

2. 光电识别系统

这种方法是在货位上设置光电识别装置,使用该装置对被仓储物进行扫描,设备会将准确数目自动显示出来。这种方式不需人工清点就能准确掌握库存的实有数量,能减少工作量,增加清点的准确性。

3. 电子计算机监控系统

这种方法是利用电子计算机指示存取,这样可以防止人工存取易出错的情形。如果在被存物上采用条形码认寻技术,使其与识别计数的计算机联结,每存取一件物品时,识别装置会自动将条形码识别并将其相关信息输入至计算机,而计算机则会自动做出存取记录。这样只需向计算机查询,就可了解所存物品的准确情况,无须再建立一套针对实有数的监测系统。

(六)充分利用仓储管理信息化、网络化的优势,有效控制进销存系统,使物流、资金流和信息流保持一致

随着信息技术的快速发展,很多企业已经实现了管理的信息化和智能化,实现了快速准确的管理模式,这不仅提高了管理效率,也降低了管理成本。仓储企业的管理同样可以采用电子商务模式,通过运用物流、资金流、信息流的动态资料辅助决策,可以实现各种信息的同步化,能有效降低库存的成本费用,提高仓储行业的服务效率,增强企业竞争力。

本章小结

仓储经营是仓储经营组织在仓储活动中,运用现代管理理念和科学的管理方法,对仓储经营活动进行计划、组织、指挥、协调和控制,充分利用现有仓储能力为他人储存和保管仓

储物品及提供相关增值服务，通过合理筹划，降低仓储成本，提高仓储经营效益。仓储经营的目的是使仓储资源得到充分利用，投入最少的成本并获得最大的收益。仓储经营方法根据目的不同可以分为自营仓储经营、仓储租赁经营、仓储多种经营等。

仓储合同又称仓储保管合同，是仓储保管人接受存货人交付的仓储物，对其进行妥善保管，仓储期满时完好交还仓储物，并收取保管费的协议。仓储合同按不同仓储经营方式，可分为一般仓储保管合同、混藏式仓储合同、消费式仓储合同和仓储租赁合同。仓储合同主要包括：存货人、保管人的名称、地址；储存货物的品种、数量、质量、包装、件数和标记；仓储物验收的内容、标准、方法、时间；仓储物的损耗标准及损耗的处理；仓储条件和要求；货物进出库手续、时间、地点、运输方式；计费项目、标准和结算方式、银行、账号、时间；责任划分和违约处理；合同的有效期限；变更和解除合同；争议处理及合同签署等内容。

仓单是保管人在与存货人签订仓储保管合同的基础上，对存货人所交付的仓储物进行验收之后出具的物权凭证。仓单是保管人向存货人开具的货物收据，也是提取仓储物的凭证，因此仓单实际上是仓单持有人对仓储物享有所有权的重要凭证。而且仓单是在仓储合同的基础上签发的，是仓储合同存在的证明。

仓储成本主要包括仓储持有成本、订货成本或生产准备成本、缺货成本和在途库存持有成本。常用的降低仓储成本的措施：分类管理、加速周转、加大存储密度、采用科学的储存定位系统、采用有效的监测清点、充分利用仓储管理信息化及网络化的优势。

习题

1. 简述仓储经营服务的方法。
2. 简述仓储合同的特征及分类。
3. 简述仓储合同当事人双方的权利和义务。
4. 简述仓储合同的变更与解除。
5. 简述仓储合同的违约行为。
6. 简述仓单的效力，签发及仓单灭失的提货。
7. 简述仓储成本的构成。
8. 简述仓储成本管理的原则及意义。
9. 简述降低仓储成本的方法。

案例分析

美国布鲁克林酿酒厂仓储成本管理案例

（1）布鲁克林酿酒厂对运输成本的控制。布鲁克林酿酒厂于1987年11月将它的第一箱布鲁克林拉格运到日本，并在最初的几个月里使用了各种航运承运人。最后，日本金刚砂航运公司被选为布鲁克林酿酒厂唯一的航运承运人。金刚砂公司之所以被选中，是因为它向布鲁克林酿酒厂提供了增值服务。金刚砂公司在其国际机场的终点站交付啤酒，并在飞往东京的商务航班上安排运输，金刚砂公司通过其日本报关办理清关手续。这些服务有利于保证产品完全符合保鲜要求。

（2）布鲁克林酿酒厂对物流时间与价格进行控制。啤酒之所以能达到新鲜的要求，是因为这样的物流作业可以在啤酒酿造后的 1 周内将啤酒从酿酒厂直接运送到顾客手中。新鲜啤酒能超过一般的价值定价，高于海运装运的啤酒价格的 5 倍。虽然布鲁克林拉格在美国是一种平均价位的啤酒，但在日本，它是一种溢价产品，获得了极高的利润。

（3）布鲁克林酿酒厂对包装成本进行控制。布鲁克林酿酒厂将改变包装，通过装运小桶装啤酒而不是瓶装啤酒来降低运输成本。虽然小桶重量与瓶的重量相等，但减少了玻璃破碎而使啤酒损毁的机会。此外，小桶啤酒对保护性包装的要求也比较低，这将进一步降低装运成本。

（资料来源：伊莘雪. 美国布鲁克林酿酒厂物流成本管理［EB/OL］. http://www.worlduc.com/。）

问题：
1. 分析仓储成本的构成。
2. 结合美国布鲁克林酿酒厂物流成本管理现状，谈谈降低仓储成本的对策。

参考文献

［1］何景伟. 仓储管理与库存控制［M］. 北京：知识产权出版社，2008
［2］何庆斌. 仓储与配送管理［M］. 上海：复旦大学出版社，2013
［3］宋丽娟，马骏. 仓储管理与库存控制［M］. 北京：对外经贸大学出版社，2009
［4］真虹，张婕姝. 物流企业仓储管理与实务［M］. 北京：中国物资出版社，2007
［5］徐丽蕊，杨卫军. 仓储业务操作［M］. 北京：北京理工大学出版社，2010
［6］郑文岭. 物流仓储业务与管理［M］. 北京：中国劳动社会保障出版社，2013
［7］赵刚. 物流成本分析与控制［M］. 四川：四川人民出版社，2009
［8］申纲领，王艳杰. 现代仓储管理［M］. 北京：电子工业出版社，2011
［9］赵弘志. 物流成本管理［M］. 北京：清华大学出版社，2010
［10］白世贞，刘莉. 现代仓储管理［M］. 北京：科学出版社，2010

第六章
库存控制

本章学习要点

◆ 了解库存的含义和分类
◆ 理解库存的作用与缺陷
◆ 掌握库存成本的构成
◆ 掌握库存控制概念
◆ 了解库存控制的作用及其合理化
◆ 掌握库存控制的基本问题
◆ 了解牛鞭效应及其产生原因
◆ 理解牛鞭效应的解决办法

引例

PP公司的库存控制

PP公司是一家中性的汽车部件生产商。多年来，PP公司的很多客户向PP公司发出订单，订购的产品品种很多，尽管各品种订购批量比较小，但需求量都比较稳定。PP公司采用备货生产模式以追求生产规模效益。为了保证生产的连续进行，生产经理的权力很大，包括采购经理、仓储经理都要向其汇报工作。而且，最近PP公司营销部门成功与几家新汽车制造商签订了几个大合同。新客户订单的订购批量都很大，由于技术变化较快，这些新客户希望PP公司采用快速送货模式。

为了降低由于零部件质量不佳或供应商交货延迟而造成缺货的风险，PP公司囤积了大量的原材料和零部件库存。所有库存采用再订货点控制模式。除非出现意外因素，再订货点通常保持不变。PP公司根据经济订货批量决定向其他供应商发出的订购批量。为了满足新客户的大合同，PP公司采用了双供应源策略，两个供应商按40/60的比例分配订单。

（资料来源：PP公司的库存控制 [EB/OL]. http://www.docin.com/。）

第一节　库存控制概述

一、库存概述

（一）库存的概念

《中华人民共和国国家标准物流术语》（GB/T 18354—2006）中库存的定义为：库存是指储存作为今后按预定的目的使用而处于闲置或非生产状态的物品。广义的库存还包括处于制造加工状态和运输状态的物品。对于生产制造企业，库存一般包括原材料、产成品、备件、低值易耗品以及在制品；对于商业流通企业，库存一般包括用于销售的商品以及用于管理的低值易耗品。

库存是仓储的基本功能。它除了进行商品的储存和保管外，还具有整合需求与供给，保持物流系统中各项活动顺利进行的功能。企业为了能够及时满足生产及客户的进货需求也为了应对各种不确定性，就必须要经常保持一定数量的原材料库存和商品库存。若企业库存不足会造成供货不足、无法正常生产，从而丧失销售机会和市场占有率；库存过多则会占用过多的流动资金，耗用过多的库存存储费，还会因商品积压和损害而产生较高的库存风险，使仓储成本上升。因此，库存控制要保持合理的库存量，避免库存不足或库存过多带来的损失。

库存对企业有双重影响：一是影响企业的成本，即物流的效率；二是影响企业生产和销售的服务水平。通过合理的库存控制可以有效地降低企业仓储成本，也可以通过加速库存流转速度来提高企业的生产和销售水平。因此，库存控制是企业管理的重要内容之一，也是企业降低成本、提高服务水平的一条重要途径。

（二）库存的分类

1. 按生产过程分类

按企业的生产过程，库存可分为原材料库存、在制品库存、维修库存和产成品库存。

（1）原材料库存。

原材料库存是指企业通过采购或自制获得的，用于制造产品但尚未投入生产过程的存货。其主要作用是用于企业内部的生产制造或装配过程。

（2）在制品库存。

在制品库存是指已经过部分生产过程，但尚未全部完工的半成品存货。因为半成品需要在不同车间进行加工，所以会存在在制品库存。

（3）维修库存。

维修库存是指用于维修与维护设备而储存的经常性消耗品或备件存货。维修库存不包括为维护产成品所储存物品或备件。

（4）产成品库存。

产成品库存是指已完成制造，可以对外出售、直接销售给消费者的制成品库存。为了满足用户需求，很多企业都会留有一定量的产成品库存。

2. 按经营过程分类

按企业的经营过程，库存可分为经常库存、安全库存、季节性库存、促销库存、投机库存、积压库存、生产加工和运输过程的库存。

（1）经常库存。

经常库存也称周转库存，是指企业在正常的经营环境下为满足日常需要而建立的库存，即为了满足两次进货期间的市场需求或生产经营的需要而储存的库存。这种库存随着每日的需要不断减少，当库存降低到某一水平时（如订货点），就需要按一定的规则反复进行订货以补充库存。

（2）安全库存。

安全库存又称保险库存，是指为了防止不确定因素（如交货期延迟、突发性大量订货）而准备的缓冲库存。安全库存对突发事件起着预防和缓冲作用，主要是以备不时之需。而且因为不确定性的存在，对安全库存的决策要难于经常库存。

（3）季节性库存。

季节性库存是指为了满足特定季节中出现的特定需求而建立的库存，或指为季节性出产的原材料在出产季节大量收购而建立的库存。

（4）促销库存。

促销库存是指为响应企业的促销活动所产生的预期销售增加而建立的库存。

（5）投机库存。

投机库存又称时间效用库存，是指为了避免商品价格上涨造成损失或为了从商品价格上涨中获利而建立的库存。

（6）积压库存。

积压库存又称沉淀库存，是指因物品变质不再具有价值或因没有市场销路而没有销售出去的库存。

（7）生产加工和运输过程的库存。

生产加工库存是指处于加工状态及为了生产的需要暂时处于储存状态的零件、半成品或产成品。运输过程的库存是指处于运输状态或为了运输的目的而暂时处于储存状态的物品。

3. 按存放地点分类

按其存放地点，库存可分为库存存货、在途库存、委托加工库存和委托代销库存。

（1）库存存货。

库存存货是指已经运到企业，并已验收入库的各种材料和商品，以及以验收入库的半成品和制成品。

（2）在途库存。

在途库存是指处于运输状态的库存或在中途临时储存地，暂时处于待运状态的库存，包括运入在途库存和运出在途库存。运入在途库存是指货款已经支付或虽未付款但已取得货物所有权、正在运输途中的各种外购货物。运出在途库存是指按合同规定已发出，但尚未转移所有权，也未确认销售收入的货物。

（3）委托加工库存。

委托加工库存是指企业委托外单位加工，但尚未加工完成或已加工完成但企业尚未领取,位于外单位处的库存。

(4) 委托代销库存。

委托代销库存是指企业委托外单位销售产品,但按合同规定尚未办理代销货款结算的库存。

4. 按库存的需求特性分类

按其需求与其他需求的相关性,库存可分为独立需求库存和相关需求库存。

(1) 独立需求库存。

独立需求库存是指一种物品的需求是由市场决定的,与其他物品的库存需求无关,这种需求是不可控的需求。例如对家用洗衣机这种产成品的需求量是独立的,它来自于企业外部的销售渠道,与其他产品的需求无关。

(2) 相关需求库存。

相关需求库存是指一种物品的需求受其他产品或项目需求的影响,存在一定的量与时间商务对应关系,这种需求是可以预知和控制的。例如对于一定数量的洗衣机来说,洗衣桶、定时器、发动机等零部件和原材料的需求数量是已知的,是根据产品的零件表决定的。

一般来说,来自市场和企业外部的需求是独立性需求,由企业内部生产需要而产生的需求是相关性需求。

(三) 库存的作用与缺陷

1. 库存的作用

在某种意义上讲,库存是企业为了满足未来的需求而暂时闲置的资源。维持一定数量的库存,对企业的经营管理具有积极作用。

(1) 维持生产的稳定。

企业按销售订单和销售预测安排生产计划,并据此制订原材料采购计划。采购原材料存在延迟交货的风险,这会影响企业的正常生产计划。企业为了避免这种风险使生产计划顺利进行,有必要保持一定数量的原材料库存。而且有些原材料的采购具有季节性,对这种原材料保持一定数量的库存,可以使企业的生产更加稳定。

(2) 利用经济订货量的好处。

对原材料或商品进行采购会产生订购成本,这些成本包括:采购人员的工资、邮费、办公费等费用。每次订货时订货量越大,所需签订的订单就越少,而且还能降低运输费用。

(3) 平衡供应和需求。

因物品数量、价格及市场等影响因素的变化,使得供求在时间和空间上存在不平衡。企业为了稳定生产和销售,必须保持一定量的库存以避免市场需求的波动。而且客户订货后取货的时间要短于企业的生产时间,为了弥补时间差,企业必须储存一定数量的库存。

(4) 在供应链中起"缓冲器"作用。

缓冲作用是库存最根本的作用。由于供应链上各个企业之间的信息并不是完全透明的,对于生产商来说,存在着供应商延期交货而使其无法正常生产的风险,对于零售商来说,则存在订购的商品延迟交货而无法正常销售的风险,存储一定数量的原材料或商品,不会因供应的中断而影响企业的正常运行。

2. 库存的缺陷

库存是物流总成本的重要组成部分,管理不当会给企业带来不良影响。

(1) 占用大量流动资金。通常情况下，库存所占用的资金为企业总资产的20%~40%，若企业对库存管理不当，会造成大量资金的沉淀，形成积压库存。

(2) 增加了企业库存成本。库存材料成本的增加直接增加了产品成本，相关库存设备和管理人员的增加也增加了企业的管理成本。

(3) 带来其他管理问题。库存的存在掩盖了企业的管理问题，如计划不周、采购不力、生产不均衡、产品质量不稳定及市场销售不力等。

(四) 库存成本构成

库存成本是指为取得和维持一定规模的存货所发生的各种费用的综合，由物品购入成本、订货成本、库存持有成本（含存货资金占用成本、保险费用、仓储费用等）等构成。一般情况下，库存系统的成本主要由购入成本、订购成本、储存成本及缺货成本组成。

1. 购入成本

购入成本是指为了在预定地点（如仓库）获得货物的所有权而发生的成本，即货物本身的成本，它包括：货物的购价、运输、装卸费及装卸过程中的损耗等。某项物品的购入成本有两种含义：一是单位购入价格，即物品购自外部的，应包括购价加上运费；二是单位生产成本，即物品是由内部生产的，应包括直接人工费、直接材料费和企业管理费用。

2. 订购成本

订购成本是指从需求的确认到最终的到货，通过采购或其他途径获得物品或原材料的时候发生的费用，即向外部供应商发出采购订单的成本或内部的生产准备成本。这项成本通常与订购或生产准备次数有关，而与订货量或生产量无直接关系。订购成本包括提出订货申请单、分析货源、填写采购订单、来料验收、跟踪订货等各项费用。

3. 储存成本

储存成本也称持有成本，是企业为持有和管理库存而承担的费用开支。包括储存费用，取暖、照明费用以及仓库建筑物的折旧费用；维持库存正常运行的人员费用；库存记录的保存费用；管理和系统费用，包括盘点和检查费用；安全保险费用；库存损坏与废弃的成本费用。

4. 缺货成本

缺货成本是因企业内部或外部供应中断，不能及时满足市场需求而造成的损失。包括原材料中断造成的停工损失、产成品库存缺货造成的延迟发货损失、企业采用紧急采购解决库存中断而承担的紧急额外采购成本等。当企业产品的用户得不到他的全部订货时，叫做外部缺货；而当组织内部某一个部门得不到它的全部订货时，叫做内部缺货。外部短缺将导致延期交货、当前利润损失（潜在销售量的损失）和未来利润损失（商誉受损）。内部短缺可能导致生产损失（人员和机器的闲置）和完工日期的延误。

二、库存控制的概念

库存控制是指对制造业或服务业生产、经营全过程的各种物品、产成品以及其他资源进行管理和控制，使其储备保持在经济合理的水平上。库存控制是库存管理的核心问题。它是在满足顾客要求的前提下，为使库存物品的数量达到最合理所采取的有效手段。企业通过库存控制尽可能降低库存成本，提高物流效率，以增强企业的市场竞争力。

库存控制是使库备保持在最经济合理的水平上。库存量过多或过少都会给企业造成损失，因此库存量并不是越多越好，也不是越少越好，多了会形成积压库存，少了会使企业无法正常生产。使库存保持一定量的水平既能维持企业正常的供应，又不会形成积压库存，是有效降低仓储成本，提高经济效益的重要途径。

库存控制的内容包括确定产品的储存数量与储存结构、订货批量与订货周期等。其任务是用最低的费用在适当的时间和适当的地点获取适当数量的原材料、消耗品或最终产品。这是企业追求的目标，也是企业间竞争的重要环节。

三、库存控制的作用

（1）在保证企业生产、经营需求的前提下，使库存量经常保持在合理的水平上。企业保有库存就是为了满足日常的生产、经营，这是库存最基本的功能。若企业通过合理的控制使仓储量保持在经济合理的水平上，可以提高仓储利用率，降低仓储成本，提高企业整体的经济效益。

（2）掌握库存量动态，适时、适量提出订货，避免超储或缺货。通过仓储控制及时准确地掌握库存量信息，可以加速货物周转，提高仓储利用率。而且随时掌握库存量动态，可以保证企业正常运转，降低因过量存储造成积压的损失及因货物不足造成缺货的损失。

（3）减少库存空间占用，降低库存总费用。合理的库存控制可以增加仓储量，提高仓储利用率，降低每单位仓储物所承担的仓储费。

（4）控制库存资金占用，加速资金周转。仓储物占用着企业的流动资金，库存控制可以有效控制库存资金的占用，加速资金的周转，降低仓储成本。

四、库存控制的合理化

库存控制是库存管理的重要内容，库存合理化是用最经济的方法和手段从事库存管理活动，并使其发挥作用的一种库存状态。通过合理的库存控制可以有效降低企业成本，提高企业服务水平及物流效率，进而提高企业竞争力，增加其经济效益。

（一）库存量合理

库存量合理是指下批产品到来之前，能够保证此期间商品的正常供应的数量。合理的库存量能满足市场的需要、保障企业正常的销售。其影响因素有：

1. 市场需求量

库存量与市场的需求量有直接关系，为了满足消费的需要，企业有必要留有一定数量的商品，使其可以随时投放市场。其他条件不变时，库存量与市场需求量成正比。

2. 再生产周期

库存量必须与产品的再生产时间相适应。其他条件不变时，库存量的大小与再生产周期的长短成正比。

3. 交通运输条件

产品在供应链中流通，即由供应商到制造商，由制造商到销售商，再到消费者，需要运输工具和运输时间，运输条件不同会影响企业库存量的决策。一般情况下，运输条件越发达的企业，库存量越少。

4. 企业自身条件

库存量的大小也受企业自身条件的限制，如仓储设备、进货渠道、中间环节、进货时间等，都会影响企业的库存量水平。企业的管理水平和设备条件越好，相应的库存量水平越低。

（二）库存结构合理

库存结构合理是指不同品种、规格的物品之间库存量的比例关系合理，能满足市场需求。随着消费者多样化的需求，企业库存也在向多样化发展，因此，企业在存储物品时不仅要考虑商品的数量，也要考虑商品的品种、规格。要根据市场需求变化，调整库存结构，使库存更加合理。

（三）库存时间合理

库存时间合理是指库存周期的合理性。合理的库存时间，可以保证物品的可用性，其影响因素有：

1. 物品消耗和销售时间

生产过程中，对某物品的消耗越多，库存时间就越短。销售过程中，客户对产品的需求越多，存储时间就越短。因此，企业要随时了解生产、销售状况，促进企业生产，扩大销售，加速周转。

2. 物品的性质

库存的时间客观上受物品物理、化学及生物性能的影响。存储的时间超过其自然属性所允许的库存时限时，物品因过度损耗而减少其使用价值。因此，库存时间应以保证物资安全以及减少损耗为前提。

（四）库存网络合理

仓库网点的合理布局，也是合理库存的重要条件之一。合理的库存网络取决于商品流通渠道的类型和生产流程的形式安排。例如，批发企业担任着某一区域的货物供应任务，出入库货物数量较多，货物存储量较大，一般设大型仓库；零售企业相对来说网点分散，销售量小，其存储量较小，一般设小型仓库。

五、库存控制的评价指标

库存是物流企业的重要组成部分，库存控制的好坏直接影响企业的经济效益。通过一系列有效的评价指标对库存控制的效率进行比较分析，找出其中隐藏的问题，可以提高企业的控制水平。库存控制的评价指标有：

（一）库存周转率

库存周转率可以衡量单位库存资金用于供应的效率，反映企业的库存控制水平。企业可以通过比较各个销售渠道、销售环节的库存周转次数来找出销售的发展趋势，发现其中存在的问题。

库存周转次数的计算公式为

$$库存周转次数 = \frac{年销售额}{年平均库存}$$

（二）服务水平

服务水平一般用供应量占需求量的百分比大小来衡量，其直接表现为客户的满意程度，如客户的忠诚度、取消订货的频率、不能按时供货的次数等。对于一个企业来说，为了保证正常的供应，提高服务水平，必须设置一定量的库存，以防止各种突发事件造成的供应链中断。

服务水平的计算公式为

$$服务水平 = \frac{供应量}{需求量} \times 100\%$$

（三）缺货率

缺货率是从另一个角度衡量企业服务水平的指标。如果一个企业经常延期交货，不得不使用加班生产、加急运输的方式来弥补库存的不足时，说明这个企业库存控制的效率很低。但是当延期交货成本低于节约库存成本时，企业可以选择延期交货，这样可以使企业总成本最低。

缺货率的计算公式为

$$缺货率 = \frac{缺供用户数}{供货用户总数}$$

（四）平均供应费用

平均供应费用反映为供应每单位库存物资所消耗的成本。单位供应费用越高，说明其总成本较高，企业的库存效率越低，尽量降低单位供应费用，可以降低企业成本，提高企业管理效率。

平均供应费用的计算公式

$$平均供应费用 = \frac{年库存总成本}{年供应总额}$$

六、库存控制的基本问题

（一）确定订货点

随着物品不断的出库，库存量不断的下降，当库存量降至某一点时，应立即进行订货补充，这个点被称为订货点。订货点的确定非常重要，订货点过早会增加库存，相应增加企业的库存成本，订货点过晚会导致企业供应中断，从而造成缺货损失。因此，企业要制定合理的订货点，有利于降低企业成本。

（二）确定订货量

订货量是指企业的库存量达到订货点时，应该补充的货物数量。确定经济订货量，可以使库存达到在最高库存和最低库存之间的要求，有利于降低企业库存成本，提高库存控制水平。

（三）确定订货提前期

企业从订货到收到货物需要一定的时间，为了满足企业正常的供应，采购人员必须提前订货，被提前的这段时间称为订货提前期。企业通过每日耗用量和货物运输时间来确定订货提前期。确定合理的订货提前期可以使库存及时得到补充，降低缺货损失的风险。

（四）确定库存基准

库存基准包括最低库存量和最高库存量。

1. 最低库存量：它是管理者在衡量企业本身特性、需求后，所订购货品的库存数量，也是企业维持正常生产经营的最低界限。最低库存量又分为理想最低库存量和实际最低库存量两种。

（1）理想最低库存量：又称购置时间（从开始请购货物到将货物送达配送中心的采购周期时间）使用量，也就是采购期间尚未进货时的货品需求量，这是企业需维持的临界库存，一旦货品库存量低于此界限，则有缺货的危险。

（2）实际最低库存量：既然理想最低库存量是一种临界库存量，因而为了保险起见，许多企业会在理想最低库存量外再设定一个准备的"安全库存量"，以防供应不及发生缺货，这就是实际最低库存量。实际最低库存量也称最低库存量，是安全库存量与理想最低库存量的总和。

2. 最高库存量：为了防止库存过多、浪费资金，各种货品均应限定其可能的最高库存水平，也就是货品库存数量的最高界限，以作为内部警戒的一个指标。一旦货物达到这个界限，就应该停止订货或将货物售出。

第二节 库存牛鞭效应

一、牛鞭效应

牛鞭效应是指供应链上的信息流从最终客户向原始供应商端传递时，由于无法有效地实现信息共享，使得信息扭曲且被逐级放大，导致需求信息出现越来越大的波动，它是供应链上的一种需求变异放大现象。

牛鞭效应又称作"需求变异加速放大原理"，是美国著名的供应链管理专家李效良（Hau L. Lee）教授对需求信息扭曲在供应链中传递的一种形象描述。其基本思想是：当供应链的各节点企业只根据来自其相邻的下级企业的需求信息进行生产或供应决策时，需求信息的不真实性会沿着供应链逆流而上，产生逐级放大的现象，到达源头供应商时，其获得的需求信息和实际消费市场中的顾客需求信息发生了很大的偏差，需求变异系数比分销商和零售商的需求变异系数大得多（见图6-1）。由于这种需求放大效应的影响，上游供应商往往维持比下游供应商更高的库存水平。这种现象反映出供应链上需求的不同步现象，它说明供应链库存管理中的一个普遍现象："看到的是非实际的"。

牛鞭效应是市场营销活动中普遍存在的高风险现象，它直接加重了供应商的供应和库存风险，甚至扰乱生产商的计划安排与营销管理秩序，导致生产、供应、营销的混乱，解决

图6-1 牛鞭效应

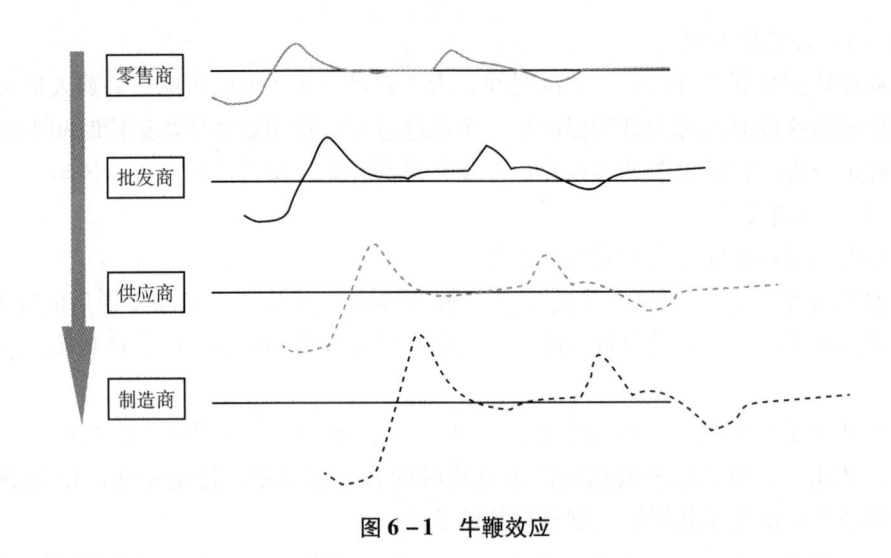

"牛鞭效应"难题是企业正常的营销管理和良好的顾客服务的必要前提。

二、牛鞭效应产生原因

宝洁公司在研究"尿不湿"的市场需求时发现，该产品的零售数量是相当稳定的，波动性并不大。但在考察分销中心订货情况时，吃惊地发现波动性明显增大了。经过进一步研究后发现，零售商往往根据对历史销量及现实销售情况的预测，确定一个较客观的订货量，但为了保证这个订货量是及时可得的，并且能够适应顾客需求增量的变化，他们通常会将预测订货量作一定放大后向批发商订货，批发商出于同样的考虑，也会在汇总零售商订货量的基础上再作一定的放大后向销售中心订货。这样，虽然顾客需求量并没有大的波动，但经过零售商和批发商的订货放大后，订货量就一级一级地放大了。在向其供应商考察时，如3M公司的订货情况，也惊奇地发现订货的变化更大，而且越往供应链上游其订货偏差越大。这就是营销活动中的需求变异放大现象即"牛鞭效应"。

产生"牛鞭效应"的原因主要有6个方面，即需求预测修正、订货批量决策、价格波动、短缺博弈、库存责任失衡和应付环境变异。

(一) 需求预测修正

需求预测修正是指当供应链的成员采用其直接的下游订货数据作为市场需求信息和依据时，就会产生需求放大。需求修正预测是产生牛鞭效应的直接原因。例如，在市场销售活动中，假如零售商的历史最高月销量为1000件，但下月正逢重大节日，为了保证销售不断货，他会在月最高销量基础上再追加A%，于是他向其上级批发商下订单（1+A%）1000件。批发商汇总该区域的销量预计后（假设）为12000件，他为了保证零售商的需要又追加B%，于是他向生产商下订单（1+B%）12000件。生产商为了保证批发商的需货，虽然他明知其中有夸大成分，但他并不知道具体情况，于是他不得不至少按（1+B%）12000件投产，并且为了稳妥起见，在考虑毁损、漏订等情况后，他又加量生产，这样一层一层地增加预订量，导致"牛鞭效应"。

（二）订货批量决策

在供应链中，每个企业都会向其上游企业订货，一般情况下，销售商并不是来一个订单就向上级供应商订货一次，而是在考虑库存和运输费用的基础上，在一个周期或者汇总到一定数量后再向供应商订货；为了减少订货频率，降低成本并规避断货风险，销售商往往会按照最佳经济规模加量订货。同时频繁订货也会增加供应商的工作量和成本，供应商也往往要求销售商在一定数量或一定周期订货，此时销售商为了尽早得到货物或为备不时之需，往往会人为提高订货量，这样，订货策略导致了"牛鞭效应"。

（三）价格波动

价格波动是由于一些促销手段，或者经济环境突变造成的，如价格折扣、数量折扣、赠票、与竞争对手的恶性竞争和供不应求、通货膨胀、自然灾害、社会动荡等。这种因素使许多零售商和推销人员预先采购的订货量大于实际的需求量，因为如果库存成本小于由于价格折扣所获得的利益，销售人员当然愿意预先多买，这样订货没有真实反映需求的变化，从而产生"牛鞭效应"。

（四）短缺博弈

当需求大于供应时，理性的决策是按照订货量比例分配现有供应量，比如，总的供应量只有订货量的40%，合理的配给办法就是按其订货的40%供货。此时，销售商为了获得更大份额的配给量，故意夸大其订货需求是在所难免的，当需求降温时，订货又突然消失，这种由于短缺博弈导致的需求信息的扭曲最终导致"牛鞭效应"。

（五）库存责任失衡

库存责任失衡加剧了订货需求放大。在营销操作上，通常的做法是供应商先铺货，待销售商销售完成后再结算。这种体制导致的结果是供应商要在销售商结算之前按照销售商的订货量负责将货物运至销售商指定的地方，而销售商并不承担货物搬运费用；在发生货物毁损或者供给过剩时，供应商还需承担调换、退货及其他相关损失，这样，库存责任自然转移到供应商，从而使销售商处于有利地位。同时在销售商资金周转不畅时，由于有大量存货可作为资产使用，所以销售商会利用这些存货与其他供应商易货，或者不顾供应商的价格规定，低价出货，加速资金回笼，从而缓解资金周转的困境；而且，销售商掌握大量的库存也可以增加与供应商博弈的筹码。因此，销售商普遍倾向于加大订货量掌握主动权，这样也必然会导致"牛鞭效应"。

（六）应付环境变异

应付环境变异所产生的不确定性也是促使订货需求放大加剧的现实原因。自然环境、人文环境、政策环境和社会环境的变化都会增强市场的不确定性。销售商应对这些不确定性因素影响的最主要手段之一就是保持库存，并且随着这些不确定性的增强，库存量也会随之变化。当对不确定性的预测被人为渲染，或者形成一种较普遍认识时，为了保持有应付这些不确定性的安全库存，销售商会加大订货，将不确定性风险转移给供应商，这样也会导致"牛鞭效应"。

三、利用库存控制消除牛鞭效应

从供应商的角度来看，"牛鞭效应"是供应链上各层级销售商转嫁风险和进行投机的结果，它会导致生产无序、库存增加、成本加重、市场混乱、风险增大等一系列严重后果，因此要合理利用库存控制妥善解决并规避风险，减量增效。企业可从如下几个方面解决牛鞭效应。

（一）订货分级管理

对供应商而言，并不是所有销售商的地位和作用都是相同的。按照帕累托定律，他们有的是一般销售商，有的是重要销售商，有的是关键销售商，而且关键销售商的比例大约占20%，却实现了80%的销量。因此供应商会应根据一定的标准将销售商分类，对不同的销售商划分不同的等级，对他们的订货实行分级管理，如对于一般销售商的订货实行满足管理，对于重要销售商的订货进行充分管理，对于关键销售商的订货实现完美管理，这样就可以通过管住关键销售商和重要销售商来减少变异概率；在供应短缺时，可以优先确保关键销售商的订货；供应商还可以通过分级管理策略，在合适时机剔除不合格销售商，维护销售商的统一性和渠道管理的规范性。

（二）加强出入库管理，合理分担库存责任

避免人为处理有关数据的一个方法是使上游企业可以获得其下游企业的真实需求信息，这样，上下游企业都可以根据相同的原始资料来制订供需计划。使用电子数据交换系统（EDI）等现代信息技术对销售情况进行适时跟踪是解决"牛鞭效应"的重要方法。

联合库存管理策略是合理分担库存责任、防止需求变异放大的先进方法。在供应商管理库存的环境下，销售商的大库存并不需要预付款，不会增加资金周转压力，相反地，大库存还会起到融资作用，提高资本收益率，甚至大库存还能起到制约供应商的作用，因此它实质上加剧了订货需求放大，使供应商的风险异常加大。联合库存管理则是对此进行修正，使供应商与销售商权利责任平衡的一种风险分担的库存管理模式，它在供应商与销售商之间建立起了合理的库存成本、运输成本与竞争性库存损失的分担机制，将供应商全责转化为各销售商的部分责任，从而使双方成本和风险共担，利益共享，有利于形成成本、风险与效益平衡，从而有效地抑制了"牛鞭效应"的产生和加剧。

（三）缩短提前期，实行外包服务

一般来说，订货提前期越短，订量越准确，因此鼓励缩短订货期是破解"牛鞭效应"的一个好办法。根据沃尔玛（Wal-Mart）的调查，如果提前26周进货，需求预测误差为40%；如果提前16周进货，则需求预测的误差为20%；如果在销售时节开始时进货，则需求预测的误差为10%。并且通过应用现代信息系统可以及时获得销售信息和货物流动情况，同时通过多频度小数量联合送货方式，实现实需型订货，从而使需求预测的误差进一步降低。

使用外包服务，如第三方物流也可以缩短提前期和使小批订货实现规模经营，这样销售商就无须从同一个供应商那里一次性大批订货。虽然这样会增加额外的处理费用和管理费用，但只要所节省的费用比额外的费用大，这种方法还是值得应用的。

（四）规避短缺情况下的博弈行为

面临供应不足时，供应商可以根据顾客以前的销售记录来进行限额供应，而不是根据订购的数量，这样就可以防止销售商为获得更多的供应而夸大订购量。

在供不应求时，销售商对供应商的供应情况缺乏了解，博弈的程度就很容易加剧。与销售商共享供应能力和库存状况的有关信息能减轻销售商的忧虑，从而在一定程度上可以防止他们参与博弈。但是，共享这些信息并不能完全解决问题，如果供应商在销售旺季来临之前帮助销售商做好订货工作，他们就能更好的设计生产能力和安排生产进度以满足产品的需求，从而降低产生"牛鞭效应"的机会。

（五）参考历史资料，适当减量修正，分批发送

供应商根据历史资料和当前环境分析，适当削减订货量，同时为保证需求，供应商可使用联合库存和联合运输方式多批次发送，这样，在不增加成本的前提下，也能够保证订货的满足。

（六）提前回款期限

提前回款期限、根据回款比例安排物流配送是消除订货量虚高的一个好办法，因为这种方法只是将期初预订数作为一种参考，具体的供应与回款挂钩，从而保证了订购和配送的双回路管理。其具体方法是将会计核算期分为若干期间，在每个期间（假如说一个月分为三个期间或者四个期间，每个期间10天或者7天）末就应当回款一次；对于在期间末之前多少天积极回款者给予价格优惠，等等，会有利于该项计划推进。

本章小结

库存是指储存作为今后按预定的目的使用而处于闲置或非生产状态的物品。广义的库存还包括处于制造加工状态和运输状态的物品。从某种意义上来说，库存是为了满足未来的需求而暂时闲置的资源。库存对企业的影响有积极的一面，也有消极的一面。企业应合理控制库存，充分发挥其积极作用，提高库存服务水平。一般情况下，库存系统的成本主要由购入成本、订购成本、储存成本及缺货成本组成。

库存控制是库存管理的核心问题。它是在满足顾客要求的前提下，为使库存物品的数量达到最合理所采取的有效手段。企业通过库存控制尽可能降低库存成本，提高物流效率，以增强企业的市场竞争力。库存合理化是用最经济的方法和手段从事库存管理活动，并使其发挥作用。评价库存是否合理的指标：库存周转率、服务水平、缺货率以及平均供应费用。

库存牛鞭效应导致了库存的不稳定，放大了消费者的需求。牛鞭效应是供应链上的信息流从最终客户向原始供应商端传递时，由于无法有效地实现信息共享，使得信息扭曲且被逐级放大，导致需求信息出现越来越大的波动，它是供应链上的一种需求变异放大现象。通过库存控制解决牛鞭效应是企业的常用方法。

习题

1. 简述库存的含义、分类及其成本构成。
2. 简述库存的作用及缺陷。
3. 简述库存控制的概念及作用。
4. 简述合理化的库存控制。

5. 简述库存控制的基本问题。
6. 简述牛鞭效应产生原因及解决方法。

案例分析

先锋电子公司的库存管理和库存控制

许多CEO们在制定今年的战术目标时都希望将企业的库存降低作为一个非常重要的KPI，而库存居高不下也经常困扰上市公司的CEO们。先锋电子公司是一家总部位于日本东京的年销售收入642万亿日元的全球化电子消费品公司。公司在全世界设立了150多个分支机构。在激烈的市场竞争中，管理层逐渐地意识到控制公司的库存水平在电子消费品行业中的重要性。因此决定对其整个供应链进行整合，并且确定了明确的战术目标，即：

（1）削减库存；
（2）库存风险的明细化；
（3）降低生产销售计划的周期。

公司通过对需求变动原因的收集和分析，制订高精度的销售计划，同时通过缩短计划和周期，尤其是销售计划和生产的周期来达到削减库存的目的；通过基于客观指标的需求预测模型，依靠统计手法所得的需求预测和反映销售意图的销售计划分离的机制来使库存风险的明细化；同时通过系统引入，预测、销售计划业务的效率化，各业务单位的生产销售计划标准化、共享化，来制订未来销售拓展计划，并进而达到生产销售计划周期的降低。

在完成了上述设计之后，更关键的是在组织和流程方面进行全面的重新确定。在组织方面，重新设计和计划决策部门的职能，划分了需求预测和销售计划的职能；在业务流程设计方面，设计能实现每周计划的业务流程、建立了以统计的预测手段为前提的需求预测流程和独立的需求预测流程和销售计划流程。由于有了组织和流程的保证，使得整体的设计得以顺利实现。

有了以上的准备工作，就得以为先锋电子在系统中构筑新的生产销售流程。公司基于零售实际业绩的预测模型和产品竞争力、季节性、因果要素（需求变动要素）等的统计性预测这两方面的因素，设计了新的预测模型，进而在此基础上，在系统中构筑了新的生产销售流程。这一流程主要基于统计性预测的需求预测系统，实现了需求变动信息的累积功能，以及月、周生产销售精细计划的功能，并可以对需求预测和销售计划之间的差异进行管理，还可以实现批量处理的需求预测、销售计划、生产计划等方案的优化，以上手段结合起来，确保新的生产销售流程的顺利推行。

销售计划的预测模型在先锋电子的推行取得了积极的成效：在管理咨询公司的帮助下，先锋电子可以依靠系统制订出综合多方因素的销售计划，并且，通过生产、销售计划的编制精度的提高，使得原材料等物料的采购提前期从4天减少到2天。

（资料来源：先锋电子公司的库存管理和库存控制［EB/OL］. http://www.56885.net/news/2007312/12991.html.）

问题：
1. 结合案例，概述库存的作用与缺陷。
2. 结合案例，谈谈库存控制的作用。

参考文献

[1] 何景伟．仓储管理与库存控制［M］．北京：知识产权出版社，2008
[2] 何庆斌．仓储与配送管理［M］．上海：复旦大学出版社，2013
[3] 宋丽娟，马骏．仓储管理与库存控制［M］．北京：对外经贸大学出版社，2009
[4] 真虹，张婕姝．物流企业仓储管理与实务［M］．北京：中国物资出版社，2007
[5] 徐丽蕊，杨卫军．仓储业务操作［M］．北京：北京理工大学出版社，2010
[6] 郑文岭．物流仓储业务与管理［M］．北京：中国劳动社会保障出版社，2013
[7] 申纲领，王艳杰．现代仓储管理［M］．北京：电子工业出版社，2011
[8] 白世贞，刘莉．现代仓储管理［M］．北京：科学出版社，2010

第七章
独立需求的库存控制

本章学习要点

◆ 掌握 ABC 分类法，并能够熟练应用
◆ 掌握经济订购批量模型、经济生产批量模型等确定性库存决策模型，并能够熟练应用
◆ 掌握随机型库存模型，并能够熟练应用

💡 引例

阿尔法数字公司的苦恼

阿尔法数字公司的高阶主管每年都要对上一年度的工作进行总结回顾，同时讨论下一年度工作的主要问题。像往年一样，公司回顾活动安排在远离公司大楼、位于宾夕法尼亚州东部的一个风景区内的宾馆中举行。

第一天的会议进展得很顺利，临近傍晚，也就是晚餐之后，库存控制和上一年度的缺货统计开始进入议题。采购副主管提出可以通过在年初安排所有的项目需求物料的采购，以解决库存短缺的问题。

生产副主管马上驳斥这个建议，出人意料的是，他竟敲着办公桌大声说道："库存是万恶之源！"随后转身对高阶主管说，"高管先生，如果我们采取这个建议，就需要额外增加25000平方英尺的仓库来存储这些采购物料，您有吗？"高阶主管摇了摇头。"那么您，财务副主管，就需要额外增加500万美元来采购这些物料，您有吗？"财务副主管也同样摇了摇头。

"还有您，市场副主管，能否给出下一年度需求的准确预测？"市场副主管说："当然不可以，那是不可能的。"然后又转身向设计副主管说："您能否在下一年度对产品设计不做任何改变而保持原来的设计，可以吗？"设计副主管说："那是不太现实的。"所有的人都抬头看着站在桌边的生产副主管说："我们理解您的意思了。库存的确是万恶之源！"

最近几年，有关库存管理的研究视角发生了很大变化。原先，管理者认为库存是企业的资产，因为其出现在企业的财务报告中。然而，就像在本章引例中所看到的一样，情况并非如此。

正如我们在后面的"运营管理实践"案例中所看见的，产品生命周期正日趋缩短，产品被市场淘汰的可能性正日趋增大。同时也可以看到，在制造企业生产现场的过量库存掩盖了许多管理问题。而且，库存的维持成本通常是很高的，一般平均每年库存资金高达30%～

35%——在某些情况下甚至更高。

由于以上的原因，如今的企业管理者则把库存看作企业的负债，就如美国通用汽车的广告中所说的，这些问题只要有可能，就必须减少或是消除。现在的企业运营管理者讨论得最多的就是库存管理问题，他们认为库存非常重要，但需要降低各种库存品，从原材料、采购件、在制品，到最终的成品。

（资料来源：阿尔法数字公司的苦恼［EB/OL］. http：//wenku.baidu.com/link。）

第一节　ABC 分类法

一、ABC 分类法简介

ABC 分类法是从 ABC 曲线转化而来的一种管理方法。该方法是由意大利经济学家维尔弗雷多·帕累托首创的。1879 年，帕累托在研究个人收入的分布状态时，发现美国 80% 的人只掌握了 20% 的财产，而另外 20% 的人却掌握了全国 80% 的财产，而且很多事情都符合该规律。他将这一关系用图表示出来，就是著名的帕累托图。

该分析方法的核心思想是在决定一个事物的众多因素中分清主次，识别出少数的但对事物起决定作用的关键因素和多数的但对事物影响较少的次要因素。后来，帕累托法被不断应用于管理的各个方面。1951 年，管理学家戴克（H. F. Dickie）将其应用于库存管理，命名为 ABC 法。1951~1956 年，约瑟夫·朱兰将 ABC 法引入质量管理，用于质量问题的分析，被称为排列图。1963 年，彼得·德鲁克（P. F. Drucker）将这一方法推广到全部社会现象，使 ABC 法成为企业提高效益的普遍应用的管理方法。

ABC 分类法又称帕累托分析法，也叫主次因素分析法，是项目管理中常用的一种方法。它是根据事物在技术或经济方面的主要特征，进行分类排队，分清重点和一般，从而有区别地确定管理方式的一种分析方法。由于它把被分析的对象分成 A、B、C 三类，所以又称为 ABC 分析法。

在 ABC 分析法的分析图中，有两个纵坐标，一个横坐标，几个长方形，一条曲线，左边纵坐标表示频数，右边纵坐标表示频率，以百分数表示。横坐标表示影响质量的各项因素，按影响大小从左向右排列，曲线表示各种影响因素大小的累计百分数。一般是将曲线的累计频率分为三级，与之相对应的因素分为三类。

二、ABC 分类法的基本原理

ABC 分类法是运用数理统计的方法，对种类繁多的各种事物属性或所占权重不同要求，进行统计、排列和分类，划分为 A、B、C 三部分，分别给予重点、一般、次要等不同程度的相应管理。对应到库存管理中，ABC 分类管理就是将库存物资按品种和占用资金的多少分为重要的 A 类，一般重要的 B 类和不重要的 C 类三个等级，针对不同等级分别进行管理和控制的一种方法，其具体分类方法为：A 类物资所占品种占用资金大；B 类物资占用品种比 A 类物资多一些，占用的资金比 A 类物资少一点；C 类物资所占品种多，占用的资金少。

ABC 分类法具体含义如表 7-1 所示。

表 7-1　　　　　　　　　　　ABC 库存分类法

类别	品种数占全部品种比例（%）	价值占总价值比例（%）
A	5~15	70~80
B	20~30	15~25
C	60~70	5~10

三、ABC 分类法的原则和作用

（一）ABC 分类法的原则

实施 ABC 分类法时，应该遵循一定的原则。否则，不仅不会降低成本，还可能使得其反，给库存控制增添麻烦。

（1）成本—效益原则。无论采用何种方法，只有其付出的成本能够得到完全补偿的情况下才可以施行。

（2）"最小最大"原则。我们要在追求 ABC 分类管理的成本最小的同时，追求其效果的最优。

（3）适当原则。在施行 ABC 分析进行比率划分时，要注意企业自身境况，对企业的存货划分 A 类、B 类、C 类并没有一定的基准。

（二）ABC 分类法的作用

（1）优化库存结构。运用分类管理法可以对各种物资进行经济合理地分类，较准确地确定订货批量和储备周期克服不分主次盲目决定储备量的做法，促进库存结构优化。

（2）压缩库存总量，减少库存资金，加快物资流通和资金周转速度。重点的类物资划出后，使类物资严格控制在核定的范围内，降低类物资的储备从而降低库存资金的总量。

（3）减少管理工作量。运用分类管理法可以集中精力抓主要矛盾，克服"眉毛胡子一把抓"的混乱现象，使管理人员从繁杂的事务工作中脱身出来。

四、ABC 分类法的实施

ABC 库存分类管理法的程序可以分为以下几步：

（1）把各种库存物资全年平均耗用量分别乘以它的单价，计算出各种物资耗用总量以及总金额。

（2）按照各品种物资耗费的金额的大小顺序重新排列，并分别计算出各种物资所占用总数量和总金额的比重，即百分比。

（3）把耗费金额适当分段，计算各段中各项物资领用数占总领用数的百分比，分段累计耗费金额占总金额的百分比，并根据一定标准将它们划分为 ABC 三类。分类的标准如表 7-1 所示。

五、ABC 分类管理措施

用上述方法分出 ABC 类货物之后,应在仓储管理中相应采用不同的方法。A 类货物尽管其数量比例很小,但该类货物占用大部分金额,应该重点管理;对 B 类货物按常规进行管理;对 C 类货物,则实行粗放式管理。具体地应注意采用以下方法。

1. 对 A 类货物的管理
(1) 采用更精确的库存控制模型及控制方法。
(2) 缩短订货周期,减少货物出库的波动,使仓库的安全储备量降低。
(3) 尽量保证 A 类货物按时交接货。
(4) 合理增加采购次数,降低采购批量。
(5) 提高货物的机动性,尽可能地把货物放在易于搬运的地方。

2. 对 B 类货物的管理
B 类货物进行次重点管理,现场管理不必投入比 A 类更多的精力,库存检查和盘点的周期可以比 A 类更长一些。

3. 对 C 类货物的管理
(1) C 类货物数量大、价值低,将该类货物不列入日常管理的范围,不必经常盘点,将那些很少使用的货物可以规定最少出库的数量,以减少处理次数。
(2) 为防止库存缺货,可适当增加安全库存量,减少这类货物的订货次数以降低费用。
(3) 给予最低的优先级次序。

六、ABC 分类法应用

(一) 上海某家具制造企业实例

以上海市某中型家具制造企业为例来说明 ABC 库存分类法的具体应用。该家具企业主要有板式家具和实木家具两条生产线,所需物料多达 5000 余种,对物料的控制难度较大,适合采用 ABC 分类管理法。

1. 单一规格物料库存

选定一个合适的统计期,并收集该统计期内各个种规格生产物料的需求量、单价以及所占库存金额等据。

例如,该企业 2008 年第 2 季度所需 16 毫米双面贴胡桃色三聚氰胺中纤板的相关统计数据如表 7-2 所示。

表 7-2　　　　　　　　　　单一规格物料库存

物料名称	库存数量	单位	单价(元)	库存金额(元)
16 毫米双面贴浅胡桃色三聚氰胺中纤板	400	块	103.00	41200.00

2. 按照所占库存金额对物料进行汇总排列

该企业 2008 年第 2 季度所需物料的原始数据进行整理,并按需求物料主要的加工类别进行计算。包括品种数量、库存数量、库存金额等。

在总品种数不太多的情况下，可以用大排队的方法将全部品种逐个列表并按库存金额的大小，由高到低对所有品种顺序排列。如果品种数很多，无法全部排列，在表中或没有必要全部排列出来，可以采用分层的方法，即先按物料类型进行分层，以减少品种栏内的项目数，再根据分层的结果将关键的 A 类品种逐个列出来进行重点管理。如表 7-3 所示。

表 7-3　　　　　　　　　　　第二季度物料库存汇总

物料名称	品种数量	需求数量	主要单位	库存金额（元）
中纤板加工板	136	175992	块	13289778.79
通用五金	55	25137302	个	6890674.21
油漆及天那水	95	339004.9	千克	6691005.98
刨花板加工板	87	35251	块	4571994.95
实木	43	617.1483	立方米	3203353.24
封边条	188	4225662.5	米	2984680.78
杂木外购件	256	79484.91	块	2798270.08
五金杂件	614	2851908.1	个	2521401.33
布料皮革	98	42067.83	平方米	2385858.44
工具耗材	1125	1152093	个	1359080.13
纸箱	1413	290277	个	1208781.68
木皮	145	30122.02	块	665519.37
玻璃	242	34040	块	655858.33
保丽龙	497	1487541	片	649777.78
胶黏剂	497	3624	千克	643744.38
珍珠棉	17	607788	张	578688.84
贴面纸	46	228694	米	447187.84
蜂窝纸芯	7	51968	平方米	330890.31
其他	253	10203	其他	202556.72

3. ABC 分类表

统计各品种占品种的百分数、累计品种百分数、各品种总库存金额占库存金额的百分数。将累计库存金额 60%～75% 物料定位 A 类；将库存金额为 20%～25% 左右的物料定为 B 类；将其余的物料定为 C 类。如表 7-4 所示。

表 7-4　　　　　　　　　　　第二季度物料库存 ABC 分类

物料名称	品种数量	占总品种百分数	累计品种百分数	库存金额（元）	占总库存金额百分比	库存金额累计百分比	分类
中纤板加工板	136	2.55	2.50	13289778.79	25.52	25.52	A
通用五金	55	1.03	3.58	6890674.21	13.23	38.75	A
油漆及天那水	95	1.78	5.36	6691005.98	22.85	51.60	A
刨花板加工板	87	1.63	6.99	4571994.95	8.78	60.38	A

续表

物料名称	品种数量	占总品种百分数	累计品种百分数	库存金额（元）	占总库存金额百分比	库存金额累计百分比	分类
实木	43	0.81	7.80	3203353.24	6.15	66.53	A
封边条	188	3.52	11.32	2984680.78	5.73	72.76	B
杂木外购件	256	4.80	16.12	2798270.08	5.37	77.63	B
五金杂件	614	11.51	27.62	2521401.33	4.84	82.47	B
布料皮革	98	1.81	29.46	2385858.44	4.58	87.05	B
工具耗材	1125	21.08	50.54	1359080.13	2.61	89.66	C
纸箱	1413	26.48	77.02	1208781.68	2.32	91.98	C
木皮	145	2.72	79.74	665519.37	1.28	93.26	C
玻璃	242	4.54	84.28	655858.33	1.26	94.52	C
保丽龙	497	9.31	93.59	649777.78	1.25	95.77	C
胶黏剂	497	0.36	93.95	643744.38	1.24	97.01	C
珍珠棉	17	0.32	94.27	578688.84	1.11	98.12	C
贴面纸	46	0.86	95.13	447187.84	0.86	98.98	C
蜂窝纸芯	7	0.13	95.26	330890.31	0.64	99.61	C
其他	253	4.47	100.00	202556.72	0.39	100.00	C

4. 绘制 ABC 分析图

以累计品种百分数为横坐标，累计库存金额百分数为纵坐标。根据 ABC 分类表中的相关数据，绘制 ABC 分类曲线图。如图 7-1 所示。从图中可以看出：该企业库存物料中占品种总量 7.8% 的 A 类物料占用库存资金总量的 66.53%；占品种总量 21.66% 的 B 类物料占用库存资金总量的 23.13%；占品种总量 70.54% 的 C 类物料占用库存资金总量的 10.34%。关键的 A 类物料仅占物料总量中很少的一部分，其数量远少于次要的 B 和 C 类物料的总量。

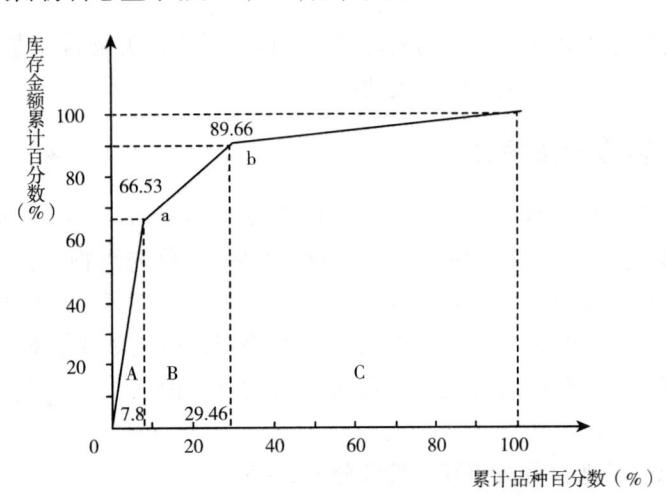

图 7-1 ABC 分类曲线

（二）ABC 物料控制采取的措施

如表 7-4 所示，该家具制造企业的 A 类物料主要是中板加工板（饰面中纤板）、通用五金、油漆及天那水、刨花板加工板（饰面刨花板）和实木等。该类物料是生中必不可少的关键物料，可替代的几率很小，一旦缺货对生产影响很大。该类物料品种较少，但流动性较大，占据库存资金占用的绝大部分。如果单次采购过少会引起采购成本、运输成本、缺货成本的上升，单次采购量过多，则会引起库存周转率、资金周转率的下降及库存保管成本的上扬。因此，对该类物料的订货量必须精确计算，保证一个总成本最低且能保证生产持续的最优订货批量和最佳订货周期严格按照确定的批量、周期、地点组织订货。这样既减少了库存量，也不会引起缺货的损失。具体计算方法可采用不允许缺货、持续到货的经济订购批量模型来确定最优订货批量和最佳订货周期。另外，对该类物料不但要严格监控、加强对需求预测的管理、减少订货前置时间、提高供应的稳定，而且要随时盘点库存，提高库存盘点的准确度。

该家具制造企业的 C 类物料主要是工具耗材、纸箱、玻璃、保丽龙、木皮、胶黏剂、珍珠棉、贴面纸、蜂窝纸芯和其他杂物等。该类物料需用量和耗用总额较小，但其种类较多，缺货时对生产的影响较小，甚至允许短时缺货。

由于该类物料占用的资金量很少，在库管理费用和资金占用成本方面已经不是管理的重点，该类物料所占资金主要与订购费用和订购次数相关联。所以要尽可能地减少订购成本。因此对该类物料要减少订购次数可采用定期采购的模式，根据经验或者统计数据确定一个最高库存，每次采购使其达到最高库存点。也可以采用双堆法，即用两个库位储存，一个库位货发完了，用另一个库位发，并补充第一个库位的存货。又因为该类物料品种繁多，每天盘点会产生很大的管理费用。所以不需每天或每周统计库存，可以隔相当长的一段时间对库存进行统计。比如一个月，或者一个季度甚至半年才查看一下库存。

该家具制造企业 B 类物料主要是封边条、杂木外购件、五金杂件、布料皮革等对生产的重要性均处于一般状态的物料，其种类、需用量、资金总额等在整个物料管理中也均处于一般状态。

由于该类物料性介于 A 类、C 类物料之间。所以，对于该类物料可进行一般性管理。可根据物料的重要程度，采用定量采购或定期性策略。

七、CVA 库存管理法简介

CVA 库存管理法又称关键因素分析法（critical value analysis）。CVA 库存管理法比 ABC 分类管理有更强的目的性。有时 ABC 分类因为有太多的高优先级物品，结果是哪种物品都得不到重视；也有企业发现采用 ABC 分类的结果，并不令人满意，例如 C 类物资往往得不到应有的重视。如经销鞋的企业会把鞋带列入 C 类物资，但是如果鞋带短缺将会严重影响到鞋的销售。一家汽车制造厂商会把螺丝列入 C 类物资，但缺少一个螺丝往往会导致整个生产链的停工。

CVA 的基本思想是把存货按照其关键性分为 3~5 类：
（1）最高优先级，这是 A 物品中关键物品，经营的关键性物资，不允许缺货；
（2）较高优先级，这是 B 类存货中指经营活动的基础物资，但允许偶尔缺货；

(3) 中等优先级，这是 C 类存货中生产经营中比较重要的物资，允许合理范围内缺货；

(4) 较低优先级，经营中需用这些物资，但可替代性高，允许缺货。

CVA 管理法比起 ABC 分类法来有着更强的针对性。实际工作中，可以把两种方法结合使用，效果会更好。

第二节　确定性需求的库存模型

一、与库存有关的费用

（一）随库存量增加而上升的费用

(1) 资金成本。库存资源本身有价值，占用了资金。这些资金本可以用于其他活动来创造新的价值，库存使这部分资金闲置起来，造成机会损失。

(2) 仓储空间费用。要维持库存必须建造仓库、配备设备，还有供暖、照明、修理、保管等开支。这是维持仓储空间的费用。

(3) 物品变质和陈旧。在闲置过程中，物品会发生变质和陈旧，如金属生锈，药品过时，油漆褪色，鲜货变质。

(4) 税收和保险。

（二）随库存量增加而下降的费用

(1) 订货费。订货费与发出订单活动和收货活动有关，包括评判要价、谈判、准备订单、通信、收货检查等，它一般与订货次数有关，而与一次订多少无关。

(2) 调整准备费（setup cost）。加工零件一般需要准备图纸、工艺和工具，需要调整机床、安装工艺装备。这些活动都需要时间和费用。如果花费一次调整准备费，多加工一些零件，则分摊在每个零件上的调整准备费就少。但扩大加工批量会增加库存。

(3) 购买费和加工费。采购或加工的批量大，可能会有价格折扣。

(4) 生产管理费。加工批量大，为每批工件做出安排的工作量就会少。

(5) 缺货损失费。批量大则发生缺货的情况就少，缺货损失就少。

（三）库存总费用

计算库存总费用一般以年为时间单位，年库存费用包括以下 4 项：

(1) 年维持库存费（holding cost），以 C_H 表示。顾名思义，它是维持库存所必需的费用。包括资金成本、仓库及设备折旧、税收、保险、陈旧化损失等。这部分费用与物品价值和平均库存量有关。

(2) 年补充订货费（reorder cost），以 C_R 表示。与全年发生的订货次数有关，一般与一次订多少无关。

(3) 年购买费（加工费）（purchasing cost），以 C_P 表示。与价格和订货数量有关。

(4) 年缺货损失费（shortage cost），以 C_S 表示。它反映失去销售机会带来的损失、信誉损失以及影响生产造成的损失。它与缺货多少、缺货次数有关。

若以 C_T 表示年库存总费用，则

$$C_T = C_R + C_H + C_P + C_S \tag{7.1}$$

对库存进行优化的目标就是要使 C_T 最小。

二、经济订货批量模型

为了生产某些产品而订购所需要原料，应该使用什么标准来确定订购的数量？订购怎样的批量才能够获得最佳的投资效益？

经济订货批量（economic order quantity，EOQ）最早是由哈里斯（F. W. Harris）于1915年提出的，它通过平衡采购进货成本和保管仓储成本核算，以实现总库存成本最低的最佳订货量。经济订货批量是固定订货批量模型的一种，可以用来确定企业一次订货（外购或自制）的数量。当企业按照经济订货批量来订货时，可实现订货成本和储存成本之和最小化。该模型有如下假设条件：

（1）外部对库存系统的需求率已知、需求率均匀且为常量。年需求量以 D 表示，单位时间需求率以 d 表示。

（2）一次订货量无最大最小限制。

（3）采购、运输均无价格折扣。

（4）订货提前期已知，且为常量。

（5）订货费与订货批量无关。

（6）维持库存费是库存量的线性函数。

（7）不允许缺货。

（8）补充率为无限大，全部订货一次交付。

（9）采用固定量系统。

该模型可以用图7-2表示。

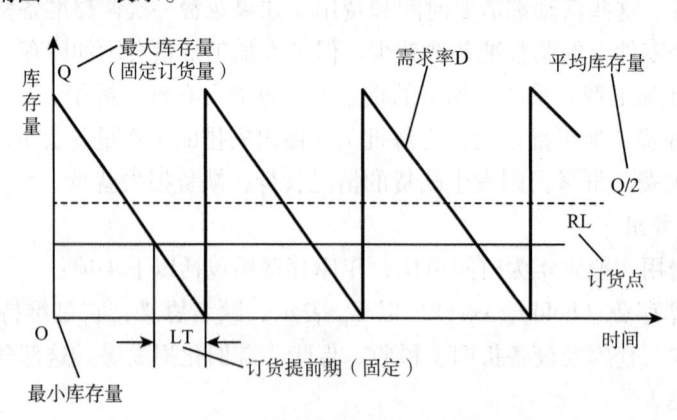

图7-2 经济订货批量假设下的库存量变化

图中 Q 为最大库存量（固定订货量），D 为需求率，RL 为订货点，LT 为订货提前期（固定），Q/2 为平均库存量。

根据假设条件，可得

$$C_T = C_R + C_H + C_p = \frac{HQ}{2} + \frac{SQ}{Q} + pH = H\frac{Q}{2} + S\frac{D}{Q} + PD \tag{7.2}$$

其中，S 为一次订货费或调整准备费；H 为单位维持库存费，H = P·h，P 为单价，h 为资金效果系数；D 为年需求量。

对 Q 求导，令一阶导数为零：

$$\frac{dC_T}{dQ} = \frac{H}{2} + SD\left(-\frac{1}{Q^2}\right) = 0 \tag{7.3}$$

经济订货批量：

$$EOQ = \sqrt{\frac{2DS}{H}} \tag{7.4}$$

年订货次数 n = D/EOQ

订货点 RL = (D/N) × LT

(N 为与 LT 相对应的时间单位，若 LT 以周、月、季为单位，则 N 分别为 52、12、4)

最低年总费用：

$$C_T = \frac{H}{2}\sqrt{\frac{2DS}{H}} + \frac{DS}{\sqrt{\frac{2DS}{H}}} + PD$$

$$= \sqrt{2DSH} + PD \tag{7.5}$$

C_T、C_H 和 C_R 三种成本之间的关系如图 7-3 所示。

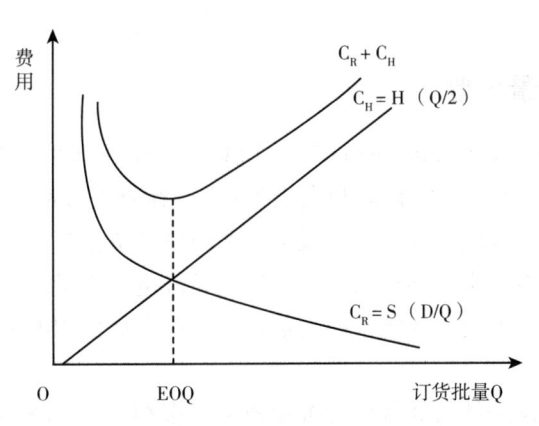

图 7-3 三种成本之间的关系

例 7-1 S 公司以单价 10 元每年购入某种产品 8000 件，每次订货费 30 元，资金年利息率为 12%，单位维持库存费按所库存货物价值的 18% 计算。若每次订货的提前期为 2 周，试求经济订货批量、最低年总成本、年订购次数和订货点。

解：P = 10 元/件，D = 8000 件，S = 30 元，LT = 2 周，

H = 10 × 12% + 10 × 18% = 3（元/件·年），则

$$EOQ = \sqrt{\frac{2DS}{H}} = \sqrt{\frac{2 \times 8000 \times 30}{3}} = 400$$

$$\begin{aligned} C_T &= P \times D + (D/EOQ) \times S + (EOQ/2) \times H \\ &= 8000 \times 10 + (8000/400) \times 30 + (400/2) \times 3 \\ &= 81200 \end{aligned}$$

每年订货次数 n = D/EOQ = 8000/400 = 20（次），订货点 RL =（D/52）× LT = 8000/52 × 2 = 307.7（件）

例 7-2 给出以下资料，计算 EOQ 并求出订货点。

年需求 D = 1000 件，一年按 365 天计算，一次订货费 S = 10 元，单位维持库存费 H = 2.50 元/件·年，提前期 LT = 7 天，每件成本 P = 15 元。

解：

$$EOQ = \sqrt{\frac{2DS}{H}} = \sqrt{\frac{2 (1000)(10)}{2.50}} = 89.443$$

$$d = \frac{1000}{365} = 2.74$$

ROP = d LT = 2.74 × 7 = 19.18

最优订货量为 90 件，当现有库存量降到 20 件时，就要发出下一次 90 件的订货。

例 7-3 某企业每年需要耗用 1000 件的某种物资，现已知该物资的单价为 20 元，同时已知每次的订货成本为 5 元，每件物资的年存储费率为 20%，试求经济订货批量、年订货总成本以及年存储总成本。

解：经济订货批量 EOQ = 50（件），年订货总成本 = 100（元），年存储总成本 = 100（元）

三、经济生产批量模型

经济生产批量（economic production lot，EPL）又称经济生产量（economic production quantity，EPQ）。由于生产系统调整准备时间的存在，在补充成品库存的生产中有一个一次生产多少最经济的问题，这就是经济生产批量。在经济订货批量模型中，相关成本最终确定为两项，即变动订货成本和变动储存成本，在确定经济生产批量时，以生产准备成本替代订货成本，而储存成本内容不变。经济生产批量是生产中大量使用的模型，在包装企业中，经济批量生产应用比较广泛。

经济生产批量的假设条件与经济订货批量模型大多相同（第 8 条不同），在库存为 0 时进行生产，生产率为 p_r，若 p_r 大于需求率 d，则库存以（p_r - d）的速率上升，经过时间 t_p，库存达到 I_{max}。此时生产停止，库存按需求率 d 下降。当库存减少为 0 时再生产。Q 是在 t_P 时间内的生产量，又是一个补充周期 T 内消耗的量。该模型可以用图 7-4 表示。

相关参数含义如图 7-4 所示。

年库存总费用

$$C_T = C_H + C_R + C_P + C_S = \frac{HI_{max}}{2} + s\frac{D}{Q} + pD \tag{7.6}$$

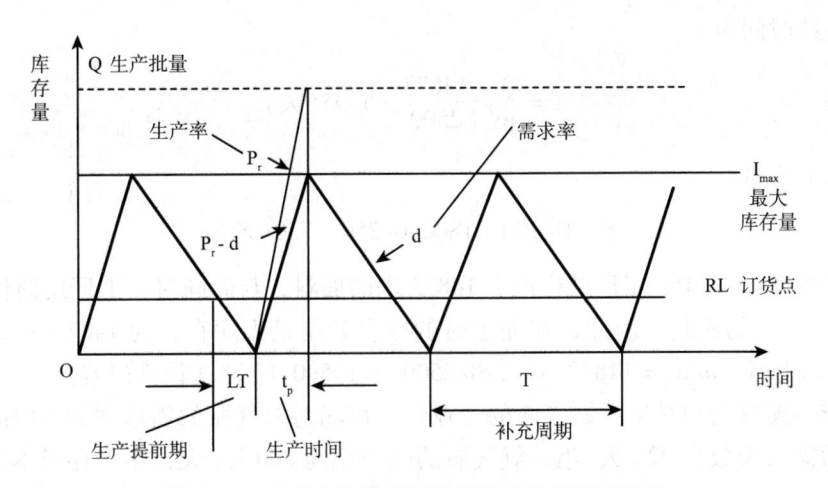

图 7-4 经济生产批量模型假设下的库存量变化

最大库存量
$$I_{max} = t_p(t_r - d) \tag{7.7}$$

生产批量
$$Q = p_r t_p \tag{7.8}$$

生产时间
$$t_p = \frac{Q}{p_r} \tag{7.9}$$

年库存总费用
$$C_T = \frac{HQ}{2}\left(1 - \frac{d}{p_r}\right) + s\frac{D}{Q} + pD \tag{7.10}$$

经济生产批量
$$EPL = \sqrt{\frac{2DS}{H\left(1 - \frac{d}{p_r}\right)}} \tag{7.11}$$

例 7-4 华棉纺织厂生产牛仔衣面料,生产率是 2500 米/天;已知市场需求均匀、稳定,每年(按 250 天计算)市场需求量为 180000 米,每次生产的调整准备费为 175 元,单位维持库存费用是 0.40 元/米·年,求:

(1) 工厂的经济生产批量 EPL 是多少?
(2) 每次开工,工厂需要持续生产多少天才能完成任务?
(3) 最高库存水平是多少?(假设第一次生产前的库存为零)

解:依题意得

$$EPL = \sqrt{\frac{2DS}{H(1 - d/p)}} = \sqrt{\frac{2 \times 180000 \times 175}{0.40 \times [1 - 180000/(2500 \times 250)]}} = 14873 \text{(米)}$$

生产持续时间为

$$T = \frac{Q}{p} = \frac{14873}{2500} = 5.95(天)$$

平均日需求量

$$d = D/250 = 180000/250 = 720(米)$$

在开工的 5.95 天中，工厂共生产了 14873 米的面料，与此同时，工厂还销售了 5.95 × 720 = 4284（米）的面料，因此，在完工时的库存就是最大库存，为 14873 - 4284 = 10589（米）。Imax = Q(1 - d/p) = 14873(1 - 720/2500) = 10590（米）（计算误差）。

例 7 - 5 戴安公司是生产氧气瓶的专业厂。市场对氧气瓶的需求率为 50 瓶/天，市场对氧气瓶的需求天数为 220 天/年。氧气瓶的生产率为 200 瓶/天，年库存成本为 1 元/瓶，设备调整费用为 35 元/次。求：

（1）经济生产批量（EPL）；
（2）每年生产次数。

已知：S = 35 元/次，p = 200 瓶/天，r = 50 瓶/天，H = C · I = 1 元/瓶·年，
年需求量 D = 50 × 220 = 11000（瓶）

经济生产批量（EPL）：

$$EPL = \sqrt{\frac{2 \cdot D \cdot S \cdot p}{H \cdot (p - d)}} = \sqrt{\frac{2 \times 11000 \times 35 \times 200}{1 \times (200 - 50)}} = 1013$$

每年生产次数

$$n = (D/EPL) = (11000/1013) = 10.86 \approx 11$$

第三节 随机性需求的库存模型

在前面的讨论中，需求率和订货提前期都被视为确定的，这只是一种理想情况。在现实生活中，需求率和提前期都是随机变量。需求率和提前期中有一个为随机变量的库存控制问题，就是随机型库存问题。

一、假设条件

（1）需求率 d 和提前期 LT 为已知分布的随机变量，且在不同的补充周期，这种分布不变；
（2）补充率无限大，全部订货一次同时交付；
（3）允许晚交货，即供应过程中允许缺货，但一旦到货，所欠物品必须补上；
（4）年平均需求量为 D；
（5）已知一次订货费为 S，单位维持库存费为 H，单位缺货损失费为 C_s；
（6）无价格折扣。

按照以上假设条件，库存量的变化如图 7 - 5 所示。

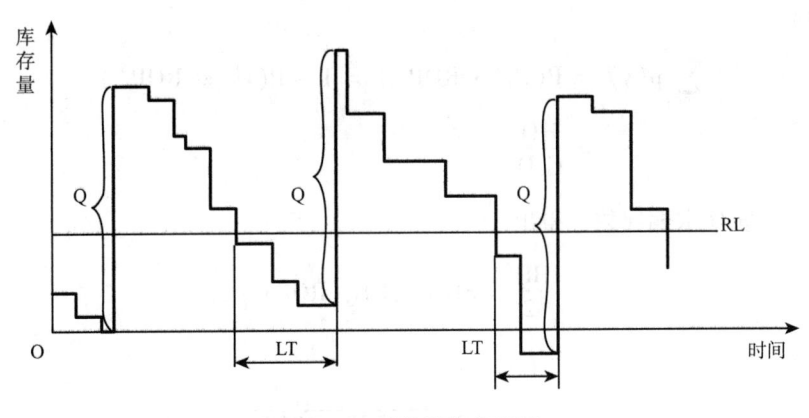

图 7-5 随机型库存问题

二、固定量系统下订货量和订货点的确定

确定固定量系统下订货量和订货点的目标仍然是使总库存费用最少。随机型库存问题与确定性库存问题的最大差别在于：它允许缺货，因此必须考虑缺货损失费。

库存费用为

$$C_T = C_H + C_R + C_P + C_S \tag{7.12}$$

由于没有价格折扣，C_P 为常量，可不考虑。所以，

$$\begin{aligned}C_T &= C_H + C_R + C_S \\ &= S(D/Q) + HE_L + C_S E_S(ROP)(D/Q)\end{aligned} \tag{7.13}$$

上式 7.13 中，E_L 为各周期库存量的期望值；$E_S(ROP)$ 为订货点为 ROP 下各周期缺货量的期望值；C_S 为单位缺货损失费；其余符号意义同前。

由于库存量降到订货点就发出订货，缺货只是在提前期内发生。因此，有

$$E_S(ROP) = \sum_{y>ROP}(y-ROP)p(y) \tag{7.14}$$

式中，y 为提前期内的需求量；p(y) 为提前期内需求的分布率。

$$E_L = (Q/2) + ROP - D_E \tag{7.15}$$

上式 (7.15) 中，D_E 为提前期内需求的期望值。由上可得

$$\begin{aligned}C_T = &\ S(D/Q) + H[(Q/2) + ROP - D_E] \\ &+ C_S(D/Q)[\sum_{y>ROP}(y-ROP)p(y)]\end{aligned} \tag{7.16}$$

欲求最佳的订货量 Q^* 和最佳订货点 ROP^*，可通过对 Q 和 ROP 求一阶偏导数，并令其等于零通过对订货点 ROP 求偏导数，得出

$$H - C_S(D/Q)[\sum_{y>ROP}p(y)] = 0 \tag{7.17}$$

进一步得

$$\sum_{y>ROP} p(y) = P(D_L > ROP^*) = 1 - P(D_L \leq ROP^*)$$
$$= \frac{HQ}{C_S D} \tag{7.18}$$

通过对订货量 Q 求偏导数，得出

$$\frac{HQ^2}{2} = SD + C_S DE_S(ROP) \tag{7.19}$$

进一步得

$$Q^* = \sqrt{\frac{2D[S + C_S E_S(ROP)]}{H}} \tag{7.20}$$

所以，用迭代法求解订货量和订货点的步骤是：

(1) 按 $Q = \sqrt{\frac{2DS}{H}}$ 计算订货量 Q；

(2) 将 Q 代入 HQ/CSD 求出订货点 RL；

(3) 将计算得到的 RL 代入 ES（RL）；

(4) 将 E_S（RL）代入

$$Q^* = \sqrt{\frac{2D[S + C_S E_S(ROP)]}{H}}$$

(5) 重复步骤（2）（3）直到收敛为止。

例 7-6 已知 D = 1800 件/年，S = 30 元/次，单价 P = 200 元/件，存储费用率 h = 15%，缺货费用 C_S 为 8 元，缺货要补。有关需求数据如表 7-5，求最佳订货量 Q 和订货点 RL。

表 7-5

Y	P（Y）	需求量大于 Y 的概率
48	0.02	0.98
49	0.03	0.95
50	0.06	0.89
51	0.07	0.82
52	0.20	0.62
53	0.24	0.38
54	0.20	0.18
55	0.07	0.11
56	0.06	0.05
57	0.03	0.02
58	0.02	0.00
合计	1.00	

解：

(1) $Q = \sqrt{\dfrac{2DS}{h \cdot p}} = \sqrt{\dfrac{2 \times 1800 \times 30}{200 \times 0.15}} = 60$（件）

(2) $\sum\limits_{y>RL} p(y) = \dfrac{HQ}{C_S D} = \dfrac{30 \times 60}{8 \times 1800} = 0.125$

查表可知，概率值 0.125 介于概率值 0.11～0.18 之间，0.11 对应的订货点为 55 件，0.18 对应的订货点为 54 件，取 55 件的 B 值。

(3) $E_S(RL) = \sum\limits_{y=56}^{58}(y-55)p(y)$
$= (56-55) \times 0.06 + (57-55) \times 0.03 + (58-55) \times 0.02 = 0.18$

再代入

$Q = \sqrt{\dfrac{2D[S+C_S E_S(RL)]}{H}} = \sqrt{\dfrac{2 \times 1800 \times [30+8 \times 0.18]}{200 \times 0.15}} = 61.4$

取 $Q = 62$ 件，代入

$\sum\limits_{y>RL} p(y) = \dfrac{HQ}{C_S D} = \dfrac{30 \times 62}{8 \times 1800} = 0.129$

查表 7-5，仍求得 RL=55 件，计算已收敛，故得订货点 RL=55 件，订货量 Q=62 件。

三、求订货量和订货点的近似方法

前述求最佳订货量和订货点的方法十分复杂，难以在生产实际中应用。加之实际数据并不一定很准确，用精确的方法处理不精确的数据，其结果还是不精确。因此，有必要研究简单易行并足够准确的求订货量和订货点的近似方法。

对于订货量，可以直接用 EOQ 公式计算。对于订货点，可以采用经验方法确定，也可以通过确定安全库存或服务水平的办法来计算。用经验方法比较粗糙，如现有库存为提前期内需求的 2 倍（或 1.5 倍、1.2 倍时）提出订货。

（一）安全库存

在知道安全库存的情况下可以按下式计算订货点。

$$RL = SS + DE \tag{7.21}$$

式（7.21）中，SS 为安全库存；DE 为提前期内需求的期望值。

安全库存有双重作用：

(1) 降低缺货损失率，提高了服务水平（service level）；

(2) 增加了维持库存费用。

即使有安全库存也不能保证每一次需求都能得到满足，SS 只是降低了缺货率。在随机型库存系统中，需求率和订货提前期的随机变化都被预设的安全库存所吸收。安全库存是一种额外持有的库存，它作为一种缓冲器用来补偿在订货提前期内实际需求量超过期望需求量或实际提前期超过期望提前期所产生的需求。如图 7-6 表示提前期内需求近似服从正态分布的情况。图中左边阴影部分面积表示不发生缺货的概率，可以作为库存系统的服务水平；右边阴影部分面积表示发生缺货的概率。从图 7-6 可以看出，如果没有安全库存，缺货的概率可达到 50%。

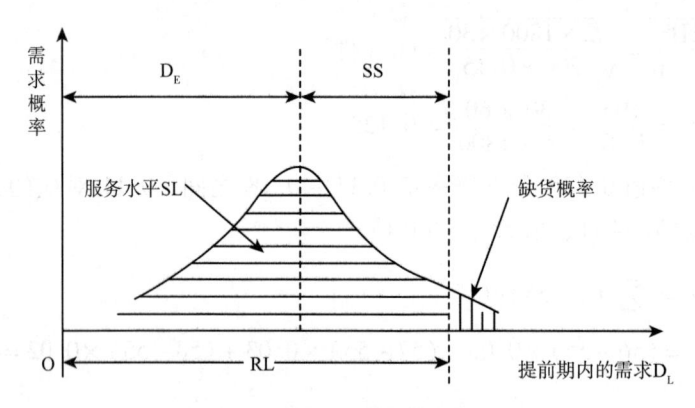

图 7-6 提前期内需求的概率分布

即使有安全库存存在也不能保证每一次需求都能得到满足，SS 只是降低了缺货率。

（二）服务水平的衡量

服务水平是缺货风险的补充概念，是衡量随机库存系统的一个重要指标。有很多衡量服务水平的方法：

（1）整个周期内供货的数量/整个周期的需求量；
（2）提前期内供货的数量/提前期的需求量；
（3）顾客订货得到完全满足的次数/订货发生的总次数；
（4）手头有货可供的时间/总服务时间。

我们取提前期内需求 DL 不超过订货点 RL 的概率作为服务水平：

$$SL = p(D_L \leq RL) \tag{7.22}$$

（三）安全库存与服务水平的关系

很明显，服务水平越高，安全库存量越大，所付出的代价也越大。但服务水平过低又将失去顾客，减少利润。因而确定适当的服务水平是十分重要的。图 7-7 中的曲线描述订货点和服务水平的关系。在服务水平比较低时，将服务水平提高同样比例，订货点增加幅度（安全库存增加幅度）小（L₁）；在服务水平比较高时，将服务水平提高同样比例，订货点增加幅度（安全库存增加幅度）大（L₂），L₂ > L，这就是说，在服务水平较低时，稍稍增加一点安全库存，服务水平提高的效果就很明显。但是，当服务水平增加到比较高的水平（如 90%），再提高服务水平就需大幅度增加安全库存。

在服务水平较低时，增加安全库存，服务水平提高效果明显。当服务水平增加到较高水平（如 90%），再提高服务水平就需大幅度增加安全库存。

若提前期内需求符合正态分布，则

$$RL = D_E + SS = D_E + z\sigma_L \tag{7.23}$$

进一步整理得

$$Z = \frac{RL - D_E}{\sigma_L} \tag{7.24}$$

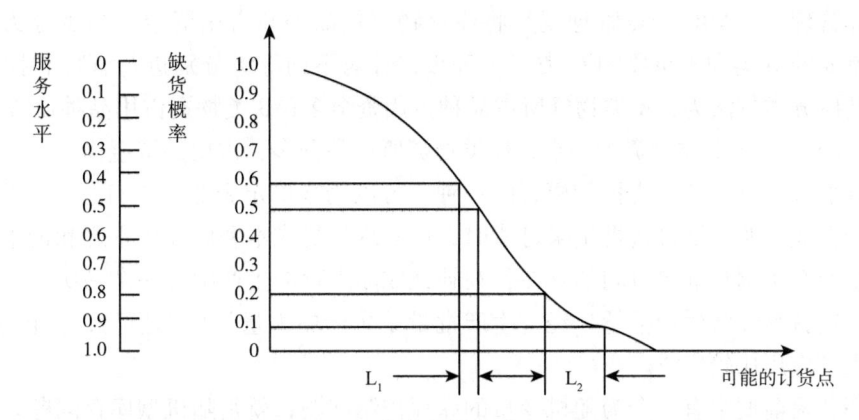

图 7-7 订货点和服务水平的关系

其中，D_E 为提前期内需求的期望值；Z 为标准正态分布的上百分位点（对应于服务水平百分数）；σ_L 为提前期内需求量的标准差。

若提前期内各单位时间内需求分布相互独立，则

$$\sigma_L = \sqrt{(LT)\sigma_P^2} \tag{7.25}$$

LT 为提前期所含时间单位数；为各单位时间需求量的标准差。

例 7-7 一家建筑供应商行的管理者从历史的记录中得出结论，生产提前期内的沙土需求平均为 50 吨。另外，生产提前期内的需求符合均值为 50 吨，标准差为 5 吨的正态分布，假如管理者愿意承担不超过 3% 的缺货风险。问：

（1）应该持有多少安全库存？
（2）订货点是多少？

解：服务水平为 1-3%=97%，查正态分布可得到 Z=1.88，于是

安全库存 =1.88×5=9.40（吨），订货点 RL=50+9.40=59.40（吨）

例 7-8 一家餐馆平均每周使用 50 罐特制调料并且周标准差为 3 罐。生产提前期 2 周，生产提前期内管理者愿意承担不超过 10% 的缺货风险，假定周需求符合正态分布，求订货点 RL。

解：d=50 罐/周，LT=2 周，σ_P=3 罐/周，服务水平 =1-10%=90%，Z=1.28

$$\begin{aligned} RL &= \bar{d} \times LT + Z\sqrt{LT}\sigma_P \\ &= 50 \times 2 + 1.28\sqrt{2}(3) = 100 + 5.43 = 105.43 \end{aligned}$$

本章小结

本章重点介绍了 ABC 分类法、确定性需求的库存模型和随机性需求模型。在确定性需求的库存模型中介绍了经济订货批量和经济生产批量模型。

ABC 分类法又称帕累托分析法，也叫主次因素分析法，是项目管理中常用的一种方法。

对应到库存管理中，ABC 分类管理就是将库存物资按品种和占用资金的多少分为重要的 A 类、一般重要的 B 类和不重要的 C 类三个等级，针对不同等级分别进行管理和控制的一种方法，其具体分类方法为：A 类物资所占品种占用资金多；B 类物资占用品种比 A 类物资多一些，占用的资金比 A 类物资少一点；C 类物资所占品种多，占用的资金少。

经济订货批量是固定订货批量模型的一种，可以用来确定企业一次订货（外购或自制）的数量。当企业按照经济订货批量来订货时，可实现订货成本和储存成本之和最小化。

由于生产系统调整准备时间的存在，在补充成品库存的生产中有一个一次生产多少最经济的问题，这就是经济生产批量。经济生产批量是生产中大量使用的模型，在包装企业中，经济批量生产应用比较广泛。

需求率和提前期中有一个为随机变量的库存控制问题，就是随机型库存问题。

习题

1. 什么是 ABC 分类法，它的基本思想是什么？
2. 库存成本包括哪几项？每一项的基本含义是什么？
3. 什么是经济订货批量模型？
4. 什么是经济生产批量模型？
5. 某汽车制造企业，根据计划每年需采购 A 零件 50000 个，A 零件的单价为 40 元，每次订购成本为 100 元，每个零件每年的仓储保管成本为 10 元。求 A 零件的经济批量，每年的总库存成本，每年的订货次数及订货间隔周期？
6. 企业每年需要甲种商品 12000 千克，该商品的单位价格为 20 元，平均每次订购的费用为 300 元，年保管费率为 25%，求经济订购批量及年总库存成本。
7. 华成超市每年需购买 8000 个厂商品，每个厂商品的单位价格为 50 元，每次订购商品的费用为 100 元，每个商品的保管成本为 12.5 元。厂商品的供应商为了促销，采取以下折扣策略：一次购买 300 个以上打 9 折，一次购买 500 个以上打 8 折。若该商品的仓储保管成本为单价的 1/4。求在这样的批量折扣条件下，华成公司的最佳经济订购批量应为多少？
8. 某企业 B 种商品年需求量为 8000 千克，一次订购费用为 100 元，B 商品的单位价格为 20 元，年单位商品的保管费率为 0.25，每天进货量为 100 千克，每天耗用量为 50ks，计算商品分批连续进货条件下的经济批量 Q^*、每年的库存总成本 TC^*、每年订货的次数 n 和订货间隔期 T 各为多少？

案例分析

戴尔公司存货管理

戴尔（Dell）公司，是一家总部位于美国得克萨斯州朗德罗克的世界五百强企业，由迈克尔·戴尔于 1984 年创立。戴尔以生产、设计、销售家用以及办公室电脑而闻名，但也涉足高端电脑市场，生产与销售服务器、数据储存设备、网络设备等。

戴尔公司于1992年进入《财富》杂志500强之列，戴尔因此成为其中最年轻的CEO。自1995年起，戴尔公司一直名列《财富》杂志评选的"最受仰慕的公司"，2001年排名第10位，2011年上升至第6位。戴尔公司目前在全球共有约75100名雇员。

戴尔公司在研发能力和核心技术方面与业界的IBM、惠普等公司有着一定差距，要想在市场竞争中占据一席之地，必须通过创新才能获得成功。因此，戴尔虽有业务和营销模式的革新，但把重点放在成本控制和制造流程优化等方面，尤其是创造了直销模式，这样减少中间渠道，直接面对最终消费者，达到降低成本的目的。在过去的四个财季中，公司营业额达到了574亿美元。

戴尔分管物流配送的副总裁迪克·亨特一语道破天机："我们只保存可供5天生产的存货，而我们的竞争对手则保存30天、45天，甚至90天的存货。这就是区别。"亨特无疑是物流配送时代浪尖上的弄潮者。亨特在分析戴尔的时候说："戴尔总支出的74%用在材料配件购买方面，2000年这方面的总开支高达210亿美元，如果我们能在物流配送方面降低0.1%，就等于我们的生产效率提高了10%。"

戴尔平均物料库存只有约5天。在IT业界，与其最接近的竞争对手也有10天以上的库存，业内其他企业平均库存更是达到了50天左右。由于材料成本每周就会有1%的贬值，因此库存天数对产品的成本影响很大，仅低库存一项就使其产品比许多竞争对手拥有了8%左右的价格优势。高效率的物流配送使戴尔的过期零部件比例保持在材料开支总额的0.05%~0.1%之间，而这一比例在戴尔的对手企业都高达2%~3%，在其他工业部门更是高达4%~5%。

戴尔也不是一帆风顺的，初期公司成立才4年后，就顺利地从资本市场筹集了资金，首期募集资金3000万美元。对于靠1000美元起家的公司来说，这笔钱的筹集使戴尔的管理者开始认为自己无所不能。大量投资存储器，买进所有可能买到的存储器，买进的存储器超过实际所需，然后存储器价格就大幅度滑落，同时存储器的容量几乎一夜之间，从256K提升到1MB。戴尔通过媒体向投资者公开披露风险信息，造成股价暴跌，这使迈克尔本人第一次面临前所未有的市场压力。巨大的库存风险促使戴尔公司积极深刻地反省自己，同时也促使迈克尔深思存货管理的价值。"我们并不了解，自己只知道追求成长，对其他的事一无所知"，迈克尔说，"成长的机会似乎是无限的，我们也习惯于不断追求成长"；"我们并不知道，每一个新的成长机会，都伴随着不同程度的风险"。

戴尔每年的采购金额已经高达200多亿美元，假如出现库存金额过量10%，就会出现20亿美元的过量库存，一则会占用大量的资金；二则库存若跌价10%，就会造成2亿美元的损失。在采购、生产、物流、销售等环节，戴尔保持低库存或者零库存的努力在继续，避免带来资金周转缓慢、产品积压及存货跌价方面的风险。迈克尔评价说："在电子产业里，科技改变的步调之快，可以让你手上拥有的存货价值在几天内就跌落谷底。而在信息产业，信息的价值可以在几个小时、几分钟，甚至几秒钟内变得一文不值。存货的生命，如同菜架上拥有存货……"

（资料来源：戴尔公司存货管理［EB/OL］. http://www.docin.com/p-664725, 2013-06-11.）

问题：
1. 运用所学的库存管理知识，谈谈戴尔的库存管理。
2. 结合库存管理的发展趋势，谈谈戴尔公司未来该如何进行库存管理。

参考文献

［1］唐连生，李滢棠. 库存控制与仓储管理［M］. 北京：中国物资出版社，2011
［2］宋丽娟，马骏. 仓储管理与库存控制［M］. 北京：对外经贸大学出版社，2009

第八章
相关需求的库存控制方法

本章学习要点

◆ 了解相关需求库存的特点
◆ 掌握 MRP 与库存管理
◆ 掌握 ERP 与库存管理
◆ 掌握 JIT 与库存管理
◆ 了解供应链中的库存管理

引例

雀巢、家乐福的 VMI 运作模式

雀巢和家乐福现有关系只是一种单纯的买卖关系,家乐福是雀巢的一个重要客户,家乐福对买卖方式具有充分的决定权,决定购买的产品种类及数量,雀巢对家乐福设有专属的业务人员。并且在系统方面,双方各自有独立的内部 ERP 系统,彼此间不兼容,在推动计划的同时,家乐福也正在进行与供货商以 EDI 方式联机的推广计划,而雀巢的 VMI 计划也打算以 EDI 的方式进行联机。

雀巢与家乐福双方都认识到 VMI 是 ECR 中的一项运作模式或管理策略。这种运作模式的实施可大幅缩短供货商面对市场的响应时间,较早获得市场确实的销售情报;降低供货商与零售商用以适应市场变化的不必要库存,在引进与生产市场所需的商品、降低缺货率上取得理想的提前量。

雀巢与家乐福公司在全球均为流通产业的领导厂商,在 ECR 方面的推动都是不遗余力的。总目标是:增加商品的供应率,降低客户(家乐福)库存持有天数,缩短订货前置时间以及降低双方物流作业的成本,计划目标除了建立一套可行的 VMI 运作模式及系统之外,具体而言还要达到:雀巢对家乐福物流中心产品到货率达 90%,家乐福物流中心对零售店面产品到货率达 95%,家乐福物流中心库存持有天数下降至预计标准,以及家乐福对雀巢建议性订单的修改率下降至 10% 等。另外雀巢也期望将新建立的模式扩展至其他渠道上,特别是对其占有重大销售比率的渠道,以加强掌控能力并获得更大规模的效益。相对地,家乐福也会持续与更多的主要供应商进行相关的合作。

雀巢与家乐福计划在一年内建立一套 VMI 系统并运行。具体而言,分为系统与合作模

式建立阶段以及实际实施与提高阶段，第一个阶段约占半年的时间，包括确立双方投入资源、建立评估指标、分析并讨论系统的要求、确立系统运作方式以及系统设置。第二个阶段为后续的半年，以先导测试方式不断修正使系统与运作方式趋于稳定，并根据评估指标不断发现并解决问题，直至不需人工介入为止。

（资料来源：雀巢、家乐福的VMI运作模式［EB/OL］.http：//www.docin.com/p－670982670.html。）

第一节 相关需求库存的特点

在物料需求计划（material requirements planning，MPR）中，将所有物料分成独立需求（independent demand）和相关需求（dependent demand）两种类型。

独立需求就是指需求时间由企业外部的需求来决定，如客户订购的产品、售后服务用的备品备件等。其需求数量一般通过预测和订单来确定，可按订货点方法处理。

相关需求则是指对某些项目的需求取决于对另一些项目的需求，如汽车制造中的轮胎需求，它取决于制造装配汽车的数量。相关需求一般发生在制造过程中，可以通过计算得到。对原材料、毛坯、零件、部件的需求，来自制造过程，是相关需求，MRP处理的正是这类相关需求。

相关需求库存是指其需求水平与另一项目的生产有直接联系的一库存项目。相关需求库存，也是一种库存，它同样具有库存的二重性。而且，相关需求库存与普通库存相比，还有它的特点：

（1）它涉及的品种更多，几乎涉及企业生产所需的全部品种。
（2）库存总量更大，几乎涉及企业生产的全部品种的全部库存。
（3）库存时间长，伴随企业整个生产经营活动过程。
（4）它对于企业的影响更大，几乎关系企业的全部生产经营活动，关系到企业的整个成本和效益。
（5）库存管理难度大，不只是要管理好库存品种数量，还要管理好库存品种结构和比例关系。由于品种多，比例关系复杂，所以库存管理难度大大增加。

因此，相关需求库存的二重性，比一般的库存更强，影响程度更大。而且管理难度大。所以管理好相关需求库存，对于企业更加重要，应该受到更加的重视。于是便提出了库存控制的理论和方法。本章主要介绍相关需求的库存控制方法。

第二节 MRP与库存管理

一、MRP的目的和原理

MRP系统的主要目标在于控制库存水平，确定产品的生产优先顺序，满足交货期的要求，使生产系统的负荷达到均衡，即采购恰当数量的零部件，选择恰当的时间订货，保证计划生产和向客户提供所需的各种材料、部件和产品，计算好交货的时间和生产负荷等。

MRP是由主生产进度计划（master production schedule，MPS）和主产品的层次结构逐层逐个地求出产品所有零部件的出产时间、出产数量。简单地说，物料需求计划就是通过主进度计划设计出具体的订货时间表。主进度计划中包括了某种物件的生产数量，通常情况下以周为单位。物料需求计划在这个基础上，结合每件产品所需要的物料清单，制定出一份物料供应时间表。这些物料可以是采购来的也可以是内部制造的。

因此，MRP的基本原理是：从最终产品的生产计划导出相关物料的需求量和需求时间；根据物料需求时间和生产（订货）周期确定其开始生产（订货）的时间。

MRP的基本任务是编制零件的生产计划和采购计划。然而，要正确编制这些计划，首先必须落实产品的出产进度计划，即主生产进度计划，这是MRP展开的依据。MRP还需要知道产品的零件结构，即物料清单（bill of materials，BOM），才能把主生产进度计划展开成零件计划。同时，还必须知道所需物料的库存数量才能准确计算出零件的采购数量。

二、物料需求计划方法与独立需求法的区别

物料需求计划对主生产进度计划进行"扩展"，从而制订出原材料供应的计划，它提供了物料的生产与定购的时间表，以确保有充足的原材料供应。该方法将物料供应与已知的需求直接对应起来，因此能够保证存货数量刚好能够满足生产需求。独立需求法则采取持有足够高的存货的办法，以应付任何可能出现的需求。两种方法会产生不同的存货模式。采取MRP时，存货通常处于低水平，但是在送货后、生产开始以前，存货水平会突然升高。此后，随着生产的进行，存活逐渐消耗，直到降至正常的存货水平，如图8-1所示。

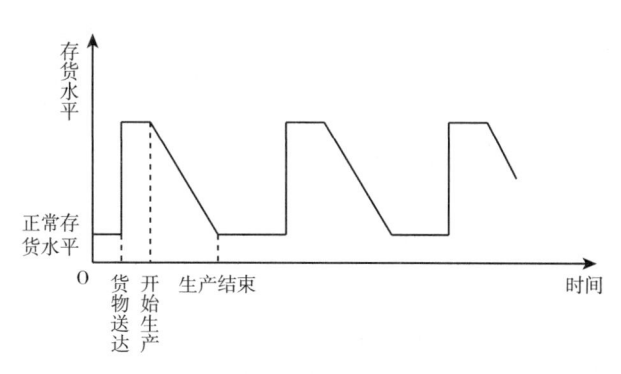

图8-1　使用MRP法

而在采取独立需求时，存货水平与生产计划无关，因此需要保证较高水平的存货以满足可能出现的需求。随着生产对存货的消耗，存货水平逐渐降低，但是随时都会进行补充，这样就产生了图8-2所示的模式。MRP一个明显的好处就是其较低的平均存货水平。

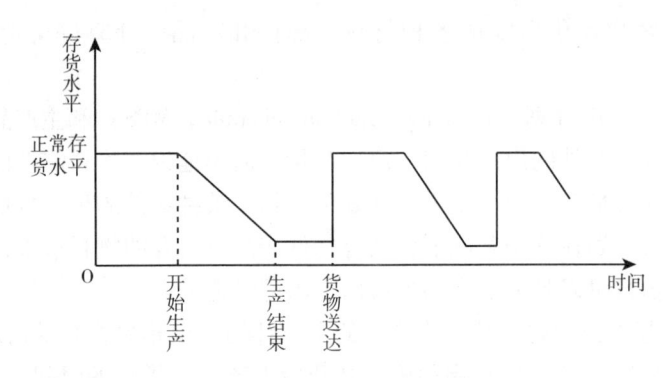

图 8-2 使用独立需求法

三、MRP 系统的运行

为了实现 MRP 的任务，MRP 系统分为 MRP 的输入和 MRP 的输出。

（一）MRP 的输入

1. 主生产进度计划（MPS）

主生产进度计划是 MRP 的主要输入，是确定每一具体的最终产品在每一具体时间段内生产数量计划。这里的最终产品是对于企业来说最终完成、要出厂的完成品，它要具体到产品的种类型号。这里的主生产计划所体现的产品出产进度要求以周为时间单位。主生产计划详细规定生产什么、什么时候应该产出，它是独立需求计划。主生产进度计划根据客户合同和市场预测，把经营计划或生产大纲中的产品系列具体化，使之成为展开物料需求计划的主要依据，起到了从综合计划向具体计划过渡的作用。

2. 产品结构与物料清单（BOM）

产品结构文件 BOM（bill of materials）也称物料清单，它是生产某最终产品所需的零部件、辅助材料或材料的目录。它不仅说明产品的构成情况，而且也要表明产品在制造过程中经历的各个加工阶段，它按产品制造的各个层次说明产品结构，其中每一层次代表产品形成过程中的一个完整阶段。

在 BOM 表中，各个元件处于不同的层次。通常：

最高层为 0 层，代表最终产品项；

第 1 层代表组成最终产品项的元件；

第 2 层为组成第 1 层元件的元件；

……以此类推，最底层为零件和原材料。

各种产品的结构复杂程度不同，产品结构的层次也不同。以一个简单产品 X 为例，其产品结构层次如图 8-3 所示。

3. 库存信息

库存信息是保存企业所有产品、零部件、在制造、原材料等库存状态的数据，主要包括总需求量、库存量、计划入库量、安全库存量、订货批量、净需求量等信息。在 MRP 系统中，将产品、零部件、在制品、原材料等系统称为"物料"或项目。

（1）总需求量：指主要产品及其零部件的需求量。主产品需求量与主生产计划进度一

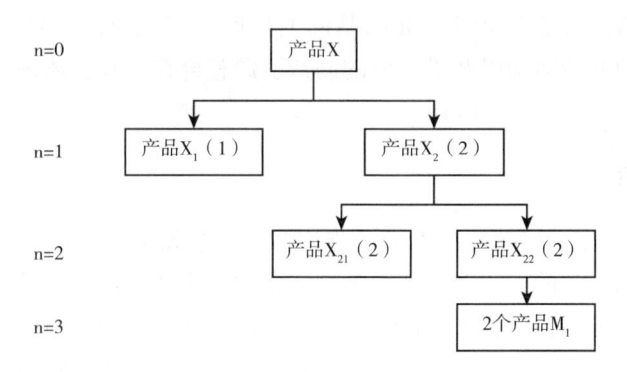

图 8-3 X 产品的产品结构层次

致，零部件的总需求量根据主生产进度计划和主产品结构文件推算得到。

（2）库存量：指在企业仓库中每期期末库存物资的数量。

$$库存量 = 本期期初库存量 + 本期到货量 - 本期需求量$$

（3）计划入库量：指根据正在执行中的采购订单或生产订单，在未来某个时期物料将要入库或将要完成的数量。

（4）安全库存量：为了预防需求或供应方面的不可预测的变化，在仓库中应经常保持最低库存数量。

（5）订购批量：指计划在某个时间段内向供应商订购或要求生产部门生产某种物料的数量。订购批量理论上等于净需求量。

（6）净需求量：只需要外界提供的物料数量。

$$净需求量 = 总需求量 - 计划入库量 - 现有库存量$$

（二）MRP 的输出

MRP 系统能够输出的信息较多，主要输出的信息有订货数量与时间、是否需要改变所需产品的数量和时间、是否需要取消产品的需求、MRP 系统自身的状态、库存变动记录、绩效报告、为远期计划决策提供指导的计划报告等。

四、MRP 系统的发展

尽管 MRP 的目的之一是将库存保持在最低水平又能保证及时提供所需的物品，但是 MRP 仍存在一些缺陷，其主要缺陷是没有考虑到生产企业现有的生产能力和采购有关条件的约束。同时，它也缺乏根据计划实施情况的反馈信息去对计划进行调整的功能。

正是为了解决以上问题，MRP 系统在 20 世纪 70 年代发展为闭环 MRP 系统。闭环 MRP 系统出了物料需求计划外，还将生产能力需求计划、车间作业计划和采购计划全纳入 MRP，形成了一个闭环系统。

随后闭环 MRP 系统中加入了对制造范围的资金控制，计划方法的名称随着控制对象的升级而改为"制造资源计划"MRP-Ⅱ。20 世纪 90 年代初，美国人总结当时 MRP-Ⅱ 在应用环境和功能方面的主要发展趋势，提出"企业资源计划"（enterprise resource planning,

ERP）企业资源计划，它是在 MRP-Ⅱ 的基础上扩展了管理范围，给出了新的结构，把客户需求和企业内部的制造活动以及供应商的制造资源整合在一起，体现了完全按用户需求制造的思想。

五、MRP-Ⅱ

MRP-Ⅱ 是 20 世纪 80 年代在 MRP 的推广和进一步发展的基础上产生的，是从整体最优的角度出发，运用科学的方法对企业各种制造资源和生产、供应、销售、财务各环节进行有效的计划、组织和控制，使各个职能得以协调发展。在企业的物料需求计划管理中，生产管理只是一个方面，所涉及的仅是物流，而与物流密切相关的还有资金流，是由财会人员管理的，造成了数据的重复录入与存储，甚至造成数据不一致。于是，把生产、销售、财务、采购等各个子系统集成为一个一体化系统，并将称之为制造资源计划系统，记为 MRP-Ⅱ。

（一）MRP-Ⅱ 系统的组成

1. 基础数据管理

是指对企业生产经营活动中所涉及的各类数据进行定义，建立它们之间的关系，包括产品结构数据、工艺路线及工时定额数据、工作中心数据及物料需求信息、成本信息等，并对这些数据进行集中管理与维护，这是 MRP-Ⅱ 的基础。

2. 库存管理

是指对生产过程中涉及的材料库、标准件库、半成品库的管理。

3. 经营计划管理子系统

主要是销售与主生产进度计划管理的制订，一般分为若干个子系统。

4. 主生产进度计划管理系统

是根据企业的经营规划和生产规划自动编制主生产进度计划和相应的粗能力计划，进行平衡核算、模拟不同的主生产进度计划对生产资源及经济指标的影响，从中选择最佳方案，同时具有调整与维护主生产进度计划的功能。

5. 物料管理

是对库存的超储积压及资金占用进行分析，生成与下达采购单，并对采购单进行跟踪处理，到货验收入库，对供应商进行管理。

6. 车间作业计划管理

主要是执行由物料需求计划下达的计划，根据材料定额生产领料单或缺货清单，对领料、加工、交换、入库层层进行控制，并动态跟踪生产过程中计划执行过程，进行车间生产调度，反馈作业信息。

7. 物料采购供应

物料采购供应主要解决两个问题：一是产品合同确定后，马上能汇总对标准件与材料的需求量；二是当产品投产时，及时掌握其标准件与材料的需求量及库存情况，并可以进行供应商管理。

8. 成本核算与财务管理

包括完成账务管理、应收账款及应付账款管理、固定资产管理、工商管理和成本管理等。

（二）MRP-Ⅱ与MRP的比较

与MRP相比，MRP-Ⅱ的核心基本还是MRP，但它的功能比MRP有很大进步。如果说MRP只是一个物料需求计划，MRP-Ⅱ则是一个全面的生产管理系统，它进行了多方面的改进；一是在制订物料需求计划的同时，还制订出合适的能力需求计划，保证了物料需求与生产的平衡；二是将库存文件改为库存管理，不仅提供了库存状态数据，而且进行了物料出入库登记、库存更新和库存统计工作等；三是对MRP执行的延伸，进入车间管理和物料采购计划时，增添了企业的年度生产计划功能、经营计划功能、财务计划功能、信息反馈功能等。

（三）MRP-Ⅱ的主要特点

MRP-Ⅱ的基本思想是把企业作为一个有机的整体，从整体优化的角度出发，通过运用科学方法，对企业的各种制造资源和产、供、销、财各个环节实行有效的计划、组织、控制和调整，使它们在生产经营过程中得以协调有序并充分地发挥作用。其最终目的是既要连续均衡地进行生产，又要根据实际情况，最大限度地降低各种物料的库存量，消除生产过程中一切无效的劳动和最终资源，进而提高企业的管理水平和经济效益。MRP-Ⅱ的主要技术环节涉及经营规划、销售与运作计划、主生产进度计划、物料清单与物料需求计划、能力需求计划、车间作业管理、物料管理、库存管理与采购管理、产品成本管理、财务管理等。

MRP-Ⅱ的主要特点有：

1. 适合制造业的生产管理特点

以生产计划和调度为核心，从生产计划入手，根据产品结构BOM表、材料消耗及工序、工时定额，把管理扩展到物料供应、生产能力平衡分析、库存管理、采购、销售和成本制造方面，形成一个反映生产全过程的闭环系统，解决工人管理相互脱节的问题。

2. MRP-Ⅱ是一种计划方法

分层次、由顶到底、由粗到细，优化目标管理与计划管理，每层供需平衡，保证计划实现性、可行性。

3. 数据共享性

MRP-Ⅱ系统是一种管理信息系统，企业各部门都依据同一数据库的信息进行管理，任何一种数据变动都能及时地反映给所有部门，做到数据共享，在统一数据库支持下按照规范化的处理程序进行管理和决策，改变过去那种信息不同、情况不明、盲目决策、相互矛盾的现象。为此，要求企业员工用严肃的态度对待数据，专人负责维护，保证数据的及时、准确和完整。

4. 动态应变性

MRP-Ⅱ系统是一个闭环系统，它要求跟踪、控制和反馈瞬息万变的实际情况，管理人员可随时根据企业内外部环境条件的变化迅速做出响应，及时决策调整，保证生产计划正常进行。它可以保持较低的库存水平，缩短生产周期，及时掌握各种动态信息，因而有较强的应变能力。为了做到这一点，必须树立全员的信息意识，及时准确地把变动了的情况输入系统。

5. 模拟预见性

MRP-Ⅱ系统是生产经营管理客观规律的反映，按照规律建立的信息逻辑必然具有模拟功能。它可以解决"如果怎样……将会怎样"的问题，可以预见相当长的计划期内可能发生的问题，事先采取措施消除隐患，而不是等问题已经发生了再花几倍的精力去处理。这将使管理人员从忙忙碌碌的事物堆里解脱出来，致力于实质性的分析研究和改进管理工作。

6. 物流、信息流、资金流的统一

MRP－Ⅱ是对制造业企业资源进行有效计划的一整套方法，它是一个围绕企业的基本经营目标，以生产计划为主线，对企业制造的各种资源进行统一的计划和控制，使企业的物流、信息流、资金流流动畅通的动态反馈系统。

第三节　ERP 与库存管理

一、ERP 的含义

ERP 系统是企业资源计划（enterprise resource planning）的简称，是 20 世纪 90 年代美国一家 IT 公司根据当时计算机信息、IT 技术发展及企业对供应链管理的需求，预测在今后信息时代企业管理信息系统的发展趋势和即将发生变革，而提出了这个概念。

ERP 是指建立在信息技术基础上，以系统化的管理思想，为企业决策层及员工提供决策运行手段的管理平台。它是从 MRP（物料需求计划）发展而来的新一代集成化管理信息系统，它扩展了 MRP 的功能，其核心思想是供应链管理。它跳出了传统企业边界，从供应链范围去优化企业的资源。ERP 系统集信息技术与先进管理思想于一身，优化了现代企业的运行模式，反映了时代对企业合理调配资源的要求，最大化地创造社会财富，成为企业在信息时代生存、发展的基石。它对于改善企业业务流程、提高企业核心竞争力具有显著作用。

进一步地，我们可以从管理思想、软件产品、管理系统三个层次给出它的定义：

（1）是由美国著名的计算机技术咨询和评估集团 Garter Group Inc. 提出的一整套企业管理系统体系标准，其实质是在 MRP－Ⅱ基础上进一步发展而成的面向供应链（supply chain）的管理思想；

（2）是综合应用了客户机/服务器体系、关系数据库结构、面向对象技术、图形用户界面、第四代语言（4GL）、网络通信等信息产业成果，以 ERP 管理思想为灵魂的软件产品；

（3）是整合了企业管理理念、业务流程、基础数据、人力物力、计算机硬件和软件于一体的企业资源管理系统。

二、ERP 的管理思想

其核心管理思想就是实现对整个供应链的有效管理。主要体现在以下三个方面：

（一）体现对整个供应链资源进行管理的思想

在知识经济时代仅靠自己企业的资源不可能有效地参与市场竞争，还必须把经营过程中的有关各方如供应商、制造工厂、分销网络、客户等纳入一个紧密的供应链中，才能有效地安排企业的产、供、销活动，满足企业利用全社会一切市场资源快速高效地进行生产经营的需求，以期进一步提高效率和在市场上获得竞争优势。换句话说，现代企业竞争不是单一企业与单一企业间的竞争，而是一个企业供应链与另一个企业供应链之间的竞争。ERP 系统实现了对整个企业供应链的管理，适应了企业在知识经济时代市场竞争的需要。

（二）体现精益生产、同步工程和敏捷制造的思想

ERP 系统支持对混合型生产方式的管理，其管理思想表现在两个方面：其一是"精益生产"的思想，它是由美国麻省理工学院提出的一种企业经营战略体系。即企业按大批量生产方式组织生产时，把客户、销售代理商、供应商、协作单位纳入生产体系，企业同其销售代理、客户和供应商的关系，已不再简单的是业务往来关系，而是利益共享的合作伙伴关系，这种合作伙伴关系组成了一个企业的供应链，这即是精益生产的核心思想。其二是"敏捷制造"的思想。当市场发生变化，企业遇有特定的市场和产品需求时，企业的基本合作伙伴不一定能满足新产品开发生产的要求，这时，企业会组织一个由特定的供应商和销售渠道组成的短期或一次性供应链，形成"虚拟工厂"，把供应和协作单位看成是企业的一个组成部分，运用"同步工程"，组织生产，用最短的时间将新产品打入市场，时刻保持产品的高质量、多样化和灵活性，这即是"敏捷制造"的核心思想。

（三）体现事先计划与事中控制的思想

ERP 系统中的计划体系主要包括：生产计划、物料需求计划、能力计划、采购计划、销售执行计划、利润计划、财务预算和人力资源计划等，而且这些计划功能与价值控制功能已完全集成到整个供应链系统中。比如，ERP 系统通过定义事务处理相关的会计核算科目与核算方式，以便在事务处理发生的同时自动生成会计核算分录，保证了资金流与物流的同步记录和数据的一致性。从而实现了根据财务资金现状，可以追溯资金的来龙去脉，并进一步追溯所发生的相关业务活动，改变了资金信息滞后于物料信息的状况，便于实现事中控制和实时做出决策。计划、事务处理、控制与决策功能都在整个供应链的业务处理流程中实现，要求在每个流程业务处理过程中最大限度地发挥每个人的工作潜能与责任心，流程与流程之间则强调人与人之间的合作精神，以便在有机组织中充分发挥每个的主观能动性与潜能。实现企业管理从"高耸式"组织结构向"扁平式"组织机构的转变，提高企业对市场动态变化的响应速度。

三、ERP 的功能

ERP 与 MRP-Ⅱ相比，除了 MRP-Ⅱ已有的生产投资计划、制造、财务、销售、采购等功能外，还有质量管理、实验室管理、业务流程管理、产品数量管理、存货管理、分销与运输管理、人力资源管理和定期报告系统等多种功能。通过系统运行、信息共享和相互交流提高企业各部门之间合作交流，更多满足企业多元化经营的要求。一般来说，ERP 系统具有如下功能：

（一）客户订单管理

客户订单管理系统是用来维护客户的订单数据，包括对订单的审核、修改、统计查询，并且对订单的执行情况进行跟踪。

（二）生产计划管理

生产计划管理系统是企业针对某时间段的客户订单，或结合历史产品销售数据和库存量

做出的生产粗计划。良好的生产的计划可以减少库存资金积压，降低库存风险，同时可以充分满足市场需求。

（三）生产排程管理

生产排程管理系统是企业用来对生产计划和客户订单交货期做出的期间明细生产安排。本系统针对目前大多数企业面临订单交货延时问题提供了科学的解决方案。

（四）外发加工管理

外发加工管理系统是用来管理企业向加工商所下发的生产指令。其包含了生产外发和工艺制作外发（如电镀、印花、贴片等），同时提供了同加工商的应付款结算解决方案。

（五）物料需求管理

物料需求管理系统是用来对生产计划和生产指令单通过物料清单（BOM）进行材料核算，它既可以核算某张生产单的用料也可以一次性核算出多张生产指令单的用料数。

（六）采购计划管理

采购计划管理系统是企业针对生产用料需求而制定的材料采购预算。本系统提供的解决方案既考虑到各材料的当前库存又考虑到各材料的安全库存量，并从需求时间等多方位进行数据参照和对比。

（七）采购订单管理

采购订单管理系统是对采购计划进行分解，向各材料相对应的供应商下达采购合同。本系统具备订单审核、订单修改、订单删除、订单查询、订单到货情况查看等功能，并提供向各供应商的对账清单。

（八）仓库管理

仓库管理系统是用来维护供应商的送货验收、生产领料、生产退料、向供应商退货、成品入库、销售发货等数据。系统并提供实时的材料和成品库存报表。库存盘点可以自动校正库存数，并生成盘盈盘亏表。

（九）销售发货管理

销售发货管理系统是结合客户订单进行销售发货。它一方面自动减少成品库，另一方面自动产生财务应收款。系统自动生成销售数据分析报表，并生成客户对账单。系统同时管理客户退货，并自动减少应收货款。

（十）财务管理

管理客户的应收款、供应商的应付管理、财务总账管理。

（十一）人事工资管理

人事工资管理系统是为企业从人事档案、派工单、产品工序设定、计件工资维护、工资月报表等方面提供一整套解决方案。

总之，ERP打破了MRP-Ⅱ只局限在传统制造业的格局，延伸到了金融业、通信业、零售业等行业，扩大了ERP的应用范围，它把企业外部资源与内部资源整合在一起，优化了企业管理，取得了最佳的经济效果。但是，由于ERP应用中所需的系统的复杂性，难以满足电子商务环境下企业对个性化管理的需求，其重心仍旧以内部管理为主，缺乏对客户服务质量的关注。

第四节　JIT 与库存管理

一、JIT 的概念和原理

准时生产方式（just In time，简称 JIT），又称作无库存生产方式（stockless production）、零库存（zero inventories）、一个流（one-piece flow）或者超级市场生产方式（supermarket production），其基本思想最初由日本丰田公司提出，20 世纪 70 年代初开始实施。70 年代后期，JIT 在日本企业中得到迅速推广，从 80 年代初以来，作为一种引人注目的先进生产运作方式在全球得到广泛重视和应用。JIT 的出现顺应了时代要求，经过几十年的实践已成为具有一整套包括从企业经营理念、管理原则到生产组织、计划与控制以及作业管理、人力资源管理等在内的较完整的理论和方法体系，其生产过程控制和库存管理的基本思想在生产运作管理史上具有重要意义。

而 JIT 的基本思想正好与传统生产系统相反，它是以顾客（市场）为中心，根据市场需求来组织生产。JIT 是一种倒拉式管理，即逆着生产工序，由顾客需求开始，订单→产成品→组件→配件→零件和原材料，最后到供应商。具体说，就是企业根据顾客的订单组织生产，根据订单要求的产品数量，上道工序就应该提供相应数量的组件，更前一道工序就应该提供相应的配件，再前一道工序提供需要的零件或原材料，由供应商保证供应。整个生产是动态的，逐个向前逼近。上道工序提供的正好是下道工序所需要的，且时间上正好（准时，just In time），数量上正好。JIT 系统要求企业的供、产、销各环节紧密配合，大大降低了库存，从而降低成本，提高了生产效率和效益。

JIT 不仅是一种旨在降低库存，消除整个生产过程中的浪费，优化利用企业资源，全面提高企业生产率的管理哲学，而且是一种先进的生产组织方式，它一环扣一环，不允许有任何一个环节挡道。JIT 对浪费的解释与我们通常意义上讲的浪费不同，它认为凡是不增加价值的任何活动都是浪费，如搬运、库存、质量检查等，或者说凡是超出增加产品价值所必需的绝对最少的物料、机器和人力资源的部分都是浪费。零库存和零缺陷是 JIT 生产追求的目标。JIT 认为，一个企业中所有的活动只有当需要进行的时候才进行，才不至于造成浪费，它认为库存是万恶之源，库存将许多矛盾掩盖起来，使问题不被发现而得不到及时解决。JIT 不仅是库存管理的一场革命，也是整个企业管理思想的一场革命：

（1）它把物流、商流、信息流合理组织到一起，成为一个高度统一、高度集中的整体；

（2）体现了以市场为中心，以销定产，牢牢抓住市场的营销观念，而不是产品先生产出来再设法向外推销的销售观念；

（3）生产活动组织严密，平滑顺畅，没有多余的库存，也没有多余的人员；

（4）实现库存成本大幅度下降。

二、JIT 实施条件

在理想的 JIT 系统中，不存在提前进货的情况，因而使库存费用降至零点。JIT 获得成功需要以下条件：

(1) 完善的市场经济环境，信息技术发达；

(2) 可靠的供应商，按时、按质、按量地供应，通过电话、传真、网络即可完成采购；

(3) 生产区域的合理组织，制定符合逻辑、易于产品流动的生产线；

(4) 生产系统要有很强的灵活性，为改变产品品种而进行的生产设备调整时间接近于零；

(5) 要求平时注重设备维修、检修和保养，使设备失灵为零；

(6) 完善的质量保证体系，无返工、次品、不合格品为零；

(7) 人员生产高度集中，各类事故发生率为零。

这里着重讨论供应商的选择问题。实施 JIT 系统订货与传统的订货有不同的方式和要求。物料购买过程也就是与供应商打交道以获取企业生产产品所需的材料。购买的关键就是将要选择供应商，同时考虑价格、质量、交货期等问题。传统的购买最关心的是价格，而忽视了质量和及时交货的要求。日本 JIT 采购系统的成功经验是选择较少的供应商，它比从许多供应商那里采购有许多优势。从长远来看，厂家与供应商建立长期合作关系将有利于双方达成共识，促进双方共同获得成功。尽管价格仍然是一个不容忽视的因素，但质量和可靠性已成为现代购买方式中越来越重要的因素。在 JIT 系统中，如果物料质量和可靠性出现问题，将导致整个系统处于停顿状态。

三、JIT 实施步骤

建立一个 JIT 系统需要一个很长的时期，它需要企业文化和管理方式发生巨大的变革。一般来说，实施 JIT 系统要考虑如下几个步骤：

(1) 进行准备工作。实施 JIT 系统第一步就是要进行人员培训。企业高级管理人员对 JIT 系统的支持是实施 JIT 的首要条件，因此必须首先让企业的高层人员深刻理解和领会 JIT 思想的实质，明确各自的职责。其次就是对工人进行培训和激励，使所有人员都参与 JIT 系统的建设。

(2) 实行全面质量管理。全面质量管理是与 JIT 系统紧密联系的。JIT 系统的各个环节，需要在全面质量管理的思想指导下，才能协调一致。也只有在全面质量管理的作用下，才能在每一个环节上把好质量关，便之尽力实现"零缺陷"，进而实现"零库存"。

(3) 对现行系统进行分析。在实施 JIT 系统之前，首先要对现行的制造系统进行仔细分析和解剖，找出现行系统存在的缺陷与不足，明确改进目标。

(4) 工艺和产品设计。运行 JIT 要求企业的生产工艺流程具有很强的柔性。目前一些高科技的企业成功地把 JIT 与柔性制造系统（FMS）结合在一起，产生了巨大的经济效益。JIT 要求尽可能采用标准件以降低 JIT 生产系统的复杂性。

(5) 使供应商成为 JIT 系统的一部分。供应商能否及时向企业提供优质的材料是 JIT 系统运行的条件。把企业 JIT 系统与供应商的 JIT 系统联结在一起，使供应商成为企业 JIT 系统的一部分，将有利于保证物料供应的及时性和可供性。

(6) 不断改善。JIT 生产系统是一个生产过程，是一个需要不断改进完善的过程。理想 JIT 系统的最高目标是"零机器调整时间"、"零库存"、"零缺陷"、"零设备故障"，而这些目标的实现是以企业各项工作不断改进和完善为前提的，因而 JIT 是一个永不停止的过程。

第五节　供应链中的库存管理

一、供应商库存管理系统（VMI）

长期以来，流通中的库存是各自为政的。流通环节中的每一个部门都是各自管理自己的库存，零售商有自己的库存，批发商有自己的库存，供应商有自己的库存，各个供应链环节都有自己的库存控制策略。由于各自的库存控制策略不同，因此不可避免地会发生生产需求的扭曲现象，即所谓的需求放大现象，无法使供应商快速地响应用户的需求。在供应链管理环境下，供应链的各个环节的活动都应该是同步进行的，而传统的库存控制方法无法满足这一要求。

近年来，在国外，出现了一种新的供应链库存管理方法——供应商管理库存（vendor managed inventory，VMI）。VMI 管理策略打破了传统的各自为政的库存管理模式，体现了供应链的集成化管理思想，适应市场的变化的要求，是一种新的有代表性库存管理思想。

VMI 管理系统就能够突破传统的条块分割的库存管理模式，以系统的、集成的管理思想进行库存管理，使供应链系统能够获得同步化的运作。VMI 是一种很好的供应链库存管理策略。关于 VMI 的定义，国外有学者认为："VMI 是一种在用户和供应商之间的合作性策略，以对双方来说都是最低的成本优化产品的可获性，在一个相互同意的目标框架下由供应商管理库存，这样的目标框架被经常性监督和修正以产生一种连续改进的环境。"

关于 VMI 也有其他的不同定义，但归纳起来，该策略的关键措施主要体现在以下几个原则中：

（一）合作精神（合作性原则）

在实施该策略中，相互信任与信息透明是很重要的，供应商和用户（零售商）都要有较好的合作精神，才能够相互保持较好的合作。

（二）使双方成本最小（互惠原则）

VMI 不是关于成本如何分配或谁来支付的问题，而是关于减少成本的问题。通过该策略使双方的成本都获得减少。

（三）框架协议（目标一致性原则）

双方都明白各自的责任，观念上达成一致的目标。如库存放在哪里，什么时候支付，是否要管理费，要花费多少等问题都要回答，并且体现在框架协议中。

（四）连续改进原则

使供需双方能共享利益和消除浪费。

VMI 的主要思想是供应商在用户的允许下设立库存，确定库存水平和补给策略和拥有库存控制权。

精心设计与开发的 VMI 系统，不仅可以降低供应链的库存水平、降低成本，而且还可使用户获得高水平的服务，改进资金流，与供应商共享需求变化的透明性并获取用户更多的信任。

二、采用 VMI 的必要性

供应链管理中的成功通常来源于理解和管理好存货成本和消费者服务水平之间的关系。最引人注目的计划是使两方面都得到改进，这自然就是 VMI 的案例——先来看看在一个 VMI 关系中各方是怎样减少成本和改进服务的。

（一）成本缩减

需求的易变性是大部分供应链面临的主要问题，它既损害了顾客的服务也减少了产品收入。在过去的零售情况下，管理政策常常使销售的波动状况更糟。由于需求的不确定性、有冲突的执行标准、用户所用的计划表、用户行为的互相孤立、产品短缺造成的订货膨胀等原因，订购的方式可能会更坏。

许多供应商被 VMI 吸引是因为它缓和了需求的不确定性。来自消费组织的少有的大订单迫使生产商维持剩余的能力或超额的成品存货量，这是为确保能响应顾客服务的要求，是一种成本很高的方法。VMI 可以削弱产量的峰值和谷值，允许小规模的生产能力和存货水平。

用户被吸引是因为 VMI 解决了有冲突的执行标准带来的两难状况。比如，月末的存货水平，对于作为零售商的用户是很重要的。但顾客服务水平也是必要的，而这些标准是冲突的。零售商在月初储备货物以保证高水平的顾客服务，然后使存货水平在月末下降以达到他们的库存目标（而不管它对服务水平的影响）。在季末涉及财政报告时，这种不利的影响将更加明显。

在 VMI 中，补货频率通常由每月提高到每周（甚至每天），这会使双方都受益。供应商在工厂可以看到更流畅的需求信号。由于允许对生产及运输资源更好利用，这就降低了成本，也降低了对大容量的作为缓冲的存货的需求。供应商可以做出与需要相协调的补货决定，而且提高了"需求倾向趋势"意识。消费组织从合理的低水平库存流转中受益。即使用户将所有权（物主身份）让渡给供应商，改善了的运输和仓储效率也会产生许多好处。此外，月末或季末的服务水平也会得到提高。

在零售供应链中，不同的用户间的订货很少能相协调，要变动一个用户为不同的配送中心订货的订单就更少。订单经常同时来，这就使及时实现所有的递送请求变得不可能。VMI 中，更大的协调将支持供应商对平稳生产的需求，而不必牺牲购买者的服务和存储目标。

最后，VMI 将使运输成本减少。如果处理得好，这种方法将会增加低成本的满载运输的比例而削减高成本的未满载货的比例。这可以通过供应商去协调补给过程来实现，而不是收到订单时再自动回应。另一个值得注意的方案是更有效的路线规划：例如，一辆专用的货车可以在途中停车多次，为某几位邻近的顾客补货。

（二）服务改善

从零售商看来，服务好坏常常由产品的可得性来衡量。这来自于一个很简单的想法，即当顾客走进商店时，想买的产品却没有，这桩买卖就失去了。结果就相当严重，因为失去一桩生意的"成本"可能是失去"信誉"。所以，在计划时，零售商希望供应商是可信任的、可靠的。在商品销售计划中，零售商更希望供应商拥有极具吸引力的货架空间。因此，以可靠而著称的供应商可以获得更高的收入。在其他条件相同的情况下，人人都可以从改善了的服务中受益。

VMI 中，在多用户补货订单、递送间的协调大大改善了服务水平。一项不重要的递送可以推迟一两天，先来完成主要的递送业务。类似的，相对于小的业务，可以先完成大的补货业务。由于有能力平衡所有合作伙伴的需求，供应商可以改善系统的工作状况而不用使任何的个体顾客冒险。他们向顾客保证：顾客最主要的需要将会受到最密切的关注。如果没有 VMI，供应商很难有效的安排顾客需求的先后顺序。

如果扩大有效解决现有问题的范围，服务就可以进一步改善。比如说，在缺货的时候，在一个用户的配送中心之间（或多个用户的配送中心之间）平衡存货是十分必要的。有的情况下，顾客间的实行存货的重新平衡可能是最经济的方法。没有 VMI，通常无法这样做，因为供应商和顾客都看不到整体的存货的配置（分布）。在 VMI 下，当用户将货物返还给供应商，而供应商可以将其供给另一位用户，这时就实现了存货平衡。这种方法最坏也就是多了一些运输成本而已。

另外的一个好处就是，VMI 可以使产品更新更加方便。将会有更少的旧货在系统中流通，所以顾客可以避免抢购。此外，新产品的上架速度将更快。由于有信息共享，货物更新时不用为推销而着急，而且零售商可以保持"时尚"的好名誉。

VMI 中运用的运输过程更进一步改善了顾客服务。没有 VMI，集中的用户和分散的配送中心之间的沟通障碍有时会使货物的运送被拒绝。在繁忙的日子里如果交通拥挤时这个问题也会发生。VMI 的供应商会预先规划如何补货和递送，以期保证实现递送计划。

三、VMI 的运行模式

在 VMI 系统中，核心企业（供应链中至关重要的企业）既可以在供应链的上游，也可以在供应链的下游，而当在下游时它又既可以是供应链的中间环节，也可以在供应链的末端。显然，不同情况，VMI 的运行模式都是不相同的，主要有三种情况：供应商—制造商模式，供应商—零售商模式，核心企业—分销商模式。

（一）供应商—制造商（核）运作模式

在这种运作模式中，除了要为核心企业以外，一般还有如下特点：

（1）生产规模比较大，制造商的生产一般比较稳定，即每天对零配件或原材料的需求量变化不是很大；

（2）要求供应商每次供货数量比较小，一般满足 1 天的零配件，有的甚至是几个小时；

（3）供货频率要求较高，有时甚至要求一天两到三次的供货频率；

（4）为了保持连续的生产，一般不允许发生缺货现象，即服务水平要求达到 99% 以上。

（二）供应商—零售商（核）运作模式

当零售商把销售等相关信息通过 EDI 传输给供应商后（通常是一个补货周期的数据，如 3 天，甚至 1 天），供应商根据接收到的信息进行对需求的预测，然后将预测的信息输入物料需求计划系统（MRP），并根据现有的企业内的库存量和零售商仓库的库存量，生产补货订单，安排生产计划，进行生产。生产出的成品经过仓储、分拣、包装、运送给零售商。

(三）核心企业—分销商模式

这种模式由核心企业充当 VMI 中的供应商角色，它的运作模式与前两种大致相同，由核心企业收集各个分销商的销售信息并进行预测，然后按照预测结果对分销商的库存统一管理与配送。由于这种模式下的供应商只有一个，所以不存在要在分销商附近建立仓库的问题。核心企业可以根据与各个分销商之间的实际情况，统一安排对各个分销商的配送问题。

四、VMI 的实施方法

实施 VMI 策略，要改变订单的处理方式，建立基于标准的托付订单处理模式。首先，供应商和批发商一起确定供应商的订单业务处理过程所需要的信息和库存控制参数；然后建立一种订单的处理标准模式，如 EDI 标准报文；最后把订货、交货和票据处理各个业务功能集成在供应商一边。

库存状态透明性是实施供应商管理用户库存的关键。供应商能够随时跟踪和检查到销售商的库存状态，从而快速地响应市场的需求变化，对企业的生产（供应）状态做出相应的调整。为此需要建立一种能够使供应商和用户（分销、批发商）的库存信息系统透明连接的方法。

供应商管理库存的策略可以分为以下几个步骤实施：

（1）建立顾客情报信息系统。供应商要有效地管理销售库存，供应商必须能够获得顾客的有关信息。通过建立顾客的信息库，供应商能够掌握需求变化的有关情况，把由批发商（分销商）进行的需求预测与分析功能集成到供应商的系统中来。

（2）建立销售网络管理系统。供应商要很好地管理库存，必须建立起完善的销售网络管理系统，保证自己的产品需求信息和物流畅通。为此，必须：①保证自己产品条码的可读性和唯一性；②解决产品分类、编码的标准化问题；③解决商品存储运输过程中的识别问题。

（3）建立供应商与分销商（批发商）的合作框架协议。供应商和销售商（批发商）一起通过协商，确定订单处理的业务流程以及库存控制的有关的参数，如再订货点、最低库存水平等；库存信息的传递方式，如 EDI 或 Internet 等。

本章小结

相关需求则是指对某些项目的需求取决于对另一些项目的需求，相关需求一般发生在制造过程中，可以通过计算得到。相关需求库存是指其需求水平与另一项目的生产有直接联系的一库存项目。

随着库存控制概念的变化和通讯信息技术的发展，在相关需求下产生了许多行之有效的方法和技术。如物料需求计划（MRP）、企业资源计划（ERP）、准时生产方式（JIT）、供应商管理库存（VMI）等。

MRP 是一种以计算机为基础的生产计划与控制系统，它根据总生产进度计划中规定的最终产品的交货日期，规定必须完成各项作业的时间，编制所有较低层次零件的生产进度计划，对外计划各种零部件的采购时间和数量，对内确定生产部门应进行加工生产的时间和数量。MRP 可有效地降低库存，提高生产率及及时交货服务水平。

MRP-Ⅱ是 MRP 的扩展，它从整体优化的角度出发，通过运用科学方法，对企业的各种制造资源和产、供、销、财各个环节实行有效的计划、组织、控制和调整，使它们在生产经营过程中得以协调有序并充分地发挥作用。

ERP 是指建立在信息技术基础上，以系统化的管理思想，为企业决策层及员工提供决策运行手段的管理平台。它是从 MRP（物料需求计划）发展而来的新一代集成化管理信息系统，它扩展了 MRP 的功能，其核心思想是供应链管理。

而 JIT 的基本思想正好与传统生产系统相反，它是以顾客（市场）为中心，根据市场需求来组织生产。JIT 系统要求企业的供、产、销各环节紧密配合，大大降低了库存，从而降低成本，提高了生产效率和效益。

VMI 管理策略打破了传统的各自为政的库存管理模式，体现了供应链的集成化管理思想，适应市场的变化的要求，是一种新的有代表性库存管理思想。VMI 管理系统就能够突破传统的条块分割的库存管理模式，以系统的、集成的管理思想进行库存管理，使供应链系统能够获得同步化的运作。VMI 是一种很好的供应链库存管理策略。

习题

1. MRP 的目标和基本原理是什么？
2. 简述独立需求与相关需求库存的区别。
3. 简述 MRP-Ⅱ与 MRP 的区别。
4. 简述 ERP 与库存管理。
5. 简述 JIT 与库存管理。
6. 简述 VMI 与库存管理。

案例分析

案例：海尔采购 JIT

采购物流是生产过程的前段，也是整个物流活动的起点。目前很多企业仍在困惑的是用什么样的办法可以快速、高效地组织自己的采购物流，很多企业也上了一些物流系统，但作用甚小。在这里，我们介绍一个最典型的案例——海尔公司的物流系统。

1. 三个 JIT 同步流程

海尔的三个 JIT 包括以下三个内容：

① JIT 采购。何时需要就何时采购，采购的是订单，不是库存，是需求拉动采购。这就会对采购提出较高的要求，要求原有的供应网络要比较完善，可以保证随时需要随时能采购得到。

② JIT 生产。JIT 生产也是生产订单，不生产库存。顾客下了订单以后，开始生产。答

应5天或者6天交货，在这个期限内可以安排生产计划。完成生产计划需要怎样的原料供应，只要原料供应的进度能够保证，生产计划就会如期完成。

③ JIT配送。三者有机地结合在一起，这种物流的流程跟传统的做法不一样，它完全是一体化的运作，而且海尔物流跟一般企业的物流还有比较大的差别，海尔对物流高度重视，把它提升到战略高度，也很舍得投资，去过海尔现场观察的人都会对它的立体仓储挑指称赞。流程化、数字化、一体化，是三个JIT流程的一个基本特色。

(1) 海尔怎么做JIT采购？

① 全球统一采购。海尔产品所需的材料有1.5万个品种，这1.5万个品种的原材料基本上要进行统一采购，而且是全球范围的采购，这样做不仅能达到规模经济，而且要寻找全球范围的最低价格。所以它的JIT采购是全球范围里最低价格进行统一采购，采购价格的降低对物流成本的降低有非常直接的影响。

② 招标竞价。海尔每年的采购金额差不多有100多亿元人民币，它通过竞标、竞价，要把采购价格下降5%。每年下降100亿元的5%，就可以直接提高利润，或者说其价格在市场上就更有竞争力。

③ 网络优化供应商。网络优化供应商就是通过网络，通过IT平台在全球选择和评估供应商。网络优化供应商比单纯压价要重要得多，因为它的选择余地很大，真正国际化的企业在国际大背景下运作，就可以有很多资源供它选择。海尔的JIT采购实现了网络化、全球化和规模化，采取统一采购，而且是用招标竞标的方式来不断地寻求物流采购成本的降低。

(2) 海尔怎么做JIT生产？

在ERP模块，它由市场需求来拉动生产计划，由生产计划来拉动原料采购，再要求供应商直送工位，一环紧扣一环。其基础是ERP的操作平台，有IT技术作为舞台，在这个舞台上演JIT生产这台戏。其前提就决定了生产速度会快，成本会低，效率会高，相反，如果靠传统模式去实现JIT生产难度就会很大。海尔完全是物流的一体化，包括采购、生产、销售、配送等的一体化，物流部门的组织结构已经调整过来，由物流部门来控制整个集团下面的物流。

(3) 海尔怎么做JIT配送？

目前海尔物流部门在中国内地有四个配送中心，在欧洲的德国有配送中心，在美国也有配送中心，通过这些总的中转驿站——配送中心来控制生产。不做JIT采购就做不了JIT生产，而要做JIT生产和JIT采购，还必须有JIT配送。是JIT配送而不是JIT运输，因为运输是长距离的，配送是短距离的，是当地的。怎样做到按照生产的需要在当地做配送，随时需要随时送到，而且数量、规格要符合需要，这就对物流提出了比较高的要求。货物配送时间要扣得准，JIT生产、JIT采购、JIT配送就是要达到零库存。零库存不是库存等于零，而是在于库存的周转速度，周转速度越快，相对来说库存量就越少。所以JIT配送是这一切的基础，采购、生产与配送必须同时具备JIT的条件，因此叫同步流程，流程再造的时候就要考虑到这三个方面。

三个JIT，实现同步流程。由于物流技术和计算机信息管理的支持，海尔物流通过三个JIT，即JIT采购、JIT配送和JIT分拨物流来实现同步流程。目前通过海尔的BBP采购平台，所有的供应商均在网上接受订单，并通过网上查询计划与库存，及时补货；货物入库后，物流部门可根据次日的生产计划利用 ERP 信息系统进行配料，同时根据看板管理 4 小时送料到工位；生产部门按照 B2B、B2C 订单的需求完成订单以后，满足用户个性化需求的定制产品通过海尔全球配送网络送达用户手中。目前海尔在中心城市实现 8 小时配送到位，区域内 24 小时配送到位，全国 4 天以内到位。

2. 海尔物流管理的"一流三网"

充分体现了现代物流的特征："一流"是以订单信息流为中心；"三网"分别是全球供应链资源网络、全球用户资源网络和计算机信息网络。"三网"同步运动，为订单信息流的增值提供支持。海尔物流的"一流三网"的同步模式可以实现四个目标：

为订单而采购，消灭库存。在海尔，仓库不再是储存物资的水库，而是一条流动的河，河中流动的是按单采购来生产必需的物资，从根本上消除了呆滞物资、消灭了库存。目前，海尔集团每个月平均接到 6000 多个销售订单，这些订单的定制产品品种达 7000 多个，需要采购的物料品种达 15 万多种。海尔物流整合以来，呆滞物资降低 73.8%，仓库面积减少 50010 平方米，库存资金减少 67010 万元。海尔国际物流中心货区面积 7200 平方米，但它的吞吐量却相当于 30 万平方米的普通平面仓库，海尔物流中心只有 10 个叉车司机，而一般仓库完成这样的工作量至少需要上百人。

双赢赢得全球供应链网络。海尔通过整合内部资源，优化外部资源使供应商由原来的 2336 家优化至 978 家，国际化供应商的比例却上升了 20%，建立了强大的全球供应链网络，GE、爱默生、巴斯夫等世界 500 强企业都成为海尔的供应商，有力地保障了海尔产品的质量和交货期。不仅如此，更有一批国际化大公司以其高科技和新技术参与到海尔产品的前端设计中，目前可以参与产品开发的供应商比例已高达 32.5010。

（资料来源：海尔采购 JIT [EB/OL]. http://wenku.baidu.com/link。）

问题：

1. 海尔怎样用 JIT 进行管理的？
2. 海尔物流管理的"一流三网"是什么？
3. 运用 JIT 库存管理知识，谈谈海尔应该如何进行库存管理。

参考文献

[1] 唐连生，李滢棠. 库存控制与仓储管理 [M]. 北京：中国物资出版社，2011
[2] 何庆斌. 仓储与配送管理 [M]. 上海：复旦大学出版社，2013
[3] 宋丽娟，马骏. 仓储管理与库存控制 [M]. 北京：对外经贸大学出版社，2009
[4] 真虹，张婕姝. 物流企业仓储管理与实务 [M]. 北京：中国物资出版社，2007

第九章
仓库的安全管理

本章学习要点

◆ 了解仓库安全管理的具体任务
◆ 了解仓库消防工作的重要性
◆ 了解燃烧的概念及其包含的要素,对燃烧进行整体把握
◆ 了解火灾的特点、成因、种类及防灭火方法
◆ 了解主要的仓库防灭火设备及消防管理措施
◆ 了解仓库治安保卫管理的内容、原则
◆ 了解仓库安全生产的内容
◆ 了解仓库的排水、防洪、防台、防汛工作

引例

××仓库防火安全管理制度

一、目的
为了加强仓库管理工作,确保库存物品安全。
二、适用范围
本规定适用于站内所有仓库的管理。可依据本规定,结合实际制定具体的规定。
三、管理规定
1. 所有仓库,应设专(兼)职仓库保管员,负责库房的日常管理。
2. 所有物料,无论是新购入、领后收回,必须履行验收入库登记手续。
3. 库房应通风,照明良好,门窗完好,不漏雨。
4. 库房应有醒目的安全警示标志,无关人员不得随意出入。库管人员离开时必须随时锁门。
5. 库房内禁止吸烟,动用明火必须经生产部安全管理者批准,并采取相应的安全措施。
6. 库房应配置灭火器材,库管人员应会熟练使用。消防器材应当设置在明显和便于取用的地点,周围不准堆放物品和杂物。
7. 库房内敷设的配电线路,需穿金属管或用非燃硬塑料管保护。应当在库房外单独安装电源开关,保管人员离库时,必须拉闸断电;禁止使用不合规格的保险装置。
8. 库房内不准人员住宿、休息,不准使用电炉、电烙铁、电熨斗等电热器具和电视机、

电冰箱等家用电器。

四、物料的存放

1. 物品应分类存放，置放有序。应保持一定的通道。

2. 库管员应根据物料说明书的要求，采取适当的保存措施，确保物料存储环境（如温度、湿度等）符合规定。

3. 易燃、易爆、易腐蚀等化学危险品应单独设库，确无条件时，也必须隔离单独存放，并做好专门的标识，在醒目处标明储存物品的名称、性质和应急处置方法。

4. 易燃、易爆、易腐蚀等化学危险品的包装容器应当牢固、密封，发现破损、残缺、变形和物品变质、分解等情况时，应当及时进行安全处理，严防跑、冒、滴、漏。

5. 库房人员应定期检查库存物资状况，仓库管理单位（部门）应定期组织盘点。

6. 仓库管理单位（部门）应把库房作为日常安全巡逻、例行安全检查的重点，及时发现、处置安全隐患，防止安全事故的发生。

（资料来源：××仓库防火安全管理制度［EB/OL］. http//wenku.baidu.com/link。）

第一节　仓库的消防管理

一、燃烧反应的概念及分类

1. 燃烧的含义

燃烧广泛存在于人类社会生产实践活动中，广义的燃烧是一种发光放热的化学反应。放热将燃烧前存在于物质分子中的化学能，经过燃烧，一部分转化为热能。发光是指人们用肉眼观察到的光能。由于物质性质不同以及观察的环境不同，有些燃烧不易被人观察到。要搞好仓库消防工作，需要对燃烧进行认识，表9-1、表9-2是对燃烧的分类。

表9-1　　　　　　　　按燃烧的物质形态来分类

气体燃烧	扩散燃烧	可燃气体从喷口（管道或容器泄漏口）喷出，在喷口处与空气中的氧边扩散混合、边燃烧的现象
	预混燃烧	可燃气体与空气（氧）在燃烧前混合，并形成一定浓度的可燃混合气体，被火源点燃所引起的燃烧
液体燃烧		液体在燃烧过程中，并不是液体本身在燃烧，而是液体受热时蒸发出来的气体（蒸气）被分解、氧化达到燃点而燃烧，称为蒸发燃烧
固体燃烧	蒸发燃烧	熔点较低的可燃固体，受热后熔融，然后像易可燃液体一样蒸发成蒸气而燃烧
	分解燃烧	分子结构复杂的可燃固体，在受热后分解出其组成成分与加热温度相应的热分解产物，这些分解产物再氧化燃烧，称为分解燃烧
	表面燃烧	某些固体可燃物的蒸气压非常小或者难以发生热分解，不能发生蒸发燃烧或分角燃烧，当空气（氧气）包围物质的表层时，呈炽热状态发生无焰燃烧，称为表面燃烧
	阴燃	某些固体可燃物在空气（氧）不足，加热温度较低或可燃物含水分较多等条件下发生的只冒烟、无火焰的缓慢燃烧现象，称为阴燃

表9-2　　　　　　　　按可燃物质着火方式，燃烧可以分为下列四种类型

闪燃	在一定温度下，易燃、可燃、可燃液体（也包括能蒸发出蒸气的少量固体，如石蜡、樟脑、萘等）表面上产生的蒸气，当与空气混合后，一遇着火源，就会发生一闪即灭的火苗或火光	闪点：在规定的试验条件下，液体挥发的蒸气与空气形成的混合物，遇火源能够闪燃的液体最低温度。闪点是评价液体火灾危险性大小的主要依据	
着火	可燃物质在空气中与火源接触，达到某一温度时，开始产生有火焰的燃烧，并在火源移去后仍能持续燃烧的现象	燃点：可燃物质开始发生持续燃烧所需要的最低温度，称为燃点（也称火点）物质的燃点越低，越容易着火，火灾危险性就越大	
自燃	可燃物质在没有外部火花、火焰等热源的作用下，因受热或自身发热积热不散引起的燃烧	自燃点：物质发生自燃的最低温度。在这一温度时，物质与空气（氧）接触，不需要明火的作用，就能发生燃烧。物质的自燃点越低，发生自燃火灾的危险性就越大	
爆炸	物质急剧氧化或分解反应产生温度、压力增加或两者同时增加的现象，称为爆炸（广义上讲，物质从一种状态迅速地转变为另一种状态，并在瞬间以机械功的形式释放出巨大能量，或是气体、蒸气在瞬间发生剧烈膨胀等现象）	在容器内的液体或气体，受热引起体积迅速膨胀，使容器压力急剧增加，由于超压力和（或）应力变化使容器发生爆炸，并且爆炸前后物质的化学成分均不改变	可燃气体、蒸气或粉尘与空气（氧）的混合物，在一定的浓度范围内，遇引火源才能发生爆炸，这个浓度范围，为爆炸浓度极限	可燃液体在一定温度下，由于蒸发而形成的等于爆炸浓度极限的蒸气浓度，这时的温度称为爆炸温度极限
		物质发生急剧的化学反应，产生出大量气体和较高温度，使温度，压力增加或两者同时增加而形成的爆炸现象		

2. 燃烧的要素

物质燃烧需要同时具备可燃物、助燃物和点火源这三要素。有些文献甚至把失去控制的连锁反应看作燃烧的第四要素。

（1）具有可燃物。

可燃物是可以燃烧的物质。绝大多数有机物和部分无机物都是可以燃烧的。根据可燃物的物态和火灾危险性的不同，参照危险货物的分类方法，可将可燃物分成六大类。

① 爆炸性物质。如硝化甘油、TNT、硝铵炸药、黑火药等。
② 自燃性物质。如黄磷、三乙基铝、硝化纤维素及制品、硫化铁等。
③ 遇水（湿）燃烧物质。如钾、钠、氢化钠、磷化钙等。
④ 可燃性气体。如甲烷、氢气、乙炔、液化石油气、天然气、一氧化碳等。
⑤ 可燃性液体。如汽油、乙醇、丙醇、乙醚、苯、豆油、原油等。
⑥ 可燃性固体。如红磷、硫黄、樟脑、塑料、涤纶、橡胶、棉花、木材等。

表9-3是对储存的物品按火灾的危险性进行的分类。

表9-3　　　　　　　　　　　　　　物品的火灾危险性分类

储存物品类别	标 准	举 例
甲	1. 闪点<28℃的液体； 2. 爆炸下限<10%气体，以及受到水或空气中水蒸气的作用，能产生爆炸下限<10%气体的固体物质。 3. 常温下能自行分解或在空气中氧化即能导致迅速自燃或爆炸的物质； 4. 常温下受到水或空气中水蒸气的作用能产生可燃气体并引起燃烧或爆炸的物质； 5. 遇酸、受热、撞击、摩擦以及遇有机物或硫黄等易燃的无机物，极易引起燃烧或爆炸的强氧化剂； 6. 受撞击、摩擦或与氧化剂、有机物接触时能引起燃烧或爆炸的物质	乙烷、戊烷、环戊烷、二硫化碳、苯、甲苯、甲醇、乙醇、乙醚、乙酸甲酯、汽油、丙酮、丙烯、乙醚、乙醛、乙炔、氢、甲烷、乙烯、丙烯、丁二烯、环氧乙烷、水煤气、碳化铝·硝化棉、硝化纤维胶片、喷漆棉、火胶棉、赛璐珞棉、黄磷、金属钾、钠、锂、钙、锶、氢化锂、四氢化锶铝、氢化钠、过氧化钾、过氧化钠、硝酸铵、赤磷、五硫化磷、三硫化磷等
乙	1. 闪点≥28℃到<60℃的液体； 2. 爆炸下限≥10%的气体； 3. 不属于甲类的氧化剂； 4. 不属于甲类的化学易燃危险固体； 5. 助燃气体； 6. 常温下与空气接触能缓慢氧化，积热不散引起自燃的物品	煤油、松节油、丁烯醇、异戊醇、丁醚、醋酸丁酯、硝酸戊酯、乙酰丙酮、樟脑油、蚁酸、氨气、液氯、硝酸钢、铬酸、亚硝酸钾、重铬酸钠、铬酸钾、硝酸、硫黄、镁粉、铝粉、赛璐珞板（片）、樟脑、茶、生松香、硝化纤维漆布、硝化纤维色片、氧气、氟气、漆布及其制品、油布及其制品、油纸及其制品等
丙	1. 闪点≥60℃的液体； 2. 可燃固体	动物油、植物油、沥青、蜡、润滑油、机油、重油、人造纤维及其织物、纸张、棉、毛、丝、麻及其织物、谷物、面粉、天然橡胶及其制品、竹、木及其制品、中药材、电视机、收录机、计算机机房记录数据的磁盘储存间、冷库中的鱼、肉储存间
丁	难燃烧物品	自熄性塑料及其制品、酚醛泡沫塑料及其制品、水泥刨花板等
戊	非燃烧物品	钢材、铬材、玻璃及其制品、陶瓷制品、玻璃棉、岩棉、陶瓷棉、硅酸、铝纤维、矿棉、石膏、水泥、石、膨胀珍珠岩等

（2）具有助燃物质。

助燃物是帮助可燃物燃烧的物质。确切地说，凡是与可燃物发生燃烧反应的物质都称为助燃物。

（3）具有点火源。

点火源，是指能够使可燃物与助燃物（包括某些爆炸性物质）发生燃烧或爆炸的能量来源。这种能量来源常见的是热能，还有电能、机械能、化学能、光能等。根据产生能量的方式的不同，点火源可分成以下9类：

① 明火焰（有焰燃烧的热能）。常见的明火焰有：火柴火焰、打火机火焰、蜡烛火焰、煤炉火焰、液化石油气灶具火焰、工业蒸汽锅炉火焰、酒精喷灯火焰、气焊气割火焰等。当明火焰与爆炸性混合气体接触时，气体分子会因火焰中的自由基和离子的碰撞及火焰的高温而引发连锁反应，瞬间导致燃烧或爆炸。当明火焰与可燃物之间有一定距离时，火焰散发的热量通过导热、对流、辐射三种方式向可燃物传递热量，促使可燃物升温，当温度超过可燃物自燃点时，可燃物将被点燃。

② 高温物体（无焰燃烧或载热体的热能）。高温物体是指在一定环境中向可燃物传递热量，能够导致可燃物着火的具有较高温度的物体。高温物体按其本身是否燃烧分为无焰燃烧放热和载热体放热两类；常见的高温物体有：铁皮烟囱表面、电炉子、电烙铁、白炽灯泡及碘钨灯泡表面、铁水、加热的金属零件、蒸汽锅炉表面、热蒸汽管及暖气片、高温反应器、汽车排气管等。

③ 电火花（电能转变为热能）；电火花是一种电能转变成热能的常见引火源。常见的电火花有：电气开关开启或关闭时发出的火花、短路火花、漏电火花、接触不良火花、继电器接点开闭时发出的火花、电动机整流子或滑环等器件上接点开闭时发出的火花、过负荷或短路时保险丝熔断产生的火花、电焊时的电弧、雷击电弧等。通常的电火花，因其放电能量均大于可燃气体、可燃蒸气、可燃粉尘与空气混合物的最小点火能量，所以，都有可能点燃这些爆炸性混合物。雷击电弧、电焊电弧因能量很高，能点燃任何一种可燃物。

④ 静电火花。例如油品流动或人体与化纤衣服摩擦产生的静电火花。

⑤ 撞击。如铁制工具互相撞击打出火星等。

⑥ 摩擦。钻木取火、火柴的摩擦点火等。

一般撞击和摩擦属于物体间的机械作用。一般来说，在撞击和摩擦过程中机械能转变成热能。当两个表面粗糙的坚硬物体互相猛烈撞击或摩擦时，往往会产生火花或火星，这种火花通常能点燃沉积的可燃粉尘、棉花等松散的易燃物质，以及易燃的气体、蒸气、粉尘与空气的爆炸性混合物。火花或火星实质上是撞击和摩擦物体产生的高温发光的固体微粒。

⑦ 绝热压缩（机械能变为热能）；绝热压缩点燃是气体在急剧快速压缩时，气体温度会骤然升高，当温度超过可燃物自燃点时，发生的点燃现象。如内燃机的压缩点火等。

⑧ 光线照射与聚焦（光能变为热能或光引发连锁反应）；光线照射和聚焦点燃主要是指太阳热辐射线对可燃物的照射（暴晒）点火和凸透镜凹面镜等类似物体使太阳热辐射线聚焦点火。另外，太阳光线和其他一些光源的光线还会引发某些自由基连锁反应，如氢气与氯气、乙炔与氯气等爆炸性混合气体在日光或其他强光。

⑨ 化学反应放热（化学能变为热能）。化学反应放热能够使参加反应的可燃物质和反应后的可燃产物升高温度，当超过可燃物自燃点时，则使其发生自燃。如生石灰与水反应放热引燃周围的可燃物等。能够发生自燃的物质在常温常压条件下发生自燃都属于这种化学反应放热点火现象。

前面的点火源中，火焰、电火花、高温物体三类是最常见、最危险的点火源。其中火焰和电火花的温度均超过700℃，可以说能点燃任何可燃物。高温物体根据温度的高低，有着不同程度的点燃能力，因此，在防火检查和火灾原因调查工作中，对它们应予充分注意。

二、仓库火灾的基本知识

（一）普通物资仓库的基本特点

物资仓库的特点是由仓库的建筑结构、储存物资的形式、储存物资的数量以及仓库所处的地理环境所决定的。

（1）可燃物质数量多，堆放高度集中。普通物资仓库内存放大量的可燃物，如日用百货、纺织化纤制品、木材纸张、橡胶制品、塑料制品等，大部分混存在一个库内，分别采用堆垛存放、货架分层存放、托盘堆放等方式储存。堆放的数量多，密度大，而且种类繁多。

（2）布局混乱，通道不畅。部分商家认为，普通物资仓库无所谓，能利用的空间尽量用，不能利用的空间想办法用，整个仓库纵横交错，杂乱无章，布局比较混乱。有的仓库将采购的原材料长期散堆而不及时堆垛；有的干脆仓库、车间合为一体，发生火灾后堆垛坍塌，连成一片，不仅火势燃烧猛烈，而且蔓延速度快，并造成消防通道堵塞，使消防车辆和救援人员不便进入前沿阵地作战。

（3）仓库管理人员少，火灾发现晚。仓库管理人员的多少，通常根据仓库规模的大小和费用开支来确定。从工作时间上来看，上班时间人员较多，能够达到库库有人；下班后人员较少，通常只有值班室有人值班，一旦发生火灾，不能及时发现和报警，待有人发现报警消防队到场后，火势已扩大到一定规模。

（4）地处偏僻，水源缺乏。大部分物资仓库考虑到安全上的需要，按照城市规划的要求，选择在郊区和人烟稀少的山区和丘陵地带，这些仓库地处偏僻，道路狭窄，通信联络不便，距离消防队较远，消防队到场时间长，给扑救初期火灾带来好多不利。另外，由于地理环境的限制，水源比较缺乏，只能靠车载水，远远满足不了灭火的需要。

（二）普通物资仓库的火灾特点

物资仓库一般都具有库房长、跨度大、顶棚高、耐火等级低、竖向孔洞多、可燃物品堆垛高大密集、垛间存有缝隙等特点，一旦发生火灾燃烧猛烈，蔓延迅速，飞火多处飘落，后果不堪设想。

1. 火灾初起阶段阴燃时间长，不易发现，具有烧大火的条件

室内固体可燃物资仓库起火后，由于物品过于密集，空间密闭性强，室内空气不流通，在库内氧气不足的条件下，较长时间处于阴燃、聚热状态，火势不会一下扩大。但当发现后打开库房准备投入扑救时，由于空气的瞬间流通和氧气的补充，使火势迅速蔓延，温度迅速升高，物质分解出气体的速度不断加快，燃烧强度急剧增大，火势蔓延速度加快，很快进入燃烧的猛烈阶段。再加上库房采用大量的可燃构件，堆垛间距较小，大量的新鲜空气进入，会使火势迅速扩大，直至化为灰烬扩大成灾；露天仓库堆放成堆、成捆的稻草、棉、麻、纸张等室外，在受低温加热或含水量较高的情况下，会发生阴燃，当聚热达到一定条件时，特别是当揭开覆盖在堆垛上的油布或者翻开堆垛，进行扑救火灾时，由于空气的流通造成氧气的补充，火势迅速蔓延扩大，具备烧大火条件。

2. 扑救难度大，作战时间长，消防用水量大，过火面积大，经济损失大

仓库内可燃物堆垛和货架发生火灾时，最初仅在表面燃烧和蔓延，但很快会沿着堆垛的缝隙向内部纵深发展，火焰钻心。而火势一旦突破屋面或堆垛出现坍塌后，由于燃烧区和周围环境温差较大，形成强烈的空气对流，从而产生大量飞火，出现多处新的火点。大风天更为严重，飞火往往可飘落上千米，对下风向物资堆垛和可燃物威胁较大，在扑救过程中，时间持续较长，难度大。耗费大量灭火剂。飞火飘落，多处着火。所以发生火灾后，若不及时采取有效措施，将会给国家财产和人民生命安全造成新的更大的损失。

3. 危险物品仓库火灾危害大，施救难度高，极易造成伤害事故

由于危险化学品具有易燃、易爆、腐蚀、毒害、放射性等危险性质，并在一定条件下能引起燃烧，燃烧不充分时，会产生大量的烟雾及有毒气体，而且烟气中的高温让人难以忍

受,毒气和缺氧使人无法呼吸,并且能见度低,使消防人员无法辨别方向。有些化学品爆炸并导致人体中毒、灼伤、死亡等事故发生。

4. 仓库火灾同经济社会发展有关密切关系

随着经济的不断发展,仓库火灾也呈上升趋势。

(三)仓库火灾原因分析

仓库火灾的原因主要有:

(1)火种控制不严。有违章动火、玩火、纵火、燃放烟花爆竹、吸烟、装卸作业中引发的火种(临时照明和动力电线短路超负荷、摩擦火星、电线碾压等),违章切割、违反规定操作等。

(2)仓库照明管理不善。有仓库照明灯具选用不当、堆垛超高未保持灯距、照明施工质量差导致灯脱落、临时照明设置不当等;使用高温照明、灯位设置不当、用后未切断电源,辐射热积聚而引发堆垛火灾;临时照明设置不妥,受风或电线拉动而倾倒,无人看管而引起火灾。

(3)危险物品管理不当。危险化学品通风散热条件不良,防潮防火、防暑降温措施不力,堆放不规范,缺乏专业知识致使库存物品发生生物、物理或化学反应引起自燃、燃烧或爆炸;危险物品仓库没有分类分项存放、装卸作业无有效防静电措施、擅自改变仓库储存物质性质。

(4)仓库建筑及平面布局不合理,防雷设计有盲区或防雷设施保养不善。设计有盲区、避雷设施保养不善、对球雷、感应雷、带状雷应研究与防护不够。

(5)防火制度措施不健全,思想麻痹大意。乱搭乱建、乱堆、甚至吃住在库区;人员和物资进出极度混乱;擅自改变防火分区、防火间距,消防设施不能完整好用等。

(四)仓库火灾分类

仓库火灾按国家标准 GB50140-2005 的规定可分为五类:

(1) A 类火灾:指固体物质火灾。这种物质往往具有有机物质性质,一般在燃烧时产生灼热的余烬。如木材、煤、棉、毛、麻、纸张等火灾。

(2) B 类火灾:指液体火灾和可熔化的固体物质火灾。如汽油、煤油、柴油、原油、甲醇、乙醇、沥青、石蜡等火灾。

(3) C 类火灾:指气体火灾。如煤气、天然气、甲烷、乙烷、丙烷、氢气等火灾。

(4) D 类火灾:指金属火灾。如钾、钠、镁、铝镁合金等火灾。

(5) E 类火灾:指带电物体和精密仪器等物质的火灾。如发电机房、变压器室、配电间、仪器仪表间和电子计算机房等在燃烧时不能及时或不宜断电的电气设备带电燃烧的火灾。E 类火灾是专用概念,必须用能达到电绝缘性能要求的灭火器灭火。对于仅有常规照明线路和普通照明灯具而无上述电气设备的普通建筑场所,可不按 E 类火灾规定配置灭火器。

(五)仓库防火

1. 相应措施

对于仓库火灾的预防与控制,首先从认识上予以足够的重视,应从安全技术、安全教育、安全管理三个方面入手采取相应措施。

（1）安全技术对策。

① 严格按照国家规范的要求进行设计和投入使用。在设计和建设过程中就要严格按照现行的消防技术规范和标准进行设计、施工。充分考虑建筑物的总体布局、耐火等级、防火间距、防火分区和防火分隔措施，根据仓库的使用性质按规范要求设置火灾自动报警、自动灭火设施，落实消防水源和室内外消防给水系统，从本质上防止火灾发生和控制灾害的发展。在设计过程中，要着眼于物资储存量大、消防用水量大和一旦发生火灾就有发生重大火灾的可能，重点规划布置库区的防火间距、消防车道、消防水源、堆垛组距、垛距等。

② 严格按照国家规范的要求设置仓库的电气线路。易燃易爆危险物品仓库应采用防爆电器和照明，电气线路必须按照防爆的要求进行敷设。普通丙类物资仓库的电气线路应穿金属管或不燃型的硬质塑料管固定敷设，按规范要求选用照明灯具。库房内不得设置移动照明、配电线路与货垛之间应按规范的要求保持足够的防火间距，不得在堆垛上方架设临时线路，不得设置移动照明和配电板等。

③ 加强消防设施的维护与保养。要增加消防投入，不能重经济效益轻消防安全，忽略必要的消防资金投入，加强消防设施的日常维修保养，提高消防设施的合格率和完好率，使其保持在良好的性能状态。同时要按照国家规范的要求设置安装避雷装置，并在每年雷雨季节前测试一次，保证完好。

④ 加强危险物品仓库的消防安全评价。通过消防安全评价，如实反映出危险物品仓库的消防安全所处状态，预先发现、识别可能导致事故发生的危害因素，以便在事故发生之前采取消防和控制措施，从而保障危险物品仓库的安全。"国务院344号令"即《危险化学品安全管理条例》也要求对易燃易爆化学品的有关单位进行安全评估，但规定得有些笼统，消防专业作为安全评估的一个重要组成部分，应明确其责任部门，确立消防安全评估的法律地位，体现可行性和可操作性，充分发挥消防安全评价在强化社会消防安全意识和加强企业自身安全可靠性方面的效应。

（2）安全教育对策。

安全教育的主要目的是强化人的安全意识，具备相应的安全知识，形成科学的安全观，领会安全生产方针政策，执行和遵守安全法规制度纪律，掌握安全管理知识和安全技术及技能。安全教育形式上可分为各级管理人员的安全教育和职工的安全。管理人员特别是上层管理人员对企业的影响是重大的，其管理水平的高低，安全意识的强弱，对安全的重视与否，直接决定企业的安全状态，因此，作为危险物品仓库的安全管理人员必须熟悉国家安全生产方针、政策、法规、标准，增强安全意识和法制观念，掌握安全卫生基本知识，具有一定的安全管理和决策能力。对于从事易燃易爆危险化学品作业的职工，首先要加强易燃易爆基本知识教育，熟悉、掌握相应技能，会防护和应急处理；其次，有关职能部门要加强培训考核，操作人员要持证上岗。

（3）安全管理对策。

要落实消防安全责任制，要严格遵守《中华人民共和国安全生产法》、《中华人民共和国消防法》、《危险化学品安全管理条例》、"公安部61号令"等法律法规，切实提高易燃易爆化学品相关企业对安全消防工作社会化和主体地位的认识，增强责任意识和安全意识，进一步落实仓库的消防安全责任制，法定代表人是企业安全生产的第一责任人。同时要切实加强对危险化学品仓库安全管理工作的领导，采取一切针对性预防措施，在软件、硬件上给予必要的支持，防止事故的发生；各级岗位要按照"有岗必有责"的原则制定切实可行的安全生产责任制，形成一级抓一级，层层抓安全的体制。其次，要严格各项规章制度。仓库的各项消防安全规章制度不能只挂在墙上，关键要落到实处，加强违规违章操作人员的管理和查处，要进行经常性的消防安全教育，特殊工种人员要持证上岗，严格人员、车辆进出的登记查问制度、火种管理制度、动用明火制度、货物进出仓库的检查制度、货物堆放制度、巡查制度。除了思想认识上重视，还要做好技术上的准备工作。

2. 仓库防火方法

如果要发生燃烧必须满足燃烧的条件，即可燃物、助燃物和点火源三要素的互相直接作用。对于一个未燃系统来说，防火的基本原理是研究如何防止燃烧条件的产生。对于一个已燃体系统来说，防火的基本原理是研究如何削弱燃烧条件的发展，亦即怎样阻止火势蔓延。下面将从控制可燃物、隔绝助燃物、消除点火源、阻止火势蔓延4个方面介绍防火的基本原理。

（1）控制可燃物。控制可燃物的基本原理是限制燃烧的基础或缩小可能燃烧的范围。具体方法是：利用爆炸浓度极限、比重等特性控制气态可燃物，使其不形成爆炸性混合气体；利用闪点、燃点、爆炸温度极限等特性控制液态可燃物；利用燃点、自燃点等数据控制一般固态可燃物；利用负压操作可以降低液体物料沸点和烘干温度，缩小可燃物爆炸极限的特性，对易燃物进行安全干燥、蒸馏过滤或运输；对易燃易爆品、爆炸物品、可燃压缩气体和液化气体、易燃液体、易燃固体、自燃物品和预湿易燃物品，应按国务院《化学危险物品安全管理条例》的规定，进行生产、储存、经营、运输和使用。

（2）隔绝助燃物。控制阻燃物就是限制燃烧的助燃条件。具体方法是：密闭有易燃易爆品的房间、容器和设备，使得易燃易爆品的生产在密闭设备管道中进行；对于异常危险的生产的生产采用充装惰性气体（如对乙炔、甲醇氧化等生产充装氮气保护）；有些危险品隔绝空气储存，如将二氧化硫、磷储存于水中，将钠、钾存储于煤油中。

（3）消除点火源。具体做法是在危险场所，禁止吸烟、动用明火、穿钉子鞋；采用防爆电气装置，安装避雷针，装接地线；进行烘烤、熬炼、热处理时，严格控制温度，不超过可燃物自燃点；经常润滑机器轴承，防止摩擦产生高温；用电设备应安装保险器，防止因电路短路或超负荷而起火；存放化学品的仓库，应遮挡阳光，装运化学易燃品时，铁质装卸，搬运工具应套上胶皮或衬上铜片、铝片；对火车、汽车、拖拉机的排烟气系统，安装防火帽或火星熄灭器等。

（4）阻止火势蔓延。其目的就是不使新的燃烧条件形成，防止或限制火灾扩大。做法是建筑物及储罐、堆场之间留有足够的防火间距，设置防火墙，划分防火分区，在可燃气体管道上安装阻火器及水封；在能形成爆炸介质的厂房设置泄压门窗、轻质房盖、轻质墙体；在有压力的容器上安装防爆膜和安全阀。

3. 仓库消防设备及设置

（1）灭火器。

① 泡沫灭火器。

泡沫灭火器的内筒和外筒分别盛放两种液体，内筒放硫酸铝，外筒内为碳酸氢钠溶液，平时两种溶液互不接触，不发生任何化学反应。当需使用泡沫灭火器时，灭火器倒立，两种溶液混合在一起，就会产生大量的二氧化碳气体。除两种反应物外，灭火器中还加入了一些发泡剂。发泡剂能使泡沫灭火器在打开开关时喷射出大量二氧化碳以及泡沫，能黏附在燃烧物品上，使燃着的物质与空气隔离，并降低温度，达到灭火的目的。由于泡沫灭火器喷出的泡沫中含有大量水分，它不如二氧化碳液体灭火器，后者灭火后不污染物质，不留痕迹。泡沫灭火器不可用于扑灭带电设备的火灾，否则将威胁人身安全。泡沫灭火器具有手提式、推车式、空气式三种（见图9-1）。

（a）手提式　　　　（b）推车式　　　　（c）空气式

图9-1　泡沫灭火器的分类

● 手提式适用于扑救一般B类火灾，如油制品、油脂等火灾，也可适用于A类火灾，但不能扑救B类火灾中的水溶性可燃、易燃液体的火灾，如醇、酯、醚、酮等物质火灾；也不能扑救带电设备及C类和D类火灾。

● 推车式适用于扑救一般B类火灾，如油制品、油脂等火灾，也可适用于A类，但不能扑救C类、D类和E类火灾。使用时，一般由两人操作。

● 空气式泡沫灭火器基本上与化学泡沫灭火器相同。但抗溶泡沫灭火器还能扑救水溶性易燃、可燃液体的火灾如醇、醚、酮等溶剂燃烧的初起火灾。使用时可手提或肩扛迅速奔到火场，在距燃烧物6米左右，拔出保险销，一手握住开启压把，另一手紧握喷枪；用力捏紧开启压把，打开密封或刺穿储气瓶密封片，空气泡沫即可从喷枪口喷出。灭火方法与手提式化学泡沫灭火器相同。空气泡沫灭火器使用时，应使灭火器始终保持直立状态、切勿颠倒或横卧使用，否则会中断喷射。同时应一直紧握开启压把，不能松手，否则也会中断喷射。

② 酸碱灭火器。

酸碱灭火器筒体内装有碳酸氢钠水溶液，硫酸瓶胆内装有浓硫酸。瓶胆口有铅塞，用来封住瓶口，以防瓶胆内的浓硫酸吸水稀释或同瓶胆外的药液混合。酸碱灭火器的作用原理是利用两种药剂混合后发生化学反应，产生压力使药剂喷出，从而扑灭火灾。酸碱灭火器只有手提式（见图9-2）。酸碱灭火器适用于扑救木、棉、麻、毛、纸等一般固体物质火灾，不宜用于油类和忌水、忌酸物质及电气设备的火灾。

③ 干粉灭火器。

干粉灭火器除扑救金属火灾的专用干粉化学灭火剂外，干粉灭火剂一般分为BC干粉灭

图 9-2　酸碱灭火器

火剂（碳酸氢钠）和 ABC 干粉（磷酸铵盐）两大类，干粉灭火器是利用二氧化碳气体或氮气气体作动力，将筒内的干粉喷出灭火的。

干粉灭火器分手提式干粉灭火器和推车式干粉灭火器。干粉灭火器可扑灭一般火灾，还可扑灭油、气等燃烧引起的失火。主要用于扑救石油、有机溶剂等易燃液体、可燃气体和电气设备的初期火灾。图 9-3 为干粉灭火器结构图。

(a) 手提式

1 虹吸管
2 喷筒总成
3 筒体总成
4 保险装置
5 器头总成

(b) 推车式

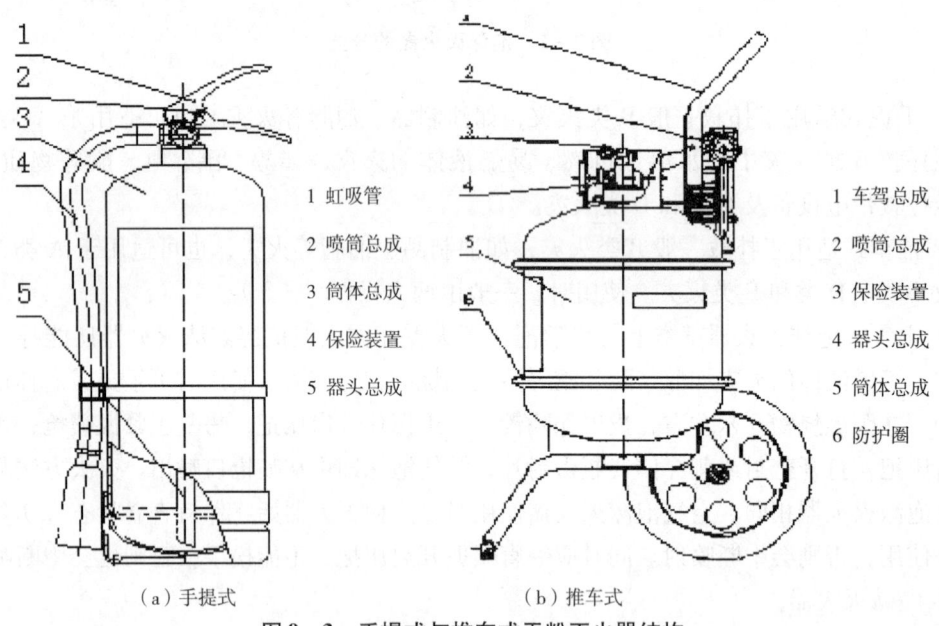

1 车驾总成
2 喷筒总成
3 保险装置
4 器头总成
5 筒体总成
6 防护圈

图 9-3　手提式与推车式干粉灭火器结构

④ 二氧化碳灭火器。

其灭火原理是在加压时将液态二氧化碳压缩在小钢瓶中，灭火时再将其喷出，有降温和隔绝空气的作用。二氧化碳灭火器主要用于扑救贵重设备、档案资料、仪器仪表、600 伏以下电气设备及油类的初起火灾。（参见图 9-4）

⑤ 1211 灭火器。

1211 灭火器属于储压式类的灭火器，其灭火原理是利用装在筒内的氮气压力将 1211 灭

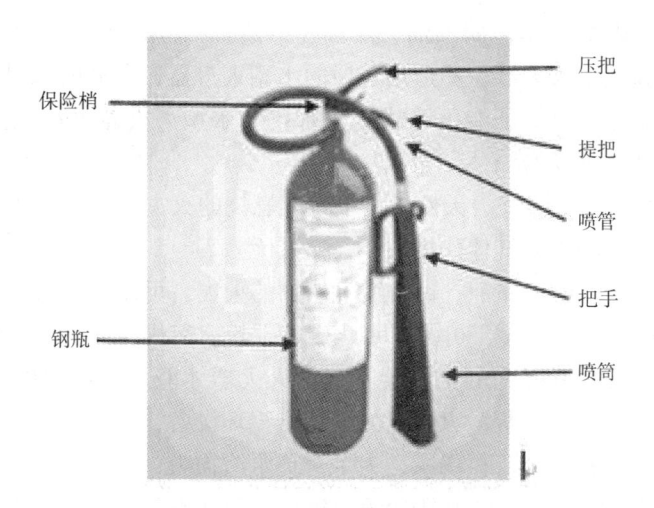

图 9-4 二氧化碳灭火器及结构

火剂喷射出灭火,1211 是二氟一氯一溴甲烷的代号(分子式为 CF_2C_1Br),是我国目前生产和使用最广的一种卤代烷灭火剂,以液态罐装在钢瓶内。1211 灭火剂是一种低沸点的液化气体,具有灭火效率高、毒性低、腐蚀性小、久储不变质、灭火后不留痕迹、不污染被保护物、绝缘性能好等优点。1211 灭火器主要适用于扑救易燃、可燃液体、气体、金属及带电设备的初起火灾;扑救精密仪器、仪表、贵重的物资、珍贵文物、图书档案等初起火灾;扑救飞机、船舶、车辆、油库、宾馆等场所固体物质的表面初起火灾。

1211 灭火器有手提式 1211 灭火器和推车式 1211 灭火器(见图 9-5)。

(a)手提式　　　　　(b)推车式

图 9-5　手提式和推车式 1211 灭火器

⑥ 灭火器的选择与配置。

火灾分为五类,应使用相应的灭火器材。

A 类指含碳固体可燃物,如木材、棉毛、麻、纸张等燃烧的火灾。可用水型灭火器、泡沫灭火器、干粉灭火器、卤代烷灭火器;不适用于二氧化碳灭火器。

B类指甲、乙、丙类液体,如汽油、煤油、柴油、甲醇等燃烧的火灾,可用干粉灭火器、泡沫灭火器、卤代烷灭火器;不适用普通的水型灭火器,普通的水射流冲击油面,溅起油花致大火蔓延,新型的添加了能灭B类火添加剂的水型灭火器可用。扑救极性溶剂B类火灾不得选用化学泡沫灭火器。

C类指可燃烧气体,如煤气、天然气、甲烷等燃烧的火灾,可用干粉灭火器、卤代烷灭火器,水型灭火器的细小水对气体作用很小,基本无效。

D类指可燃的活泼金属,如钾、钠、镁等燃物的火灾,可用干沙式铸铁粉末。

E类指带电物体燃烧的火灾,可用二氧化碳、干粉、卤代烷灭火器(禁止用水)。

在不同的场合,应配置不同的灭火器,这样灭火器才能发挥最大的灭火效能和经济效益。在精密仪器和贵重设备场所,灭火剂的残渍会损坏设备,忌用水和干粉灭火剂,应选用气体灭火器;贵重书籍和档案资料场所,为了避免水渍损失,忌用水灭火,应选用干粉灭火器或气体灭火器;电气设备场所,热胀冷缩可能引起设备破裂,忌用水灭火,应选用绝缘性能较好的气体灭火器或干粉灭火器;高温设备场所,热胀冷缩可能引起设备破裂,忌用水灭火,应选用干粉灭火器或气体灭火器;化学危险物品场所,有些灭火剂可能与某些化学物品起化学反应,有导致火灾扩大的可能,应选用与化学物品不起化学反应的灭火器;可燃气体场所,有可能出现气体泄漏火灾,应选用扑灭可燃气体灭火效果较好的水进行灭火。

在同一灭火配置场所,当选用同一类型灭火器时,宜选用操作方法相同的灭火器;在同一灭火器配置场所,当选用两种或两种以上类型灭火器时,应采用灭火剂相容的灭火器。(见表9-4)

表9-4　　　　　　　　　　　不相容的灭火剂

灭火剂类型	不相容的灭火剂	
干粉与干粉	磷酸铵盐	碳酸氢钠、碳酸氢钾
干粉与泡沫	碳酸氢钠、碳酸氢钾	蛋白泡沫
泡沫与泡沫	蛋白泡沫、氟蛋白泡沫	水成膜泡沫

(2)消防梯。

消防梯是消防队员扑救火灾时,登高灭火、救人或翻越障碍的工具。消防梯按其结构形式可分为单杠梯、挂钩梯和拉梯3种(见图9-6)。

① 单杠梯。单杠梯是一种轻便的登高工具,其特点是可以折合,便于携带。它折合起来后像一根单杠,所以取名为单杠梯。现在使用的有TD型木质单杠梯和TOZ型竹质单杠梯两种。

② 挂钩梯。挂钩梯是攀登楼房的登高工具,有木质、竹质和铝合金3种。

③ 拉梯。拉梯又称伸缩梯,是登高或翻越障碍物的工具,有二节拉梯和三节拉梯两种。消防梯按其材质可分为木质消防梯、竹质消防梯、钢质消防梯、铝合金消防梯、竹木质结合消防梯、新型材质消防梯。

(3)水枪。

水枪是一种增加水流速度、射程和改变水流形状的射水灭火工具。根据水枪喷射出的不同水流,分为直流水枪、开花水枪、喷雾水枪、开花直流水枪等(见图9-7)。

(a) 单杠梯　　　　(b) 挂钩梯　　　　(c) 拉梯

图 9-6　单杠梯、挂钩梯和拉梯

（4）水带。

水带是连接消防泵或消火栓与水枪等喷射装置的输水管线（见图 9-7）。目前我国生产和使用的水带，按材料有麻织、棉织涂胶、尼龙涂胶 3 种；按口径有 50 毫米、66 毫米、80 毫米、90 毫米 4 种；按承受压力有甲、乙、丙、丁四级。四种级别的水带，能承受的最大工作水压分别为大于等于 10 千克/平方厘米、8~9 千克/平方厘米、6~7 千克/平方厘米和小于等于 6 千克/平方厘米。

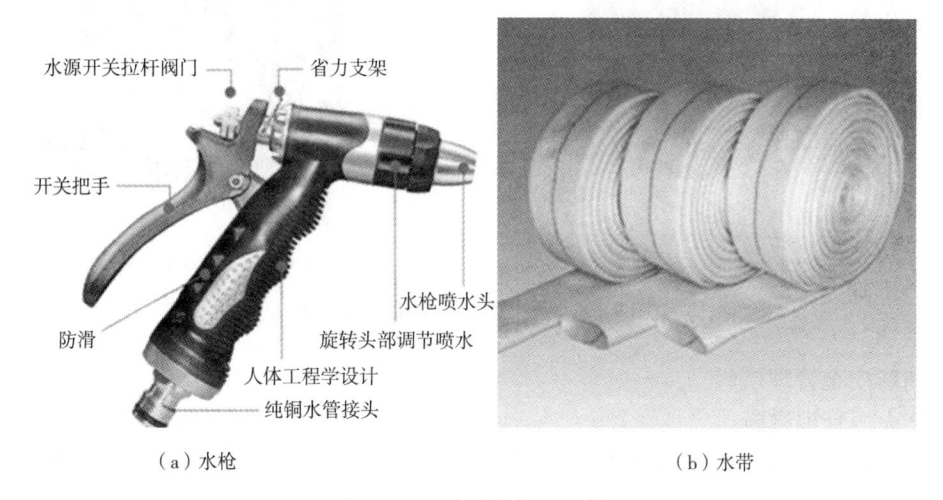

(a) 水枪　　　　(b) 水带

图 9-7　消防水枪和水带

（5）消火栓。

一种固定消防工具，是灭火供水设备之一，主要作用是控制可燃物、隔绝助燃物、消除着火源（见图 9-8）。分室内消火栓和室外消火栓两种。

① 室内消火栓。为工厂、仓库、高层建筑、公共建筑及船舶等室内固定消防设施，通常安装在消火栓箱内，与消防水带和水枪等器材配套使用。室内消火栓是室内管网向火场供

水的，带有阀门的接口，平时与室内消防给水管线连接，遇有火警时，将水带一端的接口接在消火栓出口上，把手轮按开启方向旋转，即能喷水扑救火灾。

② 室外消火栓。室外消火栓主要由铸铁制造，根据其设置方式分为地上式和地下式两种。地上式大部分都露出地面，地下式应埋置地下，平时加上井盖。消防栓主要供消防车从市政给水管网或室外消防给水管网取水实施灭火，也可以直接连接水带、水枪出水灭火。所以，室外消火栓系统也是扑救火灾的重要消防设施之一。

(6) 手抬机动消防泵。

手抬消防泵在工矿企业、农村及城市道路狭窄消防车不能通行的地方更具优越性，手抬消防泵是可以用人力手抬搬运并与轻型发动机组装的消防泵组（见图9-8）。手抬消防泵组系采用轻型汽油机或柴油机和消防泵系统配套组成，整机由水泵、引水器、汽油、柴油发动机等部件组成，安装在消防车、固定灭火系统或其他消防设施上，用作输送水或泡沫溶液等液体灭火剂的专用泵。手抬机动消防泵（简称手抬泵）目前生产的有 JBJ7、BJ10、BJ15、BJ20、BJ22 型和 BJ25D 型 6 种。

(a) 消火栓　　　　　　　　　　(b) 手抬机动消防泵

图 9-8　消火栓和手抬机动消防泵

4. 消防安全管理措施

(1) 火源管理措施。

① 仓库应当在各醒目部位设置"严禁烟火"、"禁止吸烟"等防火标志，提醒人员随时注意严禁烟火。

② 仓库的生活区和生产区要严格划分隔开，并在区分处设警卫，对外来人员要做好宣传，动员他们交出火柴、打火机等火种，由门卫负责保管，防止把火种带入库区。

③ 对外来提送货物的车辆要严格检查，防止汽油、柴油、易燃易爆货物进入仓库。为向这些顾客提供方便可在库外设易燃品暂存处，由专人负责管理；

④ 库房内严禁使用明火。库房外动用明火作业时必须办理动火证，经单位防火负责人批准，并采取有效的安全措施。动火证应注明动火地点、时间、动火人、现场监护人、批准

人和防火措施等内容。

⑤ 库房内不准使用火炉取暖。仓库需要使用炉火取暖时，每个取暖点都要经过仓库防火负责人的批准，未经批准一律不许生火取暖。仓库要制定炉火管理制度，严格进行管理和检查，每个火炉也都有专人负责。

（2）货物储存管理措施。

① 库存货物必须进行分区分类管理。严禁性质互抵货物、有污染或易感染货物、食品与毒品、容易引起化学反应的物品、灭火方法不同的物品相互混存。

② 库存货物要进行合理的堆码苫垫，特别对能发生自燃的货物要堆通风垛，使之易散潮散热，以防此类货物因紧压受潮而积热自燃。

③ 对于有温、湿度极限的货物，要严格按规定安排适宜的储存场所，并要安排专用仪器定时检测。

④ 货物在入库前，要进行严格的检查和验收，确定无火种隐患后方可入库。

（3）装卸搬运管理措施。

① 入库作业防火。如入库区的机动车必须安装防火罩，以防止排气管喷射火花引起火灾；汽油车、柴油车原则上一律不准进入库房等。

② 作业机械防火。如搬运机械设备要有专人负责、专人操作，严禁非司机开车；装卸结束后，应对库区、库房和操作现场进行检查，确认安全后方可离开。

（4）电器管理措施。

① 防止因线路故障引起火灾。即仓库的电气装置必须符合国家现行的有关电器设计和施工、安装、验收标准规范的规定；库房内不准设置移动式照明灯具，必须使用时需报消防部门批准，并有安全保护措施。

② 防止常用电器设备火灾。如库房内不准使用电炉、电烙铁、电熨斗、电热杯等电热器具和电视机、电冰箱等家用品；仓库电器设备的周围和架空线路的下方严禁堆放货物；仓库的电器设备必须由持合格证的电工进行安装、拆检、修理和保养。电工要严守各项电器操作规程，严禁违章作业。

（5）建立健全防火组织和消防制度措施。

对于一个燃烧成灾的体系来说，灭火的基本原理是研究如何破坏已经形成的燃烧条件，中止燃烧的连锁反应，使火熄灭，或者把火灾控制在一定的范围内，减少火灾损失。这可以通过施用不同的灭火法和灭火剂来达到。

① 灭火方法。

隔离法。这是根据要发生燃烧必须具备可燃物这个条件，把着火的物质与周围的可燃物隔离开，或把可燃物区移开，燃烧则因缺乏可燃物而停止。通常采用的方法包括搬走起火物旁的可燃物品，移至安全地点；关闭阀门，阻止可燃性气体、液体流入燃烧区；导走或排放生产装置、容器内的尚未燃烧的可燃性物料；中止可燃性粉体的升运工作或通风吸尘；拆除与火源相连的易燃建筑结构；设法堵截流散的着火液体；打水道或用水幕造成隔火地带等。

窒息法。这是根据要发生燃烧必须有足够的氧量这个条件，设法阻止空气流入燃烧区，或者用灭火剂冲淡空气中的氧量，使燃烧得不到充足的氧气而窒息。具体施用方法有用石棉毯、湿麻袋等捂盖燃烧物；用砂土埋灭燃烧物；用二氧化碳、氮气等惰性气体灌注着火的容器或封闭着火的空间；堵塞孔洞或关闭门窗，以期封闭着火的空间；必要时可用大量水淹没燃烧物等。

冷却法。这是根据要发生燃烧必须有一定能量（温度）的点火源这个条件，将灭火剂喷射到燃烧物上，通过吸热，使其温度降低到燃点以下，从而使火熄灭。起冷却作用的主要灭火剂是水，二氧化碳和泡沫灭火剂也兼有冷却作用。它们在灭火过程中不参与燃烧的化学反应，只起物理灭火作用。当这些灭火剂喷洒在火源附近的未燃烧物上时，它们还能起保护作用而防止燃烧蔓延。

抑制灭火。它是根据燃烧反应的连锁理论，将灭火剂喷向燃烧物，抑制火焰，使燃烧过程产生的游离基消失，从而导致燃烧停止。能起这种抑制作用的灭火剂有1211等卤代烷和干粉。

② 常用的灭火剂及使用方法。

a. 水灭火剂。

水作为天然灭火剂，可以单独用来扑救一般性固体物质火灾，也可以与其他化学药剂混合使用扑救油类或气体火灾。它可以密集水流、开花水流、喷雾水流、水蒸气4种形态灭火。其灭火作用体现在以下4个方面：

● 冷却。水是一种很好的吸热物质，具有很大的比热容和蒸发潜热。当水与燃烧物接触时，在被加热和汽化的过程中，会大量地吸收燃烧物的热量，使燃烧物冷却以至降温到燃点以下而熄火。

● 窒息。水受热汽化后，体积膨胀。一个单位体积的水变成100℃水蒸气时，其体积膨胀达1700倍。水洒到炽热的燃烧物汽化成水蒸气阻止空气进入燃区，并使燃烧区的氧量降低。一般的空气中含有35%体积的水蒸气时，燃烧就会停止。

● 稀释。有很多液态可燃物是易溶于水的。当这些液体着火并用水扑救其火灾时，它们将溶解于水而形成水溶液，能使燃烧物浓度降低到可燃浓度以下停止燃烧。

● 冲击。高压水枪喷射的密集水流能够强烈地冲击燃烧物和火焰，可以冲散燃烧物，或使火焰与燃烧物分离，减弱燃烧强度，进而把火熄灭。

局限性：有些情况下是不能用水扑救的。遇湿易燃物品，如钾、镁、钙、镁等轻金属的火灾，这类物质能与水反应，产生易燃易爆的气体，会使火势扩大，甚至造成爆炸伤亡事故；易被水损坏而失去使用价值的物质和设备，如图书、纸张、档案及精密仪器和设备等的火灾；比水轻的易燃、可燃液体，如汽油、煤油等的火灾，因水往下沉，而可燃气体仍能在水面上燃烧，若用喷雾水或水蒸气扑救可以灭火；高压电气设备的火灾，因水具有一定的导电性，故禁止用水流扑救电气火灾，如用喷雾水，在做好接地并保持一定距离的条件下，可以扑救高压电气装置的火灾；熔融的盐类、金属和沸溢性油品的火灾，因为用水扑救这类物质的火灾，水会被迅速分解或汽化，产生爆炸或沸喷。

b. 泡沫灭火剂。

凡能与水混溶通过化学反映或机械方法产生泡沫进行灭火的药剂，统称为泡沫灭火剂。泡沫是一种体积较小、比重较轻、表面被液体围成的气泡群，是扑救B类火灾即易燃与可燃液体及可熔固体（如石蜡、沥青）火灾的有效灭火剂，也可用来扑救一般固体物质的火灾。

泡沫灭火的原理是泡沫比易燃和可燃液体轻，覆盖在着火的液面上，能阻挡液体的蒸汽进入燃烧区，阻止空气与着火液面接触，防止热量向液面传导并吸收一定的热量，从而使燃烧停止。因此，泡沫具有隔绝窒息和吸热冷却的灭火作用。

目前，我国采用的泡沫有化学泡沫和空气机械泡沫两大类。后者又有蛋白泡沫、氟蛋白泡沫、抗溶泡沫、轻水（水成膜）泡沫和高倍数泡沫多种。

c. 干粉灭火剂。

它是一种干燥的、易于流动的细微固体粉末。具有灭火速度快、灭火效果好、不腐蚀、不导电的特点。按其组成和适用范围，分为普通型干粉和多用型干粉两大类。普通型干粉又称 BC 干粉，有碳酸钠干粉（钠盐干粉）、碳酸氢钾干粉（钾盐干粉）、氯化钾干粉（超级钾盐干粉）、碳酸氢钠和碳酸氢钾混合干粉、氨基干粉等。它们分别以碳酸氢钠、碳酸氢钾、氯化钾、尿素反应物为基料添加适量防潮剂、防结块剂、流动促进剂等制成的，适用于扑救可燃性液体、气体和电气设备的火灾。多用型干粉，又称 ABC 干粉，有磷酸盐干粉、磷酸铵盐干粉、聚磷酸铵干粉等。它们分别以磷酸二氢铵、磷酸氢二铵、磷酸铵、聚磷酸铵为基料，或以硫酸铵和磷酸铵盐的混合物为基料添加防潮剂、防结块剂、动促进剂等制成的，适用于扑救可燃性固体、液体、气体及电气设备的火灾。

干粉灭火剂灭火原理一方面是靠干粉中的无机盐的挥发性分解物，与燃烧过程中燃料所产生的自由基或活性基团发生化学抑制和负催化作用，使燃烧的链反应中断而灭火；另一方面干粉的粉末落在可燃物表面，发生化学反应，并在高温作用下形成一层玻璃状覆盖层，从而隔绝氧，进而窒息灭火，有的干粉，如氨基干粉遇火焰高温还能产生燃爆现象，使干粉的颗粒爆裂得更加细微，从而增加干粉的表面积和灭火效果。

d. 卤代烷灭火剂。

它是某些具有灭火作用的卤代磷氢化合物的统称。通常用作灭火剂的多为甲烷和乙烷的卤代物，分子中含有氟、氯、溴。目前使用的卤代烷灭火剂主要有二氟一氯一溴甲烷（1211）和三氟一溴甲烷（1301）。它们的灭火原理主要是抑制燃烧，中断燃烧的连锁反应。

卤代烷除有抑制灭火作用外，还有吸热冷却和稀释燃烧区氧量的作用。由于卤代烷灭火剂具有灭火效率高（比二氧化碳高 5 倍）、灭火后不留痕迹、不导电、久存不变质的优点，适用于扑救可燃气体、易燃液体、电气设备以及图书资料、精密仪器、电子计算机等的火灾，但不能用于扑救轻金属和能在惰性介质中自身供氧燃烧的物质的火灾。

e. 二氧化碳灭火剂。

它是一种无色无臭、比空气重的稳定气体。具有不燃烧、不助燃、不导电、不腐蚀，制造方便，易于液化，便于灌装和储存的优点，因此适用于扑救电气设备、精密仪器、图书档案的火灾，以及范围不大的油类、气体和一些不能用水扑救的物质的火灾，但不能用于扑救轻金属和能在惰性介质中自身供氧燃烧的物质的火灾。

二氧化碳的灭火作用主要是窒息作用兼有冷却作用。当二氧化碳从灭火器或其他设备喷出时，瞬间凝结成雪片状干冰，覆盖在燃烧物表面上隔绝空气或充入封闭空间降低氧含量，同时吸收燃烧产物的热量并冷却燃烧物。当燃烧区域空气中氧量低于 12%，或二氧化碳的浓度达到 30% ~35%，绝大多数物质的燃烧都会熄灭。

第二节 仓库安全生产管理

一、仓库治安保卫管理

(一) 仓库治安保卫管理的内容

仓库的治安保卫工作是仓库为了防范、制止恶性侵权行为、意外事故对仓库及仓储财产的侵害和破坏，维护仓储环境的稳定，保证仓储生产经营的顺利开展所进行的管理工作。治安保卫工作的具体内容就是执行国家治安保卫规章制度，防盗、防抢、防骗、防破坏、防火、防止财产侵害、维护仓库内交通秩序，防止交通意外事故等仓库治安灾难事故，协调与外部的治安保卫关系，维持仓库内的安全局面和员工人身安全，进而确保企业的生产经营顺利进行，保证仓库实现经营效益。

仓库治安保卫管理的原则为：坚持预防为主、确保重点、严格管理、保障安全和分清责权。

(二) 仓库治安保卫工作的内容

仓库的治安保卫工作主要有防火、防盗、防破坏、防抢、防骗、防毒害、防腐蚀及员工人身安全保护、保密等工作。如守卫大门和要害部位；巡逻检查；按制度要求，有效使用配制的防盗设施、设备；治安检查；治安应急；治安教育等；应从库场治安、库场消防、仓储生产安全等方面，加强仓库的消防安全责任制和消防组织管理。

具体地要求组织人员组织学习贯彻消防法规，完成上级部署的消防工作；组织制定电源、火源、易燃易爆物品的消防安全管理和值班巡逻等制度，落实逐级防火责任制和岗位防火责任制；组织对职工进行消防宣传、业务培训和考核，提高职工的安全素质；组织开展防火检查，消除火灾隐患；领导专职、义务消防组织和专职、兼职消防人员，制订灭火应急方案，组织扑救火灾；定期总结消防安全工作，实施奖惩。

二、仓库安全生产的内容

(一) 人力安全操作基本要求

人力安全操作基本要求包括：人力操作仅限制在轻负荷的作业；尽可能采用人力机械作业；只在适合作业的安全环境进行作业；作业人员按要求穿戴相应的安全防护用具，使用合适的作业工具进行作业；合理安排工间休息；必须有专人在现场指挥和安全指导，严格按照安全规范进行作业指挥。

(二) 机械安全作业要求

机械安全作业要求包括：使用合适的机械、设备进行作业；所使用的设备具有良好的工况；设备作业要有专人进行指挥；汽车装卸时，注意保持安全间距；载货移动设备上不得载人运行；移动吊车必须在停放稳定后方可作业。

(三) 安全技术

1. 装卸搬运机械的作业安全技术

装卸搬运机械的作业安全技术包括：要经常定期地对职工进行安全技术教育，从思想认识上提高其对安全技术的认识；组织职工不断学习普及仓储作业技术知识；各项安全操作规程是防止事故的有效方法。

2. 仓库储备物资保管保养作业的安全

仓库储备物资保管保养作业安全包括：作业前要做好准备工作，检查所用工具是否完好；作业人员应根据危险特性的不同，穿戴相应的防护服装；作业时要轻吊稳放，防止撞击、摩擦和震动，不得饮食和吸烟；工作完毕后要根据危险品的性质和工作情况，及时洗手、洗脸、漱口或淋浴。

3. 仓库电器设备的安全

仓库电器设备的安全包括：电器设备在使用过程中应有可熔保险器和自动开关；电动工具必须有良好的绝缘装置，使用前必须使用保护性接地；高压线经过的地方，必须有安全措施和警告标志；电工操作时，必须严格遵守安全操作规程；高大建筑物和危险品库房，要有避雷装置。

4. 仓库建筑物和其他设施的安全

对于装有起重行车的大型库房、储备化工材料和危险物品的库房，都要经常检查维护，各种建筑物都须有防火的安全设施，并按国家规定的建筑安全标准和防火间距严格执行。

5. 劳动保护制度

劳动保护是为了改善劳动条件，提高生产的安全性，保护劳动者的身心健康，减轻劳动强度所采取的相应措施和有关规定。劳动安全保护包括直接和间接施行于员工人身的保护措施。仓库要遵守《中华人民共和国劳动法》的劳动时间和休息规定，依法安排加班，保证员工有足够的休息时间。提供合适和足够的劳动防护用品，如安全帽、手套、工作服、高强度工作鞋等，并督促作业人员使用和穿戴。具体如下：

（1）要批判"事故难免论"的错误思想。重要的是要提高各级领导干部的安全思想认识和安全技术知识以及各班组安全员的责任心，使其认识到不安全因素是可以被认识的，事故是可以控制的，只要思想重视，实现安全作业是完全可能的。

（2）建立和健全劳动保护机构和规章制度。专业管理与群众管理相结合，把安全工作贯穿到仓库作业的各个环节，对一些有害有毒工种要建立保健制度，实行专人、专事、专责管理，推行安全生产责任制。并要建立群众性的安全生产网，大家管安全，使劳动保护收到良好效果。

（3）结合仓库业务和中心工作，开展劳保活动。要根据上级指示和仓库具体情况，制订有效的预防措施。做到年度有规划，季度有安排，每月有纲要，使长计划与短安排结合。同时还要经常检查，防止事故的发生。仓库要经常开展安全检查，清查潜在的不安全因素，及时消除事故的隐患，防患于未然。

（4）还要经常组织仓库职工开展文体活动，丰富职工精神生活，增强体质，改善居住条件等，这些都将对劳动保护起着重要的作用。除此之外，采用具有较高安全系数的作业设备、作业机械，作业工具应适合作业要求，作业场地必须具有合适的通风、照明、防滑、保暖等适合作业的条件。不进行冒险作业和不安全环境的作业，在大风、雨雪影响作业时暂缓作业，避免人员带伤病作业。

三、库区的安全管理

库区的安全管理可以划分成仓储技术区、库房、货物保管、货物收发、货物装卸与搬运、货物运输、技术检查、修理和废弃物等几个环节的处理。

（一）仓储技术区的安全管理

仓储技术区是库区重地，应严格安全管理。技术区周围设置高度大于 2 米的围墙，上放置高 1.7 米以上钢丝网，并设置电网或其他屏障。技术区内道路、桥梁、隧道等通道应畅通、平整。技术区出入口设置日夜值班的门卫，对进出人员和车辆进行检查和登记，严禁易燃易爆物品和火源带入。技术区内严禁危及货物安全的活动（如吸烟、鸣枪、烧荒、爆破等），未经上级部门的批准，不准在技术区内进行参观、摄影、录像或测绘。

（二）库房的安全管理

经常检查库房结构情况，对于地面裂缝、地基沉降、结构损坏，以及周围山体滑坡、塌方，或防水防潮层和排水沟堵塞等情况应及时维修和排除。此外，库房钥匙应妥善保管，实行多方控制，严格遵守钥匙领取手续。对于存放易燃易爆、贵重货物的库房要严格执行两人分别掌管钥匙和两人同时进库的规定。有条件的库房，应安装安全监控装置，并认真使用和管理。

（三）货物装卸与搬运中的安全管理

仓库机械应实行专人专机，建立岗位责任制，防止丢失和损坏，操作手应做到"会操作、会保养、会检查、会排除一般故障"。根据货物尺寸、重量、形状来选用合理的装卸、搬运设备，严禁超高、超宽、超重、超速以及其他不规范操作。不能在库房内检修机械设备。在狭小通道、出入库房或接近货物时应减速鸣号。

四、仓库的其他安全管理

（一）防台风

我国所面临的西北太平洋是热带气旋生成最多的地区，其中 7~10 月最多，其他月份较少，因而 7~10 月份为台风季节。台风有一部分在我国登陆，主要分布在 5~10 月，其他时间基本上不在我国登陆。登陆的地点主要在华南、华东地区。西北路径的台风经常在华东登陆后又回到东海，成为转向路径，这种台风的危害较大。一般台风在登陆后会迅速地转为热带低气压或者温带低气压，风力减弱，但是仍然还会随气流向内陆移动。因而华南、华东沿海地区的仓库，都会受到台风的危害。这些地区的仓库要高度重视防台工作，避免灾难性天气对仓储造成严重的危害。仓库应有专门的防台办公室或专门人员，负责研究仓库的防台工作，制订防范工作计划，接受天气预报和台风警报，与当地气象部门保持联系，组织防台检查，管理相关文件，承担台汛期间防台联络组织工作。在台汛期间，建立通信联络、物资供应、紧急抢救、机修、排水、堵漏、消防等临时专业小组。对于台风，应做好以下几方面的预备措施：

（1）积极防范。台风并不是年年都在一个地区登陆，防台工作是一项有备无患的工作。企业要对员工，特别是领导干部进行防台宣传和教育，促使保持警惕、不能麻痹。

（2）全员参与。台风可以造成仓库的损害不仅是仓储物资，还包括仓库建筑、设备、设施、场地、树木，以及物料备料、办公设施等一切财产和生命安全，还会造成环境污染危害。防台抗台工作是所有员工的工作，需要全员参与。

（3）不断改善仓库条件。为了防台抗台，需要有较好的硬件设施和条件，提高仓库设施设备的抗风、防雨、排水防水浸的能力；减少使用简易建筑，及时拆除危房危建和及时维修加固老旧建筑、围墙；提高仓库、货场的排水能力，注意协调仓库外围避免对排水的阻碍；购置和妥善维修水泵等排水设备，备置堵水物料；牢固设置仓库、场地的绑扎固定绳桩。

（二）防汛

洪水和雨水虽然是一种自然现象，但会对安全仓储带来不利影响，所以应认真做好仓库防汛工作。首先建立防汛组织，汛期到来之前，要成立临时性的短期工作机构，在仓库领导者的领导下，具体组织防汛工作；其次，积极防范。平时要加强宣传教育，提高职工对自然灾害的认识；在汛期职工轮流守库，职能机构定员驻库值班，领导现场坐镇，以便在必要时，统一指挥，积极组织抢救；最后要加强联系。仓库防汛组织要主动争取上级主管部门的领导，并与气象电台联系了解汛情动态，预见汛情发展，克服盲目性，增强主动性。除此之外，还要注意对陈旧的仓库改造排水设施，提高货位，新建仓库应考虑历年汛情的影响，使库场设施能抵御雨汛的影响。

（三）防雷

仓储企业应在每年雷雨季节来临之前，对防雷措施进行全面检查。主要应检查的方面有：建筑物维修或改造后是否改变了防雷装置的保护情况；有无因挖土方、铺设管线或种植树木而挖断接地装置；各处明装导体有无开焊、锈蚀后截面过小而导致损坏折断等情况；接闪器有无因接受雷击而熔化或折断；避雷器磁套有无裂缝、碰伤、污染、烧伤等；引下线距地 2 米一段的绝缘保护处理有无破坏；支持物是否牢固，有无歪斜、松动；引下线与支持物的固定是否可靠；断接卡子有无接触不良；木结构接闪器支柱或支架有无腐蚀；接地装置周围土壤有无塌陷；测量全部接地装置的流散电流。

（四）防震

搞好仓库防震，首先，在仓库建筑上，要以储存物资的价值大小为依据。审视其建筑物的结构、质量状况，从保存物资的实际需要出发，合理使用物力财力，进行相应的加固。新建的仓库，特别是多层建筑，现代化立体仓库，更要结合当地地质结构类型，预见地震的可能性，在投资上予以考虑，做到有所准备。其次，在情报信息上，要密切注视毗邻地区及地震部门预测和预报资料。最后，在组织抢救上，要作充分的准备。当接到有关部门地震预报时，要建立必要的值班制度和相应的组织机构，当进入临震时，仓库领导要通盘考虑，全面安排，合理分工，各负其责，做好宣传教育工作，动员职工全力以赴，做好防震工作。

（五）防静电

爆炸物和油品应采取防静电措施。静电的安全应设懂有关技术的专人管理。并配备必要的检测仪器，发现问题及时采取措施。所有防静电设施都应保持干净，防止化学腐蚀、油垢玷污和机械碰撞损坏。每年应对防静电设施进行 1~2 次的全面检查，测试应当在干燥的气候条件下进行。

本章小结

物质燃烧需要同时具备可燃物、助燃物和点火源这三要素。物资仓库的特点是由仓库的建筑结构、储存物资的形式、储存物资的数量以及仓库所处的地理环境所决定的。可燃物质数量多,堆放高度集中;布局混乱,通道不畅;仓库管理人员少,火灾发现晚;地处偏僻,水源缺乏。

普通物资仓库的火灾特点有火灾初起阶段阴燃时间长,不易发现,具有烧大火的条件;扑救难度大,作战时间长,消防用水量大,过火面积大,经济损失大;危险物品仓库火灾危害大,施救难度高,极易造成伤害事故;仓库火灾同经济社会发展有关密切关系。

仓库火灾的原因主要有火种控制不严、仓库照明管理不善、危险物品管理不当、仓库建筑及平面布局不合理、防火制度措施不健全,思想麻痹大意。

对于仓库火灾的预防与控制,首先从认识上予以足够的重视,应从安全技术、安全教育、安全管理三个方面入手采取相应措施。如果要发生燃烧必须满足燃烧的条件,即可燃物、助燃物和点火源三要素的互相直接作用。对于一个未燃系统来说,防火的基本原理是研究如何防止燃烧条件的产生。对于一个已燃体系来说,防火的基本原理是研究如何削弱燃烧条件的发展,亦即怎样阻止火势蔓延。

仓库消防设备通常包括灭火器、消防梯、水枪、水带、消火栓、手抬机动消防泵。

消防安全管理措施包括火源管理措施、货物储存管理措施、装卸搬运管理措施、电器管理措施等方面。

仓库安全生产管理包括仓库治安保卫管理、仓库安全生产的内容、库区的安全管理、仓库的其他安全管理等方面内容。

习题

1. 简述仓库安全管理的具体任务。
2. 简述仓库消防工作的重要性。
3. 简述燃烧的概念及其包含的要素。
4. 简述火灾的特点、成因、种类及防灭火方法。
5. 简述主要的仓库防灭火设备及消防管理措施。
6. 简述仓库治安保卫管理的内容、原则。
7. 简述仓库安全生产的内容。
8. 简述仓库的排水、防洪、防台、防汛工作。

案例分析

12·23成都传化物流基地火灾事件

2012年12月23日下午4点左右,位于成都新都区的成都传化物流基地发生火灾,火势较大。起火点为天旭汽配城的 D 区。大火燃烧面积达 4000 平方米,燃烧持续 5 个多小时,损失超过千万元的商家至少超过 7 家,损失超 500 万元的大概 20 家。事故发生后,14 个消防队出动灭火、40 辆消防车、共 200 余名消防官兵参与灭火、救援。

事故介绍

2012 年 12 月 23 日下午 4 点左右,成都新都天旭仓储配送中心突发大火,因为商户在仓库中存储有大量的机油、油漆等易燃品,火势越烧越大,并由最初起火的 D 区仓库蔓延到 C 区仓库。一个小时以后,C 区 D 区两个区域仓库全部引燃。据消防人员介绍,过火面积达 4000 平方米,钢架结构的库房局部变形和垮塌。此次大火燃烧持续了 5 个多小时。火灾发生后,新都区公安、消防等相关部门已在第一时间奔赴现场,展开救援工作。目前,火势仍在控制中,暂未发现被困或受伤人员,火灾原因正在调查中。截至 23 日晚上 9 点 15 分,经消防、公安等部门努力,火势已得到有效控制。

事故处理

成都消防防火监督处王或熊处长介绍,下午 4 点 16 分接警后,共出动 1 个消防中队和 3 个政府专职队参加救火。随后,成都消防又增派 10 个消防中队、40 辆消防车、共 200 名消防官兵参与灭火、救援。下午 5 点 20 分,火势得到基本控制,随后展开余火的处理工作。

在救火的过程中,消防队员使用了沙土埋火,高压水龙头喷射等多种灭火方式。截至 12 月 23 日 21 点 15 分,天旭仓储火灾无人员伤亡,经消防、公安等部门努力,火势已得到有效控制,正努力扑灭最后余火,邻近周边企业生产秩序正常。

面对这场大火,首次动用了四川唯一一套先进的"远程大功率供水系统"的装备,从 6 公里外取水救火。救援现场,10 多支水枪像分叉的树枝,从系统的水泵装置分出,通向火灾现场的各个角落……据了解,新装备的远程大功率供水系统是省内第一套,价值好几百万,科技含量极高。由 2 辆大功率供水泵车和 3 辆水带自动铺设车组成,依靠强大的水泵压力,将 6 公里外的水源抽过来,以高达 12500 升/秒的流量输送到火灾现场。满足给多台消防车连续 30 天供水的要求。

事故原因

12 月 23 日下午 4 点刚过,位于天旭仓储配送中心 D 区的一户商家起火,该商铺起火后,仓库保安及附近商家曾尝试泼水救火,但由于燃烧物中有油漆、机油等易燃物,无法控制火势的蔓延。

大火燃起 15 分钟后,火势开始蔓延到了整个 D 区仓库,商家存储的油漆、机油等易燃品加快火势扩散的步伐,并开始波及 C 区仓库。

经营汽车配件商家的库房中储存有大量的机油、油漆、汽油及空调用氟,这些易燃品助长火势迅速扩散,并波及仓库 C 区。燃烧过程中还发生了爆炸。钢架结构的库房开始出现局部变形和垮塌。所幸商家已经全部撤离了火灾现场。

截至 12 月 23 日下午 5 点,C 区 D 区约 4000 平方米的仓库全部引燃。钢架结构的库房局部变形和垮塌。未被火势波及的 B 区、A 区商户开始紧张转移汽配用品,警方的警戒线扩大到了距离火场约 500 米处。

(资料来源:成都传化物流基地火灾事件http//baike.baidu.com/2014-10-10。)

问题：
1. 结合案例说明消防管理的重要性？
2. 结合案例说明如何加强消防管理？

参考文献

[1] 唐连生，李滢棠. 库存控制与仓储管理 [M]. 北京：中国物资出版社，2011
[2] 何庆斌. 仓储与配送管理 [M]. 上海：复旦大学出版社，2013
[3] 宋丽娟，马骏. 仓储管理与库存控制 [M]. 北京：对外经贸大学出版社，2009
[4] 真虹，张婕姝. 物流企业仓储管理与实务 [M]. 北京：中国物资出版社，2007

第十章
特种仓储与仓储商务管理

本章学习要点

◆ 掌握冷库、油库、危险品仓库、粮库、高分子材料仓库仓储的基本要求
◆ 理解冷库、油库、危险品仓库、粮库、高分子材料仓库管理对象的特性
◆ 了解仓储商务管理的概念
◆ 掌握仓储商务管理的流程和主要内容
◆ 掌握仓储商务合同的分类
◆ 理解仓储合同当事人双方的权利与义务
◆ 理解仓储商务合同的违约与免责
◆ 理解仓单的概念、内容、形式

引例

某工厂油库管理规定

一、目的
为确保电力生产危险性作业安全，规范危险性作业管理。
二、适用范围
适用于厂各部门。
三、管理规定
(1) 油库内应有符合消防要求的消防设施，必须备有足够的消防器材，并经常处于完好的备用状态。
(2) 油库进门处应悬挂"严禁烟火"等警告标示牌，进入油库应交出火种。
(3) 油库内的一切电气设施应为防爆型，电力线路必须是暗线或电缆；不得有架空线。
(4) 油库内应保持清洁，不准储存其他易燃物品和堆放杂物。
(5) 油罐接地线和电气设备接地线应分别装设。
(6) 油库内一切电气设备的检修，都必须停电，并设专人监护。
(7) 在油库工作的人员，应了解透平油、绝缘油的性质和有关防火防爆规定，对不熟悉的人员应先进行安全教育，然后方可参加设备的运行和维护工作。
(8) 油车卸油时，严禁将箍有铁丝的胶皮管或铁管伸入卸油口。

（9）开启油罐、油桶的入孔、油盖，测量油面或取样作业时，禁止使用黑色金属的工具，防止产生火花，防止发生火灾。

（10）打开油车密封盖时，严禁用铁器敲打。卸油时油车、油库内应设专人监护，以防透平油、绝缘油混装。

（11）卸油时应经常巡视，防止跑、冒、滴、漏油。

（12）油库保持良好的通风，及时排除可燃气体。

（13）滤油应严格遵守设备操作使用规定，并使用红外线测温仪密切监视油温，防止温度过高。

（14）每周对油罐的呼吸器、油位计、阀门、人孔门进行检查，发现问题立即汇报，及时处理。

（15）机组检修回油应抽入运行油罐，经处理合格后方可抽至净油罐。

（16）检修开工前应确保被检修设备与运行系统可靠地隔离，检修时应尽量使用有色金属制成的工具，如使用铁制工具时，应采取防止产生火花的措施，例如涂油。

（17）需要动火时，应办理动火工作票。在进行电、火焊作业时，电、火焊设备均应停放在指定地点。不准使用漏电、漏气的设备。火线和接地线均应完整、牢固，禁止用铁棒等物代替接地线和固定接地点。电焊机的接地线应接在被焊接的设备上，接地点应靠近焊接处，不准采用远距离接地回路。

（18）在油罐内进行明火作业时，应将通向油罐的所有管路系统隔绝，拆开管路法兰通大气。油罐内部应冲洗干净，并进行良好的通风。

（19）在油罐内进行清扫工作时，应开启排风扇、轴流风机进行通风。清扫时应使用海绵、灰面，不得使用白布等纤维含量高，且易脱落的材料。使用的行灯电压不得超过12V。监护人应随时在现场，不得离开。

（20）在管道上进行电、火焊作业时，靠油罐侧的法兰应拆开通大气，并用绝缘物分隔，冲净管内积油，放尽余气。

（21）滤油时油桶应编号，标签上应注明油的种类、来源、时间，废油桶应有明显的标志。废油桶、净油桶应划分明显的存放区。

（资料来源：某工厂油库管理规定［EB/OL］. http：//www.safehoo.com/Manage/System/。）

第一节　特种仓储管理

特种仓储是指对存储条件有特殊要求的货物进行保管的专用存储场所。在这些仓库中，一方面需要具有特殊设备，另一方面在货物的保管过程中，需要采取特殊措施，此外对仓库的结构、布置、管理方式还具有特殊要求。

一、冷藏仓库管理

制冷是指用人为的方法从被冷却对象（物体或空间）中移除热量，使其温度降低到环境温度以下的技术。制冷主要有以下几种方法：

(1) 消耗物质法：耗用一定的天然水、深井水等物质获得低温。

(2) 人工/机械制冷法：即耗能制冷，利用专门的装置去消耗一定的外部能量，以获得低温。

(3) 压缩式制冷法：广泛利用于各种船舶上，具有装置简单、安全可靠、经济方便等特点。

冷藏仓库是指通过机械制冷的方式，使得库内保持一定的温度和湿度，用以储存食品、工业原料、生物制品与药品等对温度有特殊要求的货物的仓库。它是担负农、畜、水产等易腐食品，以及饮料和部分工业原料等商品的加工、储藏任务的必要设施，是商品流通的重要环节。

(一) 冷藏条件

一般地，对于植物性食品，保持适当的低温（≥0℃）控制呼吸作用，；对于动物食品，保持足够的低温（-18～-6℃）抑制微生物和酶的作用。

1. 温度

合适的低温是食品冷藏的基本条件。低温不能杀灭微生物，只能抑制其活动，直至食品中的水分完全冻结，微生物才能完全停止活动；低温可以减弱蔬菜与水果的呼吸作用。

2. 湿度

冷库的相对湿度不能过低，否则会使食品表面干缩脱水；但若相对湿度过高，库温在0℃以上的冷藏食品表面发潮，更易使微生物繁殖。

3. 二氧化碳和氧气浓度

在对蔬菜、水果进行冷藏的同时，适当提高二氧化碳、氮气浓度，降低氧气浓度，可以延长其储存期。过低的二氧化碳浓度会使蔬菜水果加快成熟，过高的二氧化碳浓度会加快其腐烂，因此二氧化碳浓度一般控制在2%～8%之间。可以通过冷库换气的方法进行二氧化碳浓度的控制，即冷库每昼夜换气2～4次；也可通过气体发生器燃烧丙烷气体减少氧气、增加二氧化碳。冷库的氧气浓度一般保持在2%～5%之间。

4. 臭氧浓度

因为臭氧通过氧化会产生脂肪酸，因此它不适用于乳制品仓库、绿叶菜仓库。臭氧有以下作用：

(1) 臭氧对微生物的细胞膜可以产生氧化作用，以杀死微生物；

(2) 消除异味；

(3) 它能通过氧化作用消除加快水果成熟的乙烯，从而延缓水果成熟并消毒冷库。

(二) 冷藏仓库的类型

根据不同的性质，冷藏仓库可分为不同的类型。根据用途，可分为生产性冷库、分配性冷库、综合性冷库；根据规模，可分为大型冷库（储量≥5000吨）、中型冷库（500吨≤储量<5000吨）、小型冷库（储量<500吨）；根据仓库温度，可分为高温冷库（-5～+5℃，适用于水果蔬菜保鲜）、中温冷库（-10～-5℃，适用于冻结后的食品冷藏）、低温冷库（-20～-10℃，适用于冻结后的水产、肉类冷藏）、冻结冷库（≤25℃，适用于鲜品冷藏前的快速冷冻）。

1. 生产性冷库

生产性冷库是生产企业在生产过程中的一个环节，被设置在企业内部，用于存储半成品或成品，其规模可根据生产能力以及运输能力确定，一般只对产品进行短期存储、零进整出。例如肉类加工厂或药品加工厂内的冷库。

2. 分配性冷库

分配性冷库或称流通性冷库，位于货物的流通领域，目的是对已经冷冻、冻结的货物保持一定的温度、湿度，同时保持市场供应的连续性和长期储备的需要。一般建于大中城市、交通枢纽、人口密集区等，货物储量大，在交通枢纽处整进整出，其余整进零出。

3. 综合性冷库

生产性冷库与分配性冷库的融合体，用于联结产品的生产和货物的流通。货物容量大、进出频繁，用于存储本地生产、本地消费的货物。

（三）冷藏仓库的构成

冷藏仓库一般由冷冻间、冷却货物冷藏间、冻结货物冷藏间、冰库、货物传输设备、压缩机房、配电室、制冰间、氨库构成，如图 10-1 所示。

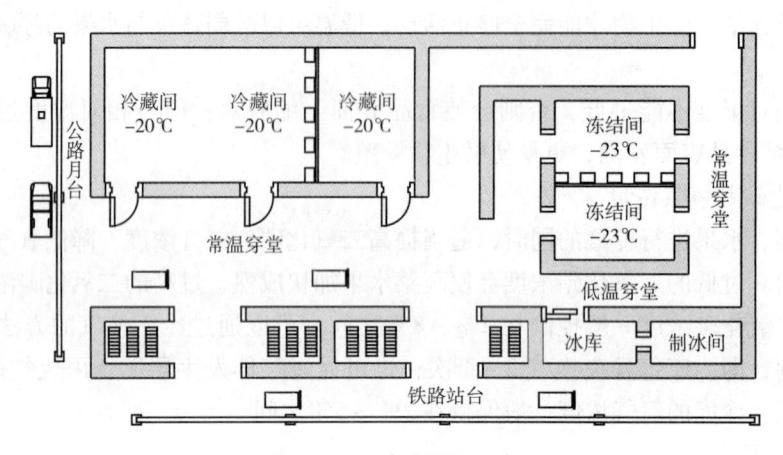

图 10-1 冷库平面示意

（1）冻结间：对进入冷库的商品进行冷冻加工。一般先将货物进行预先冷冻，然后再进入冻结间，防止当货物温度较高、湿度较大时直接进入冷冻间产生雾气，影响冷库结构。

（2）冷却货物冷藏间：温度保持在 0℃ 左右，储存冷却保存的商品。例如存储果菜类货物时，一方面不允许库内温度湿度有明显波动，另一方面需安装换气装置，满足果菜呼吸要求。

（3）冻结货物冷藏间：温度保持在 -18℃ 左右，相对湿度保持在 95%～98% 之间，用于存储冻结货物，存储时间长。库内需保持微风速循环，减少含水量货物的干缩损耗。

（4）冰库：温度保持在 -4～-8℃，内壁、柱子需有防护装置，防止冰块对其撞击。

（5）货物传输设备：对库内货物进行位移，依据货物周转量和周转频率确定。电梯用于垂直搬运、传送机用于水平移动。

（6）压缩机房：冷库制冷中心，单层建筑，选择在自然通风处，确保变压器热量的扩散。

(7) 制冰间：包括制冰池、溶冰池、提水设备等，可利用专门的成套设备进行快速制冰。

（四）冷藏仓库的使用

1. 冷库使用

（1）专人负责：成立专门的库房管理部门，责任到人。

（2）防范工作：做好防水、防潮、防热、防漏冷工作。及时清理积水、冰霜，严禁带水作业；未经处理的热货不得直接进入低温冷库；对冻结间、低温冷藏间应保持 -5℃，防止受潮滴水。

（3）空间利用：改进货物堆放方式，合理利用仓容，在整齐合理、利于检查的前提下，充分利用单位面的堆存能力。

2. 货物存储

（1）确保货物质量：减少含水货物的干耗；设立专职检疫员，加强食用品的卫生检疫；对于各种不合格货物，入库前进行单独包装存放；保证库内无污染、无霉菌、无异味、无鼠害、无冰霜。

（2）合理转移货物：将货物从冻结间转移至冻结货物冷藏间时，货物温度不高于冷藏间温度3℃。

（3）严格人员卫生：保证工作人员卫生，定期体检，有问题者不得进入冷库。

（4）禁止进入冷库的货物：

① 变质腐败、存有异味、不符合卫生标准的货物；

② 患有传染病的畜生商品；

③ 雨淋、水浸泡过的鲜蛋；

④ 未经处理的盐腌货物、未严密包装的货物、流汁流水的货物；

⑤ 易燃易爆、有毒腐蚀货物等。

二、油品仓库管理

油品是指原油、成品油、液化石油气。成品油是指石油经过炼制、加工、调和达到国家规定的产品质量标准，用于销售的油品，包括汽油、柴油、煤油、润滑油、润滑脂、石油蜡、石油沥青等石油产品。油品的一般特性包括易爆炸、易燃烧、易膨胀、易气化、易静电、腐蚀性等。

油品仓库是指专用于接收、存储、发放液体性的原油或成品油的仓库。油品具有易燃易爆、易蒸发、易静电、有毒性，因此必须进行特殊存储。

（一）油品仓库种类

1. 依据业务关系分类

油品仓库根据管理模式和业务关系一般分为两类，即公共油库和企业附属油库，如图10-2所示。公共油库是指为社会和军事服务，独立于油品生产和使用部门的企业或单位。企业附属油库是指为满足自身生产需要而设置的油料存储设施。

2. 依据建筑形式分类

油品仓库根据建筑形式一般分为三类，即地下油库、地面油库、半地下油库，如图

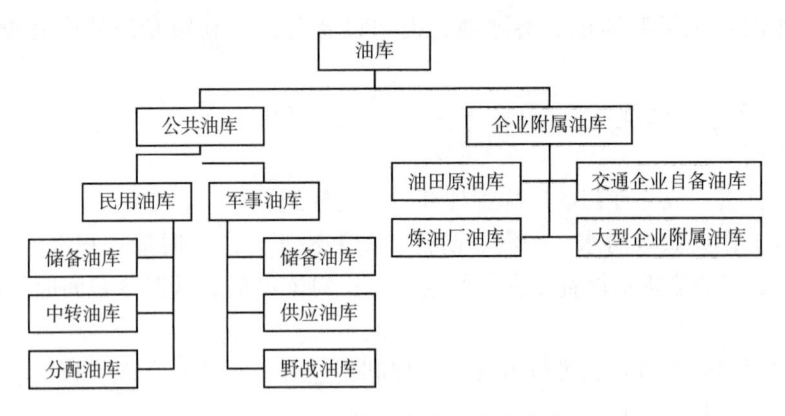

图 10-2　依据业务关系油库分类

10-3 所示。

地下油库是指油罐内的最高液面低于附近地面最低标高 0.2 米的油库。地下油库的应用始于军事，隐蔽性好，不利于敌方攻击；民用地下油库安全性高、占地面积小。地下油库一种特殊形式是将其设置于水下，例如利用港口的废旧油轮，或将油罐沉于水底，并于水面设置作业平台。

地面油库是指油罐地面等于或高于地面最低标准，且油罐的埋入深度小于其高度一半的油库。多数油库都属于地面油库，但目标过大，不适宜做储备性油库。

半地下油库是指油罐底部埋入地下，且深度不小于罐高一半，罐内液面不高于附近地面最低标高 2 米的油库。

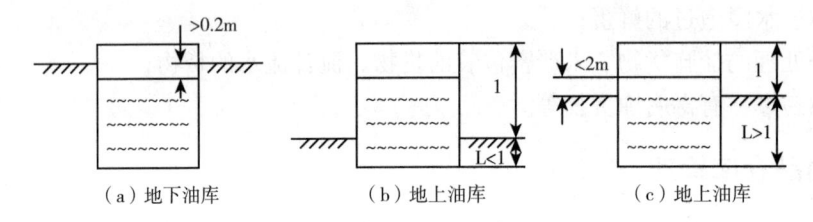

图 10-3　依据建筑形式油库分类

3. 依据油库容量分类

油品仓库根据容量一般分为五类：

(1) Ⅰ级油库：容量 $>10×10^4$ 立方米；

(2) Ⅱ级油库：$5×10^4$ 立方米 < 容量 $≤10×10^4$ 立方米；

(3) Ⅲ级油库：$3×10^4$ 立方米 < 容量 $≤5×10^4$ 立方米；

(4) Ⅳ级油库：$1×10^4$ 立方米 < 容量 $≤3×10^4$ 立方米；

(5) Ⅴ级油库：容量 $≤1×10^4$ 立方米。

(二) 油品仓库布置

油品仓库的结构布置一般包括铁路收发区、水路收发区、储油区、油罐车作业区、桶装油发放区、辅助作业区、油库管理区、污水处理区等，如图 10-4 所示。

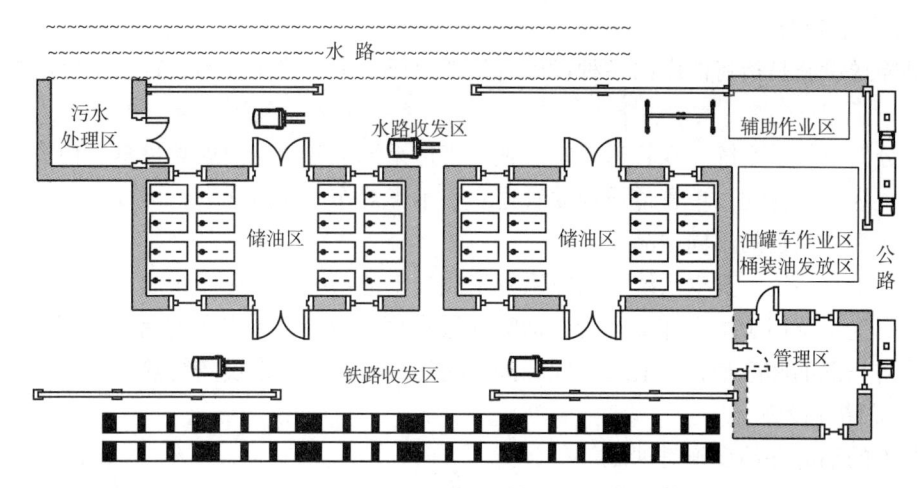

图 10-4 油库结构布置示意

1. 铁路收发区

用于进行铁路油罐车的油品装卸作业，铁路收发栈布置于油库边缘地带，不与库内道路交叉，与其他建筑物保持一定距离。

2. 水路收发区

用于向油船进行油品装卸作业，需配备专用设备。

3. 储油区

用于安全存放油品的区域，以油罐为主，以及防火、防静电等安监系统，油罐与油罐之间留有足够距离。我国对油罐区的规定包括以下内容：

（1）每组油罐总容量＜4万立方米；

（2）一组总容量为4万立方米的地面油罐之间的距离，应大于两组相邻油罐直径的1.5倍，且不小于50米；

（3）一组总容量为1万立方米以上的地面油罐，只允许排成1~2行，多于2行时应用消防通道或防火堤隔开；

（4）每组油罐内必须用防火堤或防火墙，将油罐分割成小于的2万立方米分组；

（5）油罐壁至防火墙脚间距，应大于临近较大油罐直径的一半；

（6）每组油罐的防火堤外均应设置3.5米的消防车道，油罐在消防堤内只能布置两排。

4. 油罐车作业区与桶装油发放区

用于面向用户的直接供油场所，一般设置在油库出入口附近。

5. 辅助作业区

用于安置为油库生产配套的辅助设施，包括锅炉房、变/配电间、机修间、化验室等。

（三）油品仓库设施

1. 油品装卸设施

根据油质的轻黏程度不同，采用不同的工艺设施。对于轻质油罐车，采用上装上卸的方法；对于黏质油，采用下装下卸的方式，一般使用吸力较强的往复泵或齿轮泵。

2. 油品输送设施

油品输送设施是指将油库内各种设施有机地组成一个工艺流程的装置，主要由管道和泵房构成。

管道分为单管道系统、双管道系统、独立管道系统。若油库油罐数量多、种类广，则以双管道系统为主，并配以单管道或独立管道。在不影响作业的情况下，可以用同一管道、同一油泵输送性质接近的不同油品。

泵房由工艺系统、真空系统、放空系统组成。工艺系统用于完成收油、发油、倒罐、放空作业。真空系统用于填充卸油罐管、抽吸油罐车底，以及夏季装卸油品时克服汽阻断流。放空系统防止混油和冻结，一般在用同一油管输送黏滞油品而未设随管热件时使用。

3. 油品储存设施

最基本的油品存储设施是油罐。

按照材料分类，油罐可分为金属油罐与非金属油罐。金属油罐可分为立式圆柱形、卧式圆柱形、特殊形状形；非金属油罐分为砌砖油罐、石砌油罐、钢筋混凝土油罐、耐油橡胶油罐、塑料油罐等。

4. 油库发放设施

（1）加热设施。

许多油品具有高黏度、高凝固点的特性，输送油品时需要加热，具体方法包括以下几种：

① 蒸汽直接加热：将饱和水蒸气直接通入被加热油品。

② 蒸汽间接加热：将水蒸气通入油罐中的管式加热器，或罐车的加热套，使油品升温，同时蒸汽不得与油品接触。

③ 热水垫层加热：依靠油品下面的热水垫层向油品传热。

④ 热油循环加热：将储油容器中的一部分油品抽出，在容器外加热至低于闪点 15~20℃的温度，之后再将油品输回容器中。

⑤ 电加热：包括分电阻加热、感应加热、红外加热。

（2）计量设施。

计量设施用于正确统计和测定油品储量，以及在收发时进行计量。方法包括重量法、体积法（适用于小体积容器，例如油桶）、体积重量法（适用于大型油罐，通过测量油品的体积、温度、容重，从而计算重量）。

（四）油品仓库管理

1. 生产管理

油品的生产管理是指油品入库、保管、出库整个过程的管理。油库在接收、储存、输转成品油时，应专管、专泵、专管专用；管线改装油品时，按规定及时清洗。油库向罐车、油船发油前，详细审查各类安全证件与安全条件，检查清洁度。油库应定期对存储、经营的各类油品进行数量和质量的检验。

2. 油品入库管理

（1）对油品进行计量和化验，确保油品的数量和质量；

（2）要有专人巡视管线，防止混、溢、漏、跑等现象发生；

（3）油桶装卸时严禁摔撞；
（4）油品由油桶向油罐倒装时，防止桶罐相撞。

3. 油品在库管理

（1）接运油品时，按性质不同组织进行，采用专泵专管；
（2）及时用真空泵或压缩空气对管道进行清扫；
（3）按油品的牌号规格分类存储；
（4）保持油罐较高的装满率，防止倒罐、氧化，减少蒸发；
（5）夏季做好降温措施；
（6）露天存放油品时，应摆放整齐、利于通风、便于排水等。

4. 油品出库管理

（1）严格"四不发"原则：油品变质不发、无合格证不发、对经调配加工过的油品无技术证明与使用说明的不发、车罐船舱或其他容器内不清洁的不发。
（2）站台、码头上的待装油品，应用油布遮盖，防止渗水。

5. 降低油品损耗

油品的自然损耗是指由于自然蒸发、各环节洒漏、容器内壁黏附等原因，造成的油品在数量上的损失。降低油品损耗的主要方法包括：

（1）加强对容器的定期检查、维修、保养；
（2）严格按照规程进行作业，合理安排油罐使用；
（3）对地面油罐采取措施，降低由于热辐射造成的蒸发；
（4）建立油耗指标统计制度。

6. 减少轻组分蒸发与延缓氧化变质

对于汽油、溶剂油等一些油品蒸发性强，易造成大量轻组分损失，油品质量会随之降低。此外，油品在长期存储过程中会产生氧化，致使油质变坏。防止这些问题的主要措施，一方面降低温度、减少温差，另一方面减少不必要的倒装，同时还需减少与铜和其他金属的接触。

7. 防止油品中混入水分

油品很容易在运输、装卸、存储过程中混入水分，因为这种原因导致油品质量降低的比例很高。因此需定期检查油罐底部状况，经常性清洗储油容器；定期抽检库存油品，确保存油质量。

8. 防止混油变质

不同性质的油品发生相混情况，会使油品质量下降，甚至变质。对于中高档的润滑油，其中不同体系的添加剂相混时，会产生沉淀变质。因此需要针对不同特性的油品，在接收、转输、装运时，专管专泵专用，禁止混用；必须混用时，做好清洁工作。经常性地刷洗、干燥油桶、油罐等储油容器。

三、危险品仓库管理

危险品是指具有燃烧、爆炸、腐蚀、有毒、放射性，以及在一定条件下具有这些特点，并能伤害人、畜，或造成财产损失的货物。

化学危险品是指中华人民共和国国家标准《危险货物分类与品名编号》规定的分类标

准中的爆炸物、压缩气体与液化气体、易燃液体、易燃固体、自燃物品与遇湿易燃物品、氧化剂和有机过氧化物、毒害物与腐蚀品七大类物品。

（一）危险品仓库的类型

我国的危险品仓库根据不同的属性有不同的分类。

依据隶属关系和使用性质，危险品仓库可分为甲类和乙类两种。甲类仓库是指商业仓储业、交通运输业、物资管理部门的危险品仓库，具有储量大、品种多、危险性大的特点。乙类仓库是指企业自用的危险品仓库。

依据规模大小，危险品仓库可分为大型仓库（面积≥9000 平方米）、中型仓库（550 平方米≤面积<9000 平方米）、小型仓库（面积<550 平方米）。

（二）危险品仓库的布局

危险品仓库库区布局严格按照公安部颁布的《建筑设计防火规范》要求，设置防火安全距离。

1. 大中型甲类仓库、大型乙类仓库，与邻近居民点和公共设置之间的距离必须大于150米，与企业、铁路干线之间的距离应大于100米，与公路的间距保持应大于50米。
2. 库区内，库房间防火间距依据货物特性取20～40米，小型仓库防火间距为12～40米。
3. 易燃易爆货物存储于地势较低的位置，桶装易燃液体应存在库房内。

（三）危险品仓库的结构

危险品仓库的建筑形式包括地面仓库、地下仓库、半地下仓库，以及窑洞、露天堆场等。依据危险品的不同性质，确定其仓库的存储要求，如表10-1所示。

表10-1　　　　　　　　　　不同危险品的仓库要求

危险品	特点特性	存储要求
易爆品	点火器材 起爆器材 炸药 其他器材	适用半地下仓库，2/3 地下 地面库壁用45度斜坡培土，库顶用轻质不燃材料，库外四周修建排水沟 库房面积一般小于100平方米，通风干燥
氧化剂	遇到某些外界影响会分解 易引起燃烧、爆炸	隔热、降温 保持干燥
压缩气体	采用高压罐（例如钢瓶）存储的气体或液化气 受冲击或高温时易爆炸	采用耐火材料，库顶使用轻质不燃材料 库内高度大于3.25米 安置避雷装置 库门向外开启，以减轻爆炸时的波及面
自然品	可与空气中的氧气发生反应，使自身升温 温度达到自燃点时发生燃烧	置于阴凉、通风、干燥处 库壁内采用隔热材料
遇水易燃品	受潮后会发生化学反应升温 温度达到一定时会自然	存放于地势较高的位置，干燥通风 仓库内温度湿度易于控制
有毒物品	进入人体或接触皮肤后会引起局部刺激或中毒，甚至死亡	单独存放 通风，配备毒气净化器
其他	易燃品 腐蚀性物品 放射性物品	置于阴凉、通风、干燥处 设置专用仓库 使用防护材料

(四) 危险品仓库的管理

1. 入库

仓库保管员依据交通部颁发的《危险品运输规则》的相关要求进行抽查,做好相应的记录;并在货物入库后两天内完成验收。对货物进行分区、分类存放,问题货物与货主联系,协商处理方式。

2. 保管

对危险品的在库保管,实行分类分堆存放,堆垛不宜过高,垛间留有一定距离,货堆与库壁间距大于0.7米。对易受潮、受热、受冻货物分季节、按气候变化及时采取密封、通风、降温、吸潮等措施。对危险品的检查间隔不得超过5天,有时是对温度湿度的检查控制,各类危险品存储的最佳温度湿度控制范围如表10-2所示。

表10-2　　　　　　　　　　　危险品温/湿度数据表

危险品名称	最高温度(℃)	适宜的相对温度(℃)	最高相对湿度(%)
爆炸品	30	<75	80
氧化剂	35	<80	85
压缩气体/液体	32	<80	—
自然品(一级)	28	<80	—
自然品(二级)	32	<85	—
遇水燃烧品	—	<75	80
易燃液体	26	沸点50,闪点0	沸点50,闪点0
易燃液体	30	沸点51,闪点1	沸点51,闪点1
易燃固体(一级)	30	<80	—
易燃固体(二级)	35	<80	—
毒害品	32	<80	—

3. 出库

对于一次出货量超过500千克的货物,必须发出场证交运输员陪送出场。仓库保管员按照"先进先出"原则组织出货,并做好清点工作。

4. 送货

严格按照各项要求装运危险品,对有特殊要求的危险品按规定办理。

(五) 危险品存储要求

各类危险品的存储要求如表10-3所示。

表 10-3　　　　　　　　　　　　　危险品温/湿度数据表

危险品	库房要求	货物存储要求	货物装运要求
爆炸品	• 仓库远离居民区、工厂、建筑物、交通线等 • 单层结构库房，库房间应有殉爆距离的安全间距 • 库房阴凉、通风、干燥，远离热源、火源 • 仓库温度保持在 15℃~30℃ 之间，易吸湿库房相对湿度不超过 65% • 仓库地面铺设 20 厘米左右的木板	• 按性质分类存储、运输，双人管理 • 禁止与氧化物、酸类、盐类、金属粉末以及其他易燃物混合储运	• 轻拿轻放，禁止背负、摔碰、冲击、拖拉、滚动，防止静电 • 火灾时可用水或任意类型灭火器扑救
压缩气体 液化气体	• 仓库温度 <25℃ • 气瓶仓库最大容量不超过 3000 瓶，并分割成若干小间	• 专库专存，远离建筑物 • 气瓶应置于专用架式围栏内，或平放并用三角木架卡牢固 • 气瓶应有规定的颜色与标志，不得混放，并避免沾染油脂	• 采用架式搬运车 • 气瓶漏气时，立即通风，及时搬至安全场所 • 气瓶失火时，及时搬出火场，并用雾状水浇湿钢瓶降温
易燃液体	• 库房冬暖夏凉，四周严禁烟火 • 库房下部设置通风洞	• 严禁与氧化剂、氧化性酸类、自然物、遇水易燃物	• 作业时禁止使用发火工具及钉子鞋 • 轻拿轻放，严禁滚动、摩擦、拖拉 • 包装完好，如有泄漏，立即补漏 • 失火时使用沙土、泡沫/二氧化碳灭火器灭火
易燃固体	• 控制温度，通风散热，不接触水 • 库内库外严禁烟火	• 严禁与氧化剂、酸类物质混存 • 密封包装，禁止散落，如有泄漏，小心清扫	• 轻拿轻放，严禁滚动、摩擦、拖拉 • 失火时一般用水、沙土、石棉毯、泡沫/干粉灭火器扑救 • 金属粉末着火时，先用沙土石棉覆盖，再用水扑救
自然品	按性质选择适当地址，专库存储	• 严禁与氧化剂、氧化性酸类物质混放 • 隔绝空气 • 定时检查气味和包装	• 轻拿轻放，不得重摔、撞击 • 一般用大量水进行灭火，或沙土、二氧化碳/干粉灭火器扑救 • 乙基铝等金属烷基化合物，铝铁溶剂不能用水扑救
遇湿易燃物	通风散热，不得露天存放	• 防水防潮，严禁烟火 • 与氧化剂、酸类、含水物品隔离	• 雷雨天气无防雨设备不得作业 • 轻拿轻放，禁止翻滚、撞击、摩擦、倾倒
氧化剂 有机过氧化物	• 库房内阴凉、通风、干燥、清净 • 远离火种、热源，防止暴晒	• 严禁与易燃物、自然物、遇湿易燃物、酸类、有机物等混放 • 金属无机过氧化物不得与过氧化氢、有机过氧化物混放	• 轻拿轻放，严禁滚动、摩擦、拖拉 • 包装密封 • 过氧化物、不溶于水的有机液体氧化剂失火时，不能用水和泡沫灭火器扑救，只能用沙土、干粉/二氧化碳灭火器扑救
毒害品	• 仓库内温度 <32℃，相对湿度 <80% • 远离明火热源	严禁与食品、香精、氧化剂、酸类混存	• 先通风，后作业 • 轻拿轻放，严禁肩扛、背负、冲撞、摔碰、翻滚 • 作业前消毒，作业时穿戴防护工具，作业后及时清洗
腐蚀品	存储酸、碱的库房地面采用沙土、炉灰夯实	储存酸类的容器专罐专用	• 作业时穿戴防护工具 • 轻拿轻放，严禁肩扛、背负、冲撞、摔碰、翻滚 • 失火时采用雾状水、干沙、干粉/泡沫灭火器扑救

四、粮食仓库管理

粮食具有诸多自然属性,包括呼吸性、吸水性、散发水性、吸味性、气体成分、散落性、自热性、下沉性、吸附性等。粮食仓库是指用以存储粮食作物和油料作物的场所,一般分为室内和露天两种。粮库具有平抑粮价、调控市场、赈灾备荒、安民固本、战略储备、流通加工等作用。

粮库根据储藏方式不同,可分为散装粮库和包装粮库,即在贮藏粮食时,前者不需要包装粮食,后者需要包装粮食;根据用途可以分为储备型粮库、流通型粮库、自用粮库(或称中转粮库);根据建筑形式分为房式仓、楼房仓、立筒仓、地下仓等;根据仓内温度分为低温仓(≤15℃)、准低温仓(16~20℃)、准常温仓(21~25℃)、常温仓(>25℃)。

(一) 粮食贮藏的影响因素

单个因素对粮食贮藏的影响不大,但是诸多因素同时起作用,将会对粮食贮藏产生明显影响。影响粮食贮藏的诸多因素,大致分为两类:①内因:粮食颗粒含水量高低、含杂质多少、籽粒完整程度、成熟度等。②外因:环境温度湿度、气体成分、微生物、害虫、螨类、鼠类、雀类等。常见的因素包括以下几个方面:

1. 水分因素

粮食含水量的大小,影响粮食的含干物质重量与贮藏稳定性。外界水汽压力大于粮食颗粒内部水汽压力时,粮食增加吸收水分;反之,降低水分。

2. 温度因素

粮食的呼吸强度在一定范围内,会随着温度的上升而增加,从而导致粮食劣变速度提高。气温影响仓温,仓温影响粮温。正常情况下,粮食温度随大气温度变化,但是由于仓库具有一定的密闭性、隔热性,粮堆本身又是不良导体,仓温和粮温滞后于气温的变化。同时粮食的堆垛方式、入库时间也会影响粮食温度的变化。

3. 气体成分因素

粮堆中的气体对粮食的呼吸作用影响较大,氧气浓度的高低,直接影响粮食呼吸的强弱。降低氧气浓度,加强粮食的无氧呼吸,利于防止粮仓内害虫、抑制微生物的生长。

4. 微生物因素

富含众多营养物质的粮食是微生物的天然培养基。特别是霉菌,在温度湿度适宜时会迅速生长,导致粮食霉变、增加脂肪酸,甚至引起食用中毒。

5. 害虫因素

害虫一方面会蛀蚀粮食,造成重量损失;另一方面,害虫在取食、排泄过程中会发热、排水,导致粮堆温度升高,利于微生物生长和导致粮食霉变,也影响粮食卫生。

(二) 粮食贮藏的主要方法

根据各种粮食不同的化学成分、生理特性,采用不同的贮藏方法和管理措施,如表10-4所示。

表 10-4　　　　　　　　　　常见粮食的贮藏特点与方法

粮食种类	贮藏特点	贮藏方法
稻谷	• 具有完整的稻壳保护，有一定的抗虫害霉变能力和抗温度湿度变化能力 • 夏季高温期间，陈化明显，脂肪酸升高 • 整个贮藏过程中，发热次数越多，黄变率越快	• 严查入库稻谷质量，严格杂质、水分标准 • 库内作业好消毒、除虫工作
大米	• 无保护壳，易受外界因素影响 • 易返潮发热，附着微生物，易霉变	• 采用干燥、自然低温、密闭的贮藏方法 • 堆垛前冷却至仓温 • 对高水分大米，码垛通风后短期存储，或通风摊凉降水后密闭存储 • 对包装或散装大米，用塑料膜密封，降低呼吸作用 • 利用化学贮藏方法，在密闭大米堆内按一定剂量，采用聚乙烯薄膜制成的小袋装入 15~20 克的磷化铝片，用以杀虫抑菌
小麦	• 后熟作用明显，呼吸能力强 • 新入库小麦易发热升温、害虫繁殖 • 具有较强的耐高温性 • 适于长期贮藏	• 热密闭贮藏 • 低温贮藏 • 自然缺氧贮藏
面粉	• 吸湿性强、稳定性差 • 易结块	• 防潮密封、合理堆放、严防害虫 • 水分≤13%
玉米	• 玉米胚大，呼吸旺盛 • 原始水分大、成熟不均匀 • 易霉变、易染害虫	穗存、粒藏

(三) 粮食贮藏的防火工作

由于粮食本身含有大量的糖类、脂肪、纤维素，易燃烧。粮食自身和粮食微生物不断进行呼吸作用，也可导致温度升高，甚至自燃。储量工具一般也是易燃品，包括垫木、麻袋等。粮食烘干时一般也采用明火作业。利用化学方法储粮时易发生爆炸危险等。因此在粮食的贮藏过程中，防火工作尤为重要，主要做到以下几点：

(1) 选址布局：一般选择在城镇边缘，处于该地的主导风向的上风向或侧风向；远离易燃易爆仓库。

(2) 合理分区：根据需要划分为储粮区、烘干区、加工区、器材区等，合理设置防火通道。

(3) 库内秩序：库内堆放整齐，禁止易燃易爆物品，不留杂草垃圾，不架设电线、变压器。

(4) 分堆存储：库房间距保持在 10~14 米，土圆仓间距 4 米，席荧屯间距和堆垛间距 6 米，席荧屯与围墙间距 6 米。

除上述注意事项之外，还要随时监控仓温，严防粮食自燃。利用化学方法贮藏粮食时，严格按照各种化学物质的特性进行使用管理。

五、高分子货物管理

高分子货物是指高分子材料，例如橡胶、塑料、合成纤维等，在加工、存储、使用过程中，受到光、热、氧等的作用，出现发黏、龟裂、变脆、强力下降、失去原有优良性能，以致最后丧失使用价值。

（一）高分子材料老化特征

高分子材料在储藏和使用过程中会因环境因素和本身特性产生老化现象，主要体现在外观、物理性能、机械性能、电性能、分子结构等方面。

（1）外观：物品表面失光变色、起泡脱落、拉丝发毛、变硬变软、变脆变形等。

（2）物理性能：物品的比重、导热能力、溶解度、折/透光率、耐寒/热能力、透水/汽能力等发生改变。

（3）机械性能：物品的拉伸强度、伸长率、冲击强度、弯曲强度、疲劳强度、硬度、弹性等发生变化。

（4）电性能：物品的绝缘性能、介电常数、介电损耗、击穿电压等发生变化。

（5）分子结构：构成商品材料的分子结构发生变化，包括分子量、分子量分布的变化等。

（二）高分子材料老化原因

高分子材料的一个重要缺陷就是老化，这是一种不可逆的化学变化，其原因主要取决于材料的内部分子结构、外部环境因素的影响。

1. 内部因素

高分子材料众多，一般以塑料和橡胶为主。塑料老化的内因与高聚物的物理性能相关，高聚物的物理性能是指高聚物的聚集态、玻璃化温度等。而橡胶类的高聚物老化的内因除与塑料相类似之外，还有热氧老化、光氧老化、臭氧老化等原因，以及橡胶生产过程中的各种配合剂对橡胶本身有复杂影响。

2. 外部因素

（1）光：光氧老化，或称光氧降解，是指高分子材料因吸收紫外线而发生的复杂的且有害的过程。这一过程的实质是高分子链发生各种物理变化和化学变化的结果，具体表现为外观变色、表面龟裂等。引起高分子材料老化的重要因素是太阳光紫外线的照射，此时高分子链吸收的能量大于键能，引起断裂。

（2）热：热氧老化过程中，温度升高致使分子运动加速，促进氧化反应，引起某些高分子材料发生降解与交联现象。降解使得高分子材料的分子量降低、材料强度与伸长率下降；交联使得高分子材料的分子量增大、材料刚性提高。

（3）氧和臭氧：氧和臭氧对高分子材料的主要作用是其氧化反应，这是高分子材料在加工存储过程中不可避免的。若再加之受到太阳光辐射，氧老化速度还会加快。

（4）水分：将与能够将高分子材料表面的灰尘甚至添加剂冲洗掉，加速其老化。雨水，特别是凝露会渗透到高分子材料内部，改变其物料组成与比例，也会加速老化。高分子材料中含有的水解基团，包括酯基、酰胺基、缩醛基等，会因水的存在发生水解反应而加速老化。

（5）微生物：霉菌、细菌等微生物，会在合适的温度湿度条件下，使得高分子材料长霉，霉菌可以感染高分子材料中的增塑剂、油脂化合物、含脂肪酸结构的化合物，并在适宜的温度下分泌出可以分解材料的分泌物，造成对高分子材料的破坏。

（三）高分子材料防止老化措施

（1）材料改性：从高分子材料的结构、加工方面，提高货物本身的耐老化性，延长高分子货物的使用寿命。

（2）物理防护：通过抑制或减少光、氧气等外界因素进入高分子内部，尽量避免露天暴晒；控制仓库温度湿度，加强对仓库的定期检查。

（3）涂抹防老化溶剂：包括涂抹漆、胶、塑料、蜡，或镀金属等。

第二节 仓储商务管理

仓储商务是指仓储经营人利用其拥有的仓库保管能力，向仓储使用人提供仓储保管产品，并获得经济收入的交换行为。它是一种商业性行为，是仓储企业对外的基于仓储经营而进行的经济交换活动。公用仓库存在仓储商务活动，企业自用仓库不存在这类活动。仓储商务活动涵盖六个方面：制定仓储经营决策、市场调研与宣传、商务磋商与仓储合同签订、货物接收与保管、仓储货物交付、收货人提货。

仓储商务管理是指仓储经营人对仓储商务所进行的计划、组织、指挥、控制的过程，是独立经营的仓储企业对外行为的内部管理，属于企业管理的一个方面。它是一种面向市场的风险活动，市场作用越明显、经济竞争越激烈、仓储商务越重要。通过实施有效的仓储商务管理，可以使企业更好地处理对外经济中的相关问题，帮助企业获得更大经济利益，保持企业可持续发展能力。仓储商务管理的一般流程如图10-5所示。

流程开始 → 市场调研商机选择 → 订立仓储合同 → 交接仓储货物 → 保管仓储货物 → 仓单持有人提取货物 → 流程结束

图10-5 仓储商务管理流程

一、仓储商务管理概述

（一）仓储商务的特点

（1）外向性：是指仓储企业的商务活动总是面向外部，仓储企业与外界的各种联系主要是通过商务活动实现的。

（2）多变性：是指仓储企业面临的外部环境总是处于不断变化中，仓储企业的商务活动必须经常保持适应外部环境。

（3）全局性：是指商务管理的好坏直接影响仓储企业的全局工作，如果一项工作不合理，便会造成企业的重大损失。

（二）仓储商务的内容

仓储商务管理涉及仓储市场调查研究、资源管理、成本管理、合同管理、风险管理、人员管理等。一般分为仓储内部活动和外部活动。合理进行仓储管理，可以满足社会需求、充分利用企业资源、降低仓储成本、减低企业风险、塑造企业形象等。

1. 仓储外部商务活动

通常所讲的仓储活动都是仓储外部商务活动，是指仓储企业为了获取经营运作中所需资源，或者为了销售自己所能提供的产品或服务，而进行的所有活动。其中心目的是为了吸引客户购买仓储产品或服务，并创立企业良好形象。主要包括有效组织货源、广泛收集分析市场信息、捕捉有利的商业机遇、科学制定竞争策略；科学规划设计产品营销策略、合理促进产品销售；开展交易磋商管理与合同管理；提供优质服务、满足客户需求、实现企业效益；建立风险防范机制、妥善处理纠纷矛盾、减少企业商务风险等。

2. 仓储内部商务活动

仓储内部商务活动是指仓储企业内部各部门之间的相互协作，依据市场需求，经过一系列劳动转化，为仓储企业所处的环境提供产品或服务的活动。主要包括仓储地点的选择与确定、布局规划与设计、设施设备的选择与配备、人员组织、仓储服务的提供等。

（三）仓储商务管理的原则

1. 社会化原则

仓储商务管理是基于第三方物流的服务方式，进行仓储商务的社会交换和仓储能力的整合，使社会仓储资源能够被最有效利用，服务于社会，为客户和自身创造价值。

2. 竞争性原则

仓储商务面临着仓储能力和资源的公开竞争，仓储商务管理致力于打造核心竞争理念，制定完整的市场竞争策略，强化企业自身优势，形成市场竞争力。

3. 合法性原则

仓储商务管理以国家法律法规为基础，坚守商业道德与行业自律原则，反对不正当竞争、建立公平合理环境，做到守法商务、依法商务。

4. 效益性原则

仓储商务管理需要合理确定服务水平，实施有效的营销手段、竞争策略、价格策略，建立良好的企业形象，促进企业业务的顺利开展，不断开展仓储增值业务，加强成本管理与质量管理，降低企业各项成本，控制企业风险的发生，实现企业利润的最大化。

二、组织货源

货源的组织是提高仓储企业经营效益的关键所在。市场经济下的货主有权选择仓库，仓储企业必须提高自身能力，以适应市场竞争并获取更大利益。

（一）掌握营销技术

仓储企业的营销，必须以客户需求为依据，结合企业自身设施，全面分析、规划、执行、控制营销过程，合理制定储量、收费、分销、推销等策略，最大限度地满足消费者需求、最大限度实现企业利润。

（1）满足广泛客户的需求：以社会需求为原则，不仅为商业部门服务，还要为其他各部门服务。

（2）满足服务内容的需求：扩大服务内容的范围，打破业务局限性，将服务内容融入仓储业务的各个环节。

（3）满足服务方式的需求：针对不同的客户，采取不同的、灵活的经营方式，甚至可以将仓库形成仓储企业与货主的租赁关系，货主自管或双方共管。

（4）满足服务时间的需求：依据客户进库出库的需求，灵活安排时间，确保随时为客户服务。

（二）全面调研市场

1. 市场调研内容

仓储市场调研是指系统客观地收集、整理、分析、研究仓储市场活动的各种信息，并以此为基础，发现问题、寻找机会、提出解决方案，供决策者确定销售战略、做出销售决策。

仓储市场调研是开拓仓储市场的前提，研究区域内仓储市场的结构、商品结构、营销渠道；分析掌握货主的心理与需求，了解商品流通的变化规律，掌握竞争对手的状况等。

2. 市场调研方法

（1）观察法。

观察法是指通过直接观察获取第一手资料的调查方法。调查人员可以直接到达商店、订货会、展销会，或消费者集中的地方，借助各种媒体采集设备，亲身进行观察和记录，以获取市场信息。它的优点是所收集的资料比较客观；缺点是被调查者的心理活动不能深入观察，包括购买动机、个人喜好、感受态度等。

（2）问卷法。

问卷法是指通过设计问卷调查的形式了解市场情况。可以通过当面、信函、电话、留置调查等方式进行。调查人员应听取被调查人的意见，发现自身的问题，找出改进的方法，与客户交流意见，最终达到满足客户需求的目的。最后要形成调查报告，建立客户档案。

（3）合理市场营销。

仓储企业应利用一切可利用的营销手段进行市场营销宣传，包括新闻媒体、广告传媒、宣传资料、登门推销、开办展示会等形式，向社会宣传企业的规模、特点、优势，从而吸引客户。

三、仓储合同管理

（一）仓储合同概述

仓储合同，或称仓储保管合同，是指"保管人储存存货人交付的仓储物，存货人支付仓储费用的合同"（引自《中华人民共和国合同法》第381条规定）。一旦签订仓储合同，签订双方即成为一种法律关系，受国家法律保护，任何一方不得违约，否则承担相应的经济责任。仓储合同的一般形式如图10-6所示。

仓 储 合 同

存货方：_____　　合同编号：_____
保管方：_____　　签订时间：　　　年　　月　　日
签订地点：_____省_____市_____区_____路（街）_____号

根据《中华人民共和国合同法》与《仓储保管合同实施细则》有关规定，存货方和保管方根据存储计划和仓储容量，经双方协商一致，签订本合同。

第一条　存储货物的名称、品种、规格、数量、质量、包装
□□□□□□□□□□□□□□□□□□□□□□□□□□□□
□□□□□□□□□□□□□□□□□□□□□□□□□□□□

第二条　货物验收的内容、标准、方法、时间
□□□□□□□□□□□□□□□□□□□□□□□□□□□□
□□□□□□□□□□□□□□□□□□□□□□□□□□□□

第三条　货物保管条件和保管要求
□□□□□□□□□□□□□□□□□□□□□□□□□□□□
□□□□□□□□□□□□□□□□□□□□□□□□□□□□

第四条　货物入库、出库手续，时间，地点，运输方式
□□□□□□□□□□□□□□□□□□□□□□□□□□□□
□□□□□□□□□□□□□□□□□□□□□□□□□□□□

第五条　货物的损耗标准和损耗处理
□□□□□□□□□□□□□□□□□□□□□□□□□□□□
□□□□□□□□□□□□□□□□□□□□□□□□□□□□

第六条　计费项目、标准和结算方式
□□□□□□□□□□□□□□□□□□□□□□□□□□□□
□□□□□□□□□□□□□□□□□□□□□□□□□□□□

第七条　违约责任
1. 保管方责任
□□□□□□□□□□□□□□□□□□□□□□□□□□□□
□□□□□□□□□□□□□□□□□□□□□□□□□□□□
2. 存货方责任
□□□□□□□□□□□□□□□□□□□□□□□□□□□□
□□□□□□□□□□□□□□□□□□□□□□□□□□□□

第八条　保管期限
从□□□□年□□月□□日至□□□□年□□月□□日止

第九条　变更和解除合同的期限
□□□□□□□□□□□□□□□□□□□□□□□□□□□□
□□□□□□□□□□□□□□□□□□□□□□□□□□□□

第十条　争议的解决方式
□□□□□□□□□□□□□□□□□□□□□□□□□□□□
□□□□□□□□□□□□□□□□□□□□□□□□□□□□

第十一条　货物保险
□□□□□□□□□□□□□□□□□□□□□□□□□□□□
□□□□□□□□□□□□□□□□□□□□□□□□□□□□

第十二条　本合同未尽事宜，一律按《中华人民共和国合同法》与《仓储保管合同实施细则》执行。

存货方（章）：_____　　保管方（章）：_____
地址：_____　　　　　　地址：_____
邮政编码：_____　　　　　　邮政编码：_____
法定代表人：_____　　　　　　法定代表人：_____
委托代理人：_____　　　　　　委托代理人：_____
电话：_____　　　　　　电话：_____
开户银行：_____　　　　　　开户银行：_____
账号：_____　　　　　　账号：_____

图 10-6　仓储合同的一般形式

1. 仓储合同的当事人
仓储合同的当事人包括存货人和保管人。
（1）存货人。
存货人是指将仓储物交付仓储的一方。存货人必须是具有将仓储物交付仓储的处分权的人，包括仓储物的所有人，或是只有仓储权利的占有人（例如承运人），或是受让仓储物但未实际占有仓储物的准所有人，或是有处分权人（例如法院、行政机关等）。存货人可以是法人、非法人单位、个人等企事业单位、个体经营户、国家机关、群众组织、公民等。
（2）保管人。
保管人是指仓储货物的保管一方。依据合同法，保管人必须是有仓储设备和专门从事仓储保管业务的资格。保管人可以是独立的企业法人、企业分支机构、个体工商户、合伙、其他组织等，或是专门从事仓储业务的仓储经营者，或是贸易货栈、车站、码头的兼营机构，或是从事配送经营的配送中心。保管人必须符合以下条件：
① 拥有仓库保管设施设备，具有仓库、场地、货架、装卸搬运设施；
② 取得公安消防部门许可，具备基本的安全消防条件；
③ 获得工商营业执照，取得营业资格；
④ 保管人对设施设备必须具有有效的经营使用权；
⑤ 对特殊商品必须具备相应的特殊物品保管条件。

2. 仓储合同的特点
（1）仓储保管人必须是拥有仓储设备并具有从事仓储业务资格的人；
（2）仓库保管的对象是实物动产，不动产不能成为仓储合同的标的物；
（3）仓储合同为诺成性合同，也是双务、有偿合同；
（4）存货人的货物交付或返还请求权以仓单为凭证，仓单具有仓储物所有权凭证的作用。

3. 仓储合同的分类
（1）按照仓储合同发生的原因分类。
① 一般仓储保管合同是指仓储经营人提供完善的仓储条件，对存货人的仓储物进行保管，保管期满时将原先收存的仓储物原物交还给存货人。
② 指令性仓储合同是指存货人与保管人基于国家指令性计划，遵循平等、自愿、等价有偿、诚信的原则而协商达成的仓储合同。
（2）按照仓储合同标的物的性质分类。
① 工业仓储合同是指从事工业生产的法人或其他组织，在组织工业生产过程中储存保管原料、设备、燃料而订立的合同。
② 农业仓储合同是指保管人为农业领域内的公民、法人以及其他组织提供农产品保管服务的合同。
③ 商业仓储合同是指保管人与从事商业活动的存货人之间所订立的为存货人保管商业流通物的合同。
（3）按照仓储经营方式分类。
① 一般货物存储合同，是指仓储方应客户要求为其保管货物，客户为仓储方支付保管

费用而签订的合同,这是仓储经营的主要业务。

② 混藏式仓储合同是指存货人将一定品质、数量的种类物交付给保管人,保管人将不同存货人的同类仓储物混合保存,保管期满时保管员以相同种类、品质、数量的商品返还给存货人,不需要原物归还。

③ 消费式仓储合同是指存货人存放仓储物的同时,将仓储物的所有权转移给保管人,保管人可以对仓储物行使所有权,保管期满时保管人只需将相同种类、品质、数量的替代物归还给存货人。

④ 仓储租赁合同是指仓库所有人将所拥有的仓库,以出租的方式开展仓储经营,由存货人自行保管商品。严格意义上讲,仓储租赁合同不是仓储合同,而是一种财产租赁合同,仓库所有人只提供基本仓储条件、进行基本仓储管理,而不直接对商品进行仓储管理。但是由于仓库出租方对仓库具有部分的保管责任,因此也具有仓储合同的一些特性。

(4) 按照仓储的具体目的分类。

① 生产仓储合同是指发生在生产过程的仓储保管行为,目的在于确保工农业生产不间断进行。

② 流通仓储合同是指发生在流通过程中的仓储保管行为,目的在于进入流通消费领域。

③ 国家储备合同是指国家因其所承担的巨大社会责任而储备物质,为了预防自然灾害、社会动荡等意外发生,以及人民经济生活中的特殊需求,而为国家储备的行为。

除上述内容之外,仓库与客户之间还可签订一些单行合同,包括货物检验合同、货物包装合同、货物挑选合同、货物养护合同、代办运输合同、代办保险合同等。

4. 仓储合同的内容

(1) 当事人信息:存货人/保管人的名称、地址,以及通知人;
(2) 货物信息:货物的品种、数量、质量、包装、件数、标记等;
(3) 货物交接:时间、地点、验收方法等;
(4) 存储场所、存储期间;
(5) 仓储费、货物保险约定;
(6) 违约责任、合同变更/解除条件、争议处理;
(7) 合同签署。

5. 仓储合同的法律特征

(1) 仓储合同为承诺合同,仓储合同自双方达成一致时成立,不需要存储货物的实际交付。

(2) 保管人必须是经工商机关批准的、依法从事仓储保管业务的、具有仓库营业资质的、拥有仓储设备并从事仓储保管业务的法人。

(3) 仓储合同为双务、有偿合同,其双方当事人互负给付义务,即保管人提供仓储服务,存货人给付相关费用。

6. 仓储合同的标的与标的物

仓储合同的标的与标的物是合同关系指向的对象,即当事人权利与义务指向的对象。仓储合同的标的是指仓储保管行为,包括仓储的空间、时间、要求等,存货人为此支付一定的费用。因此仓储合同是一种当事人双方都需履行一定行为的双务合同。仓储合同的标的物是指存货人交存的货物,是标的的载体和体现。

(二)仓储合同当事人的权利与义务

仓储合同当事人(存货方与保管方)的义务与权利如表 10-5 所示。

表 10-5　　　　　　　　　　　　仓储当事人的义务与权利

仓储当事人	义务	权利
存货方	• 告知义务:对仓储物的完整告知与瑕疵告知。前者指在订立合同时,本方要完整细致地告知保管人该仓储物的准确信息、作业要求、保管要求,相关资料等,特别是特殊货物和危险货物,由本方提供相关资料、注意事项、预防方法、维护措施等;后者指本方应告知对方仓储物及其包装存在的缺陷和将会发生损害的缺陷,以便对方采取针对措施 • 妥善处理义务:本方应对仓储物按照性质、特性进行妥善处理 • 交存货物义务:本方应在合同约定时间向对方交存仓储物,并向对方提供必要的货物验收资料,以便对方验收货物;若因提供资料不全,造成货物验收不顺畅,所引起的损失由本方负责 • 支付仓储费用与偿付必要费用:按合同规定支付保管费;并及时支付本方应承担的费用支出与垫支费用 • 及时提取货物:按照合同要求及时提取货物,若因本方原因未能及时取货,产生的延长其保管费用由本方负责	• 查验取验:可以对仓储物进行合理的查看、取样查验 • 在保管期内,对于合同中约定不明确的,本方可以随时提取仓储物 • 获取仓储物孳息的权利:若仓储物在保管期间产生孳息,本方有权获得该孳息
保管方	• 保证货物完好,对保管的货物不得丢失、破损、变/降质。若遇不可阻止的自然损耗,在符合合同约定的情况下,可免责 • 维修、保管好为本方配备的设备,保证货物不受损坏 • 及时委派人员参与有本方负责的货物搬运、检验等工作 • 未经存货同意,不得将本方的业务转让至第三方代管 • 对存放的货物不具有所有权与使用权 • 做好入库验收与接收工作,妥善办理相关手续与凭证,配合存货方做好相关工作 • 对危险品等特殊货物,若未按要求进行操作与保管,如果造成损坏,由本方承担负责 • 在已经接单的情况下,如果因为本方的原因造成退仓、货物不能按时入库等问题,本方应承担相关责任 • 对本方负责发货的货物,若未按期发货,应赔偿对方相关损失;若错发货物,除无偿将货物转运至正确地点之外,如果货物有损失,包括货物的短少、损坏、丢失等,本方负责赔偿;因本方原因不能按时将货物运送到指定地点,如有损失,本方负责;若因本方原因未将货物及时送至指定地点,并造成对方与第三方发生合同纠纷,有本方承担相关责任 • 危险告知义务:当仓储物发生危险,或处于危险环境中时,本方应及时告知对方,以便对方采取相关措施	• 保管物的领取:在保管期内,对于合同中没有约定的或约定不明确的,本方可以随时要求对方提取仓储物 • 收取仓储费:本方应按照合同约定收取仓储费 • 对方提前提取仓储物,本方可以不减收仓储费;如果对方逾期提取,应加收仓储费 • 验收货权利:本方应在接收仓储物时对货物进行验收工作

(三)仓储合同的签订程序

仓储合同的签订程序包括邀约、验资、洽约、审约、定约、履约,如图 10-7 所示。仓储合同在签订过程中,必须坚持以下原则:

(1)平等原则:当事人双方法律地位平等是合同制的基础。

(2)等价有偿原则:仓储合同属于双务合同,双方享有相应的权利与义务。

(3)自愿协商一致原则:当事人应根据自身的需求与能力在广泛协商的基础上,共同做出合理约定。

(4) 合法、不损害社会公共利益原则：签订合同时，应严格遵守国家的各项法律法规，不损害公共利益、遵守社会公德、维护国家形象。

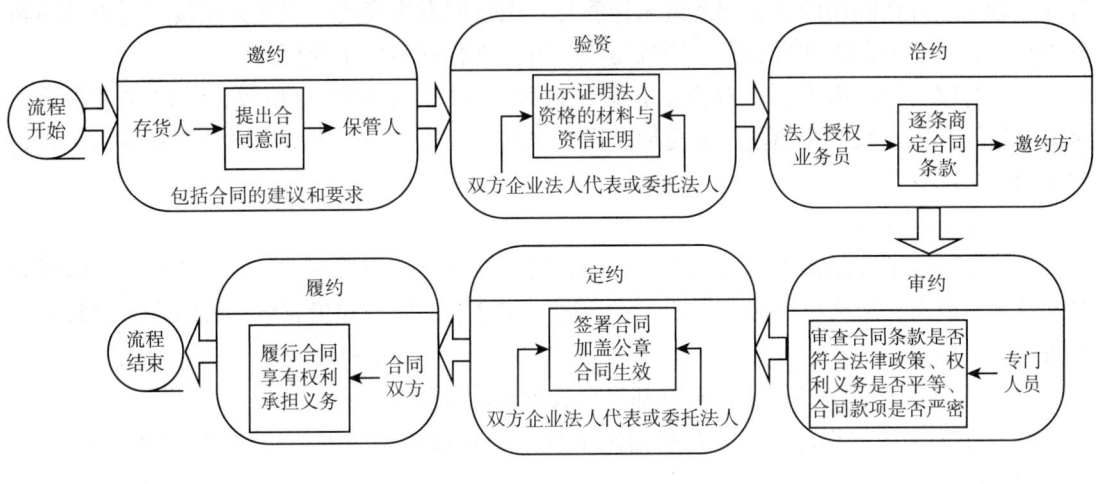

图 10-7 仓储合同签订流程

（四）仓储合同的生效与无效

仓储合同的生效是指无论仓储物是否交付，只要当事人双方的意思表示一致，仓储合同就成立并生效。

无效的仓储合同是指已经订立的合同，因为违反了法律规定而被确定无效。无效合同具有违法性、不得履行性、自始无效性、当然无效性等特点。合同无效可以从合同订立之后开始认定，其认定条件主要有以下几种：

(1) 一方以欺诈、胁迫手段订立合同，损害国家利益；
(2) 恶意串通，损害国家、集体或第三方利益；
(3) 以合同法掩盖非法目的；
(4) 损害社会公共利益；
(5) 违反法律、行政法规强制性规定；
(6) 无效代理。

无效合同根据合同无效范围分为全部无效的仓储合同与部分无效的仓储合同，前者指仓储合同的主要内容和构成要件不合法或违法；后者指仓储合同中某些条款不合法或违法。根据合同被发现无效的时间分为履行前无效的仓储合同、履行中无效的仓储合同与履行后无效的仓储合同，前者指仓储合同订立后、履行前，发现该合同无效；第二者指无效仓储合同的履行过程中，发现合同无效；最后者指无效的仓储合同已经履行完毕后，发现合同无效。对于无效合同，应进行返还财产或折价补偿、赔偿损失、追缴财产等处理。

（五）仓储合同的变更与解除

仓储经营会因为主客观的情况变化，具有极大的变动性与复杂性，及时、正确、合理地变更或解除已生效的不利合同，对当事人双方在避免受到更大利益损失的情况下更为有利。

1. 仓储合同的变更

仓储合同的变更是指在不改变原合同的关系和本质事项的情况下，对已生效的仓储合同内容进行修改或补充。在合同变更之前,原合同各项条款仍有效。

仓储合同当事人一方因为利益需求,向另一方提出变更合同的要求,并要求另一方限期答复。若另一方在限期内答复同意或未作答复,则合同发生变更,双方必须按照变更后的条件履行;若另一方在限期内答复并明确拒绝变更,则合同不发生变更。

变更仓储合同不需当事人双方重新签订新的、正式的合同变更协议,可以通过相关信函、电报等有效手段,协商同意变更原合同。以此类方式进行变更的合同条款具有与正式合同相同的法律效力。

2. 仓储合同的解除

仓储合同的解除是指不再履行未履行的合同或合同尚未履行的部分,使希望发生的权利和义务关系消亡,成为合同履行终止。在合同解除之前,原合同仍有效。解除合同需要三个必备条件,即

(1) 当事人双方协商一致,双方都完全表示同意解除合同;

(2) 不损害国家利益,因为在我国民事行为的有效性是以不违背国家、集体、他人的利益为前提;

(3) 必须采用书面形式,作为避免发生、解决纠纷的文件依据。

解除合同的书面形式一般分两类,即双方共同签署书面协议,或通过电报、信函、电话的形式解除合同。前者是正式的书面协议,后者则需要当事人双方认可或被证明属实。

3. 仓储合同变更或解除的程序

仓储合同当事人双方协商变更或解除合同的实质是在订立一个新合同,以变更或终止原合同或原来的权利与义务关系,它需要按一定程序开展,其流程如图10-8所示。对于变更/解除合同的提议和答复都必须在一定期限内完成,包括两个期限,即提议期限与答复期限。对于没有法定期限的合同,提议方可以在给予答复方必要准备与考虑时间的前提下,明确指出答复期限。答复方如果在提议方给定的期限内没有做出答复,则认为答复方同意提议方的变更/解除合同提议。在发生不可抗力或当事人一方违约时,当事人另一方可以行使变更/解除合同的权利,但必须及时将事由和思想告知当事人一方,并与之协商处理相关事宜与后果。

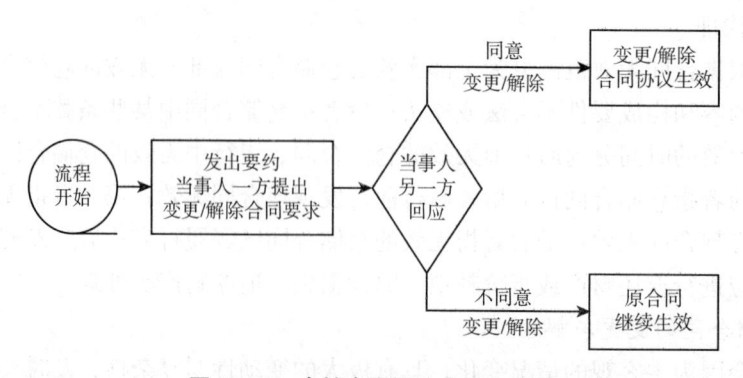

图10-8 仓储合同更改或解除流程

4. 仓储合同变更或解除的法律后果

如果仓储合同被变更,被变更的条款即失去法律效力,当事人应履行新的协议条款。如

果仓储合同被解除,那么合同中尚未被履行的条款也将不再履行,合同也不再具有法律效率。合同被变更/解除后,过错方应赔付对方相应的损失。

通常情况下,当事人双方协商变更/解除合同时,提出方对合同的变更/解除负有责任。如果是因为当事人一方违约造成合同的履行成为不必要,当事人另一方提出变更/解除合同时,违约方仍应赔偿由此给对方造成的损失。如果因为不可抗力等法定或约定的免责原因造成合同需要变更/解除时,当事人一方不承担违约责任。

(六)仓储合同的违约与免责

1. 仓储合同的违约行为

违约是指存货人或保管人不能履行合同约定的义务,或履行合同义务不符合合同约定的不行为或行为。违约责任一般以违约方弥补对方损失为原则,包括造成的直接损失和可以预见的、合理的利益损失。

(1)拒绝履行是指仓储合同的一方当事人在无法律或无约定根据的情况下,不履行义务的行为,包括单方毁约、不履行义务等。

(2)履行不能是指合同当事人应履行义务的一方,因主观原因或客观原因,无力按照合同约定履行义务。

① 履行延时是指保管人未在合同规定的期限内返还仓储物,或存货人未按时将货物入库、未在约定的期限内支付仓储费用等行为。

② 履行不适当是指在货物的入库、验收、保管、包装、出库等一系列的环节中,未履行法律规定或合同约定。

2. 仓储合同违约的责任承担方式

(1)支付违约金。

违约金是指合同约定当一方违反合同约定时需向另一方支付的金额。违约金产生的前提是合同约定、违约行为的发生,包括发生无论是否造成损失的预期违约。违约金的确定,可以依据违约情况约定,包括未履行合同的违约金、不完全履行的违约金、延迟违约金等;也可以在合同中明确违约金的计算方法。

(2)赔偿损失。

当事人一方由于违约而给另一方造成损失的,应该承担赔偿责任。当一方违约所造成的损失大于约定违约金时,另一方有权要求违约方超额赔偿。

(3)继续履行。

发生违约行为之后,非责任方有权要求责任方,或通过法院强制责任方继续履行合同。继续履行合同是一种违约责任的承担方式,不因违约方支付了违约金或承担了损失赔偿而消失。

继续履行合同的条件是合同还可以继续履行,或违约方还有能力继续履行合同,并且继续履行合同不违背原合同的性质和法律关系。

违约方免除继续履行合同的条件是当合同在法律上或者事实上已不能履行,或继续履行的费用过高,或非责任方未在合理期限内提出继续履行等情况。

(4)采取补救措施。

发生违约后,未违约方有权要求违约方采取合理补救措施,以弥补损失。弥补措施包括对仓储物进行修理、支付相关费用。

3. 仓储合同的免责

仓储合同的免责，或称仓储合同违约责任的免除，是指当事人一方不履行合同或法律规定的义务，致使他人财产受到损失，由于不可归责于违约方的事由，违约方可以不承担民事责任。但造成人身伤害，或因故意、重大过失造成对方财产损失的不能免责。免责情况有以下几种：

（1）不可抗力：不可抗力是指当事人不能预见、不能避免、不能克服的客观情况的发生，包括自然灾害、某些社会现象等，例如地震、洪水、台风、冰雹、战争、罢工等。但是仍存在不可抗力不能免责的情况，即不可抗力造成的直接影响可以免责，如果当事人未采取有效措施进行防范、急救，为此所造成的损失扩大部分不能免责；因延迟履行合同，导致不可抗力的发生，不能免责；在发生不可抗力之后签订的合同，不能免责。

（2）仓储物自然特性与本身特性：仓储物因自然因素原因造成变质损失，包括干燥、风化、挥发，或货物本身性质、超过有效存储期等，保管人不承担赔偿责任。

（3）存货人过失：由于存货人的原因造成货物损失，根据存货人过错的程度，保管人可减少或免除承担责任。

（4）合同约定免责：当事人双方在合同中有约定免责事项，若因免责事项造成的损失，双方免责。

四、仓单管理

仓单是指仓储保管人在收到仓储物时向存货人签发的表示已收到一定数量的仓储物，并以此来代表相应的财产所有权利的法律文书。按照我国《合同法》第385条规定："存货人交付仓储物的，保管人应当给付仓库单。"仓单具有以下三种法律意义：

（1）仓单是仓库保管人签发的法律文书：仓单表明了保管人对货物在仓储物上的权利的确认。保管员签发，既包括保管员亲自签发仓单，也包括保管员的代理人及其雇员所签发的仓单，两者具有共同的法律效力。保管人出具签发的仓单，既意味着保管人已经收取了存货人交付的仓储物，也意味着这些仓储物已经经过保管人的验收，并被保管人确认为符合仓储合同。

（2）仓单是对存货人签发的法律文书：存货人未必是存入货物的行为者，但是对保管人而言，持有仓单的人就是存货人。保管员只对存货人给付仓单、承担仓储合同上的义务。存货人只要持有仓单，就表明自己完全按照合同的约定向保管人交付了合格的仓储物，并可凭仓单要求保管人到期返还仓储物。

（3）仓单是代表一定的财产所有权的法律文书：虽然货物交给保管人保管，但是这种转移不涉及财产转移，只是进行妥善存储与保管。存货人依然拥有仓储物的财产所有权，并有权自由处分仓储物。仓储期满时，存货人或仓单持有人可以凭单提取仓储物。

（一）仓单的功能

1. 保管人承担责任的证明

签发仓单意味着保管人接管仓储物，并承担相应责任，保证在仓储期满时向存货人交还仓单记录的所有货物，并确保仓储物在仓储期间的安全责任，如有损失，给予赔付。

2. 物权证明

仓单是提货的凭证，合法获得仓单的仓单持有人具有该仓单上所记录的仓储物的所有权。但这种所有权只是一种物权，即只拥有货物本身，不代表固定价值。一方面这种物权会因不可抗力、自然损耗、保管人免责原因等灭失；另一方面还会因为保管到期产生超期费，或保管人进行提存的风险，或由于仓储物原因造成保管人的其他财产损失引起的赔偿风险等。

3. 物权交易

仓储物交于保管员保管后，存货人有权对仓储物进行处理，包括转让货物。但是存货人必须先进行仓单转让，因为保管员拒绝仓单持有人以外的任何人提取货物。同时通过仓单转让，一方面可以实现仓储物所有权的转让，另一方面又不涉及仓储物的保管和交割，简便经济。同时仓单转让是以保管人对仓储物的理货验收、对货物完整性承担责任、对仓单的提货保证为基础。

由于仓单多为记名证券，其转让必须采用背书转让的方式进行，由出让人进行背书，注明受让人的名称，保持仓单的记录性质。通过背书转让后，仓单的所有权发生转移，被背书人即成为仓单持有人，同时也继承了仓储物仓储合同的权利，从此时起，保管人向第三方人（即被背书人）履行仓储合同权利与义务。

4. 金融工具

因为仓单具有物权功能，仓单同时代表仓储物的价值，成为有价证券。仓单所代表的价值可以作为一定的价值担保，因此它可以作为抵押、质押、财产保证的金融工具和其他的信用保证。

（二）仓单的制作

1. 填写仓单的载明事项

根据《中华人民共和国合同法》第 385 条，仓单中的主要事项如表 10-6 所示，常见的通用仓储仓单示例如图 10-9 所示，常见的金融仓储仓单如图 10-10 所示。

表 10-6　　　　　　　　　　　仓单中的主要事项

仓单事项	主要内容与要求
存货人信息	包括存货人的名称或姓名 应是存货人在工商行政机关登记注册的名称，或是由国家公安机关颁发的有效身份证件的名称 如果是法人或经济组织，仓单应注明其在工商行政机关登记注册的住所 如果是个人，应注明其户籍所在地或经常居住地的地址
仓储物信息	包括仓储物的种类、品质、数量、包装、件数、标记等 保管人接收仓储货物时，认真验收、详细记录 使用标准名称、避免歧义 使用法定标准计量单位核算数量，准确清晰 依据国家、行业、企业相关标准确定质量、包装
仓储物损耗	依据相关规定，或双方合理制定损耗标准 明确必要的仓储物自然减量标准与合理磅差
储存场所	明确储存场所，一方面利于存货人或仓单持有人及时准确提货；另一方面在发生相关纠纷时，可确定诉讼管辖等问题

续表

仓单事项	主要内容与要求
储存期间	是保管人履行保管义务的起止时间 是存货人或仓单持有人是否按时提货的期限 时间由保管人与存货人签订合同时约定，并详细记录
仓储费	明确仓储费用的数额 明确仓储费用的支付方式、支付地点、支付时间等
保险事项	包括保险金额、保险期间、保险公司名称等信息
仓单填发信息	包括仓单填发人、填发地点、填发时间、填发日期等 保管人将自己的名称或姓名填写在仓单相关位置，这是确定保管人承担义务的重要依据之一 将存货人交付仓储物的地点定位填发地点 将储存期间的开始日期作为仓单的填发日期

2. 保管人签章

保管人填发仓单的条件是存货人于验收之后交付仓储物，填发仓单时保管员应进行签字或盖章。未经签章的出仓单无效，仓单一旦签发即具有法律效力。

□□□公司仓单

填发日期（大写）　　年　　月　　日　　　　　　　　No._____

存货人：_____　　　　　　　　　　账号：_____

储存期：_____ 至 _____　　　　　　　　仓库地址：_____

名称	规格	单位	数量	包装	体积	重量	备注

货值合计金额（大写）　　　　　　　　　　　　　　　　　　　　¥（小写）

注：仓储物（已/未）办理保险，

保管人（签章）　　　　　　　保险金额¥_____元，

　　　　　　　　　　　　　　保险期限_____，保险人：_____。

记账：　　　　复核：

------------骑缝章加盖处------------

（附件粘贴处）

注：仓单正面，背面无内容

图 10-9　通用仓储仓单示例

□□□公司仓单

填发日期（大写）　　年　月　日　　　　　　　　　No._____

存货人：_____　　　　　　　　　　账号：_____

储存期：_____至_____　　　　　　　　　仓库地址：_____

名称	规格	单位	数量	包装	体积	重量	备注

货值合计金额（大写）　　　　　　　　　　　　　　　　¥（小写）

注：仓储物（已/未）办理保险，

保管人（签章）　　　　　　保险金额¥_____元，

　　　　　　　　　　　　　保险期限_____，保险人：_____。

记账：　　　复核：

------骑缝章加盖处------

（附件粘贴处）

(a) 仓单正面

被背书人	被背书人	被背书人
背书人签章 年　月　日	背书人签章 年　月　日	背书人签章 年　月　日
保管人签章 年　月　日	保管人签章 年　月　日	保管人签章 年　月　日

持单人向公司　　　　　　身份证件名称：

提示取货签章：　　　　　号　　码：

　　　　　　　　　　　　发证机关：

(b) 仓单背面

图 10-10　通用金融仓单示例

（三）仓单的转让与分割

1. 仓单转让

仓单转让是指存货人依法以买卖、赠与、质押等方式将仓单让与他人。根据《中华人民共和国合同法》规定："仓单是提取仓储物的凭证。存货人在仓单上背书并经保管人签字或盖章的，可以转让提取仓储物的权利。"仓单转让过程中，存货人为转让人，接受仓单的人为受让人。

仓单转让的实质是提取仓单项下货物权利的转让，即仓单项下货物所有权或处分权的转移。仓单转移必须依法进行，存货人在仓单上背书并经保管人签字或盖章后方可转让仓单，未经保管人签章的仓单不得转让，若擅自转让。背书有两种形式，即记名背书和空白背书。记名背书是指存货人在仓单背面明确记载受让仓单的人，并签名或盖章。空白背书是指存货人只在仓单背面签名或盖章，不指定具体的仓单受让人。受让空白背书仓单的持有人，受让后仍可背书转让。

2. 仓单分割

仓单分割是指仓单的持有人可以请求保管人将保管的货物在数量上分割为数个部分，并分别填发仓单，此时持有人必须归还原仓单并承担因分割所产生的费用。仓单分割的目的在于便于存货人处分仓储物。

（四）仓单质押

仓单质押贷款是指货主企业将货物存储在仓库中，再凭仓库开具的货物仓储凭证，即仓单，向银行申请贷款，银行根据货物的价值向货主企业提供一定比例的贷款，同时由仓库代理监管货物。仓单抵押贷款是一项新兴的物流服务，也是一种金融产品。

1. 仓单质押贷款的形式

（1）现有存货的仓单质押贷款。

即上述仓单质押贷款的一般含义：货主企业将货物存储在仓库中，再凭仓库开具的货物仓储凭证，即仓单，向银行申请贷款，银行根据货物的价值向货主企业提供一定比例的贷款，同时由仓库代理监管货物。

（2）购拟买货物的仓单质押贷款。

或称保兑仓业务，特点是现票后货，即银行在买方客户缴纳一定保证金后开出承兑汇票，收票人为生产企业，生产企业在收到银行承兑汇票后按银行指定的仓库发货，货到仓库后转为仓单质押。

2. 仓单质押贷款潜在风险与规避措施

（1）潜在风险。

① 客户资信风险：客户的业务能力、业务量、商品来源的合法性、提货信誉等。

② 仓单风险：仓单既是有价证券，也是物权证券，在行业、市场不规范的情况下有的仓库会用入库单作为仓单，带来风险。

③ 质押商品选择风险：由于商品的价格和质量会随时间的变化而产生波动和变化，因此不是任何商品都适合做仓单质押。

④ 商品监管风险：仓库与银行之间会存在信息不对称、滞后，甚至失真的情况，将有可能导致任何一方产生决策失误的可能。

⑤ 内部管理与操作风险：信息化程度低的仓库，因人工流程较多，会增加人员作业失误的几率，造成管理和操作的风险。

（2）规避措施。

① 仓单的真实性与有效性：通过指定印刷、固定格式、预留印鉴、专人运送至银行，并在仓单与银企合作协议中申明；同时由借款人保证仓单的真实有效性，否则一切后果由借

款人完全负责。

② 限制一定的仓单质押商品：对适用广泛、易于处置、不易变质、价格波动较小的商品进行一定的限制。为了避免仓储、运输过程中对货物的损毁带来的资金风险，要求借款人在提供仓单的同时提交相应的"财产一切险"保单，第一受益人应为质押权人（即贷款银行）。

③ 对质押物的监管：保持借款企业、仓库、银行三方信息通畅，签署协议，各方严格按协议执行相关事宜。

④ 确定仓单质押价格：通过分析货物三年以来的市场价格波动情况，合理确定价格波动幅度空间，根据货物存放地市场价格与交易市场签订的代销暂定价格确认仓单价值。

⑤ 释放仓单质押货物：一张仓单项下的货物是在不同时间、依据销售进度、以多张不等量的"专用仓单分提单"的方式进行释放，因此从仓单进入银行获准质押放款开始就要由管户信贷员按照仓单相关信息（包括仓单编号、日期、金额、仓储地等）登记明细台账，每释放一笔，即刻在相应的仓单项下做销账记录，直至销售完成、货款全部回笼为止。

本章小结

特种仓储管理是对存储条件有特殊要求的货物进行保管，一般包括对冷库、油库、危险品仓库、粮库以及高分子材料仓库的管理。不同的货物在存储过程期间会受到各种因素的影响，管理者根据不同货物的特性与情况，采用相应的方法进行控制、调节与管理。冷藏品对冷库的温度湿度要求很高，对冷库的合理布局与温度湿度调节十分重要。油品要特别注意在存储与运输过程中，防止混油与倒装，容易产生变质现象。粮食与食品在贮藏过程中容易发生霉变、发酵，其防腐与保鲜尤为重要。高分子材料容易发生老化现象，应根据其特性做好防护措施。对于所有的仓库，都应做好防水、防火与消防工作。

仓储商务活动是仓储企业对外的、基于仓储经营而进行的经济交换活动，它是一种商业行为。仓储商务管理是为了企业充分利用仓储资源，最大限度获得经济效益而进行的一系列计划与管理活动。仓储合同是保管人与存货人之间，为了更好地完成货物存储过程而签订的商务合同。仓单是保管人应存货人要求，在接收仓储物后签发的一种能够表明货物已交给仓库管理的有价证券。

习题

1. 简析仓库发生火灾的原因。
2. 简述危险品的分类及特性。
3. 简析油品安全管理的因素。
4. 简析影响粮食存储的因素。
5. 简述冷库的结构。

6. 简述仓储商务管理的内容与原则。
7. 简述仓储合同订立的原则、流程与内容。
8. 简析仓储合同当事人双方的权利与义务。
9. 简述仓单的主要内容。

案例分析

案例1：某公司仓单转让

A公司在合同签署后，根据市场需要，将小麦卖给了B粮店10万公斤。为了简便手续、方便B粮店提货，A公司将仓单背书后交给B粮店，并在事后通知了仓库，仓储期满以后，当B粮库持仓单提货时，仓库以B粮店不是合法仓单持有人为由拒绝交货。

（资料来源：某公司仓单转让［EB/OL］. http://zhidao.baidu.com/link。）

问题：

分析出现上述问题的原因，正确做法是什么？

案例2：盛达粮油进出口有限责任公司合同管理

2004年6月3日，某市盛达粮油进出口有限责任公司（下称盛达公司）与该市东方储运公司签订一份仓储保管合同。合同主要约定：由东方储运公司为盛达公司储存保管小麦60万公斤，保管期限自2004年7月10日至11月10日，储存费用为5万元，任何一方违约，均按储存费用的20%支付违约金。合同签订后，东方储运公司即开始清理其仓库，并拒绝其他有关单位在这三个仓库存货的要求。同年7月8日，盛达公司书面通知东方储运公司：因收购的小麦尚不足10万公斤，故不需存放贵公司仓库，双方于6月3日所签订的仓储合同终止履行，请谅解。东方储运公司接到盛达公司书面通知后，遂电告盛达公司：同意仓储合同终止履行，但贵公司应当按合同约定支付违约金1万元。盛达公司拒绝支付违约金，双方因此而形成纠纷，东方储运公司于2004年11月21日向人民法院提起诉讼，请求判令盛达公司支付违约金1万元。

（资料来源：盛达粮油进出口有限责任公司合同管理［EB/OL］. http://wenku.baidu.com/link。）

问题：

分析出现上述问题的原因，正确做法是什么？

参考文献

[1] 何景伟. 仓储管理与库存控制［M］. 北京：知识产权出版社，2008

[2] 何庆斌. 仓储与配送管理［M］. 上海：复旦大学出版社，2013

[3] 宋丽娟，马骏. 仓储管理与库存控制［M］. 北京：对外经贸大学出版社，2009

[4] 真虹，张婕姝. 物流企业仓储管理与实务［M］. 北京：中国物资出版社，2007

［5］徐丽蕊，杨卫军．仓储业务操作［M］．北京：北京理工大学出版社，2010

［6］郑文岭．物流仓储业务与管理［M］．北京：中国劳动社会保障出版社，2013

［7］刘昌祺，金跃跃．仓储系统设施设备选择及设计［M］．北京：机械工业出版社，2010

第十一章
信息技术与仓储管理系统

本章学习要点

◆ 了解条形码的分类、印刷位置的选择以及识读原理
◆ 掌握条形码的构成与编码方式
◆ 掌握 EDI 技术的概念和组成
◆ 掌握 RFID 技术的概念和工作原理
◆ 了解 RFID 技术的类型
◆ 掌握仓储管理系统的基本功能模块

引例

仓储管理系统在成都国储物流有限公司的应用

成都国储物流有限公司始建于 1953 年，是原国家发展计划委员会国家物资储备局所属综合型战略储备仓库，被授予成都市绿化先进单位和成华区园林式单位。2005 年通过 ISO9001—2000 认证，2006 年底建立了"5S"现场管理体系。公司是成都市物流协会常务理事单位，中国仓储协会会员单位中成都地区独家四星级仓库。公司除承担国家战略物资的储存任务外，面向市场，面对客户需求，从事生产资料、国民经济建设与发展所需物资的装卸和储存管理。具备全国跨行业，跨区域的仓储服务，物资装卸、货物配载、多式联运、仓储配送等多项功能。目前，已形成经营管理、财务管理、人力资源、物资管理计算机网络化的管理体系。公司以创建新型综合物流仓库为目标，立足成都，面向西部，走向全国，以五十年专业水平为基础，努力把仓库发展成为规模化、信息化、现代化的综合物流仓库。

成都国储物流有限公司在过程控制理念指导下，引进并二次开发物通仓储管理系统，基于货权与实物管理分离思想，实现了仓储账务管理和仓储实物管理的实时跟踪及仓储实物的统一管理，运用射频、条码等识别技术，极大提高了实物管理过程的可控制性和可查性。三年多试运行显示，物通仓储管理系统可以大幅度提高储备仓库的生产作业效率和管理水平，并保障仓储物资信息的安全及精确；极大提高仓库的利用率，为仓储管理带来革命性的创新。

成都国储物流有限公司，作为国家储备基地和物流基地除承担国家战略物资的储备任务

外，还要面向社会从事生产资料，特别是国民经济建设与发展所需要物资的仓储物流管理。成都国储物流有限公司根据仓储市场日益增强的增值服务需求，发现现有单一的仓储账务管理系统已不能满足客户对实物跟踪管理的要求，也不能满足正在推行的"5S"管理体系的过程控制理念。基于成都国储物流有限公司对仓储信息化建设的需求，成都国储物流有限公司与四川物通科技公司共同合作在其物通仓储管理系统（warehouse management system, WMS）的基础上构建仓储信息化系统。

现有的仓储管理系统中还很难实现真正意义的仓储管理的过程控制。物通仓储管理系统在长期的应用实践中，一直不断在探索货权管理与实物管理彼此的联系和内在规律，以及仓储实物统一管理与专项（对应）管理并行管理的切入点，在充分分析货权和实物管理的特点基础上，建立了货权管理和实物管理分离的管理模式，推行仓储实物统一管理与专项管理。通过在成都国储物流有限公司和多家物流仓库的实际应用，实践证明物通仓储管理系统可以凸显系统的管理功能，实现真正意义仓储管理过程控制，保障仓储物资信息的安全及精确，大大提高仓库的生产作业效率和管理水平。

高效合理的仓储可以帮助厂商加快物资流动的速度，降低成本，保障生产的顺利进行，并可以实现对资源有效控制和管理。仓储物流信息化是现代仓储物流发展的必然趋势，也是储备仓库提升市场竞争能力的不可或缺的重要手段，而仓储管理系统在仓储物流业竞争发展的进程中又将扮演更为重要的角色。仓储管理系统是一个实时的计算机软件系统，它能够按照运作的业务规则和运算法则，对信息、资源、行为、存货和分销运作进行更完美地管理，使其最大化满足有效产出和精确性的要求。

（资料来源：仓储管理系统在成都国储物流有限公司的应用［EB/OL］. http://csl.chinawuliu.com.cn/。）

第一节　条形码技术

一、条形码技术概述

（一）条形码的产生与发展

条形码技术最早产生于20世纪20年代，诞生于Westinghouse的实验室里。发明家科芒德（John Kermode）发明了最早的条码标识，用一个"条"表示数字"1"，两个"条"表示数字"2"，以此类推。

到1949年，美国工程师N. T. Woodland和Bernard Silver发明的全方位条码符号申请为世界上第一个条码专利。这种最早的条码由几个黑色和白色的同心圆组成，被形象地称作"牛眼式条码"，其原理与我们现在广泛应用的一维条码类似。在20世纪50年代，美国主要将条码标识应用在铁路车辆中。到了60年代末，美国电子收款机问世，从而加速了条形码技术在商业领域的应用与推广。

1973年，美国统一代码委员会从若干种条码方案中选定了IBM公司提出的条码系统，将它作为北美地区的通用产品代码，简称UPC码（universal product code），一般用作食品、杂货类商品和超市中绝大多数商品的代码。

继美国之后，欧洲在条形码技术方面的研究也不甘示弱，并于1977年成立了欧洲物品编码协会（European Article Numbering Association，EAN），负责研究在欧洲建立统一的商品编码体系，并在UPC条码的基础上开发出了与UPC码兼容的、应用范围更为广泛的欧洲物品编码系统（European article numbering system），简称EAN码。自此，条形码符号标识在商品流通领域以及物流系统中，走向了实用化、标准化和国际化的道路。

到1981年，由于EAN组织已发展成为一个国际性组织，改名为国际物品编码协会，简称IAN。但是由于历史原因和习惯，该组织至今仍被称为EAN。到了20世纪80年代，条码应用需要更小的空间存储更多的信息，发展到90年代相继出现多种高容量条形码。到1990年底，大约有70万家商店安装了条码扫描销售管理系统，也称商业销售点实时系统（point of sales，POS），实现了商店的自动化管理。发展到今天，世界上已经有50多万家公司通过80多个编码组织加入了UCC/EAN系统。

我国条形码技术的研究始于20世纪70年代末到80年代初，早期的主要工作是学习和跟踪世界先进技术。到80年代末，我国建立了条形码应用系统，并于1988年12月成立了中国物品编码中心，于1991年4月正式加入EAN。目前，条形码技术已广泛应用在我国的邮电、仓储、生产过程等领域。使用的商品前缀码为EAN分配给中国的"690，691，692，693，694，695"。

（二）概念与基本术语

1. 条形码的概念

条形码（bar code）是由一组粗细不同、反射率不同的条与空，按一定编码规则组合排列起来的标记，用以表示一定的字符、数字及符号组成的信息。可以用特定的光电扫描阅读设备识读条码，并转换成与计算机兼容的二进制数和十进制数信息。为了便于人们识别条形码符号所代表的字符，通常在条形码符号的下部印刷其所代表的数字、字母或专用符号，用以表示商品的生产国别、制造厂商、产地、名称、特性、价格、数量、生产日期等商品信息。

2. 基本术语

在条码技术的应用过程中，经常会接触到一些基本术语，为了方便理解和使用，表11-1给出了一些常用的基本术语的名称、英文表示以及相应的含义。

表11-1　　　　　　　　　　　条码的基本术语

术语名称	英文表示	含　义
条码	Bar Code	由一组粗细不同、反射率不同的条与空，按一定编码规则组合排列起来的标记，用以表示一定的信息
条	Bar	条码中反射率较低的部分
空	Space	条码中反射率较高的部分
条码系统	Bar Code System	由条码符号设计、制作及扫面识读组成的系统
空白区	Clear Area	条码起始符、终止符两端外侧与空的反射率相同的限定区域
保护框	Bearer Bars	围绕条码且与条反射率相同的边与框
起始符	Start Character	位于条码起始位置的若干条与空

续表

术语名称	英文表示	含 义
终止符	Stop Character	位于条码终止位置的若干条与空
中间间隔符	Central Separating Character	位于条码中间位置的若干条与空
条码字符	Bar Code Character	表示为字符或符号的若干条与空
条码数据符	Bar Data Code Character	表示特定信息的条码字符
条码校验符	Bar Check Code Character	表示检验码的条码字符
条码填充符	Bar Filler Code Character	不表示特定信息的条码字符
条码长度	Bar Code Length	从条码起始符前缘到终止符后缘的长度
条码密度	Bar Code Density	单位长度条码所表示的条码字符的个数
条码字符间隔	Bar Code Character Spacing	相邻条码字符间不表示特定信息且与空的反射率相同的区域
模块	Module	模块组配编码法组成条码字符的基本单位
单元	Unit	构成条码字符的条与空
条高	Bar Height	垂直于单元宽度方向的条的高度尺寸
条宽	Bar Width	条码字符中条的宽度尺寸
空宽	Space Width	条码字符中空的宽度尺寸
条宽比	Bar Width Ratio	条码中最宽条与最窄条的宽度比
空宽比	Space Width Ratio	条码中最宽空与最窄空的宽度比

（三）条形码的分类

1. 根据排列方式分类

（1）一维条码。

EAN 码：是国际物品编码协会制定的一种商品条形码，被全世界各国广泛采用，我们日常购买的商品包装上印的条形码就是 EAN 码。

EAN 码有标准版（EAN-13）和缩短版（EAN-8）两种。EAN 标准版由 13 位代码构成，包含前缀码（前 3 位）、厂商代码（中间 4 位）、商品代码（中间 5 位）和校验码（最后 1 位）。EAN 缩短版由 8 位代码构成，含义与 13 码的相同，厂商代码和商品代码用 5 位或 4 位数字表示，由 EAN-13 条码中相应的 10 位或 9 位数字经消去"0"压缩得出；校验码的计算方法与 EAN-13 也相同，但需在其前面添加 5 个"0"。

图 11-1 不同类型的 EAN 条形码

UPC 码：由美国统一代码委员会于 1973 年制定，主要用于美国和加拿大地区，从美国进口的商品上可以经常看到。UPC 码有标准版（UPC-A）和缩短版（UPC-E）两种形式，如图 11-2 所示。

图 11-2　不同类型的 UPC 条形码

39 码：是一种可以表示数字、字母等信息的条形码，主要用于工业、图书及票据的自动化管理。

EAN-128 码：EAN-128 码是由国际物品编码协会和美国统一代码委员会联合开发的一种特定的条形码，是一种连续型、可靠的高密度代码，用以表示生产日期、批号、数量、规格、保质期、收货地等商品信息。它允许表示可变长度的数据，并且能将若干信息编码在一个条码符号中。

（2）二维条码。

二维条码是一维条码存储信息方式在二维空间的扩展。除具有一维条形码的优点外，二维条码还具有可靠性高、保密防伪性强、纠错能力强、成本低等优点，适用于各类信息的存储、携带和自动识别，是提高各种业务运营效率的管理工具，被称为"便携式数据文件"。

二维条码的信息容量极大，其密度是一维条码的几十甚至几百倍，能够对物品信息进行详细的表示。它能实现对多媒体数据（指纹、照片）的存储，并在此基础上完成对信息的识别、传递和使用。目前已广泛应用于国防、公共安全、交通运输、医疗保险、工业、商业、金融、海关及政府管理等多个领域。

（a）PDF417条码　　（b）QR Code条码

图 11-3　不同类型的二维码

二维条码有两种基本类型：行排式二维条码和矩阵式二维条码。

行排式二维条码的编码原理是建立在一维条码基础之上的，按需要堆积成两行或多行。它在编码设计、校验原理、识读方式等方面继承了一维条码的一些特点，识读设备和条码印刷与一维条码技术兼容。但由于行数的增加，需要对行进行判定，其译码算法也不完全与一维条码相同。具有代表性的行排式二维条码有 PDF417 条码、CODE49 条码、CODE 16K 条码等。

矩阵式二维条码是在一个矩形空间通过黑、白像素在矩阵中的不同分布进行编码。在矩阵相应元素位置上，用点（方点、圆点或其他形状）的出现表示二进制"1"，点的不出现表示二进制"0"，点的排列组合确定了矩阵式二维条码所表示的信息。具有代表性的矩阵式二维条码有：QR Code 条码、Data Matrix 条码、Maxi Code 条码、Code One 条码等。

(3) 复合码。

复合码是将一维条码和二维条码叠加在一起而构成的一种新的码制，主要用于物流及仓储管理。复合码中的一维条码可以是任何形式的缩小面积的条码符号 RSS，也可以是普通的 EAN/UCC 条码，可用来标识单品，还可作为二维条码的定位符。复合码中的二维条码部分由 PDF417 条码构成，用于标识附加的应用标识符的数据串，诸如产品的批号、保质期等商品的描述性信息。

复合码的出现，解决了人们标识微小物品及表述附加商品信息的问题。目前，复合码的应用主要集中在标识散装商品、蔬菜水果、医疗保健品及非零售的小件物品以及商品的运输与物流管理。

2. 根据用途分类

(1) 商品条码。

商品条码是由国际物品编码协会和美国统一代码委员会规定的、用于标识商品的条码。主要应用于商店内的销售管理（POS）系统，将现金收款机作为终端机，并与主计算机相连，借助于光电识读设备为计算机采集商品的销售信息。我国的商品条形码采用国际标准的条形码作为通用商品条形码。一般由 13 位数字码及相应的条码符号组成，有时也采用 8 位数字码及相应的条码符号。

(2) 物流条码。

物流条码是在物流过程中以商品为对象、以集合包装为单位使用的条形码。物流条形码贯穿整个贸易过程，主要用于商品装卸、仓储、运输和配送过程中的识别，通常印在包装外箱上，用来识别商品的种类和数量，也可以用于仓储批发业销售现场的扫描结账。物流条码为国际范围内的贸易环节提供了通用语言，通过物流条码数据的采集、反馈，可以提高整个物流系统的经济效益。

(四) 条形码技术的特点

(1) 易于制作：条码标签易于制作，可以印刷，被称为"可印刷的计算机语言"，并且对印刷设备和材料没有特殊要求。

(2) 设备简单，易操作：条码符号标识设备的结构简单，扫描操作容易，无须专门训练。

(3) 成本低：与其他自动识别技术相比，成本较低。随着技术的发展和规模产业形成，条码的印刷和扫描设备的价格都比较便宜。

(4) 可靠性高：键盘录入数据，误码率约为 1/300；利用光学自动识别技术（OCR）的误码率约为 $1/10^4$；而采用条码扫描录入方式，误码率仅有 $1/10^6$。

(5) 信息输入速度快：普通计算机的键盘录入速度是 200 字符/分，而利用条码扫描录入信息的速度则是键盘录入的 5 倍，并且能够实现"即时数据输入"。

(6) 信息采集量大：利用传统的一维条形码一次可采集几十位字符的信息，二维条形码更可以携带数千个字符的信息，还可以通过选择不同码制的条码增加字符密度，使录入的信息量成倍增加。

(7) 方便灵活、自由度大：条码既可以作为一种识别手段单独使用，也可以和有关设备组成识别系统以实现自动化识别，还可以和其他控制设备联系起来实现整个系统的自动化管理。在没有自动识别设备时，也可以实现手工键盘输入，非常灵活。条码识别装置与条码标签相对位置的自由度要比光学自动识别系统（OCR）大得多。此外，条码通常只在一维方向上表达信息，而同一条码上所表示的信息完全相同，并且连续，这样即使标签有部分缺陷，仍可以从正常部分读出正确的信息。

二、条形码的印刷位置选择

（一）条码符号印刷位置选择原则

（1）基本原则：条码符号位置的选择应保持相对统一，以符号不易变形、便于扫描操作和识别为准则。

（2）首选位置：首选商品包装背面的右侧下半区域。

（3）其他选择：商品包装背面不适宜放置条码符号时，可选择商品包装另一个适合的面的右侧下半区域。

（4）边缘原则：条码符号与商品包装边缘的间距不应小于8毫米或大于102毫米。

（5）方向原则：商品包装上的条码符号应横向放置。

（6）曲面原则：在商品包装的曲面上将条码符号的条平行于曲面的母线放置，条码符号表面曲度应不大于30度。条码符号表面曲度大于30度时，应将条码符号的条垂直于曲面的母线放置。

（7）避免选择的位置：不应把条码符号放置在有穿孔、冲切口、开口、装订钉、拉丝、拉条、接缝、折叠、折边、交叠、波纹、隆起、褶皱、其他图文和文理粗糙的地方。不应把条码符号放置在转角处或表面曲率过大的地方。也不应把条码符号放置在包装的折边或悬垂物下边。对于体积大的或笨重的商品，条码符号不应放置在商品包装的底面。

（二）条码符号印刷位置建议

（1）箱型、盒型包装：选择箱型、盒型包装商品的条码位置时，应考虑包装平铺时和折叠好后对条码符号的不同影响，避免包装箱折叠好后将条码符号遮掩了一部分，或者左右空白区不足；在纸箱上印条码符号应选择在运输过程中不易磨损的一面来印刷，最好印在箱子底面，并且尽量避免印在正中央。

（2）瓶型、罐型包装：在瓶、罐等有曲面的商品包装上印刷条码符号，要遵守曲面原则，不应放置在瓶颈处。某些瓶装商品的包装外形凹凸不平，标签贴在瓶子上后，条码符号也随着瓶子外形变得凹凸不平，发生皱折，造成条码符号无法识读，对于这种情况，应在印刷条码符号时保证标签的部位是平滑的。

（3）桶型包装：当商品为桶型包装时，如果将条码印在包装底部，需要特殊印刷，会增加成本，故一般印在桶的侧面。如果无法印在侧面，可将条码印在盖子上，但盖子的深度不得超过12毫米。

（4）袋型包装：一般来说，对于面包、糖果等袋装食品，有底且底足够大时，应将条码印在底面上，否则可印在背面的右侧，且尽可能靠近袋子中间的地方。对于体积很大的袋类包装商品，条码应印在背面的右侧下半区域，但应避免印在过低的位置，防止由于袋子的接缝或折皱造成条码符号扭曲。对于没有底的小塑料袋或纸类商品，应将条码印在背面下方的中央位置；背面中央有接缝时，则应印在右下方，或印在填充后不起皱折处。

（5）泡型罩包装：条码符号宜放置在包装背面的右侧下半区域，条码符号应离开泡型罩的突出部分。当泡型罩突出部分的高度超过 12 毫米时，条码符号应尽量远离泡型罩的突出部分。

三、条形码的结构与编码方法

（一）条形码的结构

不同类别的条形码的结构存在些许差异，本书仅介绍被广泛使用的标准商品条码的结构，一般由以下几部分构成：空白区、起始符、数据符、中间分隔符、校验符、终止符、供人识别字符，如图 11-4 所示。

图 11-4　标准商品条形码的结构

（1）空白区（clear area）：也叫静区，指条码左右两端外侧与空的反射率相同的限定区域，即没有任何印刷符或信息符号的区域，其作用是使扫描器进入准备读取的状态。当两个条码的相距距离较小时，空白区则有助于对它们加以区分，其宽度通常不应小于 6 毫米。

（2）起始符：位于条码开始的若干条与空，标志条码的开始，提供了读取方向的信息。

（3）数据符：位于条码中间位置的若干条与空，表示一定的数据信息。

（4）中间分隔符：位于条形码中间位置的若干条与空。

（5）校验符：表示校验符的若干条与空，主要作用是防止条形码因印刷质量低劣或包装运输过程中引起标志破损而造成扫描设备误读信息。

（6）终止符：位于条形码末端的若干条与空，用于识别一个条形码符号的结束，可避免不完整信息的输入。

（7）供人识别字符：位于条码的下方，方便人们对条码的识读，尤其是当对条码的扫描失误时，可以用人工输入的方式输入工人识读字符，从而保障条码的输入。

（二）编码方法

条码是利用"条"和"空"构成二进制的"0"和"1"，并以它们的组合来表示某个数字或字符，反映某种信息。一般有以下两种方式。

1. 宽度调节法

宽度调节法利用条与空的宽窄设置不同表示不同的字符，以窄单元（条或空）表示逻辑值"0"，宽单元（条或空）表示逻辑值"1"，宽单元通常是窄单元的 2~3 倍。对于两个相邻的二进制数位，由条到空或由空到条，均存在着明显的印刷界限。39 条码、库德巴条码以及 25 条码等均属于宽度调节型条码。

不同类型的宽度调节型条码的编码规则存在差异。以 39 条码为例，论述宽度调节法的具体运用。39 条码主要用于制造业、图书以及票证的自动化管理，扩展型 39 条码可表示数字 0~9，大写字母 A~Z，字符 -，·，空格，$，/，+，%，* 等 128 个 ASCII 字符。每一个字符由 9 个单元组成，5 个条和 4 个空。如图 11-5 所示，条逻辑值 "10001" 和空逻辑值 "0010" 共同表示字符 "A"。

图 11-5 "39 条码"的编码图示

2. 模块组合法

在模块组合法中，表示字符的条码符号由若干个标准宽度的模块组成。按照这种方式编码，条与空是由模块组合而成的。一个模块宽度的条模块表示逻辑值 "1"，而一个模块宽度的空模块表示逻辑值 "0"。EAN 条码、UPC 条码和 93 码等均属于模块组合型条码。

以 93 条码为例，论述模块组合法的具体运用。93 条码可表示数字 0~9，大写字母 A~Z，字符 -，·，空格，$，/，+，% 等字符，有 2 个校验位。每一个字符由 9 个模块组成，包括 3 个粗细不同的 "条"以及 3 个粗细不同的 "空"，每一条或空有可能由 1~4 个模块组成。如图 11-6 所示，逻辑值 "110100100" 表示字符 "B"。

图 11-6 "93 条码"的编码图示

四、条形码识别技术

（一）常见条码扫描器

条形码识别采用各种光电扫描设备，主要有以下几种：

1. 手持式条码扫描器

手持式条码扫描器是内部装有控制光束的自动扫描装置，如图 11-7（a）所示。扫描时只需将读取头接近条码进行读取。其优点为：不需要移动即可进行自动扫描读取条码信息；条码符号缺损对扫描器识读影响很小；弯曲面（300 以内）商品的条码也能读取；扫描速度为 30~100 次/S，读取速度快。

手持式扫描器所使用的光源有激光（氦氖激光、半导体激光）和可见光 LED（发光二极管）。LED 类手持扫描器又称作 CCD 扫描器。

2. 卡槽式条码扫描器

卡槽式扫描器是一种常用于人员考勤、身份验证的条码扫描器，可以用来识读带有条码的卡式证件和文件，如图 11-7（b）所示。其内部的机械结构能够保证卡片在插入卡槽后自动沿轨迹作直线运动，在卡片前进过程中，扫描光点即可读取条码信息。

3. 台式条码扫描器

台式扫描器多应用于超市的 POS 系统，一般固定安装在某一位置，用来识读在某一范围内出现或通过的条码符号，如图 11-7（c）所示。其优点是稳定、扫描速度快，尤其适合应用于不便使用手持式扫描方式的场合。

4. 光笔条码扫描器

光笔条码扫描器是一种轻便、价格低廉的条码读取装置，如图 11-7（d）所示，在光笔内部有扫描光束发生器及反射光接收器。扫描方式为：在条码符号上从左到右，或从右到左将光笔扫描器进行移动而实现读取。对于有斑点或缺损的条码来说无法读取，并且要求扫描器与待识读的条码接触或离开一个极短的距离（一般为 0.2 毫米~1 毫米左右）。

5. 便携式条码扫描器

便携式条码扫描器一般都具有一定的编程能力，并且有自己的存储器，可以存储数据，如图 11-7（e）。其扫描识读过程与计算机之间的通信不同步，而是将数据暂存在机器内的存储器里，在适当的时候再传输给计算机。它适用于需要脱机使用的场合，如扫描笨重物体的条码。

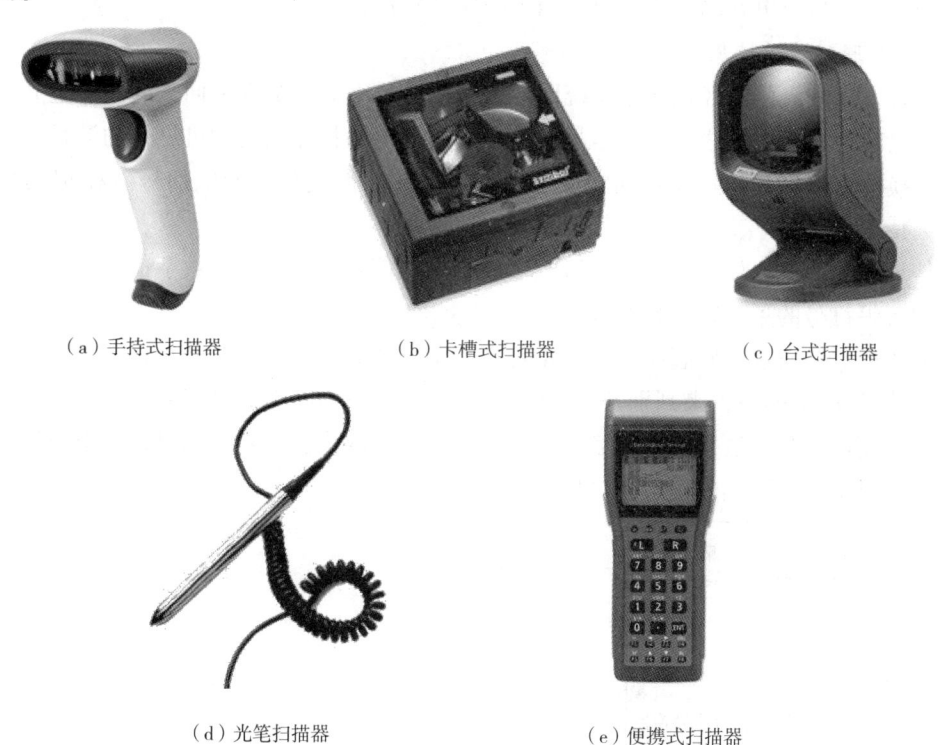

（a）手持式扫描器　　（b）卡槽式扫描器　　（c）台式扫描器

（d）光笔扫描器　　（e）便携式扫描器

图 11-7　常见条码扫描器

(二) 条形码识别系统的组成

条码是图形化的编码符号，对条码的识读就是要借助一定的专用设备，将条码符号中含有的编码信息转换成计算机可识别的数字信息。

条码识读系统一般由扫描系统、信号整形、译码三部分组成，如图 11-8 所示。

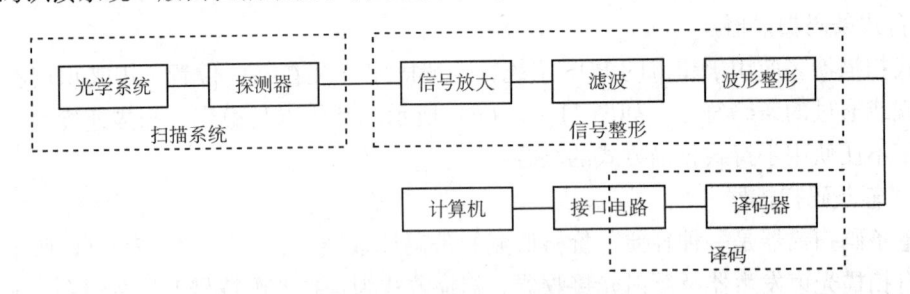

图 11-8 条码识读系统的组成

（1）扫描系统：由光学系统及探测器及光电转换器组成，完成对条码符号的光学扫描，并通过光电探测器，将条码条空图案的光信号转换成为电信号。

（2）信号整形：由信号放大、滤波和波形整形组成，主要作用是将条码的光电扫描信号处理成为标准电位的矩形波信号，其高低电平的宽度和条码符号的条空尺寸相对应。

（3）译码部分：由译码器和接口电路组成，它的功能就是对条码的矩形波信号进行译码，其结果通过接口电路输出到条码应用系统中的数据终端。

(三) 条形码的识读原理

由光源发出的光信号经过光学系统照射到条码符号上面，被反射回来的光经过光学系统成像在光电转换器上，使之产生电信号。由于不同颜色的物体反射的可见光的波长不同，所以光电转换器可以接收到强弱不同的反射光信号，并转换成相应的电信号（模拟信号）输出到放大整形电路。

电信号经过滤波、放大、整形之后，形成与模拟信号对应的脉冲数字信号，其高低电平的宽度和条码符号的条空宽窄相对应。

放大整形电路通过识别起始符、终止符来判别出条码符号的码制及扫描方向；通过测量脉冲数字信号 0、1 的数目来判别条和空的数目；通过测量 0、1 信号持续的时间判别条和空的宽度，从而可将脉冲数字信号转换成计算机可以识别的信息。然后通过接口电路发送给计算机，便完成了条码识读的全过程。（见图 11-9）

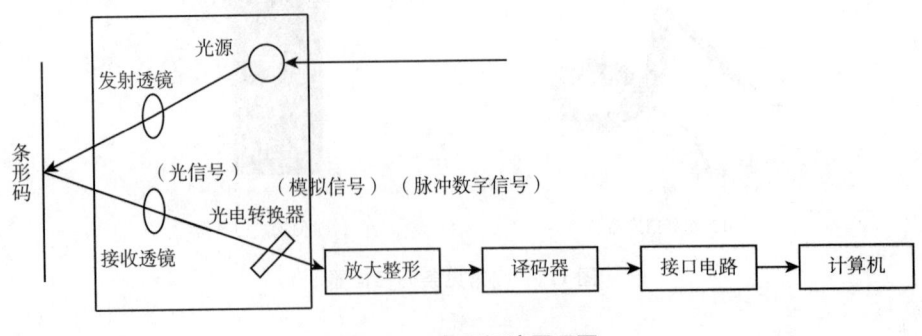

图 11-9 条码识读原理图

五、条形码技术在仓储管理中的应用

当今商品流通业面临的一个重要问题是如何降低商品物流的成本。而在商品从制造商到顾客手中的整个物流过程中，仓储是其中的一个重要环节。因此，降低仓储的经营成本，提高仓储的经营效益，显得尤为重要。

在传统的仓库运作和管理中，主要以表单、账簿为主，靠管理员手工管理，这种管理方式出错率高、效率低下，经常出现账货不符、商品货位不清、发错货等现象，这些都会给企业带来经济上的损失。将条形码技术应用在仓储管理中，能够最大限度地减少手工录入作业，快速、准确而可靠的收集信息，从而大大提高运作效率，节省人力和财力，并能确保库存量的准确性，保证商品的最优流入、保存和流出。

在条形码仓储管理系统中，基础工作是要给每种库存产品一个条形码号，通常这个货物号可根据仓库的实际情况选择不同的编码方法，但无论采用哪种编码方式，该条形码都必须能够唯一的标识某种库存商品。此外，条码技术不仅可以标识所有货物，还可以标识货位。要求只有扫描了货位条码和货物条码后才能完成上下架过程，从而可以确保货物的货位信息总是准确的。同时，使用条码技术还可以定期对库区进行周期性盘存。

目前，条形码已经被广泛应用在整个仓储管理的各个环节。在所用到的条形码中，除了商品的条形码外，还有货位条形码、装卸台条形码、运输车条形码等。

（1）货物管理：根据货物的品名、型号、规格、产地、牌名、包装等划分货物品种，并且分配唯一的编码，也就是货号。使用货号管理货物的库存情况。还可以管理具体的每一单件货物，采用产品标识条形码记录单件产品所经过的状态，从而可以实现对单件产品的跟踪管理。

（2）货位管理：仓库分为若干个库房；每一库房分为若干个货位。库房是仓库中独立和封闭的存货空间，库房内空间细化为货位，细分能够更加明确定义存货空间。按仓库的货位记录管理仓库货物，在产品入库时将货位条码号与产品条码号一一对应，在出库时按照货物的库存时间实现先进先出或批次的管理。

（3）业务管理：

① 订货：仓库向供应商订货时，可以根据订货簿或货架牌进行订货。其条形码包含了商品名称、产地、规格等信息。然后通过主机，利用网络通知供货商，自己订哪种货、订多少。这种订货方式比传统的手工订货效率高出数倍。

② 收货：当仓库收到供应商发来的商品时，接货员可通过条码打印机打印条码，并贴在商品包装箱上，作为该种商品对应仓库内相应货架的记录。同时，对商品外包装上的条形码进行扫描，将信息传到后台管理系统中，并使包装箱条形码与商品条形码形成一一对应。

③ 入库：应用条形码进行入库管理，商品到货后，通过条形码输入设备将商品基本信息输入计算机，告诉计算机系统哪种商品要入库，要入多少。计算机系统根据预先确定的入库原则、商品库存数量，确定该种商品的存放位置。然后根据商品的数量发出条形码标签，这种条形码标签包含着该种商品的存放位置信息。然后在货箱上贴上标签，并将其放到输送机上。输送机识读箱上的条形码后，将货箱放在指定的库位区。

④ 摆货：应用条码技术可以在搬运商品之前首先扫描包装箱上的条码，计算机就会提

示作业人员将商品放到事先分配的货位，搬运工将商品运到指定的货位后，再扫描货位条形码，以确认所找到的货位是否正确。这样，在商品从入库到搬运到货位存放的整个过程中，条形码起到了相当重要的作用。

⑤ 补货：利用条形码来实现对商品库存的管理，可及时了解货架上商品的存量，从而可以做到及时补货，减少由于缺货造成的经济损失。

（4）运输差错管理：通过条码实现对商品运营、库存数据的采集，根据采集信息，建立仓库运输信息，直接处理实际运输差错，同时能够根据采集单件信息及时发现出入库的货物单件差错（入库重号，出库无货），并且提供差错处理方法。

第二节　EDI 技术

一、EDI 技术概述

（一）EDI 技术的产生及发展

（1）萌芽阶段（20世纪60年代）：美国一些大的公司（主要是航运业）开始组建专有网络，实现点对点的通信，以便在商业伙伴之间分享关于销售、供应等信息和实现资金传送、订单处理等。这种早期的电子数据交换方式，要求商业伙伴之间建立相同的信息管理系统，它优化了企业之间的采购过程，几乎消除了纸面作业和人工干预。

（2）产业标准阶段（20世纪70年代）：在此阶段，美国几家运输行业的公司联合起来，成立了运输数据协调委员会（TDCC）。该委员会的目的是开发一种传输运输业文件的共同语言或标准，1975年公布了它的第一个标准。继TDCC之后，其他行业也陆续开发了它们自己行业的EDI标准。

（3）国家标准阶段（1980~1985年）：当产业标准应用成熟后，企业界发现，维持日常交易运作的对象，并不局限于单一产业的对象，国家性标准由此诞生。首先在1979年，美国开始开发、建立跨行业且具一般性的EDI国家标准，与此同时，欧洲方面官方机构及贸易组织也提供共同的EDI标准，并获联合国的授权，由联合国欧洲经济理事会第四工作组负责发展及制定EDI的标准格式，并在20世纪80年代早期提出TDI标准，但该标准只定义了商业文件的语法规则，欠缺报文标准。

（4）国际通用标准阶段（1985年至今）：在欧美两大区域的EDI标准制定、试行几年后，1985年，联合国欧洲经济理事会负责国际贸易程序简化的工作小组承担了国际性EDI标准制定的任务，并于1986年正式以UN/EDIFACT作为国际通用的标准。

1990年5月，第一届"中文EDI标准研讨会"在深圳蛇口举行。这是EDI概念首次被引入中国大陆。它一出现就受到国内各有关部门的高度重视。原国家纪委、科委等主管部门将EDI列为国家"八五"计划的关键推广项目之一。1991年拟立了"中国促进EDI应用协调小组"，1992年拟定了《中国EDI发展战略与总体规划建议》。

我国的交通运输行业、金融保险业、零售业、制造业等均积极探讨和采用EDI技术来发展自己，以便与国际接轨。如中国远洋运输集团公司为适应国际运输业的发展，于1991

年与美国通用电气信息公司（GEIS）正式签署了协议，通过 GEIS 的 EDI 增值服务网进行舱单的电子数据交换，成为国内首家采用 EDI 的公司。

为了及时跟踪国际上 EDI 的发展，外经贸部计算中心会同有关主管部门，积极参与了 EDI 的国际活动，先后参加了联合国国际贸易法会议、联合国贸易发展委员会和亚洲经济社会理事会组织的会议，通过广泛的接触，全面地了解到 EDI 的国际发展动态，扩大了中国 EDI 和国际 EDI 的合作领域。

（二）EDI 技术的概念

EDI（electronic data interchange，电子数据交换）是计算机及网络通信技术在经济管理等领域的最新应用，也是当前最先进的贸易方式，正在国际上迅速推广。这项技术自 20 世纪 90 年代初被介绍到我国以来，经过各方的努力已经成为我国信息化建设的重要内容。目前，在我国的仓储业 EDI 技术正在被推广使用。

EDI 是指商业贸易伙伴之间，将按标准、协议规范化和格式化的经济信息通过电子数据网络，在单位的计算机系统之间进行自动交换和处理。它将商业文件按统一的标准制成计算机能识别和处理的数据格式，在计算机之间进行传输。EDI 不是用户之间的简单的数据交换，EDI 用户需要按照一定的通用的标准格式发送信息，接收方也需要按相同的标准对消息进行处理，整个过程是自动完成的，很少有人为的操作，从而可以减少差错、提高效率。并且由于 EDI 可以代替传统的纸张文件的交换，可以减少成本，实现"无纸贸易"。

EDI 可用于电子计算机之间的商业信息的传递，包括业务咨询、计划、采购、到货通知、询价、付款、财政报告等，还可用于安全、行政、贸易伙伴、规格、合同、生产分销等信息交换，也可用于政府、广告、保险、教育、娱乐、司法、保健、银行抵押业务等领域的业务电子化。

（三）EDI 技术的优点

（1）快速响应：EDI 技术能够实现畅通的信息联系，使物流系统内各企业交易周期加快，能显著地缩短从订货到交货的时间。同时可以快速响应客户的需求，最大限度地满足客户的服务需求，进而提高整个物流系统的服务质量。

（2）运作规范化：EDI 报文是目前商业化应用中最成熟、最有效、最规范的一种电子凭证，EDI 单证报文具有法律效力已被普遍接受。任何一个成熟和成功的 EDI 系统，都有相应的规范化环境作基础，如联合国贸发会制定了《电子贸易示范法草案》，国际海事委员会制定了《电子提单规则》，上海市制定了《上海市国际经贸电子数据交换管理规定》等。

（3）处理自动化：EDI 信息传递的路径是计算机到数据通信网路，再到商业伙伴的计算机，信息的最终用户是计算应用系统，它自动处理接收到的信息。这种数据交换不需要人为干预，原来由人工进行的单据、票证的核计、入账、结算及收发等处理均由计算机来完成，基本上取消了纸张信息。

（4）安全性高：对于传送的文件具有跟踪、确认、防篡改、防冒领、电子签名等一系列安全保密功能。

（5）信息完整、准确率高：物流系统内的各机构应用 EDI 技术进行信息交换，能够保证信息的完整、充分、及时，实现信息的最小变异。由于在数据传输过程中无须人工操作，避免了人为错误，从而提高了信息的准确性。

(6) 节省开支：由于 EDI 出口手续简便，可减少单据费用的开支，并缩短国际贸易文件的处理周期，因此给企业带来了巨大的经济利益。

二、EDI 技术的组成

（一）EDI 软件

EDI 软件具有将用户数据库系统中的信息翻译成 EDI 的标准格式，以供传输交换的能力。由于 EDI 标准具有足够的灵活性，可以适应不同行业的众多需求，所以，每个公司可有其自己规定的信息格式，因此，当需要发送 EDI 报文时，必须用某些方法从公司的专有数据库中提取信息，并把它翻译成 EDI 标准格式，进行传输，这就需要 EDI 相关软件的帮助。

(1) 转换软件：转换软件可以帮助用户将原有计算机系统的文件信息，转换成翻译软件能够理解的平面文件，反之也可以将翻译软件发过来的平面文件转换成用户应用系统能够接收的文件。所谓平面文件，是指符合 EDI 翻译软件读入的中间文件，通过它来定义翻译软件能够理解的文件、数据段、数据元格式。

(2) 翻译软件：翻译软件的功能是将平面文件翻译成 EDI 标准文件，另外也可将通信软件发来的 EDI 标准文件转化为平面文件。翻译软件中储存了多种翻译程序，以便于实现多种 EDI 标准文件和平面文件之间的相互转换。

(3) 通信软件：将经过翻译软件翻译后的 EDI 标准格式的文件外层加上通信信封，再传送到 EDI 系统交换中心的邮箱中，或者从 EDI 系统交换中心的邮箱内将接收到的文件取回。

（二）EDI 硬件

(1) 计算机：目前所使用的计算机，包括 PC、工作站、小型机、主机等。

(2) 调制解调器：由于在 EDI 的实际使用中，一般最常用的就是通过电话线路传输数据信息，因此调制解调器是必备硬件设备，用以实现模拟信号和数字信号之间的转换。

(3) 通信线路：一般最常用的是电话线路，如果在传输时效及资料传输量方面有较高要求，可以考虑租用专线。

（三）EDI 网络系统

目前 EDI 的通信网络大多是借助于范围广泛的互联网，也有为实现某些具体任务单独建设的专用网，具体采用哪种方式要视通信双方将要从事的工作而定。从 EDI 的长远发展考虑，在互联网上实现 EDI 具有较强的生命力和更为广阔的发展空间。

（四）数据标准

EDI 标准是由各企业、各地区代表共同讨论、制定的电子数据交换共同标准，可以使各组织之间的不同文件格式，通过共同的标准达到彼此之间文件交换的目的。目前，UN/EDI-FACT 已经成为全球通用的 EDI 标准。

三、EDI 技术在物流管理中的应用

EDI 是一种信息管理或处理的有效手段，它是对供应链上的信息流进行运作的有效方法。EDI 的目的是充分利用现有计算机及通信网络资源，提高贸易伙伴之间的通信效益，降

低成本。

EDI 最初由美国企业应用在企业间的订货业务活动中，其后 EDI 的应用范围从订货业务向其他的业务扩展，如 POS 销售信息传送业务、库存管理业务、发货送货信息和支付信息的传送业务等。近年 EDI 在物流中广泛应用，被称为物流 EDI。所谓物流 EDI 是指货主、承运业主以及其他相关的单位之间，通过 EDI 系统进行物流数据交换，并以此为基础实施物流作业活动的方法。

EDI 最早的使用者之一是运输公司。从那时起，EDI 已经被广泛地运用在汽车生产、零售、药物、公用设施和食品等领域，而且正在被更多的行业所接受。在及时送货和迅速反应系统中使用 EDI，可缩短交货时间，改善库存量，改善管理成本，提高准确性和提高产品及服务的质量。

EDI 既准确又迅速，可免去不必要的人工处理，节省人力和时间，同时可减少人工作业可能产生的差错。由于它出口手续简便，可减少单据费用的开支，并缩短国际贸易文件的处理周期，因此给使用 EDI 的企业带来了巨大的经济利益。

第三节 无线射频识别（RFID）技术

一、RFID 技术概述

（一）RFID 技术的概念

无线射频识别技术（radio frequency identification，RFID）是 20 世纪 90 年代兴起的一项新型自动识别技术，它成功地将射频识别技术与微电子技术以及 IC 卡技术结合起来，利用无线射频方式对记录媒体（电子标签或射频卡）进行读写，从而达到识别目标和数据交换的目的。

RFID 技术利用射频信号通过空间耦合（交变磁场或电磁场）实现无接触信息传递，可以透过外部材料读取数据，是一种非接触式的自动识别技术，识别工作无须人工干预，射频识别的距离可达几十厘米至几米。根据读写的方式可以输入数千字节的信息，同时，还具有极高的保密性。此外，RFID 技术可识别高速运动物体并可同时识别多个电子标签，操作快捷方便。

（二）RFID 技术的特点

RFID 在本质上是物品标识的一种手段，凭借其自动采集数据、高度的数据集成、支持可读/写工作模式等优势，他被认为将会最终取代现今应用非常广泛的传统条形码，成为物品标识的最有效方式。

(1) 环境要求低：RFID 技术不需要光线就可以读取或者更新数据，并且对水、油等物质有强力的抗污性，在严酷恶劣和污染放射的环境下仍可以读取资料；

(2) 穿透性强：可以透过纸张、木材、塑料等非金属性的外部材料（如包装的箱子或容器等）读取数据；

(3) 可以同时读取多个 RFID 的标签资料（可同时处理 200 个以上的标签）；

（4）信息容量大：能存储容纳上百亿的字符，可对产品进行详细的描述；

（5）可重复性：能够重复使用，使用寿命长（最高可以达到10年以上）；

（6）灵活性：标签的内容可以动态改变，并且能够轻易嵌入或附着在不同形状、类型的产品上；

（7）高效性：可以进行高速移动读取，读取时间短，可以有效加速相关作业的处理速度，更快满足订单，使货品在客户要求期限内交付；

（8）可追踪性：可以对RFID标签所附着的物体进行追踪定位。

应用RFID技术不仅可以节省人力成本，还可以提高作业精确性，确保产品质量。将RFID技术应用在仓储物流管理中，可以有效控制产品的生产日期、有效日期以及相关货品的质量，可以增加货物流通过程的能见度和资讯的正确性，减少存货的持有成本和搬运成本，使存货管理更加方便。

（三）RFID系统的类型

根据RFID系统完成的功能不同，可以粗略地把FRID应用系统分成以下四种类型。

（1）EAS（electronic article surveillance）系统：是一种设置在需要控制物品出入口的RFID技术。这种技术的典型应用场合是商店、图书馆、数据中心等地方，当未被授权的人从这些地方非法取走物品时，EAS系统会发出警报。在应用EAS技术时，首先在物品上黏附EAS标签，当物品被正常购买或者合法移出时，在结算处通过一定的装置使EAS标签失活，物品就可以取走。物品经过装有EAS系统的门口时，EAS装置能自动检测标签的活动性，发现活动性标签EAS系统会发出警告。EAS技术的应用可以有效防止物品的被盗，不管是大件的商品，还是很小的物品。应用EAS技术，物品不用再锁在玻璃橱柜里，可以让顾客自由地观看、检查商品，这在自选日益流行的今天有着非常重要的现实意义。

（2）便携式数据采集系统：是使用带有RFID阅读器的手持式数据采集器，用它采集RFID标签上的数据。这种系统具有比较大的灵活性，适用于不易安装固定式RFID系统的应用环境。手持式阅读器（数据输入终端）可以在读取数据的同时，通过无线电波数据传输方式（RFDC）实时地向主计算机系统传输数据，也可以暂时将数据存储在阅读器中，再一批一批地向主计算机系统传输数据。

（3）物流控制系统：在物流控制系统中，固定布置的RFID阅读器分散布置在给定的区域，并且阅读器直接与数据管理信息系统相连，信号发射机是移动的，一般安装在移动的物体、人体上面。当物体、人体流经阅读器时，阅读器会自动扫描标签上的信息并把数据信息输入数据管理信息系统存储、分析、处理，达到控制物流的目的。

（4）定位系统：用于自动化加工系统中的定位以及对车辆、轮船等进行运行定位支持。将阅读器放置在移动的车辆、轮船上或者自动化流水线中移动的物料、半成品、成品上，而射频识别标签嵌入到操作环境的地表下面。射频识别标签上存储有位置信息，阅读器一般通过无线的方式或者有线的方式连接到主信息管理系统。

二、RFID技术的组成

RFID系统在具体的应用过程中，根据不同的应用目的和应用环境，系统的组成会有所不同，但从RFID系统的工作原理来看，系统一般都由信号发射机（电子标签）、信号接收机（阅读器）、编程器、天线四部分组成，如图 11 – 10 所示。

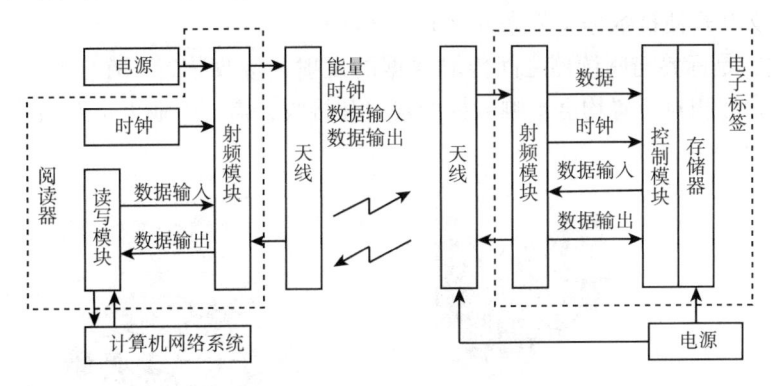

图 11 – 10　射频识别系统结构框架

（1）信号发射机：在 RFID 系统中，信号发射机为了不同的应用目的，会以不同的形式存在，典型的形式是电子标签（TAG）。标签是指由 IC 芯片和无线通信天线组成的超微型的小标签，其内置的射频天线用于和阅读器进行通信。标签相当于条码技术中的条码符号，用来存储需要识别传输的信息，是 RFID 系统真正的数据载体。另外，与条码不同的是，标签必须能够自动或在外力的作用下，把存储的信息主动发射出去。标签一般是带有线圈、存储器与控制系统的低电压集成电路。根据不同的分类方法可以分为以下几类：

① 根据标签读写方式的不同，可以分成只读型和读写型两类，读写型标签的信息，不但可以被读写器读出，还可以由读写器写入；

② 根据标签工作的频率不同，可以分为低频、高频、微波三类；

③ 根据标签的工作方式不同，可以分为主动式和被动式两种；

④ 根据标签是否使用能源，可以分为无能源标签和有能源标签两类；

⑤ 根据标签工作的距离不同，可以分为远程标签、近程标签和超近程标签三类，远程标签可以识别 100 厘米的距离，近程标签可识别 10～100 厘米的距离，超近程标签可识别 0.2～10 厘米的距离。

（2）信号接收机：在 RFID 系统中，信号接收机一般叫做阅读器，其频率决定了 RFID 系统工作的频段，功率决定了射频识别的有效距离。阅读器一般由读写模块和射频模块构成。阅读器基本的功能就是与电子标签双向通信提供与标签进行数据传输的途径。另外，阅读器还提供相当复杂的信号状态控制、奇偶错误校验与更正功能等。标签中除了存储需要传输的信息外，还必须含有一定的附加信息，如错误校验信息等。识别数据信息和附加信息按照一定的结构编制在一起，并按照特定的顺序向外发送。阅读器通过接收到的附加信息来控制数据流的发送。一旦到达阅读器的信息被正确的接受和译解后，阅读器通过特定的算法决定是否需要发射机对发送的信号重发一次，或者知道发射器停止发送信号，这就是"命令响应协议"。使用这种协议，即便在很短的时间、很小的空间阅读多个标签，也可以有效地防止"欺骗问题"的产生。

（3）编程器：只有可读可写标签才需要编程器。编程器是向标签写入数据的装置。编程器写入数据一般来说是离线完成的，也就是预先在标签中写入数据，等到开始应用时直接把标签黏附在被标识项目上。也有一些 RFID 应用系统，写数据是在线完成的，尤其是在生产环境中作为交互式便携数据文件来处理时。

（4）天线：是标签与阅读器之间传输数据的发射、接收装置。在实际应用中，系统功率、天线的形状和相对位置均会影响数据的发射和接收，需要专业人员对系统的天线进行设计、安装。见图 11－11。

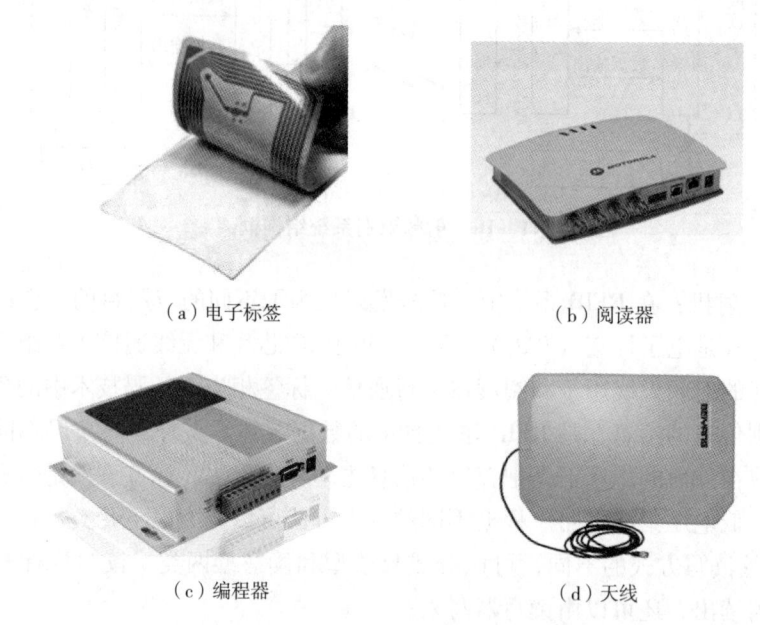

（a）电子标签　　（b）阅读器

（c）编程器　　（d）天线

图 11－11　射频识别系统各组成部分

三、RFID 技术的工作原理

RFID 技术的基本原理是电磁理论，利用无线电波对记录媒体进行读写，在阅读器和电子标签之间进行非接触双向数据传输，以达到目标识别和数据交换的目的。

由阅读器通过发射天线发送特定频率的射频信号，电子标签进入磁场后，接受阅读器发出的射频信号，安装在被识别物体上的电子标签将接收到的部分信号的能量转换为直流电，供电子标签内部电路工作，而将另外部分信号通过天线反射回阅读器。由电子标签反射回的信号携带了存储在标签芯片中的产品信息。

阅读器的接收天线接收到从标签发送过来的信号，经过天线调节器传送到阅读器信号处理模块，经解调和解码后得到电子标签内储存的识别代码信息。然后将有效信息送至后台主机系统进行相关处理；主机系统根据逻辑运算识别该标签的身份，针对不同的设定做出相应的处理和控制，最终发出指令信号控制阅读器完成不同的读/写操作。

电子标签与阅读器之间通过耦合元件实现射频信号的空间（无接触）耦合。在耦合通道内，根据时序关系，实现能量的传递、数据的交换。从不同的耦合方式来看，系统一般可以分成两类，即电感耦合型系统和电磁反向散射耦合型系统。电感耦合通过空间高频交变磁场实现耦合，依据的是电磁感应定律；电磁反向散射耦合即雷达原理模型，发射出去的电磁波碰到目标后发射，同时携带回目标信息，依据的是电磁波的空间传播规律。

电感耦合方式一般适合于中、低频工作的近距离射频识别系统，典型的工作频率有 125kHz、225kHz 和 13.56kHz。电感耦合型 RFID 系统作用距离一般小于 1 米，典型的作用距离为 10~20 厘米。

电磁反向散射耦合方式一般使用于高频、微波工作的远距离 RFID 系统，典型的工作频率有 433MHz、915MHz、2.45GHz 和 5.8GHz。识别作用距离大于 1 米，其典型的作用距离为 4~6 米。

四、RFID 技术在仓储管理中的应用

在物流行业，RFID 技术使得合理的产品库存控制和智能物流技术成为可能。将 RFID 系统用于仓储管理，有效地解决了仓库里与货物流动有关的信息管理。它不但能用来实现自动化的存货和取货等操作，增加一天内处理货物的件数，还可查阅货物的一切信息，并可自动识别货物，确定货物的位置。

使用 RFID 技术可以大大降低人的工作量，增强作业的准确性和快捷性，提高服务质量，同时可以减少整个物流中由于商品误置、送错、偷窃、损害、库存和出货错误等造成的损耗，使整个供应链管理显得透明而高效。RFID 系统可提供有关库存情况的准确信息，管理人员可由此快速识别并纠正低效率运作情况，从而实现快速供货并最大限度地减少存储成本。

第四节 仓储管理系统

一、仓储管理系统的概念

传统的仓储管理已无法保证企业各种资源的高效利用。随着仓库作业和库存控制作业的复杂化和多样化，仅靠人工记忆和手工录入，不但费时费力，而且容易出错，给企业带来巨大损失。仓储管理系统的开发使用就是为了提高库存管理的质量和效率，降低库存成本，以合理库存量控制库存和采购。

仓储管理系统（warehouse management system，WMS）是一种专门追踪和管理仓储中一切活动的系统，作为一套应用型的操作软件，其所包含的方法和技术为作为流通中心的仓库完成流通功能提供强大的支持和保证。其基本功能在于记录存货信息以及货物入库、出库情况，在整个物流信息系统中，运用时点数据收集和关系型数据库技术，协助企业管理仓库。

WMS 能按照物流运作的规则和运算法则，对信息、资源、货物移动、存货和空间利用等进行优化，对仓库内部的人员、库存、工作时间、订单和设备进行更加完美的管理，使其最大化满足有效产出和精确管理的要求。它提供了企业级采购、制造计划、制造执行、客户服务系统与仓库或配送中心的桥梁。通过对库存实时可见性和仓库作业流程的支持，仓储管理系统能够有效地组织人员、空间和设备进行收货、存储、拣货和运输；组织运送原材料和部件到生产企业，运送成品到批发商、分销商和最终客户手中。

二、仓储管理系统的目标和特点

（一）仓储管理系统的目标

（1）仓储作业流程的标准化、统一化；

（2）仓储作业信息的透明化；

（3）仓储作业的高效、低成本；

（4）货品全程跟踪；

（5）提高库存周转率。

（二）仓储管理系统的特点

（1）具有高度的功能完备性：全面考虑各种仓储作业流程，进行严格定义，并且能够在不同产业的仓储环境下运作。

（2）具有灵活的可扩展性：系统适用范围广泛，从中型的物流中心到高度复杂、作业频繁的大型物流仓储环境，客户可以依据物流中心现在与未来各个成长阶段的需要来作短、中、长期的规划。

（3）具有良好的兼容能力：系统能够在不同的操作系统、不同的网络环境下正常运行。

（4）支持物流信息采集设备及自动化设备：系统与先进物流技术，如手持终端、RF 等均设有接口，能够与电子标签、自动化物流设备系统相连接。系统通过应用先进的图形技术，能够实现"可视化"管理。

（5）支持离散仓储作业管理：系统采用先进的体系结构，利用最新的网络技术，能够支持处于离散状态的仓储作业，同时确保系统的安全。

三、仓储管理系统的功能模块

仓储管理系统包括物料管理、作业管理、基本信息管理、统计查询、系统管理等功能模块。

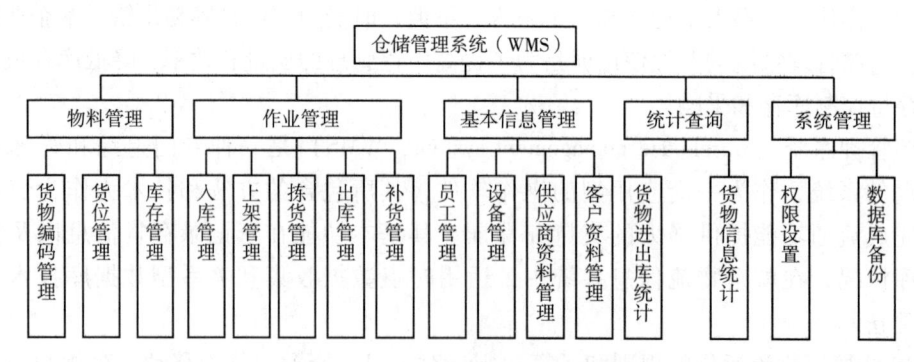

图 11-12　仓储管理系统的功能模块

（一）物料管理

先按一定的物料属性描述方式进行物料属性的定义，包括货物名称、数量、重量、价格、货主名、出入库时间、货损货差、交接双方的责任人、仓储货位以及保管等级和特殊要求等。

（1）货物编码管理：提供与货物编码相关信息的输入和查询界面，包括编码、名称、所属部门、单位等。

（2）货位管理：提供货位信息的查询界面，特别是可以依据货位是否为空，对入库货物进行存储位置的分配。

（3）库存管理：提供具体到某种货物的最大库存、最小库存参数设置，以便实现库存量的监控预警。

（二）作业管理

（1）入库管理：货到站台，收货员根据 ASN（入库预警单）进行收货，对货物的品名、数量和质量进行检验。将到货数据输入 WMS，如批号和生产日期等，可由收货员在射频终端采集数据传到 WMS，随机生成相应的条码标签，粘贴（或喷印）在收货托盘（或货箱）上，经扫描，这批货物即被确认收到、WMS 指挥进库储存。

（2）上架管理：由系统自动生成上架建议，按最佳的储存方式，选择空货位，通过叉车上的射频终端，通知叉车司机，并指引最佳途径。抵达空货位，扫描货位条码，以确认正确无误。货物就位后，再扫描货物条码，系统即确认货物已储存在这一货位，可供以后订单发货。

（3）拣货管理：WMS 系统可以确定最佳的拣选方案，安排订单拣选任务，根据设置的不同，安排多种拣货方式，根据出库指令自动生成拣货指令。拣选人由射频终端被指引到货位，显示拣选数量。经扫描货物和货位的条码，WMS 确认拣选正确，货物的库存量也同时减除。

（4）出库管理：系统制作包装清单和发货单，交付发运。称重设备和其他发货系统同时运行，站台直接调货到收获站台，如已有订单需要这批货，系统会指令叉车司机直接送发货站台，不再入库。

（5）补货管理：系统可同时支持自动补货和计划补货两种方式，来进行对于不同库区之间的补货操作。

（三）基本信息管理

（1）员工管理：管理员工编号、姓名、联系方式、所属单位等信息，并使员工编号与其所负责的货物编号一一对应。

（2）设备管理：可以支持货架、工具以及设备的追踪管理，能够查询设备的历史使用情况。

（3）供应商资料管理：管理供应商编号、名称、联系方式、地址、供货类型、供货数量等信息。

（4）客户资料管理：管理客户编号、名称、需求货物号、需求数量等信息。

（四）统计查询

（1）货物进出库统计：对每日进出库商品的种类、名称、数量等进行统计。

（2）货物信息统计：对库存商品信息进行各类的统计和查询，包括货物种类数、库存总量、过期无人认领等信息的统计，使用户能够全面地了解库存状况。

（五）系统管理

（1）权限设置：包含使用者的姓名、编号、密码、可使用系统模块的选择。

（2）数据库备份：提供存储过程，每日定时备份数据库或日志。

本章小结

科学技术不断发展，仓储的信息化管理也日趋完善，本章主要介绍了条形码技术、EDI技术、无线射频识别（RFID）技术以及仓储管理系统四部分内容。

条形码技术利用不同反射率的条与空表示一定的字符、数字及符号组成的信息。可以用特定的光电扫描阅读设备识读条码，并转换成与计算机兼容的二进制数和十进制数信息。目前、EAN码、UPC码以及二维条码已被广泛应用在仓储管理的各个环节。

EDI技术是计算机及网络通信技术在经济管理等领域的最新应用，也是当前最先进的贸易方式，正在国际上迅速推广。这项技术自20世纪90年代初被介绍到我国以来，经过各方的努力已经成为我国信息化建设的重要内容。

无线射频识别（RFID）技术是20世纪90年代兴起的一项新型自动识别技术，它成功地将射频识别技术与微电子技术以及IC卡技术结合起来，利用无线射频方式对记录媒体进行读写，从而达到识别目标和数据交换的目的。

随着仓库作业和库存控制作业的复杂化和多样化，传统的仓储管理已无法保证企业各种资源的高效利用。仓储管理系统的开发使用就是为了提高库存管理的质量和效率，降低库存成本，以合理库存量控制库存和采购。仓储管理系统（WMS）是一种专门追踪和管理仓储中一切活动的系统，作为一套应用型的操作软件，其所包含的方法和技术为作为流通中心的仓库完成流通功能提供强大的支持和保证。其基本功能在于记录存货信息以及货物入库、出库情况，在整个物流信息系统中，运用时点数据收集和关系型数据库技术，协助企业管理仓库。

习题

1. 简述条形码的概念与类型。
2. 简述条形码的构成与编码方式。
3. 试举生活中的例子说明应该如何选择条形码的印刷位置？
4. 简述EDI技术的概念和组成。
5. 什么是射频技术？
6. 简述射频技术的工作原理。
7. 简述仓储管理系统有哪些基本的功能模块。

案例分析

案例：泉龙医药仓库管理系统

1. 公司介绍

福建省泉龙医药有限公司是龙岩地区经营规模最大、门类最齐全的药品批发龙头企业，

2007年在龙岩市经济开发区内兴建总建筑规模3万平方米的闽西最大的药品仓储中心。面对激烈的市场竞争，以泉龙医药为龙头，以相关上下游企业为依托，充分发挥泉龙医药在经营、销售、管理和信息化建设等方面的综合优势，建立集信息流、资金流、物流于一体，管理与技术领先、效益显著的、具有综合竞争力的福建首家大型现代医药流通企业。

2. 项目建设背景

新医改政策的实施，将增加医药行业新的需求。同时医疗保障体系覆盖范围扩大，为医药行业发展创造良好的环境和机遇。但新医改中还存在一些不确定性因素，包括基本药物制度和药物价格制度方面，对行业格局还会存在较大影响。充分运用信息技术，提高企业自身的信息化应用水平和管理水平，将是企业提升竞争力所优先考虑的途径，这也是国外优秀医药企业发展过程中的实践总结。基于此，泉龙医药率先在医药分销企业推行全面的企业物流信息化建设，强调以智能化、精细化、可视化为目标，结合新的GSP管理规范，对现有作业流程和管理要求进行优化，使得泉龙医药的整体竞争力大幅度提高。

3. 解决方案

唯智公司承接项目后，根据客户管理层提出的建设目标和泉龙医药的业务发展规划，制定了引入唯智eLOG Enterprise WMS软件包，建立智能化、精细化、可视化的仓库管理信息化平台方案。

唯智公司为泉龙医药物流信息化做了三步走的战略：

第一步，根据GSP规范，运用WMS系统规范和优化仓储运作流程，通过EDI SERVER与泉龙ERP无缝集成，向泉龙的业务系统、财务系统、人力管理系统提供仓储作业数据，初步进行各项资源的整合，提升仓库的管理水平。

第二步，在规范仓库运作管理的基础上，进行无线手持终端RF、电子标签（PTL）等硬件设备的集成，进一步提高作业效率和准确性。

第三步，采用先进的供应链管理思想，整合供应商、生产厂家、销售终端等上下游资源，实现企业间的进销存协同，提高供应链整体竞争能力。

4. 系统功能

建立以WMS、BMS为基础的精细化仓库管理平台，同时整合客户的ERP系统，实现基于订单，以物流一体化为核心，药事服务为特征的集成化供应链。系统的核心为WMS（仓储管理）模块；通过EDI－Server系统把订单接入到仓库管理系统，WMS系统负责收货管理、发货管理、库存管理、盘点管理、各类统计分析报表。在策略方面，唯智公司WMS提供九大策略体系。在BMS系统里，可以配置泉龙医药各种复杂的计费规则，支持不同版本费率的切换，各账期账单的付款情况查询。此外，WMS系统还可以根据仓储、库区、库位三层以图形化显示具体的位置和仓库满载率。

5. 实施效果

通过WMS项目实施，泉龙医药在仓库管理方面得到了质的改变，收发货效率得到大幅度提高、拣货准确率提高、退货率明显降低。使得泉龙医药物流管理的水平得到很大的提高，更好的为其医药销售服务。福建泉龙医药物流管理系统通过EDI接口与其客户ERP系统无缝集成，实时接收客户采购和销售指令，进行运输资源的计划，采购药品入库，药品质检，按照规划进行策略上架及拣选，销售发运；系统自上线使用，性能稳定，目前支撑了福建泉龙医药每日近千单的销售订单。通过项目实施，给泉龙医药带来如下改善：①运作信息的共享与网络化；②提高了业务信息的准确性和查询的便捷性；③提高了仓库利用率；④强大的库内管理功能提高了异常变更的灵活性；⑤优化批次管理，实现先产先出；⑥优化拣货分配、提高发货拣选效率；⑦多种补货策略，确保顺畅拣货；⑧快速的发货复核功能，支持装箱标志的自动打印；⑨灵活的盘点管理；⑩加载运输管理模块，延伸 WMS 的管理功能；⑪系统根据药品近效期报警设置、库龄过期报警设置自动报警。

显著效果有：库存周转率降到 28 天以下；库存重复单品种类数下降 37%；日均库存占用资金量（年）下降 42%。

（资料来源：泉龙医药仓库管理系统［EB/OL］. http：//www.soft808.com/Technology/。）

问题：
1. 泉龙医药有限公司应用了哪些信息技术？
2. 仓储管理系统的使用是否有效提高了泉龙医药公司的管理水平？
3. 泉龙医药公司使用的 WMS 系统具有哪些主要的功能？

参考文献

[1] 宋丽娟，马骏. 仓储管理与库存控制［M］. 北京：对外经贸大学出版社，2009

[2] 真虹，张婕姝. 物流企业仓储管理与实务［M］. 北京：中国物资出版社，2007

[3] 何景伟. 仓储管理与库存控制［M］. 北京：知识产权出版社，2008

[4] 叶梅. 仓储管理［M］. 北京：清华大学出版社，2008

[5] 杨凤祥. 仓储管理实务［M］. 北京：电子工业出版社，2005

[6] 白世贞，刘莉. 现代仓储管理［M］. 北京：科学出版社，2010

[7] 王晓平. 物流信息技术［M］. 北京：清华大学出版社，2011

[8] 李向文. 物流实用信息技术［M］. 北京：中国物资出版社，2010

[9] 许良. 物流信息技术［M］. 上海：立信会计出版社，2007

[10] 卢少平，王林. 物流信息技术应用［M］. 武汉：华中科技大学出版社，2009